beck'sche reihe

bsr

Wenn im alten Griechenland die Krieger in die Schlacht zogen, dann riefen die Mütter ihren Söhnen zu, sie sollten entweder mit dem Schild oder auf dem Schild zurückkommen, aber nicht ohne. Sie sollten also entweder siegen oder sterben. Die Kapitulation galt als unehrenhaft, auch wenn sie häufig vorkam. Denn auch unterlegene Soldaten wollen weiterleben. Aber wie stellt man es an, eine Schlacht oder einen Krieg zu verlieren und trotzdem zu überleben? Dieser «Kunst der Niederlage» ist dieses Buch gewidmet. Es handelt vom Aufhören im Kriege, von der Dialektik zwischen soldatischer Ehre und Überlebenstrieb und von der Wechselwirkung zwischen den Bedingungen, die der Sieger stellt, und der Bereitschaft des Verlierers, sie zu akzeptieren.

Holger Afflerbach ist Professor of Central European History an der University of Leeds.

Holger Afflerbach

Die Kunst der Niederlage

Eine Geschichte der Kapitulation

C.H.Beck

Originalausgabe

Satz, Druck und Bindung: Druckerei C.H.Beck, Nördlingen
Umschlagabbildung: Napoleon III. und Bismarck am Morgen nach der Schlacht von Sedan, Gemälde von Wilhelm Camphausen © akg-images
Umschlagentwurf: malsyteufel, Willich
Printed in Germany
ISBN 978 3 406 64538 9

www.beck.de

Inhaltsverzeichnis

Was einen guten Soldaten ausmacht,
ist seine Bereitschaft zu kämpfen,
sein Ehrgefühl, und seine Disziplin.

Thukydides, Peloponnesischer Krieg V, 9

I. Die Kunst der Niederlage – eine Geschichte der Kapitulation

Dieses Buch sucht Antworten auf die Frage, wie und warum Kämpfe enden. Es behandelt das Aufhören im Kriege, das insofern Neuland ist, als es zu diesem Thema bislang keine zusammenfassende Analyse, keine Theorie, ja nicht einmal einen vernünftigen Oberbegriff gibt, der allgemein anerkannt ist und das Phänomen zusammenfasst.[1] Dabei ist die Frage von zentraler Bedeutung für die gesamte Kriegsgeschichte. Sie hat aber, anders als beispielsweise die Entwicklung von Strategie, Führungsmethoden oder Waffentechnik, unverdient wenig Beachtung gefunden.

Waffen und Strategie sind natürlich elementar für die Kriegsgeschichte, und doch bleibt der entscheidende Faktor in jedem Konflikt, welchen Einsatz der Einzelne bringt, wie lange er kämpft und vor allem, wann und warum er den Kampf aufgibt. Ebenso zentral ist die komplementäre Frage, welche Möglichkeiten die siegreiche Seite der unterlegenen einräumt, den Kampf aufzugeben.

All dies kann und soll nicht von anderen Entwicklungen des Krieges getrennt werden. Die Weiterentwicklung der Waffentechnik oder andere militärische Neuerungen haben gewaltigen Einfluss auf das Erscheinungsbild des Krieges. Militärische Innovationen veränderten schließlich die Instrumente, die dem Kampf- und Einsatzwillen des Soldaten, seinem Ehrgefühl und seinem Mut zur Verfügung standen, und sie forderten seine Bereitschaft, notfalls sterben zu müssen, immer aufs Neue heraus.[2] Ebenso verlangten sie nach immer neuen Wegen, auf denen Unterlegenen Pardon gewährt werden konnte.

Dieses Buch beschäftigt sich jedoch mehr mit Fragen der Kampfmotivation und vor allem mit dem Moment, in dem sie plötzlich verschwindet. Es geht um die Dialektik zwischen soldatischer Ehre und Überlebenstrieb; um die Wechselwirkung zwischen den Bedingungen, die der Sieger stellt, und der Bereitschaft des Verlierers, sie zu akzeptieren. Nur das Zusammenspiel dieser gegensätzlichen Positionen macht die Vorgänge des Aufgebens im Kampf erklärbar. Es soll hier im weiten Bogen von der Steinzeit bis in die Gegenwart nachverfolgt werden. Der Schwerpunkt liegt auf der europäischen Kriegsgeschichte; außereuropäische Entwicklungen kann ich nur streifen. Dies ist bedauerlich, war aber notwendig, um die Stoffmenge zu begrenzen und um Entwicklungslinien, Kontinuitäten und Brüche klarer herausarbeiten zu können.

Die Unzahl von Kriegen in der Vergangenheit macht es trotz dieser Begrenzung unmöglich, das Thema auch nur annähernd erschöpfend zu behandeln. Ich möchte darauf verweisen, dass parallel zu diesem Buch ein umfangreiches Werk zur Geschichte der Kapitulation erschienen ist, das von Hew Strachan und mir herausgegeben wurde und hinter dem die geballte Sachkompetenz von 30 weltweit führenden Militärhistorikern steht.[3] Die Konzeption für das vorliegende Buch, das Essay und nicht Handbuch sein will, ist älter und und die Fragen sind nur teilweise deckungsgleich; trotzdem habe ich von den Beiträgen sehr viel gelernt.[4]

Im Folgenden werde ich einige Entwicklungen und Thesen über die «Kunst der Niederlage» herausarbeiten. Um das Thema nicht in eine allgemeine Geschichte der Kriege und Schlachten zerfließen zu lassen, nehme ich die soldatischen Ehrvorstellungen und ihr mögliches Extrem, nämlich den Kampf bis zum Tod, als Maßstab, um parallel dazu immer wieder die Mechanismen aufzeigen zu können, die dieses Extrem nicht immer, aber oft verhindert haben. Diese Mechanismen könnte man, mit einer Anleihe bei Adam Smith, als «die unsichtbare Hand des Krieges» bezeichnen. Dies bedarf einer kurzen Erklärung. Der schottische Nationalökonom hatte in seinem Buch «The Wealth of Nations» geschrieben, dass der Markt nicht durch die guten Absichten des Einzelnen, sondern durch dessen Gewinnstreben geprägt werde, dass aber gerade dieser Egoismus schließlich für alle positive Resultate hervorbringe. Er sprach davon, dass der Marktteilnehmer oft «von einer unsichtbaren Hand geleitet» werde, «um einen Zweck zu fördern, den zu erfüllen er in keiner Weise beabsichtigt hat».[5] Es handelt sich also nicht um eine moralische Frage. Diese mephistophelische Grundidee – die Kraft, die stets das Böse will und stets das Gute schafft – kann auch auf das Aufhören im Kriege übertragen werden: Egoistische und eigensüchtige Motive der Kämpfenden, der Sieger wie der Verlierer, verhindern im Normalfall, dass es zum Äußersten, nämlich zum Kampf bis zur Vernichtung des Unterlegenen kommt. Internationale Regelwerke und gesetzliche Bestimmungen gegen Exzesse kamen erst sehr spät zum Tragen und kodifizierten in vielen Fällen nur das, was sich als Folge eben jener egoistischen Motive bereits zuvor entwickelt hatte. Gleichzeitig gab es viele Fälle, in denen dieser Mechanismus der «unsichtbaren Hand» seine Wirkung nicht entfaltete. In der Ökonomie wie in der Militärgeschichte sind die Ursachen vergleichbar – es geschieht bei Monopolbildung, bei tatsächlichen oder vermeintlichen Wirtschafts- oder Machtmonopolen. Im Kriege ist das beispielsweise dann der Fall, wenn der Sieger so überlegen ist, dass er auf den Besiegten keinerlei Rücksicht mehr zu nehmen braucht und von einer harten Haltung nur Vorteile erwartet.

Im Grundsatz hat auch Clausewitz etwas sehr Ähnliches behauptet. Zwar hat er in «Vom Kriege» festgestellt, dass das Element der Mäßigung im Kriege nicht zum Tragen kommen dürfe.[6] Gleichzeitig war er aber auch der Ansicht, dass der «absolute Krieg» als Akt der schrankenlos entfesselten und vernichtenden Gewalt in der Wirklichkeit nicht vorkommen werde, da die Kriegführenden durch eine Interessenabwägung, durch Rücksichten auf politische Fragen, die außerhalb des Kampfes liegen, immer wieder abgelenkt würden.[7]

Im Folgenden wird es um das Aufhören in Kämpfen zwischen Soldaten, Truppenverbänden oder Staaten gehen, nicht jedoch um die politischen Aspekte, wie Kriegsziele oder Kriegsbeendigung, und auch nicht um eine allgemeine Geschichte des Krieges, wie sie beispielsweise John Keegan oder Azar Gat vorgelegt haben.[8] Das Herzstück meiner Argumentation sind die Mechanismen des Aufhörens, die hier unter dem Label der «Kapitulation» zusammengefasst werden. Zur Kapitulation – später mehr zur Genesis dieses Begriffs – gesellen sich vielfältige andere Methoden des Aufhörens im Kriege, wie zum Beispiel die Flucht, die Desertion und die Gefangennahme auf individueller Ebene sowie der Waffenstillstand auf kollektiver Ebene,[9] der dann eine Rolle spielt, wenn noch ein gewisses Gleichgewicht der Kräfte gewahrt ist, und schließlich, alles dominierend, das radikalste Ende: der Tod. Tod oder Flucht sind, so könnte eine erste These lauten, das ursprüngliche Ende von Kämpfen.

Die Kunst der Niederlage ist ein Katalog von Regeln und Normen, von Ehr- und Moralvorstellungen, von ökonomischen, technischen, machtpolitischen und sozialen Fragen, der sich im Lauf der Zeit stark verändert hat.[10] Ein Kampf wird natürlich durch die Kräfteverhältnisse entschieden, wobei zweitrangig ist, ob das entscheidende Übergewicht des Siegers durch zahlenmäßig-materielle, strategische oder moralische Faktoren herbeigeführt wird. Allerdings gehören Regeln und Normen zwingend dazu und bestimmen die Gestalt des Krieges und auch das Aufhören in Kämpfen sehr stark. Hierüber gibt es, soweit ich sehe, keine wirkliche Diskussion; Clausewitz sah dies genauso wie moderne Theoretiker des Krieges, wie etwa Martin van Creveld.[11] Ebenso wie in anderen Bereichen des menschlichen Handelns, wie etwa der Ökonomie, gibt es im Krieg Regeln des Agierens, wenn auch im Einzelnen umstritten ist, wie weit diese Regeln gehen, wie weit sie implementiert sind oder werden müssen; ja bisweilen, ob bestimmte soziale Mechanismen überhaupt existieren oder ihre Existenz nur behauptet wird.

Gibt es die «unsichtbare Hand» des Krieges, die Tod und Vernichtung im Krieg einhegt? Im Folgenden wird es mir darum gehen, sie sichtbar zu machen und nachzuzeichnen, wie und warum Sieger und Besiegte beschlossen, an einem bestimmten Punkt den Kampf aufzugeben. Dieser Konsensus ist nicht selbstverständlich, er ist brüchig und an eine Reihe von Vorbedingungen geknüpft. Eine davon ist etwa, dass der Sieger die Kapitulation akzeptiert. Dies ist nicht selbstverständlich. Churchill beschrieb einen Kriegsgefangenen als «einen Mann, der versucht, Dich zu töten, es nicht schafft und dann bittet, dass Du ihn nicht tötest.»[12] Vielleicht hatte er, oder einer seiner Kameraden, gerade einen Freund oder Waffenbruder des Siegers umgebracht. Ist es menschlich, jemanden am Leben zu lassen, der einem noch Augenblicke zuvor nach dem Leben trachtete? Zumindest im heißen Kampfgeschehen ist es zu keiner Zeit – auch in jüngster Zeit nicht – sicher gewesen, dass der Sieger die Empathie und Selbstkontrolle aufbrachte, den sich Ergebenden, also einen in der Regel bewaffneten und hochgefährlichen Mann, am Leben zu lassen.[13] In anderen Fällen hatte der Sieger kein Interesse an einer Kapitulation des Verlierers; etwa dann, wenn ein Söldnerheer nach langer und verlustreicher Belagerung eine Stadt erobert hatte und sich im Wut- und Mordrausch für die vorangegangenen Entbehrungen rächen und außerdem ohne irgendwelche Auflagen durch Plünderung bereichern wollte.

Und doch ist in fast allen Fällen das Entgegenkommen auch für den Sieger die bessere Politik. Um vom Einzelnen zur Gesamtheit zu kommen: Der Sieger muss dem Besiegten Hoffnungen auf Schonung oder zumindest ein erträgliches Weiterleben machen, um diesen vom fanatischen Endkampf bis zum Tode abzuhalten. Die Bereitschaft des Siegers, den Besiegten zu schonen, muss mit der Neigung des Besiegten korrespondieren, die Niederlage und ihre voraussichtlich äußerst nachteiligen Folgen dem Tode vorzuziehen. Dies ist, wie die Kriegsgeschichte zeigt, nicht immer, aber oft der Fall. Es lässt sich immer wieder, von den frühesten Anfängen der Überlieferung bis in die Gegenwart, beim schwächeren Teil das Ringen zwischen Selbsterhaltungstrieb und Trotz beobachten; der Zwiespalt zwischen dem Willen, den Kampf bis zum Tod fortzusetzen, und dem Entschluss zur Aufgabe, um wenigstens das nackte

Leben zu retten. Der Konsens aufzuhören basiert zwar auf einem bestimmten Herkommen, ist aber nicht selbstverständlich. Es gab und gibt immer wieder Kämpfer, für die der Kampf nur mit dem Tod endet; die Selbstmordattentäter unserer Tage zeigen, dass sie bereit sind, ihr eigenes Leben bewusst zu opfern.

«Min sicherheit si din ...»

Kapitulationsformel mittelalterlicher Ritter

II. Die Kapitulation und ihre Symbolik

Das Aufhören im Kampf hat im Laufe der Geschichte die unterschiedlichsten Namen erhalten. Die Griechen nannten es παραδίδουαι (paradidonai = übergeben, in die Gewalt jemandes übergeben); die Römer sprachen von *deditio* (Übergabe). Noch in frühneuzeitlichen Texten wurde oft der Begriff *Submission* (Unterwerfung) verwendet. Der englische, französische und italienische Begriff für Kapitulation gehen auf dasselbe lateinische Wort zurück, auf *rendere*, eine Abwandlung von *prendere* (geben); daraus wurden *surrender*, *reddition*, *resa*. Das niederländische Wort *Overgeven* oder *aftstaan* entspricht dem deutschen «Übergabe».[1] In ihrem Buch über die Kapitulation spekuliert die amerikanische Professorin Robin Wagner-Pacifici sogar über die Probleme im Sommer 1945, den Begriff der Kapitulation angemessen ins Japanische zu übersetzen, und fragt sich, ob die damals verwendeten japanischen Worte denselben Bedeutungsgehalt wie ihre englischen Gegenstücke hatten.[2]

Die linguistische Definition allein führt nicht sehr weit; deshalb soll hier ein Rückgriff auf «Vom Kriege» uns helfen zu verstehen, wann Kämpfe normalerweise eingestellt werden. Clausewitz definierte als Ziel des Kampfes die Vernichtung der gegnerischen Streitmacht. Darunter verstand er Folgendes: «Die Streitmacht muß vernichtet, d. h. in einen solchen Zustand versetzt werden, daß sie den Kampf nicht mehr fortsetzen kann. Wir erklären hierbei, daß wir in der Folge bei dem Ausdruck ‹Vernichtung der feindlichen Streitkraft› nur dies verstehen werden.»[3] Vernichtung bedeutet also, mit anderen Worten, nicht die physische Vernichtung, deutlicher: den Tod des unterlegenen Soldaten, sondern einen Zustand, in dem der Unterlegene dem Sieger keinen entscheidenden Schaden mehr zufügen kann. Ähnlich drücken sich moderne Autoren aus, so etwa Paul Kecskemeti, der «Vernichtung» als «Neutralisierung der Kampfkraft» definiert.[4]

Es gibt, rein technisch gesehen, verschiedene Wege, auf denen die «vernichteten» Einheiten den Kampf einstellen können. Dazu gehört neben der Kapitulation/*surrender*, die verhandelbare Bedingungen enthalten kann, die «bedingungslose Kapitulation» (*unconditional surrender* oder *surrender at discretion*), die dem Sieger keinerlei Grenzen auferlegt außer denen, die das internationale Recht aufzeigt. Ein weiterer Ausdruck ist die *debellatio*, die vollkommene militärische Niederwerfung eines Staates, die eigentlich die Entwaffnung des Besiegten vorwegnimmt und damit eine Kapitulation fast unnötig macht.

Nicht dem Recht der Gegenwart entspricht der Ausdruck «auf Gnade oder Ungnade»[5] oder auch «no quarter» – das deutsche Pendant wäre wohl: «Pardon wird nicht gegeben», Worte, die Wilhelm II. im Juli 1900 bei der Verabschiedung seines Ostasiatischen Expeditionskorps verwendete, woraufhin schon bald gefragt wurde, ob es sich dabei um einen kaiserlichen Befehl gehandelt habe, in China keine Gefangenen zu machen.[6] Sich ergebende Gegner einfach zu töten, war von der Haager Konvention von 1899 verboten worden;[7] dies war allerdings über Jahrtausende anders gewesen und noch von Hugo Grotius, dem Vater des modernen Völkerrechts, als legal angesehen worden.[8] Das Hissen eines roten Banners in mittelalterlichen Schlachten konnte bedeuten, dass kein Pardon gegeben wurde.[9]

Kapitulieren ist ein hochkomplizierter und gefährlicher Akt; der «vernichtete» Gegner legt die Waffen nieder, mit denen er Momente zuvor noch auf den Sieger geschossen hat. Weder emotional noch rein physisch, vor allem bei einer größeren Menge kapitulierender

Soldaten, ist dies ein einfacher Vorgang.[10] Es ist gefährlich für die plötzlich wehrlosen Verlierer, sich dem bewaffneten Sieger auszuliefern. Es ist aber auch riskant für die Sieger. Es könnte ja sein (und ist auch oft vorgekommen), dass es sich bei der vermeintlichen Kapitulation um eine List handelt oder dass der Unterlegene seine Ansicht ändert und den Kampf überraschend wieder aufnimmt. Außerdem geht das Kampfgeschehen vielleicht inzwischen weiter. Die Symbolik der Kapitulation trägt diesen Umständen Rechnung. Sie umfasst normalerweise Elemente, in denen der Besiegte seine Ergebung deutlich macht und seine Wehrlosigkeit unterstreicht; gleichzeitig enthält sie bisweilen Elemente der Erniedrigung.[11] Krieger in Ostafrika halten in aussichtsloser Lage ihren Speer mit beiden Händen über den Kopf und brüllen: «Nehmt Euch Tiere» – sie bieten also ein Lösegeld für ihr Leben, und es liegt am Sieger, ob er auf das Angebot eingeht.[12] Die Symbole, mit denen Soldaten sich in Europa ergeben, sind alt. Griechische Soldaten senkten ihre Schilde und hielten die Arme in die Luft.[13] Diese Geste, die erhobenen Hände, war auch bei den Römern zu finden. Römische Soldaten hielten ihre Schilder über ihre Köpfe, wohl um zu zeigen, dass sie keine Waffen mehr führten, keine Bedrohung mehr darstellten und schutzlos waren.

Bei den Griechen beendete ein symbolischer Handschlag, die *dexiosis*, die Gewalt; dieser wiederum war dem Ritual östlicher Mächte entlehnt. Auch im Mittelalter besiegelte ein Handschlag die Aufgabe des Kampfes, gemeinsam mit der formelhaften Redewendung «Min sicherheit si din»,[14] oder auch die feierliche Übergabe des Schwertes, so etwa als Friedrich der Schöne in der Schlacht bei Mühldorf (1322) kapitulierte und dem Burggrafen von Nürnberg sein Schwert aushändigte.

Die weiße Fahne hat ebenfalls eine lange gewohnheitsrechtliche Tradition. Tacitus berichtet, dass römische Legionäre weiße wollene Kopfbänder, die *infulae*, verwendeten, um ihre Aufgabe oder Verhandlungsbereitschaft anzuzeigen.[15] Auch mit Bändern umwickelte Olivenzweige konnten Verhandlungsbereitschaft symbolisieren; beide Zeichen waren der Sakralsphäre entlehnt. Die weiße Flagge ist durch die Haager Landkriegsordnung und inzwischen durch die Genfer Konventionen völkerrechtlich geschützt.

Während diese Symbole die individuelle Aufgabe des Kampfes besiegelten, galten für die Aufgabe auf der Ebene von Truppenverbänden, Festungen oder gar Staaten andere Regelungen. Truppenverbände in römischer Zeit wurden nach der Kapitulation bisweilen durch das Joch getrieben, durch ein symbolisches Tor, das durch drei Speere gebildet wurde. Die Soldaten waren nicht nur wehrlos, sondern nach manchen Quellen fast nackt und wurden dabei vom Sieger verhöhnt und geschlagen. Die Demütigung, die dem Spießrutenlaufen der frühen Neuzeit offenbar nicht unähnlich war, ersetzte Gefangennahme und Versklavung. Städte und Festungen kapitulierten in römischer Zeit ebenfalls nach einem festen Ritual aus Frage und Antwort, in dem eine bedingungslose Übergabe vereinbart wurde.[16] Im Mittelalter kam es bei der Kapitulation zu regelrechten Buß- und Unterwerfungsspektakeln, in denen sich der Besiegte nach einem vorher genau vereinbarten Ritual in Ketten präsentieren musste.

Bei Belagerungen bot sich, strukturell, Spielraum für Verhandlungen. Festungen zu erstürmen war für Belagerer[17] wie Belagerte meist äußerst verlustreich; daher hatten beide Seiten ein starkes Eigeninteresse, durch Verhandlung das Äußerste zu verhindern. So wurde dem Belagerten als Belohnung für die rechtzeitige Übergabe das Leben garantiert, manchmal auch sein Eigentum, weil sie dem Belagerer den verlustreichen Sturm ersparte. Zwischen den Parteien wurden Vereinbarungen getroffen, ein Vertrag geschlossen, der beispielsweise dazu führen konnte, dass die Verteidiger die Festung mit ihrer persönlichen Ausrüstung und Bewaffnung in perfekter Ordnung, wie bei einer Parade, verlassen konnten. Dieser Vorgang wurde in der frühen Neuzeit Kapitulation genannt, von *capitulare*, einem Wort des mittelalterlichen Lateins, das bedeutete, einen Text in einzelne Kapitel aufzulösen, oder von *capitularis*, Verordnung oder Vertrag.[18] Daher kommt das deutsche Wort für den Vorgang.

Je suis surtout dégoûté de Rousseau depuis que j'ai vu l'Orient. L'homme sauvage est un chien.

Napoleon zu Roederer, 11. Januar 1803[1]

III. Gnadenlose Kämpfe in vorgeschichtlicher Zeit

Wie endeten die Kämpfe in der Vorgeschichte? Um diese zentrale Frage beantworten zu können, müssen wir erst einmal wissen, wie wir uns das Zusammenleben des ursprünglichen Menschen vorzustellen haben. Die Antwort geht schon fast ins Philosophische, da sie eine grundsätzliche Interpretation der menschlichen Natur beinhalten muss.[2] Manche, so etwa Sigmund Freud, glaubten an den angeborenen Aggressionstrieb des Menschen;[3] andere, wie Margaret Mead, erklärten optimistischer, dass Kriegführung «nur eine Erfindung, keine biologische Notwendigkeit» darstelle.[4] Es gibt auch unter Vorgeschichtsforschern keine Einigkeit darüber, ob der Krieg zum Leben des urgeschichtlichen Menschen fest dazugehörte oder ob er sich erst nach der Sesshaftwerdung, als Folge von dauerhaften Siedlungen und Ackerbau, herausgebildet hat. Haben sich also Jäger und Sammler bekriegt, und wenn ja, wie dürfen wir uns das Ende dieser Kämpfe vorstellen?

Die dünne und ambivalente Quellenlage erschwert eindeutige Interpretationen. Die existierenden Theorien basieren auf drei Hauptquellenarten. Erstens auf archäologischen Funden, zweitens auf verhaltenspsychologischen Analysen von Menschen und auch Primaten und drittens auf anthropologischen Untersuchungen noch heute lebender, sogenannter «primitiver» Völker und ihres Verhaltens. Diese Faktoren werden unter Plausibilitätsgesichtspunkten zu einem Gesamtbild zusammengefügt. Dabei kommt es allerdings aus mindestens zwei Gründen nicht zu einem einheitlichen Ergebnis. Der erste ist, dass es unter den noch heute lebenden «primitiven» Völkern eindeutig friedfertige und deutlich gewalttätige gibt; mithin ist eine klare, anthropologisch begründete Antwort auf die Frage, ob Menschen von Natur aus Kriege führen, nicht möglich.[5] Der zweite ist die Interpretierbarkeit der Bodenfunde. Man hat steinzeitliche Massengräber gefunden, deren Inhalt von Massakern an Männern, Frauen und Kindern zeugen; in den Skeletten waren noch die Pfeilspitzen zu finden.[6] Die Gewalttätigkeit der Epoche steht damit außer Frage; allerdings beweist das nicht mit letzter Sicherheit, dass diese Opfer tatsächlich in einem Kriege starben, da sie auch anderen Verbrechen zum Opfer gefallen sein können.

Es gibt allerdings plausible Schlussfolgerungen, wie beispielsweise von dem Vorgeschichtsforscher Lawrence Keeley, der in seinem wichtigen Buch «War before Civilization» vermutet, dass die überwiegende Mehrheit aller ursprünglichen Völker gewalttätig war und Krieg führte.[7] Seine Ansichten sind inzwischen von anderen Forschern übernommen und weiterentwickelt worden, so von Azar Gat oder auch von Steven Pinker in seiner Geschichte der Gewalt.[8] Diese Urform des Krieges stellen sich Spezialisten wie Keeley als eine Art permanenten Raubmord vor; ein Stamm habe einen anderen überfallen, um die Männer zu töten, die Besitztümer zu plündern und die Frauen zu verschleppen.[9]

Andere, wie etwa Raymond Dart, spekulieren über noch finsterere Anfänge der Menschheit und vermuten, dass der Menschenvorläufer Australopithecus nicht nur ein fleischfressendes, sondern sogar ein kannibalisches Wesen war.[10] Der Nobelpreisträger Konrad Lorenz meinte 1966 gar, dass *Homo Erectus Pekinensis* «der Prometheus gewesen sei, der lernte, das Feuer zu beherrschen, um darauf seine Brüder zu rösten; neben den ersten Spuren des regelmäßigen Gebrauchs von Feuer liegen die verstümmelten und gerösteten Knochen von sinanthropus pekinensis selbst.»[11] Dagegen wurde jedoch eingewendet, dass nur ein unsicherer Fund diese Behauptung beweist, die damit auf wackligen Füßen steht.[12]

Um von diesen Spekulationen über die frühesten Anfänge in die Steinzeit zu kommen: Auch hier sind die Meinungen geteilt. Manche Paläontologen, wie etwa Ashley Montagu und Richard E. Leakey, meinen, «dass die Beweislage auf eine relativ friedliche Vergangenheit hindeutet».[13] John Keegan spekuliert in seinem Buch über die Natur des Krieges über stark ritualisierte Schlachten, arrangierte Zusammenkünfte, die kaum Opfer kosteten und eher Balz- und Mannbarkeitsrituale als Schlachten in unserem Sinne waren.[14] Die meisten jedoch vermuten, dass der Krieg in der Vorgeschichte mit ungeheurer Brutalität geführt wurde und keine Gefangenen gemacht wurden.[15] Thomas Hobbes, der das «primitive» Leben als «nasty, brutish and short»[16] bezeichnet hat, scheint der Wahrheit näher gekommen zu sein als Rousseau mit seiner Idee vom «edlen Wilden». Dies ist zumindest Keeleys Ansicht, der aufgrund archäologischer wie anthropologischer Beobachtungen zu dem Ergebnis gekommen ist, dass sich Stämme einer frühen Entwicklungsstufe gnadenlos bekriegten und dabei kein Pardon gaben. Die rituellen Schlachten waren nicht das, was die meisten Opfer kostete. Der große Aderlass der Vorgeschichte entstand, so Keeley, durch einen «low intensity conflict», eine Situation permanenter Bedrohung verfeindeter Stämme durch Überfälle, Verschleppungen, Raub und Raubmorde.[17] Keeley spricht sogar vom «totalen Krieg» der Steinzeit, da die Verluste durch diese fortwährenden Aktivitäten gewaltig gewesen seien, wenn sie in Proportion zu der geringen Kopfstärke der Bevölkerungen gestellt werden. Zehn getötete Krieger bedeuteten für eine Gruppe, die fünfzig Personen umfasste, einen unerträglich großen Verlust von 20 Prozent ihrer Gesamtbevölkerung. Die Steinzeitkrieger bevorzugten den Hinterhalt oder auch nächtliche Angriffe, um das Risiko, selbst verwundet oder getötet zu werden, möglichst gering zu halten.[18] Männliche Feinde wurden selten gefangengenommen, sondern sofort getötet oder später rituell hingerichtet, während Frauen und Kinder versklavt wurden. «Primitive Kriegführung bestand aus einem Krieg, der auf seine essentiellen Bestandteile reduziert war: der Mord am Feind, der Diebstahl oder die Zerstörung seiner Lebensgrundlagen, seines Wohlstands und seiner zentralen Ressourcen sowie seine Einschüchterung durch Unsicherheit und Terror.»[19]

Wie endeten diese Kämpfe? Die Antwort ist einfach: Sie endeten nicht wirklich, sondern waren ein permanenter Bestandteil eines Lebens, in dem sich die verfeindeten Parteien unaufhörlich nach Leben und Besitz trachteten. Trotz der permanenten Bedrohung ging das Leben zwar weiter;[20] auch im «totalen Krieg der Steinzeit» gab es viele Bereiche des Lebens, die nicht vom Krieg geprägt waren. Aber der Aderlass war enorm. Die vermutete Todesrate dieser Stämme würde, so hat Keeley auf die Kriege des 20. Jahrhunderts hochgerechnet, eine Verlustrate von 2 Milliarden Menschen bedeutet haben.[21] Brigitte Heuser schrieb kürzlich, dass «Massenmord an Nichtbewaffneten jeden Alters nicht nur eine Form des Krieges, sondern vielleicht sogar die älteste Form des Krieges» war;[22] damit scheint sie zumindest die Realität des vorgeschichtlichen Krieges zutreffend umrissen zu haben.

Die Frage, wie wir uns das Schicksal derer vorzustellen haben, die diese Kämpfe verloren, wird ebenfalls durch Plausibilitätsargumente beantwortet und an die Frage der gesellschaftlichen Organisation geknüpft, wobei die zugrunde liegenden Fakten durch anthropologische Beobachtungen noch existierender Völker, etwa in Afrika, Amerika und Australien, gewonnen wurden. Die daraus abgeleiteten Hypothesen wurden mit den Ergebnissen von Grabungen abgeglichen. Die archäologischen Funde – Skelette, die Spuren von Waffeneinwirkung, etwa von Äxten oder Pfeilen, aufwiesen – und Disparitäten – etwa Massengräber, in denen deutlich weniger weibliche als männliche Skelette zu finden waren, was darauf schließen lässt, dass Frauen nicht getötet, sondern als Gefangene weggeführt wurden – haben dann bestätigt, dass die Verhaltensweise vorgeschichtlicher Völker sehr ähnlich war wie die der entsprechenden Stämme oder Stammesfürstentümer in historischer Zeit.

Das Schicksal der Verlierer hing entscheidend von der Größe und Organisationsform der sich bekämpfenden Gruppen ab. Die kleinste Einheit, Gruppen von Jägern und Sammlern, meist nur 25 bis 75 Personen und ohne wirkliche Hierarchie, hatten weder die Möglichkeit noch das Interesse, Gefangene zu bewachen. Männer wurden immer umgebracht und auch Frauen und Kinder nur selten verschont. Die nächstgrößere Organisationsform, ein Stamm, meist Fischer, Farmer oder Hirten, konnte ein paar hundert, maximal ein paar tausend Menschen umfassen. Sie nahmen Frauen und Kinder gefangen und versklavten sie; Männer wurden nur am Leben gelassen, um sie anschließend zu opfern oder zu foltern. Männliche Gefangene nicht zu töten wäre für diese Gruppen oder Stämme lebensgefährlich gewesen; Keeley vergleicht dies sogar mit dem Versuch, einen Grizzly als Haustier zu halten.[23] Das Stammesfürstentum, das ein paar tausend bis einige zehntausend Menschen umfassen konnte, die in festen Ortschaften lebten und in klare Hierarchien eingebunden waren, war an Gefangenen interessiert, vor allem an Frauen und Kindern, aber auch an männlichen Sklaven, die in dieser Organisationsform bewacht und zum Arbeitseinsatz gezwungen werden konnten. Um die Flucht nach Hause zu erschweren, wurden diese Sklaven bisweilen in weiter entfernte Regionen verkauft. Auch eine Lösegeldpraxis gab es bereits. Und gelegentlich konnte sogar ein unterlegener Gegner als untergeordnete Klasse von Sklaven komplett in das Stammesfürstentum integriert werden.

Die Frage hierbei ist, warum diese Gruppen, Stämme und Stammesfürstentümer an dieser, sie grundsätzlich selbst schädigenden Verhaltensweise des praktisch unaufhörlichen Kampfes festhielten.[24] Der Grund dafür wird von Vorgeschichtsforschern in der Reziprozität gesehen: Die Menschen wurden in Verhältnisse hineingeboren, von denen sie als Heranwachsende lernten, dass sie immer schon so waren, und akzeptierten als Naturzustand, dass das Leben aus ständiger Bedrohung bestand, aus Angriff und Verteidigung. Dieser Zustand wird als «hobbesianische Falle» bezeichnet; in ihr wird aus der Not eine Tugend gemacht und alle Tugenden des Kämpfertums werden überhöht. Dies könnte auch erklären, warum es, in bestimmten Gegenden, absolut friedliebende Stämme gibt: Dort fehlte, vielleicht aufgrund lokaler und geographischer Besonderheiten, diese Tradition und damit auch die Reziprozität. Als Kriegsursachen spielten, neben dem Beutetrieb, der das wichtigste Motiv des Kampfes darstellte,[25] Fragen der verletzten Ehre, der Beleidigung eines Stammes und Blutrache eine wichtige Rolle.

Die Kampfformen entsprachen in keiner Weise den Ideen «ritterlicher» Kriegführung. Die Kämpfer versuchten, eigene Verluste nach Möglichkeit zu vermeiden. Sie stellten sich also nicht der offenen Schlacht, sondern bevorzugten den Hinterhalt, in dem sie den Gegner wehrlos antreffen konnten. Wer im Kampf unterlag, war entweder sofort tot oder wurde, wenn verwundet und kampfunfähig, mitleidlos abgeschlachtet. Der Kampf war auf die Perspektiven Sieg, Tod oder Flucht reduziert. Ein wesentlicher Grund dafür lag aber weniger in einem angenommenen aggressiven Tötungstrieb des Menschen als vielmehr in dem ökonomischen Hintergrund der Krieg führenden Gesellschaften, nämlich der Stämme, die keine Verwendung für Gefangene hatten. Es ist anzunehmen, dass der unterlegene Teil am Ende einfach wegrannte und der Sieger sich nicht die Mühe machte, ihn zu verfolgen.

Ein zentraler Gesichtspunkt wird schon in diesem frühen Stadium sichtbar: Die Frage, wie Kämpfe enden, hat wesentlich mit der gesellschaftlichen Organisation der Krieg führenden Parteien zu tun. Gesellschaften, die Gefangene nicht brauchen konnten, machten auch keine. Diese Faktoren – Gefangennahme und Versklavung, Tötung oder Geiselnahme der unterlegenen Partei – lassen sich auch als dominierende Elemente des Aufhörens in späteren Kriegen beobachten.

Wenn der Herr, dein Gott, sie in deine Gewalt gibt, sollst du alle männlichen Personen mit scharfem Schwert erschlagen.

Deuteronomium 20,14

IV. Die Anfänge organisierter Kriege – und wie sie für den Verlierer endeten

Während es sehr wahrscheinlich, aber doch nicht unumstritten ist, ob es vor Beginn der Sesshaftigkeit überhaupt so etwas wie Kriege gegeben hat, kann für die jüngere Steinzeit, in der die ersten Festungsanlagen errichtet wurden, kein Zweifel mehr daran bestehen. Die Frage bleibt, ob Kriege eine unmittelbare Folge dieser Sesshaftwerdung waren; ob Menschen in der jüngeren Steinzeit zuerst Ackerbau betrieben und dann Festungen anlegten, um den entstehenden Wohlstand zu schützen, oder umgekehrt.[1] Es scheint, dass beide Prozesse relativ gleichzeitig einsetzten und damit auch der Beginn dessen, was wir als «organisierte Kriegführung» bezeichnen können. Arther Ferrill definierte diese als Kampf zwischen Formationen; Krieger kämpften in einer Gruppe und folgten einem Anführer. Dies, anstelle einer Gruppe von individuell kämpfenden Kriegern, gilt als die Grenze zwischen «primitivem» und «organisiertem» Krieg.[2] Um mit dem Doyen der britischen Militärgeschichtsschreibung, Sir Michael Howard, zu sprechen: Es gibt einen Unterschied zwischen Krieg als einer sozial kontrollierten Aktion, die wiederum Staaten voraussetzt, auf der einen Seite und Plünderungen, Piraterie, Räubertum, Aufständen, Bürgerkrieg und willkürlicher Gewalt auf der anderen Seite.[3] Unabhängig von der Frage, ob sich das wirklich so einfach trennen lässt, gibt es doch einen Unterschied zwischen nichtstaatlicher und staatlicher Gewalt:

auf der einen Seite anarchischer Kampf und auf der anderen ein Staat, der das Gewaltmonopol hat und es kontrolliert einsetzt, um gegen andere Staaten Krieg zu führen.

In der Jungsteinzeit häufen sich die Anzeichen für gewaltsame Auseinandersetzungen, so etwa der Friedhof 117 im Sudan mit 59 Skeletten brutal ermordeter Männer und Frauen.[4] Ein weiteres untrügliches Zeichen für das heraufziehende Zeitalter zwischenstaatlicher Kriege sind die Ruinen großer Festungen, beispielsweise Jerichos: Diese jungsteinzeitliche Anlage, die im neunten und achten vorchristlichen Jahrtausend errichtet wurde, war von einem ca. drei Meter breiten und mindestens vier Meter hohen, wahrscheinlich ca. 750 Meter langen Wall umgeben, hatte einen gewaltigen Turm und schützte etwa 2000 Einwohner.[5] Zwischen 9000 und 4000 vor Christus entstanden überall im Mittelmeerraum Festungen. Mit dem Bau von Festungsanlagen entwickelte sich auch der Belagerungskrieg, der von Anbeginn besondere Charakteristika aufwies: den extrem hohen Aufwand für den Verteidiger, die Anlagen zu errichten, und den ebenfalls außerordentlich hohen Aufwand für den Angreifer, eine Festung zu erobern. Belagerungen konnten sehr langwierig sein; dem Belagerer konnten noch vor dem Belagerten die Lebensmittel ausgehen; Angriffe konnten militärisch scheitern. Deshalb entwickelte sich schon sehr früh eine besondere Kultur des Aufgebens im Belagerungskrieg.

Das Ende einer Belagerung hatte andere Merkmale als das Ende von Kämpfen und Schlachten. Dafür gab es viele Gründe. Solange eine Festung noch nicht erobert war, brach beispielsweise die Kommandostruktur nicht zusammen und das Geschehen splitterte sich nicht, anders als in vielen Schlachten, in unzählige unkontrollierbare Vorgänge der Gewalt auf. Sehr früh bildete sich ein klarer Kodex heraus, der bis in die frühe Neuzeit hinein seine Gültigkeit nicht verlor: Zuerst versuchte der Belagerer mit dem Belagerten zu einem Kompromiss zu kommen und die Belagerung damit überflüssig zu machen. Wenn sich ein solcher nicht finden ließ und die Festung schließlich im Sturm genommen werden musste, war der Angreifer, gewissermaßen als Entschädigung für seine hohen

Opfer, moralisch berechtigt, jeden zu töten und zu versklaven, den er in der Festung vorfand. So wurde dies, als Spiegel militärischer Praxis im Vorderen Orient, im Alten Testament geregelt. Im Buch Moses (Deuteronomium 20,10–18) heißt es:

> 10 Wenn du vor eine Stadt ziehst, um sie anzugreifen, dann sollst du ihr
> zunächst eine friedliche Einigung vorschlagen. 11 Nimmt sie die fried-
> liche Einigung an und öffnet dir die Tore, dann soll die gesamte Bevölke-
> rung, die du dort vorfindest, zum Frondienst verpflichtet und dir untertan
> sein. 12 Lehnt sie eine friedliche Einigung mit dir ab und will sich mit dir
> im Kampf messen, dann darfst du sie belagern. 13 Wenn der Herr, dein
> Gott, sie in deine Gewalt gibt, sollst du alle männlichen Personen mit
> scharfem Schwert erschlagen. 14 Die Frauen aber, die Kinder und Greise,
> das Vieh und alles, was sich sonst in der Stadt befindet, alles, was sich darin
> plündern läßt, darfst du dir als Beute nehmen. Was du bei deinen Feinden
> geplündert hast, darfst du verzehren; denn der Herr, dein Gott, hat es dir
> geschenkt. 15 So sollst du mit allen Städten verfahren, die sehr weit von
> dir entfernt liegen und nicht zu den Städten dieser Völker hier gehö-
> ren. 16 Aus den Städten dieser Völker jedoch, die der Herr, dein Gott, dir
> als Erbbesitz gibt, darfst du nichts, was Atem hat, am Leben lassen.

Diese äußerst drastischen Regelungen zeigen die Alternativen auf, die klar auch eines der zentralen Gesetze des Krieges, nämlich das der Reziprozität, widerspiegeln: Entweder gab eine Festung nach kurzer Zeit auf, dann wurde der Belagerte, dessen rechtzeitige Aufgabe dem Belagerer große Mühen, Opfer und auch viel Geld sparte,[6] vergleichsweise milde behandelt und ihm wurde das Leben gelassen. Manchmal konnten die Verteidiger sogar aushandeln, dass sie die Festungen mit Gepäck, mit ihren Waffen und Teilen der beweglichen Habe, verlassen durften, was wiederum heikel war, weil sich die belagernden Soldaten durch solche von ihren Führern ausgehandelten Abmachungen ihrer Beute beraubt sahen. Das Beutemachen und seine Kehrseite, die Rettung von Hab und Gut vor der Plünderung, war eine zentrale Frage bei der Kapitulation im Belagerungskrieg.

Die Alternative war, dass der Belagerte bis zum bitteren Ende kämpfte und die Festung unter großen Opfern erstürmt werden musste. Dann war ein Blutbad die Folge; die Soldaten, die sich

Haus für Haus unter großen Opfern nach innen kämpfen mussten, waren selten in der Stimmung, Milde walten zu lassen. Deshalb war es für einen Festungskommandanten die Kardinalfrage, den richtigen Zeitpunkt zum Aufgeben zu finden, wenn sich das Waffenglück gegen ihn zu wenden begann. Hier galt es die Verpflichtung gegenüber dem Kriegsherrn sowie die Möglichkeiten erfolgreicher Verteidigung und möglicherweise herannahenden Entsatzes ebenso in Rechnung zu stellen wie die äußerst schwerwiegenden Folgen zu langen Aushaltens. Diese Balance ist nicht immer gelungen und das Ende der Belagerungen von Karthago im Dritten Punischen Krieg, von Numantia in Spanien durch die Römer, von Magdeburg im Dreißigjährigen Krieg und von Berlin 1945 zeigt, dass sich in den Kriegen der Antike wie der Moderne das überlange Aushalten am Belagerten furchtbar rächt.

Ab einem bestimmten Zeitpunkt war keine Gnade mehr zu erwarten; dies erklärt auch, warum manche Festungen selbst bei katastrophalem Mangel an Lebensmitteln ihren Widerstand fortsetzten und die Belagerten Ratten, Schuhe, Gras, manchmal sogar Menschenfleisch und in Extremfällen ihre eigenen Kinder aßen. Dazu konnte es kommen, wenn sie wussten, dass sie bei einer Kapitulation nur noch den Tod zu erwarten hatten.

Besonderer Gewalt waren Frauen ausgesetzt. Massenvergewaltigungen waren beim Erstürmen einer Festung normal. Es kam darüber hinaus zu allen möglichen anderen Grausamkeiten; so wurde beispielsweise sowohl in assyrischen Dichtungen als auch im Alten Testament häufiger erwähnt, dass beim Erstürmen von Städten schwangere Frauen aufgeschlitzt und Kindern die Schädel zerschmettert würden.[7] Es ist unklar, ob ein solches Verhalten der Norm entsprach oder ob es sich um Einzeltaten handelte. Vielleicht waren es Realitäten, vielleicht Schreckbilder – symptomatisch daran ist die Angst vor einem Sieger, der jede Hemmung verliert und in einen Mordrausch gerät. Die bislang letzte Version dieses Schreckbilds waren die Nachrichten von irakischen Soldaten, die bei der Invasion in Kuwait im Sommer 1990 in Krankenhäusern 40 – nach anderen Nachrichten 300 – Kinder aus Brutkästen gerissen und auf dem Fußboden haben sterben lassen sollen – eine Information, mit der auch Präsident Bush Senior Propaganda für seinen Feldzug gegen den Irak machte. Die Meldung stellte sich hinterher als eine vom kuwaitischen Staat finanzierte PR-Aktion heraus.[8]

Die Jungsteinzeit sah aber nicht nur das Entstehen größerer Festungsanlagen, sondern auch eine sehr viel umfassendere militärische Revolution. Waffen wurden erfunden, so die Schleuder, Pfeil und Bogen, Speere, Äxte und Schwerter – zuerst aus Stein, später aus Bronze, dann aus Eisen.[9] Gleichzeitig verdichteten sich die gesellschaftlichen Organisationsformen, und in Ägypten und im Vorderen Orient entstanden Staaten, die schon sehr früh Armeen beachtlicher Größe aufstellen konnten. Im Alten Ägypten, dessen Militärgeschichte in vielen Details wie auch in großen Linien, vor allem in der Zeit des Alten Reiches, umstritten ist, wurden Armeen von mehreren zehntausend Mann aufgestellt. Diese Armeen und Staaten machten Gefangene und versklavten sie. Damit wurde auch die Kapitulation, anders als in der Steinzeit, ein fester Bestandteil des Krieges, der gleichzeitig seine Form veränderte.

Eine weitere einschneidende Änderung in der Geschichte des Krieges war die Erfindung der entscheidenden Schlacht.[10] Diese entsprach jener Form des Krieges, von der Michael Howard gesprochen hat. Sie unterschied sich in der Kampfweise fundamental von dem konstanten Beutekrieg, der bisher vorgeherrscht hatte; sie verlief nach bestimmten Regeln und war nur unter den disziplinierenden Strukturen des Staates möglich. Eine der ersten Schlachten, über die wir hinreichende Zeugnisse besitzen, ist die Schlacht von Megiddo, die um das Jahr 1480 v. Chr. geschlagen wurde und mit der politischen Unterwerfung des Unterlegenen endete.[11] Die Schlacht als duellartige Entscheidung, als zentrales Geschehen im Kriege, stand im Gegensatz zur Taktik des Guerillakrieges, der häufigen Überfälle und der steten Bedrohung durch «low level conflicts» und veränderte die Form des Aufgebens.

Allerdings blieb die individuelle und freiwillige Aufgabe eine unattraktive und äußerst gefährliche Option, nicht nur, weil kapitulierende Soldaten in ihrer Gesellschaft sozial geächtet wurden, sondern auch, weil die Besiegten versklavt, getötet oder für liturgische Zwecke geopfert werden konnten.[12] Der Besiegte hatte jeden Grund, den Sieger zu fürchten und zu vermeiden, in dessen Gewalt zu kommen.

Krieg war und blieb außerdem alltäglich. J. De Romilly sagte über das Alte Ägypten: «Der Krieg war nicht nur eine gängige Praxis, sondern ein Normalzustand, während Friede ein Waffenstillstand war, ein bloßes Aussetzen des Krieges.»[13] Ein bezeichnendes Detail ist, dass es in der ägyptischen Sprache kein Wort für «Frieden» gab; es wurde erst später, als semitisches Lehnwort, eingeführt, als es benötigt wurde, um die auswärtigen Beziehungen zu organisieren. Diese Grundhaltung beeinflusste natürlich auch das Schicksal der Unterlegenen, das schrecklich war und blieb. Auf der Palette von Narmer blickt der erste Pharao auf die nebeneinanderliegenden Leichen seiner geköpften Feinde.[14] Ägyptologen betonen, dass dies auch immer ein Element pharaonischer Propaganda war; aber selbst wenn dies zutrifft, zeigt es, was die Gesellschaft von ihrem Führer forderte.[15] Den Besiegten erwartete ein Gemetzel oder Versklavung. Wir haben sogar Zahlen, die dies beispielhaft belegen können. Nach der Schlacht von Megiddo, der ersten «Entscheidungsschlacht» der Weltgeschichte, listeten die Annalen von Thutmosis III. 340 Gefangene und 83 Hände auf; die Hände waren den getöteten Feinden abgeschlagen worden, um das Zählen einfacher zu machen. Eine ähnliche Praxis des Abschlagens von Gliedmaßen, um den «body count» zu erleichtern, war im Vorderen Orient üblich.[16] Verwundete wurden direkt auf dem Schlachtfeld getötet, als eine Art Gnadenakt.

Immerhin zeigen diese Zahlen, dass bereits zu diesem frühen Zeitpunkt ein Hauptgesetz des Krieges – vielleicht können wir wieder von der «unsichtbaren Hand des Krieges» sprechen – das Ende von Kämpfen regelte: Diese endeten, bevor alle Verlierer tot waren; der Sieger wollte Sklaven und der Verlierer am Leben bleiben, auch wenn seine Zukunft alles andere als rosig aussah. Im Fall der Schlacht von Megiddo gab es, nach Aussage der zitierten Annalen, viermal mehr Gefangene als Getötete; ein relativ günstiges Verhältnis, das zeigt, dass schon bei dieser später als Armageddon sprichwörtlich gewordenen Schlacht die «unsichtbare Hand des Krieges» die Auswirkungen der Niederlage für den Unterlegenen begrenzte.

At foeda atque ignominiosa deditio est.
(Die Kapitulation ist schändlich
und erniedrigend).

Titus Livius, Ab Urbe Condita IX, IV, 15

V. Siegen oder Sterben – wie Kämpfe in der Antike endeten

1. Wie die Hellenen aufhörten zu kämpfen

Die kriegerischen Kulturen und Bräuche in Kleinasien, Mesopotamien, dem Nahen Osten und Ägypten beeinflussten auch die Kriege im klassischen Griechenland, die ihrerseits wiederum die abendländische Kriegsgeschichte prägten. Die Hellenen waren eine kulturelle, keine politische Einheit, aufgesplittert in über 1000, meist kleine Staaten, die sich vom Schwarzen Meer bis ins westliche Mittelmeer erstreckten. Die Kultur der Hellenen war im Allgemeinen sehr maskulin, ja machistisch und das Thema des Krieges durchdrang praktisch alle Bereiche auch ihres künstlerischen Schaffens.[1] Der Krieg war, so Heraklit, der Vater aller Dinge; Platon hielt den Krieg für einen Naturzustand, und Macht- und Herrschaftswille war in griechischen Augen bei Göttern wie Menschen etwas Selbstverständliches, so suggerierte es zumindest Thukydides im berühmten Melierdialog.[2] Staatenbeziehungen wurden, so lernen wir dort, von Furcht voreinander, von Ehre und Gewinnstreben dominiert. Die Griechen brachten auf dem Feld des Krieges Neuerungen hervor, die sich als entscheidend für die spätere europäische Geschichte erwiesen, und zwar in einem Ausmaß, dass manche, wie etwa der amerikanische Militärhistoriker Victor Hanson, hier die Wiege des «Western way of war» sehen.[3]

Das kriegerische Ideal der Hellenen war der Kampf bis zum Tod, für den Leonidas mit seinen Spartanern bei den Thermopylen das Modell abgab. Umringt von einer persischen Übermacht, dachten die Spartaner nicht daran zu kapitulieren. Eine solche Haltung wurde von verschiedenen griechischen Dichtern, Epikern und Historikern zum Ideal erhoben, von Kallinos oder Tyrtaios,[4] oder auch von Xenophon, der die letzten Minuten des Anaxibios im Jahre 389 v. Chr. schilderte. Als dieser sah, dass der Kampf verloren war, sagte er: «Männer, meine Ehre verlangt von mir, hier auf meinem Platz zu sterben, aber ihr müßt Euch in Sicherheit bringen, bevor der Feind euch erreicht. So sprach er, nahm das Schild von seinem Schildträger und starb kämpfend auf dieser Stelle.»[5] Eine ähnliche Standhaftigkeit sah Victor Hanson bei den Athenern, die bei Amphipolis gegen die Spartaner kämpften;[6] all dies sind Anzeichen dafür, dass das Ideal des Aushaltens bis zum Tode von der Mehrzahl der Griechen geteilt wurde. Das Wesen des Ideals ist natürlich, dass die meisten Menschen es niemals erreichen. Es gab, komplementär, auch eine klare Vorstellung davon, wie sich ein Sieger zu verhalten hatte, nämlich großzügig und ohne Grausamkeit. Hierfür kann Dionysios von Syrakus als Beispiel gelten, der 10 000 Mann eines Entsatzheeres für die Stadt Caulonia in Unteritalien gefangengenommen hatte. Diese hatten kapituliert und befürchteten das Schlimmste, wurden aber von Dionysos gut behandelt und ohne Bedingungen freigelassen. Diodor schrieb, dass die Zeitgenossen des Tyrannen von Syrakus dies für die «schönste Tat seines Lebens» hielten.[7]

Die schriftlichen Zeugnisse des Krieges der Hellenen beginnen im 8. Jahrhundert, als die Ilias und die Odyssee entstanden. Die bronzezeitlichen Kämpfe um Troja, die Homer beschrieb und die zu diesem Zeitpunkt auch schon über vierhundert Jahre zurücklagen, waren meist Einzelkämpfe zwischen den griechischen und troischen Helden. Sie waren zwar mit Streitwagen ausgerüstet, nutzten diese aber, worauf John Keegan hinwies, nicht zum Kampf, denn dieser war infanteristisch, sondern lediglich als eine Art Taxi zum Schlachtfeld.[8] Der Unterlegene suchte oft sein Heil in der

Flucht. Glückte ihm diese nicht, so büßte er die Niederlage mit seinem Leben. Insofern endeten diese Kämpfe für die Verlierer ausnahmslos in Tod und Desaster. Der Kampf vor Troja zeigt nicht nur das Schicksal der Verlierer im Zweikampf und auf dem Schlachtfeld, sondern auch das der Einwohner der belagerten und schließlich eroberten Stadt. Troja wurde nach der Einnahme verwüstet, die Männer getötet, die Frauen versklavt.

Diese Helden und Mythen hatten für die Griechen der klassischen Zeit Vorbildfunktion[9] – und das, obwohl sie eine Form der Kriegführung entwickelten, die sich erheblich von den bronzezeitlichen Kämpfen vor Troja unterschied.[10] Der Einzelkampf zwischen Heroen wurde durch die Schlacht in strenger Formation abgelöst, durch die Phalanx, die von schwer gepanzerten Infanteristen, den Hopliten, gebildet wurde. Diese neue Art der Kriegführung hatte mehrere Gründe, die in der Weiterentwicklung der Waffentechnik seit der Bronzezeit sowie im kulturellen wie auch im sozioökonomischen Hintergrund der gegeneinander Krieg führenden griechischen Kleinstaaten zu suchen sind. Einerseits entsprang diese Form der Schlacht dem Wunsch der miteinander wetteifernden Gemeinwesen, ihre Kräfte zu messen.[11] Sodann sollte der Kampf möglichst rasch entschieden werden, denn die Soldaten waren Milizionäre, die so schnell wie möglich zu ihrer Arbeit, meist der Landwirtschaft, zurückkehren wollten und mussten.[12] Die exakten Gründe für die Entwicklung dieser Art der Kriegführung sind aber umstritten.[13] Außerdem drückte sich hier auch der soziale Charakter dieser Heere aus. Nur ein relativ wohlhabender Bürger der oberen Mittelklasse konnte Hoplit sein; nur er konnte sich die teure Rüstung leisten sowie einen Sklaven, der ihm im Feld als Bursche diente. Gleichzeitig verlangte diese Art des Kampfes zwar Mut, aber nur ein überschaubares Maß an Training. Dies trug der Tatsache Rechnung, dass diese Bürgersoldaten neben ihrer zivilen Beschäftigung nur begrenzte Zeit für ihr militärisches Training erübrigen konnten.

Wie verliefen die Schlachten zwischen Hoplitenarmeen? Die Phalanx bestand aus einer langen Reihe von Kämpfern, die dicht an dicht standen und im linken Arm einen großen Schild hielten, mit dem sie sich und ihren Nachbarn schützten; sie hatten einen Speer und ein Schwert als Waffen. Die Phalanx war normalerweise acht Reihen stark. Die Schlachtreihen der beiden Heere näherten sich, bis schließlich Mann gegen Mann stand; die erste Reihe musste zusammenhalten, wurde von ihren Schilden gedeckt und von den hinteren Reihen nach vorne gepresst. Gleichzeitig entwickelten die Phalanxen eine Rechtsdrehung, da sich die Soldaten in den Schutz des Schildes ihres Nachbarn hineindrückten.[14] Das unsagbar blutige Gemetzel, als das man sich diese Art der Schlacht vorstellen muss, verlangte von den Soldaten einen ans Selbstmörderische grenzenden Einsatzwillen. Auch Zwang spielte eine wichtige Rolle. Der Handlungsspielraum des einzelnen Hopliten war vor und während der Schlacht begrenzt. Er musste ins Feld ziehen, das war er seiner sozialen Stellung schuldig; in der Schlachtreihe schließlich, umgeben von seinen Mitkämpfern, war ihm ein individuelles Ausscheiden physisch unmöglich. Die Schlachtreihen kämpften gegeneinander, bis eine der beiden durchbrochen wurde; war dies der Fall, zogen sich die nicht geschlagenen Teile der Schlachtreihe zurück. Dies waren die Regeln in der klassischen Zeit des Hoplitenkrieges zwischen 700 und ca. 450 v. Chr., in der sowohl auf Wurfgeschosse und Fernwaffen als auch auf die Verfolgung und Tötung des geschlagenen Gegners – zumindest in der Theorie – verzichtet wurde.[15] Mit diesen Einschränkungen war auch der Duellcharakter dieser Art von Schlacht klar gekennzeichnet. In der Praxis gab es allerdings auch Fälle, in denen die Schlachtordnung des Verlierers vollkommen zusammenbrach. Dies begann mit dem Durchbruch (*parrexis*) und führte zum Kollaps (*trope*) des unterlegenen Heeres, das sich dann, von Panik ergriffen, auflöste.[16] Der Überlebenstrieb gewann die Oberhand. Nicht ohne Grund fürchteten bis in die Neuzeit hinein viele Feldherren die Auflösung ihres Heeres in Panik und Flucht mehr als die Niederlage. Sie war ungeheuer verlustreich, da die fliehenden Soldaten nicht mehr über die gemeinsame und gegenseitige Deckung verfügten und, einzeln fliehend und durch ihre schwere Ausrüstung behindert, von leicht ausgerüsteten Infanteristen oder durch Kavallerie mit relativ geringer Mühe gestellt und getötet werden konnten.[17] Am besten reagierten in solchen Situationen diejenigen, die sich in Gruppen kämpfend zurückzogen; ein derart besonnenes und mutiges Verhalten wird beispielsweise von Sokrates berichtet.[18] Am schlechtesten ging es für jene aus, die ihre Waffen und oft auch ihren Panzer einfach wegwarfen und um ihr Leben rannten.[19]

Der Verlierer erkannte die Niederlage öffentlich an und bat den Sieger darum, die Toten einsammeln zu dürfen; dies entsprach dem damaligen Kriegsbrauch und wurde nur in Ausnahmefällen verweigert. Der Sieger wiederum errichtete an der Stelle des Schlachtentscheids ein Siegeszeichen. Manchmal ergaben sich die Reste des unterlegenen Heeres und endeten als Gefangene, etwa ein Flügel, der nicht durchbrochen, später aber umzingelt worden war, oder die Soldaten, die den Tross bildeten, das Lager und Gepäck bewachten, und die Verwundeten, die sich in dem Lager befanden.

Wie verlustreich waren diese Schlachten? Nach Schätzungen von Victor Hanson verlor der Sieger ca. fünf Prozent seiner Soldaten, der Verlierer 14 Prozent, wobei die Verluste des Siegers in der Schlacht und im Handgemenge vor dem Durchbruch eintraten. Der Verlierer hatte bis dahin etwa gleich große Verluste; diese stiegen erst während der Flucht dramatisch an.[20] Einen extremen Fall schildert Thukydides: In der Schlacht von Amphipolis 421 v. Chr. wurden die noch nicht kampfbereiten Athener von den Spartanern überrascht und gerieten in Panik; sie sollen 600 Mann, die Spartaner hingegen nur sieben Männer verloren haben.[21]

Diese Art der Schlacht hatte nicht die vollständige Vernichtung des Gegners zum Ziel, sondern eher die Funktion eines Duells: Kurz, blutig, entscheidend. Sie beendete manchmal einen Krieg, aber da beständige militärische Auseinandersetzungen ein fester Bestandteil der ungeheuer kompetitiven griechischen Kultur waren, hatten auch klare Schlachtentscheidungen keinen wirklich dauerhaften Frieden zur Folge. Immerhin beendeten sie für den Moment die Feindseligkeiten und erlaubten es den Bürgersoldaten, ins Zivilleben zurückzukehren.

War diese Form der Schlacht anders als die Schlachten anderer Kulturen dieser Zeit? Ist es berechtigt, hier den Ausgangspunkt eines «Western Way of War» zu sehen, so wie es Hanson oder Keegan tun?[22] Der Gegensatz, den sie zwischen dieser Form der Schlacht und den Schlachten der nahöstlichen Großreiche sehen, ist die selbstmörderisch anmutende Entschlossenheit der Hopliten, im blutigen Nahkampf, ohne Schonung des eigenen Lebens, die Entscheidung zu suchen. Nun waren auch die Schlachten der altorientalischen Reiche keinesfalls unentschlossen oder unblutig gewesen; sie waren aber auf einem breiten Arsenal verschiedener Waffen, wie Bogen, Schleudern, Speeren, Schwertern, Kavallerie aufgebaut, nicht auf dem fast ausschließlichen Kampf der schwer gepanzerten Infanterie.

In den Augen der spezialisierten persischen Armee mutete die griechische Kampfweise merkwürdig an und sie mögen ihre griechischen Gegner mit einem ähnlichen Befremden betrachtet haben wie amerikanische Soldaten die Japaner im Zweiten Weltkrieg. Herodot legte dem persischen General Mardonios folgende Worte in den Mund: «Dabei pflegen doch die Hellenen viele Kriege zu führen, wie man mir sagt, aber unüberlegt und unverständig gehen sie dabei zu Werke. Haben sie einander den Krieg erklärt, so suchen sie ein schönes, ganz ebenes Schlachtfeld aus, und dort schlagen sie sich, wobei dann der Sieger mit großen Verlusten davonzieht. Von dem Unterliegenden will ich gar nicht reden; er wird völlig vernichtet.»[23] Mardonios empfand an der griechischen Kampfweise als merkwürdig, dass sie nicht energischer versuchte, die eigenen Verluste zu begrenzen. Die Kampfweise der Perser hatte zum Ziel, den Gegner zu schädigen, die eigenen Verluste dabei aber so niedrig wie möglich zu halten, weshalb auch weitreichende Waffen eingesetzt wurden. Der griechische Duellkrieg, dessen Vorteil in der raschen Entscheidung der ökonomisch auf ein schnelles Kriegsende angewiesenen Armeen lag, war den Persern fremd.

Was geschah mit dem Unterlegenen? Wenn es ihm nicht gelang, geordnet abzuziehen oder, wenn eine Panik ausbrach, zu fliehen, verlor er sein Leben auf dem Schlachtfeld. Die Verwundeten wurden auf dem Schlachtfeld getötet; allerdings war es, bei der damaligen medizinischen Versorgung, ohnehin unwahrscheinlich, dass ein Schwerverwundeter seine Verletzung und die mit Sicherheit folgenden Infektionen überlebte.[24] Bisweilen gerieten Truppen in einen Hinterhalt und hatten deshalb, anders als auf dem Schlachtfeld, eine konkrete Handlungsalternative: Sie konnten entweder kämpfend sterben oder kapitulieren. Das berühmteste Beispiel ist hier natürlich Leonidas mit seinen sprichwörtlichen 300 Spartanern, die an den Thermopylen gegen die Perser aushielten und kämpfend starben, «wie das Gesetz es befahl».[25] Diese selbstmörderische Entschlossenheit war allerdings nicht selbstverständlich, für andere Griechen nicht und nicht einmal für Spartaner. Beispielsweise wurden während des Peloponnesischen Krieges im Jahre 425 v. Chr. 420 Spartaner und Bundesgenossen auf der Insel Sphacteria eingekesselt. Allerdings wichen die Athener dem für Hopliten typischen Nahkampf aus, da die Spartaner darin als unbezwingbar galten. Stattdessen wurden die spartanischen Hopliten, für sie ungewohnt, von Werfern und Bogenschützen beschossen.[26] Schließlich waren nur noch 292 erschöpfte und ratlose Spartaner am Leben. Sie fragten über Herolde ihre Hauptmacht auf dem Festland, was sie in ihrer aussichtslosen Lage tun sollten, und erhielten als Antwort, das bliebe ihnen überlassen, solange sie nichts Unehrenhaftes täten. Daraufhin beschlossen die überlebenden Spartaner zu kapitulieren, was Thukydides so kommentierte: «Nichts, was in diesem Krieg geschah, überraschte die Hellenen so wie das hier.»[27] Mehr noch, die Spartaner kapitulierten sogar bedingungslos und wurden nach Athen gebracht, wo sie vier Jahre gefangen gesetzt und erst nach dem Friedensschluss von 421 nach Hause entlassen wurden. In Sparta verloren die Heimkehrer für eine gewisse Zeit einige ihrer Bürgerrechte, um, so war die Begründung, innere Uneinigkeit in der Stadt zu vermeiden.

Wir können natürlich fragen: Was ist eigentlich so überraschend an dieser Kapitulation in aussichtsloser Lage, abgesehen davon, dass Thukydides die Gelegenheit nutzte, um den Mythos zu widerlegen, dass Spartaner niemals kapitulieren würden, unter welchen

Umständen auch immer? In Wahrheit setzten sich auf Sphacteria die Mechanismen der Mäßigung im Kriege durch. Hier sehen wir auch in seltener Klarheit die Bestandteile dieses Mechanismus, der von dem gegenseitigen Egoismus von Siegern und Verlierern gespeist wurde. Die Quellen berichten uns von zwei Hauptfaktoren: erstens von der Konfusion und dem Überlebenswillen der unterlegenen Spartaner, die wie ein Mann die Kapitulation wollten, und zweitens von den politischen Erwägungen der Athener, so etwa Kleons, die sich von der Gefangennahme der Spartaner größere Vorteile versprachen als von ihrer Niedermetzelung.[28] Das einzige, was diesen Mechanismus hätte außer Kraft setzen können, fehlte hier, nämlich ein zu allem entschlossener Führer wie Leonidas, der seine Truppe mitreißen und notfalls auch in den Tod führen konnte. Stattdessen war Epitadas, der Anführer der Spartaner, bereits gefallen, sein Vertreter, Hippagretas, schwer verwundet und handlungsunfähig, und Styphon, der dritte im Kommando, bereit zu kapitulieren.

Gefangene in griechischen Kriegen wurden in der Regel versklavt;[29] Platon empfand dies als Selbstverständlichkeit. Ein berühmtes Beispiel ist das athenische Heer, das nach dem Scheitern des sizilischen Feldzugs eingeschlossen worden war. Thukydides berichtet uns von den konkreten Umständen der Kapitulation. Zuerst wurde die Nachhut des flüchtenden athenischen Heeres, etwa 6000 Mann unter der Führung von Demosthenes, von den Syrakusanern umzingelt. Sie konnten Bedingungen für ihre Kapitulation aushandeln: Niemand sollte getötet werden «weder sofort, noch durch Inhaftierung, noch durch Mangel an Lebensmitteln».[30] Der zweite Teil des Heeres unter der Führung von Nikias hatte vergebens versucht, sich in Eilmärschen in Sicherheit zu bringen; von den Syrakusanern, vor allem von deren Kavallerie, verfolgt und unablässig angegriffen, zogen sie sich zum Fluss Assinarus zurück. Hier brach eine vollständige Panik aus und die erschöpften und durstigen Truppen verloren jede Ordnung. Die Soldaten trampelten sich gegenseitig tot und kämpften sogar gegeneinander, um das schlammige und bald schon blutrote Wasser zu trinken. Gleichzeitig wurden sie vom Gegner von erhöhten Stellungen aus weiter beschossen. Nikias kapitulierte; sein Schicksal sei ihm gleich, aber er bat darum, das Gemetzel an seinen Soldaten zu stoppen.[31] Die Verluste am Assinarus waren erschreckend hoch, weit höher als in jeder anderen Schlacht des Peloponnesischen Krieges. Auch lieferten viele Syrakusaner ihre Gefangenen nicht ab, sondern versklavten sie direkt. Einige Athener entkamen vom Schlachtfeld oder später aus der Sklaverei. Die etwa 7000 offiziellen Gefangenen mussten bei unzureichender Ernährung im Freien kampieren;[32] später wurden sie sortiert, Verbündete und Sklaven wurden verkauft, die Athener im Steinbruch eingesetzt. Die Führer des Heeres, Nikias und Demosthenes, wurden hingerichtet. Nicht nur in diesem Fall wurden Gefangene als Geiseln festgehalten, entweder, um politisches Wohlverhalten zu erzwingen, oder aber um ein Lösegeld zu erzielen. Manche Athener wurden vielleicht von ihren Angehörigen ausgelöst.

Später in diesem Kriege lancierten die Spartaner den Gedanken, dass kein Grieche einen anderen versklaven solle.[33] Der Gedanke entsprach aber nicht der Zeit. Die Versklavung der Überlebenden war die Norm. Verstümmelungen oder Massentötungen der Unterlegenen waren in Griechenland die Ausnahme; aber auch das gab es bisweilen. In der Endphase des Peloponnesischen Krieges ließ sich der spartanische Admiral Lysander zu derartigen Grausamkeiten hinreißen, wobei über seine Motive gerätselt wird. Eine Ursache war mit Sicherheit die fortschreitende Radikalisierung, Erbitterung und Verrohung durch den endlosen Krieg. Ein weiterer Grund dieser Grausamkeit war vielleicht die fehlende Gefahr der Reziprozität: Athen war nach dem Scheitern der sizilischen Unternehmung in einer zunehmend aussichtslosen Lage, weshalb Lysander nicht befürchten musste, in absehbarer Zeit auf das Wohlwollen der Athener angewiesen zu sein. Es kam ihm daher nicht darauf an, seine Gegner gut zu behandeln, vielmehr wollte er den Athenern ihre aussichtslose Lage in brutaler Deutlichkeit zu Bewusstsein bringen und sie durch Terror einschüchtern.

Lysander befahl, athenischen Gefangenen die rechte Hand abzuschlagen, und nach der Entscheidungsschlacht von Aigospotamoi ließ er 3000 gefangene Athener hinrichten; möglicherweise auch deshalb, weil diese, die Ruderer, den untersten sozialen Schichten angehörten und daher in das Lager der fanatischsten Gegner der Spartaner, in das der athenischen Demokraten, gehörten. Derartiges war, wie oben erwähnt, in den klassischen Kulturen des Vorderen Orient üblich, aber nicht in Griechenland. Dieser spartanische Fanatismus begegnete gleicher Entschlossenheit auf der athenischen Gegenseite. Die demokratische Partei verbot den Bürgern der nun blockierten und hungernden Stadt, in der die Einwohner buchstäblich vor Erschöpfung auf den Straßen starben, bei Todesstrafe, von Friedensverhandlungen zu sprechen; sie befürchteten im Fall der Kapitulation die Einebnung Athens und die Versklavung aller Einwohner.

Tatsächlich waren manche der mit Sparta verbündeten Staaten willens, genau dies nach der Niederlage zu tun; doch Sparta rettete die unglückliche Konkurrentin ihrer vergangenen Verdienste wegen und auch, weil sie die Stadt als abhängigen Bundesgenossen in einem von Sparta dominierten System noch brauchte. Trotzdem: Eine derartige Milde war nicht selbstverständlich. Beide Seiten, Athener wie Spartaner, hatten sich während des Peloponnesischen Krieges radikalisiert; da es keine Feldschlachten gab, wurde der Belagerungskrieg die Regel und dieser endete entweder sofort mit der Kapitulation der angegriffenen Städte oder aber, wenn sie sich wehrten, nach teilweise mehrjährigen Belagerungen mit der Stürmung und der darauffolgenden Tötung und Versklavung der Bewohner.[34] Auch die Athener hatten wiederholt unterlegene Gegner, wie beispielsweise die Melier, entweder getötet oder versklavt, und es gab in diesem Krieg über zwanzig Massenexekutionen gefangener Seeleute oder von Bewohnern eroberter Städte. Diese Kette von Massakern in diesem Kriege brachte Victor Hanson dazu, vom «dreißigjährigen Schlachten» zu sprechen.[35]

Zwar gehen einige Wissenschaftler, so etwa Peter Karavites, nach intensivem Studium griechischer Quellen davon aus, dass die Hellenen dazu tendierten, ihre Macht nicht zu missbrauchen und im Falle einer Kapitulation Milde walten zu lassen. Karavites weist darauf hin, dass es den griechischen Idealen entsprach, alles im richtigen Maß und in der richtigen Proportion zu tun und Exzesse zu vermeiden.[36] Doch sollte dieses Argument auch nicht überstrapaziert werden. Unter dem Druck der Verhältnisse und der Kosten der Kriegführung, die vor allem bei Belagerungen leicht ins Astronomische steigen konnten,[37] war Mäßigung eigentlich nur als ein Geschäft mit Hoffnung auf Gegenseitigkeit vorstellbar. Deshalb konnte der Verlierer auf Mäßigung hoffen, aber keinesfalls auf sie vertrauen, vor allem nicht nach fanatischen und endlosen Kämpfen.

Der Sieg auf dem Schlachtfeld beendete manchmal, aber nicht immer den Krieg; denn dazu war der Friedensschluss zwischen Regierungen notwendig. Weil die griechische Kultur keine legalistische war, gestaltete sich dies alles andere als einfach. Verträge wurden durch Eide und bei den Göttern beschworen, aber derart oft gebrochen, dass Lysander spottete, Knaben würden mit Knochen (= Glücksspiel) und Männer mit Eiden betrogen.[38] Die daraus resultierende Unsicherheit, ob man sich auf getroffene Vereinbarungen auch verlassen konnte, trug sicherlich weiter dazu bei, den Frieden unsicher und kurz zu machen.

2. «Aut vincere aut emori» – Niederlage und Kapitulation in der römischen Geschichte

Im antiken Griechenland gab es keine für alle geltenden Gesetze, sondern nur Gebräuche des Krieges. Ganz anders war dies in Rom. Hier herrschte eine legalistische Kultur, die allerdings für die Besiegten die Sache nicht unbedingt verbesserte. Die römische Haltung wurde, spätestens nach dem Zweiten Punischen Krieg, eine imperiale;[39] sie erkannte das Gegenüber nicht als gleichwertig an und weigerte sich, Niederlagen anzuerkennen und nachteilige Friedensschlüsse zu akzeptieren.

Was geschah also, wenn Rom nicht siegte? Die Römer verloren in ihrer Geschichte viele Schlachten, aber, zumindest während ihres Aufstiegs, keine Kriege. Der unbeugsame Wille der politischen

Führung, also des Senats, am Ende zu siegen, brachte sie durch existenzbedrohende Kriege wie die gegen Pyrrhus oder Hannibal, ohne dass sie in ihrer Überzeugung, Frieden nur zu ihren eigenen Konditionen abzuschließen, wankend wurden. Der römische Satiriker Lucilius erklärte: «Das römische Volk wurde oft durch Gewalt besiegt und in vielen Schlachten geschlagen, aber verlor niemals einen Krieg – und das ist, was wirklich zählt!»[40]

Diese unbeugsame römische Haltung konnte bisweilen bizarr erscheinen, etwa dann, wenn geschlagene römische Feldherren ihren Gegnern Bedingungen zu diktieren suchten, so etwa Publius Licinius Crassus gegenüber dem makedonischen König Perseus nach dessen Sieg in der Schlacht von Callicinus im Jahre 171 v. Chr.[41] Letztlich war diese Haltung aber in klassischer Zeit meistens erfolgreich, so auch in diesem Fall: Der Dritte Makedonische Krieg endete drei Jahre später mit dem Sieg von Lucius Aemilius Paullus bei Pydna im Jahre 168; später wurde Makedonien aufgeteilt, 300 000 Makedonier versklavt, ihre Ortschaften verwüstet und ihr Land an römische Veteranen verschenkt.

Einer der Gründe für die ungeheure Hartnäckigkeit und den Siegeswillen der Römer war, dass sie sich Nachgiebigkeit oder Schwäche nicht leisten zu können glaubten, weil sie um den Zusammenhalt ihres Imperiums fürchteten. Ein weiterer dürfte gewesen sein, dass Soldaten wie Feldherren ab einem bestimmten Zeitpunkt wussten, dass die weit überlegene Macht des römischen Imperiums hinter ihnen stand. Dies macht es beispielsweise erklärlich, dass Ciceros Bruder, der im Jahre 54/53 v. Chr. mit seiner Armee in Gallien umzingelt war, erklärte: «Das Römische Volk akzeptiert keine Bedingungen von bewaffneten Feinden!»[42]

Trotz dieser stolzen Worte kapitulierten auch Römer; aber dies war dann eine Entscheidung auf taktischer oder persönlicher Ebene. Der einzelne Soldat konnte sich ergeben, der einzelne Feldherr eine Schlacht verloren geben. Dies geschah häufig; nicht jeder war zum Märtyrer geboren, nicht einmal in einer Kultur, deren Werte so sehr auf das Soldatische, auf Ehre und Kampfwillen abzielte wie die römische. Der persönliche Ehrenkodex der Römer sah vor, dass Soldaten idealiter den Tod der Kapitulation vorziehen sollten. «Aut vincere aut emori» – Sieg oder Tod – war die Alternative der im Kampf unterlegenen Soldaten,[43] und Kapitulation und Feigheit waren eine Schande (*ignominia*). Dieses Ideal, das sich auch in der römischen Literatur beobachten lässt, wurde in manchen Fällen zur handlungsbestimmenden Realität. So berichtet Josephus, dass bei der Belagerung Jerusalems durch die Römer im Jahre 70 eine Gruppe römischer Soldaten auf einem Dach in einen Hinterhalt geriet. Vor den Augen des römischen Heeres wurden alle Soldaten bis auf einen, der durch ungewöhnliche Körperkraft hervorstach, getötet; den Übriggebliebenen, den sie nicht hatten bezwingen können, forderten die Juden zur Kapitulation auf. Doch auf der anderen Seite stand der Bruder des Soldaten, der ihn beschwor, nichts Unehrenhaftes zu tun. Der Appell wirkte; der Soldat tötete sich selbst statt zu kapitulieren.[44] Ähnliche Beispiele lassen sich finden, etwa wenn man auf Feldherren blickt, die sich im Augenblick der Niederlage selbst töteten. Zu diesen gehörten Brutus und Cassius nach der Schlacht von Philippi oder auch Varus, der Verlierer der Schlacht im Teutoburger Wald. Doch wenn man die vielen Schlachten durchgeht, die Rom im Laufe seiner Geschichte verloren hat, so stellt man fest, dass fast alle Feldherren entweder im Kampf fielen – wie etwa Kaiser Valens in der Schlacht bei Adrianopel gegen die Goten im Jahre 378 nach Christus – oder aber flohen; und Letztere waren die riesige Mehrheit. Selbst der Verantwortliche für die wohl spektakulärste Niederlage der römischen Geschichte, der Schlacht bei Cannae im Jahre 216 v. Chr., Konsul Terentius Varro, floh mit fünfzig Reitern vom Schlachtfeld und, wie Theodor Mommsen urteilte, «ertrug es zu leben».[45] Mehr noch: Seine große Karriere war zwar vorbei, aber er hatte später noch mehrere Truppenkommandos inne und diente anschließend als römischer Botschafter in Afrika.

Für die einfachen Soldaten galt dasselbe wie für ihre Feldherren: Es gab einen Punkt, ab dem auch sie einfach um ihr Leben rannten oder nicht mehr bereit waren zu kämpfen und sogar meuterten, wenn ihre Führer sie zum Weiterkämpfen veranlassen wollten. Ein

Beispiel dafür bietet die Schlacht bei Carrhae, die Crassus gegen die Parther verloren hatte. Das römische Heer zwang Crassus am Tage nach der Schlacht, auf seine, der Lage wahrscheinlich angemessenen, Pläne des kämpfenden Rückzugs zu verzichten und Verhandlungen mit den Parthern aufzunehmen, in deren Verlauf er umgebracht wurde. Das römische Heer wurde völlig aufgerieben. Die Umstände von Crassus Ermordung sind unklar, dürften aber auf die Tatsache zurückzuführen sein, dass beide Seiten, nach einer verlustreichen Schlacht, sich verständlicherweise mit äußerstem Misstrauen gegenüberstanden.[46]

Das soldatische Ideal der Römer war Sieg oder Tod; aber die Kraft des Überlebenswillens war auch von einem hochentwickelten Ehrenkodex nicht so einfach auszuhebeln. Diejenigen, die den Tod der Niederlage vorzogen, und zwar nicht nur beim Rezitieren von Gedichten, sondern auch auf dem Schlachtfeld, waren auch in Rom in der Minderheit. Wer kapitulierte und sein Leben durch scheinbar entehrende Konzessionen rettete, musste allerdings mit sozialen Konsequenzen rechnen. Ein Beispiel dafür ist in der römischen Geschichte von Titus Livius zu finden. Ein römisches Heer war von den Samniten im Jahre 319 v. Christus in einem Gebirgspass eingekesselt worden und die Konsuln hatten in hoffnungsloser Lage kapituliert, um das nackte Leben iher Männer zu retten. Die Soldaten wurden von den Samniten halbnackt durch ein Joch gejagt und verhöhnt. Titus Livius beschreibt dann, wie die Soldaten sich, brennend vor Scham und mit ihren Führern hadernd, auf den Heimweg machten. Sie konnten, so Livius, «ihre Augen nicht heben und ihren Freunden und Tröstern nicht ins Gesicht schauen»; so fühlten sie sich erniedrigt.[47] All das ist, wie so viele Schlachtfeldreden in der griechisch-römischen Literatur, eine literarische Erfindung, und vielleicht hat der gesamte Vorgang niemals stattgefunden. Trotzdem ist diese Passage aussagekräftig, da sie uns zeigt, wie sich ein wichtiger römischer Historiker, der außerdem noch ein bei seinen Zeitgenossen überaus populärer Autor war, die Gefühle eines kapitulierenden Soldaten vorstellte: nämlich als schamerfüllt und verzweifelt, ja gebrochen.

Zu den patriotischen Vorbildern der römischen Blütezeit gehörte auch die Geschichte einer Kapitulation aus dem Ersten Punischen Krieg. Der Konsul Attilius Regulus, der in Afrika eine große Schlacht gegen die Punier verloren hatte und in Gefangenschaft geraten war, wurde von den Puniern nach Rom gesandt, um einen Frieden zu vermitteln. Er riet dem Senat aber, den Krieg fortzusetzen, und kehrte dann in die Gefangenschaft zurück, in der er, so eine der Überlieferungen, durch das Abschneiden der Augenlider von den Karthagern grausam zu Tode gefoltert wurde.[48] Während die Authentizität dieses Vorgangs strittig ist, wissen wir sicher, dass der römische Feldherr C. Hostilius Mancinus, der im Jahre 137 v. Chr. mit seinem Heer von 20 000 Mann von den Numantinern eingekesselt worden war und, um das nackte Leben zu retten, kapitulierte und einen für Rom unvorteilhaften Vertrag unterzeichnete. Dieser wurde vom Senat für ungültig erklärt. Die Schande, die auf Mancinus lastete, war so groß, dass er selbst anregte, sich den Numantinern auszuliefern. Er stand dann nackt vor deren Stadtmauern, wurde aber weder eingelassen noch behelligt; die Numantiner werteten dieses Geschehen zu Recht als römischen Vertragsbruch. Mit diesem Bußritual, das Mancinus selbst später in einem Denkmal verewigen ließ, war seine Ehre jedenfalls wiederhergestellt und er konnte seine politische Laufbahn unbehindert fortsetzen.

Den Numantinern erging es hingegen schlecht. Einige Jahre später wurden sie von Scipio Africanus durch eine Armee eingekesselt, die acht Mal größer war als ihre eigene. Scipio wich dem Kampf aus und setzte auf die Wirkung des Hungers. In der Stadt gingen die Lebensmittel zur Neige. Die Numantiner sandten in ihrer Verzweiflung Unterhändler zu Scipio, doch ihr Versuch, eine Kapitulation an bestimmte Bedingungen zu knüpfen, wurde von ihm abgelehnt; er verlangte die *deditio*, die bedingungslose Kapitulation, und war mit nichts weniger zufrieden. Nun kämpften die Numantiner bis zum Tod; in ihrer Not wurden sie zu Kannibalen, und als sie schließlich keinen Widerstand mehr leisten konnten, begingen viele Selbstmord und zündeten ihre Stadt an. Von ca. 8000 numantinischen Kriegern waren noch 4000 am Leben, als Scipio die Stadt einnahm; die Stadt wurde dem Erdboden gleichgemacht und die Überlebenden in die Sklaverei verkauft.[49]

Damit sind wir beim zweiten Teil des Problems: Was geschah, wenn Rom siegte, und wie wurden die Unterlegenen behandelt? Das charakteristische an der römischen Haltung war, dass Rom auf der bedingungslosen Unterwerfung seiner Gegner, der *deditio*, bestand. Diese verlief nach einem festen Schema, das uns Livius am Beispiel der in Latium gelegenen Stadt Collatia überliefert hat und das als Beispiel zitiert werden soll, wie wir uns eine Kapitulation in der Antike vorstellen können. Der römische König Tarquinius Priscus fragte die Gesandten von Collatia: «Seid Ihr als Gesandte und Sprecher vom Volk von Collatia geschickt worden, um Euch und das Volk von Collatia zu übergeben?» – «Wir sind es.» – «Ist das Volk von Collatia sein eigener Herr?» – «So ist es.» – «Übergebt Ihr Euch selbst und das collatinische Volk, die Stadt, das Land, Gewässer, Grenzsteine, Heiligtümer, Gebrauchsgegenstände, alle göttlichen und menschlichen Dinge in meine und des römischen Volkes Gewalt?» – «Wir tun dieses.» – «Und ich empfange Eure Übergabe.»[50]

Die *deditio* war in der Tat eine bedingungslose Kapitulation. Alles, was danach geschah, lag allein im Ermessen des römischen Siegers. Der Besiegte hatte aufgehört, als Rechtsperson zu existieren. Rom konnte ihn nun vernichten, die Städte dem Erdboden gleichmachen, die Einwohner töten oder in die Sklaverei verkaufen; es konnte aber auch dem Besiegten seine Rechte zurückgeben und sein bisheriges Leben unbehelligt weiterleben lassen. Es gab sogar einen gewissen Zug in die zweite Richtung. Dafür sprach schon das Gesetz einfacher Klugheit: Wenn der Besiegte unmenschlich behandelt wurde, dann war es sehr wahrscheinlich, dass der nächste Gegner im nächsten Krieg sich bis zum letzten Atemzug zur Wehr setzen würde. Mit genau diesen Argumenten rief der Senat römische Generäle zur Ordnung, die ihre Gegner zu hart behandelt hatten.[51] Rom war aber, und das blieb ein Faktum, nicht gebunden und zu nichts verpflichtet. Die *deditio* gab volle Handlungsfreiheit, und das Vertrauen in die *fides* des römischen

Volkes, in moralische Bindungen, war eine unsichere und gefährliche Angelegenheit, auch deshalb, weil Volk und Senat zustimmen mussten und gleichzeitig auch die römischen Soldaten vor Ort kontrolliert und gezügelt werden mussten, die sich, beispielsweise am Ende einer langen Belagerung, schon auf das Ausplündern der Stadt gefreut hatten und sich nun um ihre Beute geprellt sehen konnten.

Ein berühmtes Beispiel für eine *deditio* war die von Karthago zu Beginn des Dritten Punischen Krieges. Karthago hatte sich, entgegen vertraglicher Verpflichtungen, nicht ohne Genehmigung Roms Krieg zu führen, gegen die Übergriffe Massinissas gewaltsam zur Wehr gesetzt. Rom intervenierte und die Karthager gaben nach; sie stellten Geiseln, sie lieferten alle ihre Waffen aus, sie vollzogen die *deditio*. Sie hatten bedingungslos kapituliert. Als dann aber Rom verfügte, dass die Karthager ihre Stadt aufgeben und sich fünfzehn Meilen landeinwärts eine neue bauen sollten, schlug die Stimmung um und Karthago begann seinen dreijährigen Verzweiflungskampf gegen die römische Tyrannei, die mit dem Tod der halben Bevölkerung, mit der Versklavung des Rests und mit der Einebnung der Stadt enden sollte.

Polybios diskutiert diesen Fall und die *deditio*: Er berichtet uns, dass dieser Krieg in der nichtrömischen Welt breit diskutiert wurde und einige argumentiert hatten, dass eine bedingungslose Kapitulation nun einmal eine bedingungslose Kapitulation sei; insofern seien die Karthager im Unrecht gewesen, sich gegen die römischen Verfügungen aufzulehnen. Andere kritisierten die hasserfüllte Unverhältnismäßigkeit des römischen Vorgehens und den tyrannischen Charakter des Umsiedlungsbefehls.[52] Letzteres Urteil ist, aus einer humanitären Sicht, berechtigt und verständlich; es wird außerdem untermauert durch den Blick auf ähnliche römische Aktionen wie die Einebnung Korinths, Numantias oder Avaricums. Aus der Warte nichtrömischer Völker war die *Pax Romana* eine Friedhofsruhe. Nicht umsonst sagte Calgacus, der Führer der Briten, der sich gegen die römischen Eroberungsversuche seiner Heimat zur Wehr setzte, Tacitus zufolge: «Sie rauben, töten und vergewaltigen und nennen das dann römische Herrschaft. Sie schaffen eine Wüste und nennen es Frieden.»[53]

Im Übrigen ist es interessant zu beobachten, dass das römische Konzept der *deditio* schon in der Antike nicht überall gleichermaßen verstanden wurde. Polybios berichtet eine Episode aus dem Ätolischen Krieg (191–189 v. Chr.): Nachdem ihr Bundesgenosse, Antiochos der Große, von den Römern vernichtend geschlagen worden war, beschlossen die Ätoler, sich dem Sieger, Konsul Marcus Acilius Glabrio, zu ergeben und eine *deditio* zu vollziehen. Polybios schreibt: «Nach einer langen Diskussion über verschiedene Details entschieden die Ätoler sich, die gesamte Angelegenheit Acilius zu überlassen und sich selbst ohne Reserve auf guten Glauben hin den Römern zu unterwerfen. Sie verstanden nicht, was das wirklich bedeutetete; aber sie wurden durch das Wort «Glauben» (fides) mißleitet und glaubten, die Römer wären dann geneigter, ihnen entgegenzukommen. Aber für die Römer ist ein Mann, der sich ‹in gutem Glauben ergibt›, gleichbedeutend mit jemandem, der sich bedingungslos ergibt.»[54] Acilius vollzog offenbar die übliche Frage-und-Antwort-Prozedur der *deditio*. Am Ende verlangte er die Auslieferung zweier Flüchtlinge. Der Anführer der ätolischen Delegation, Phanaeas, erwiderte, diese Forderung sei weder gerecht noch entspreche sie griechischen Gebräuchen des Gastrechts. Acilius antwortete: «Willst Du immer noch mit mir über griechische Gebräuche sprechen, und über Ehre und Pflicht, nachdem Ihr Euch bedingungslos ergeben habt? Ich sollte Euch alle in Ketten legen und ins Gefängnis werfen.» Die Ätoler jedoch wandten ein, sie müssten, bevor sie einen derart gravierenden Schritt wie diese vollständige Kapitulation unternehmen könnten, erst das Einverständnis ihres Volkes einholen. Ihnen wurde ein Waffenstillstand von zehn Tagen gewährt, um dies zu bewerkstelligen. Der Ärger der Ätoler war aber so gewaltig, dass sie die *deditio* nicht ratifizierten und der Krieg nach zehn Tagen wieder aufflammte.[55] Polybios, der hier wie stets versuchte, einer griechischen Leserschaft den römischen Standpunkt nahezubringen, schrieb über die *deditio*: «Ich muß hier meine Leser kurz daran erinnern, was das (*dedere se in fidem*) bedeutet. Diejenigen, die sich den römischen Authoritäten ergeben haben, übergeben alles Land und die Städte, mit allen Männern und Frauen in diesen Ländern und Städten, und auch die Gewässer, Häfen, Tempel und Gräber, so daß die Römer die Herren von all dem werden, und denen, die kapitulieren, bleibt nichts von dem.»[56] Die *deditio*, die bedingungslose Kapitulation, konnte aber nur klar unterlegenen Gegnern abverlangt werden, also Völkerschaften innerhalb des Orbis Romanus während des Aufstiegs und der Blütezeit des Imperiums, nicht etwa benachbarten Großmächten wie den Parthern.

Das römische Militärwesen und damit auch die Kriegführung durchlief in den folgenden Jahrhunderten gravierende Veränderungen. Aus der römischen Milizarmee wurde eine Berufsarmee; aus dem aggressiven Imperium eine Macht, die zunehmend in die Defensive gedrängt wurde und sich während der Völkerwanderungszeit mit immer größerer Mühe ihrer Feinde erwehren konnte. Trotz dieser dramatischen Vorgänge blieb, wie der amerikanische Historiker J. E. Lendon herausgearbeitet hat, das römische Militärwesen bewusst konservativ.[57] Dies galt für Bewaffnung und Kampfweise und noch mehr für den soldatischen Ehrenkodex. Die *mos maiorum*, die Sitte der Vorfahren, waren für die Römer weiterhin handlungsleitend; daher blieb auch das Ideal, wie sich ein Soldat in Sieg und Niederlage verhalten sollte, im Wesentlichen gleich. Was sich jedoch änderte, waren die politischen Rahmenbedingungen und auch das, was militärisch noch durchsetzbar war. Das Imperium sah sich schließlich gezwungen, mit seinen Feinden lebensbedrohliche Kompromisse abzuschließen; die Zeiten, in denen Rom in der Lage war, auf der *deditio* zu bestehen, waren vorbei. So konnte den Goten nach der Niederlage in der Schlacht von Adrianopel 378 keine Kapitulation abgerungen werden; im Gegenteil mussten sie innerhalb der Reichsgrenzen als *foederati*, als autonome, de facto selbständige Völker, angesiedelt werden. Damit war ein Prozess in Gang gekommen, der schließlich zur Auflösung des Reiches beitragen sollte. Unter dem militärischen Druck brach das Imperium im Westen zusammen und überlebte im Osten.

3. Kapitulationsverweigerungen und Kampf bis zum Tod in der Antike

In Griechenland und Rom war das Ideal des Kämpfers wohl das, was spartanische Mütter ihren Söhnen mitgaben: Die Rückkehr aus der Schlacht entweder mit dem Schild oder auf dem Schild, aber nicht ohne Schild – das heißt, Sieg oder Tod, aber nicht schimpfliche Flucht unter Wegwerfen der Ausrüstung. Dieses Ideal war ohne jede Frage in der gesamten Antike wirkmächtig. Doch wir sehen, als Konzession an die Realität, einen klaren Unterschied von Theorie und Praxis, denn in vielen Fällen zogen die Verlierer das Weiterleben dem Untergang vor, gleichgültig, wie schwer die Folgen der Niederlage auch sein mochten. Und sie waren meist extrem harsch; Sklaverei und Verlust allen Eigentums waren die Konsequenzen der Kapitulation in der Antike. Doch auch griechische und römische Soldaten konnten in schwieriger Lage verzagen, hilflos sein, in Panik geraten und versuchen, das eigene Leben um jeden Preis zu retten; so machten es die Athener auf Sizilien oder die Römer bei Carrhae, obwohl Horaz sie für ihren Mangel an Standhaftigkeit kritisierte.[58] Sie waren mehrheitlich weder Helden noch Märtyrer, sondern normale Männer, die unter bestimmten Bedingungen bereit gewesen waren, in der Schlacht ihr Leben einzusetzen und um den Sieg zu kämpfen – eine Bereitschaft, die an sich schon erstaunlich genug ist und nur durch eine entsprechende Kultur und Tradition, Gewinnstreben, Ehrgeiz sowie durch sozialen Druck erklärt werden kann.

Letzteres wirft eine wichtige Frage auf: War der kapitulierende Verlierer, der dem Ideal des todesverachtenden Soldaten erkennbar nicht entsprochen hatte, wirklich sozial stigmatisiert für den Rest seines Lebens? Es gibt zahlreiche Quellenbeispiele, die belegen, dass dies nicht so war, und zwar aus allen antiken Gesellschaften einschließlich Sparta und Rom, in denen der soldatische Ehrenkodex ins Extremistische gesteigert worden war. Gefährlicher war soldatisches «Versagen» bei den Karthagern, die erfolglose Feldherren ans Kreuz schlugen. Vergleichbares ist im griechisch-römischen Fall nur selten vorgekommen – etwa bei den Athenern, die glücklose Admiräle vor Gericht stellten.[59]

Im Sieg, als der Kehrseite der Niederlage, galt das Ideal des Großmuts – oder wie Vergil formulierte: «parcere subiectis et debellare superbos» – «die Unterworfenen zu schonen und die Hochmütigen niederzukämpfen».[60] Auch dies war ein Ideal; die Praxis sah anders aus, da die Behandlung von Unterlegenen sehr viel profaneren Gesetzen, nämlich denen des eigenen Vorteils, der Reziprozität und der kumulativen Radikalisierung folgte. Als Faustregel kann hier festgestellt werden: Je länger und erbitterter gekämpft worden war, desto höher wurde der Einsatz, den beide Seiten zu erbringen hatten, desto höher war der Preis des Sieges und desto unwahrscheinlicher wurde ein glimpfliches Kriegsende für den Unterlegenen. Auch war ein humanes, großzügiges Verhalten nur zwischen hinreichend gleichstarken Kontrahenten zu erwarten, wenn die schwächere Seite noch erhebliche Sanktionsmöglichkeiten besaß. Der machtlose Verlierer war hingegen der Willkür des Siegers ausgeliefert, und dessen Eigeninteresse, wie etwa das gewinnbringende Versklaven und Beutemachen, widersprach dem Gedanken an Schonung. Großzügige Humanität war deshalb nur dann zu erwarten, wenn der Sieger davon in irgendeiner Form einen beträchtlichen Vorteil zu erwarten hatte. Deshalb war die Wahrscheinlichkeit, dass der Sieger sich großmütig verhielt, bei zeitiger Kapitulation und niedrigen Kosten deutlich höher.

Die Übermacht des Siegers prägte lange Phasen der römischen Geschichte. Rom hatte, als es erst einmal zur Hegemonialmacht herangewachsen war, kein gleichwertiges Gegenüber mehr und damit waren wesentliche Faktoren, die normalerweise den Sieger zur Milde veranlassen, wie etwa die Gefahr der Reziprozität, außer Kraft gesetzt. Milde gegenüber dem Unterworfenen war für die Römer trotzdem eine kluge Politik, da sie sich, als in ihrem gesamten Orbis engagierte Macht mit zahlreichen Gegnern, den Sieg gegenüber dem nächsten Kontrahenten nicht doppelt schwer machen wollten, indem sie durch Gnadenlosigkeit alle Feinde zum äußersten Widerstand trieben.[61]

Und äußerster Widerstand, ja Kapitulationsverweigerungen und Kampf bis in den Tod, kamen in der Antike nicht selten vor. Sie erfolgten meist im Zusammenhang mit Belagerungen und resultierten daraus, dass es in der Antike keine Trennung zwischen Kombattanten und Zivilisten, mit entsprechenden verbindlichen Schutzbestimmungen für Letztere, gab. Wurde eine Festung oder eine Stadt eingeschlossen, befanden sich in dieser oftmals nicht nur die verteidigenden Soldaten, sondern auch ihre Familien, Frauen und Kinder. Sollte der Feind die Stadt im Sturm nehmen, war klar, dass Frauen und gelegentlich auch die Knaben vergewaltigt und beide zusammen mit den Kindern versklavt wurden, wenn sie nicht das Schicksal der Männer teilten und direkt umgebracht wurden. Es ist verständlich, dass die Belagerten unter dem Druck einer solchen Verantwortung bis zum Äußersten kämpften. Dies wiederum verlangte den Belagerern ungewöhnlich hohe Opfer an Blut, Zeit und Geld ab und erzeugte unter ihnen eine Stimmung, die Gewalttätigkeiten bei der Stürmung unausweichlich machte.

Es ist daher nicht überraschend zu sehen, dass sich im antiken Belagerungskrieg die schlimmsten Greuel ereigneten und in gar nicht wenigen Fällen ganze Städte den Tod der Kapitulation vorzogen. Dabei soll hier nicht von vereinzelten Akten der Not und des Wahnsinns die Rede sein, wie etwa von der Mutter, die in dem von den Römern belagerten Jerusalem ihr eigenes Kind verspeiste,[62] sondern von der Verzweiflung von Soldaten und Bürgern, die sich der Niederlage und ihren furchtbaren Konsequenzen gegenübersahen und sich überlegten, was sie nun noch machen konnten. Manche dachten daran, sich selbst auf Kosten der anderen zu retten. In dem von den Römern belagerten Avaricum in Gallien wollten die Männer, einer Anordnung ihres Führers Vercingetorix folgend, in der Nacht ausbrechen und wurden von ihren schreienden und verzweifelten Frauen daran gehindert; da die Römer nun alarmiert waren, mussten sie den Plan aufgeben.[63] Sie hatten also in ihrer Not Frauen und Kinder einem unbarmherzigen Feind überlassen wollen. So niederträchtig sich das auch anhört, war durch die Absage des Plans nichts gewonnen; sie bedeutete nur den Tod für fast alle. Die Stadt wurde von den Römern erobert und von 40 000 Einwohnern überlebten nur 800 das Massaker.[64]

Ähnlich katastrophal verlief die Belagerung von Sagunt durch Hannibal im Jahre 219 v. Chr. Hannibal hatte sich vorgenommen, so schrieb Livius, alle Erwachsenen umzubringen. Das war aber nicht nötig, da die Belagerung in einem Massenselbstmord der Einwohner endete. Männer kämpften bis zum Tod, Frauen brachten ihre Kinder um und dann sich selbst.[65] So unmenschlich dies klingt, bleibt doch zu bedenken, dass Frauen und Kindern im Falle der Niederlage ein fraglos grausiges Schicksal drohte; dies hat den Entschluss vielleicht leichter gemacht. Und tatsächlich ist es wiederholt zu ähnlichen Dramen gekommen. Die Stadt Abydos wurde im Jahre 200 v. Chr. durch Philipp V. von Makedonien belagert. Als die Belagerer Fortschritte machten, versuchten die Abyderer zu verhandeln, was jedoch von Philipp abgelehnt wurde, der eine bedingungslose Kapitulation verlangte. Daraufhin entschlossen sich die Abyderer zum äußersten Widerstand. Die Männer schworen feierlich, dass, sollte die Stadt fallen, sie bis zum Tod kämpfen und sich umbringen würden; sie wählten fünfzig vertrauenswürdige Männer aus, die den Frauen und Kindern vorher den Tod geben sollten. Eine solche Vorkehrung war offensichtlich nicht einzigartig; der uns von diesem Ereignis berichtende Polybios verglich es mit ähnlichen Vorgängen der Vergangenheit, was dem Drama der Abyderer die Einmaligkeit nimmt. Als der Feind an einer Mauerbresche die Oberhand zu gewinnen begann, war der Moment gekommen, die Frauen und Kinder zu töten; einige, aber nicht alle der damit beauftragten fünfzig Männer brachten es über sich, den grausigen Entschluss auszuführen. Der Feind überwältigte die sich wie rasend wehrende Stadt. Viele Abyderer waren ihrem Eid gefolgt und Philipp gab den wenigen Überlebenden dann noch drei Tage Zeit, um ihren Vorsatz wie geplant vollständig auszuführen. Es mutet den modernen Leser merkwürdig an, dass Polybios diesen Vorgang als großherzig darstellt und den Männern, die den ihnen übertragenen

Frauen- und Kindsmord nicht ausführen konnten, eigensüchtige Motive unterstellt, während wohl eher zu vermuten ist, dass sie durch schlichtes und verständliches Mitleid gehindert wurden.[66] Allerdings könnte Polybios auch einen anderen Grund für seine Kritik gehabt haben, die vielleicht verständlicher wird, wenn man sich vor Augen führt, dass ein solcher Massenselbstmord des Verlierers in der Mitte steckenbleiben konnte und dadurch von einer grausamen, aber je nach Blickwinkel auch heroischen und von übermenschlicher Entschlossenheit zeugenden zur fraglos kläglichsten aller Taten werden konnte. Dies geschah beispielsweise in Nesatium, wo die Männer die Frauen und Kinder auf der Mauer umbrachten und ihnen dann eigentlich folgen wollten; da aber verließ sie der Mut und sie hatten nicht die Kraft, das Schicksal, das sie ihren Familien zugefügt hatten, zu teilen. Wie standen die Männer von Nesatium dann vor sich und der Welt da – erbärmlicher als je ein Verlierer in der Geschichte![67]

Massenselbstmord wählten auch die Bewohner von Astapa in Spanien im Jahre 206 v. Chr. als Ausweg einer hoffnungslosen Belagerungssituation. Livius, der bereits den Massenselbstmord der Abyderer als wahnsinnig kritisiert hatte, kommentierte auch diesen Fall als «brutal und barbarisch».[68] Appian hingegen berichtet, der römische Befehlshaber habe diesen Massenselbstmord aller Männer, Frauen und Kinder bewundert und deshalb die Stadt stehen gelassen, statt sie einzuebnen.[69] Dies zeigt, dass diese Tradition schon in der Antike ambivalent beurteilt wurde.

Am Ende dieser Beispiele von Soldaten und Zivilisten, die den Tod der Kapitulation vorzogen, soll eines stehen, das durchaus Ähnlichkeiten mit den anderen besitzt, aber, da mit den Gründungsmythen des heutigen Staates Israel eng verwoben, erheblich bekannter ist: Die Verteidigung von Masada gegen die Römer nach dem Fall Jerusalems im Jahre 70 nach Christus. Schon die Belagerung Jerusalems war beidseitig mit allergrößter Erbitterung geführt worden. Wir sind durch Flavius Josephus über die Einzelheiten dieses Krieges unterrichtet. Seine Beschreibung der Belagerung von Masada wird durch archäologische Funde zum größeren Teil bestätigt, so ist etwa eine von den Römern erbaute gewaltige Rampe, die den Zugang von Belagerungsmaschinen zu den Mauern der auf einem Hochplateau liegenden Festung ermöglichen sollte, bis heute zu sehen. Masada lebt fort wegen des Entschlusses des Anführers, Eleazar, mit allen Insassen der Festung lieber Selbstmord zu begehen als zu kapitulieren. Diesem Entschluß sollen nach Josephus auch alle bis auf fünf, also insgesamt 960 Personen, gefolgt sein. Er legte Eleazar, einem von ihm abgelehnten Fanatiker, zwei Reden in den Mund, die keinerlei Authentizität beanspruchen können – wer hätte, nach dem Massenselbstmord, auch Eleazars Worte überliefern können? Sie zeigen aber, welche Ansichten ein gebildeter antiker Schriftsteller über den verzweifelten Entschluss entwickelte, den Tod der Kapitulation vorzuziehen. Er ließ Eleazar zu seinen Leuten unter anderem sagen: «Ungeschändet sollen unsere Frauen sterben, und unsere Kinder, ohne die Sklaverei zu kennen. Und sind sie vorangegangen, wollen wir selbst einander den Liebesdienst erweisen und uns die Freiheit als Leichentuch bewahren!» Als einige zögerten, krisierte Eleazar sie: «Leider habt ihr, was Tapferkeit und Mut anlangt, vor jedem beliebigen andern nichts voraus, da ihr den Tod selbst dann fürchtet, wenn er Euch vom größten Elend befreien soll [...] Laßt uns Erbarmen haben mit uns selbst, mit unsern Frauen und Kindern, solange es uns noch freisteht, solche Barmherzigkeit zu üben. Denn zum Tod sind wir geboren und die, die wir gezeugt haben. Selbst die Glücklichsten können ihm nicht entgehen. Mißhandlung aber und Sklaverei und der Anblick unserer Frauen, die mit ihren Kindern geschändet wurden, das sind keine Übel, die Naturnotwendigkeit den Menschen auferlegt, sondern sie widerfahren ihnen um ihrer eigenen Feigheit willen, weil sie nämlich, obwohl sie ihnen durch den Tod entgehen könnten, diesen verweigern.»[70]

In dieser literarischen Fiktion zeigte sich in seltener Klarheit die Schattenseite der antiken Kriegführung, die der Willkür des Siegers keine Fesseln anlegte. Und wer will es den verzweifelten Verteidigern einer antiken Stadt verdenken, dass, wenn ihnen Tod oder Versklavung drohten; wenn sie wussten, dass sie nichts mehr machen konnten, um der Willkür eines unbarmherzigen Siegers zu entgehen; wenn ihnen die Schändung ihrer Frauen, die Zerstörung ihrer Familien und ihres privaten Glücks zur unausweichlichen Gewissheit wurde – dass sie dann glaubten, dass der freiwillige Tod der bessere Ausweg sein würde?

Und wenn Du besiegt wirst, zeigt Dir Gott nicht seine große Gnade, wenn Du ehrenvoll gefangengenommen und von Freunden und Feinden gleichermaßen gepriesen wirst?

Geoffroi de Charny

VI. Sterben oder kapitulieren – wie sich im Mittelalter Regeln für die Kapitulation herausbildeten

1. Die Theorie und Praxis des Kampfes bis zum Tod im Mittelalter

Das Mittelalter begann, nach klassischer Deutung, mit der Absetzung des letzten weströmischen Kaisers Romulus Augustulus im Jahre 476 und dem damit verbundenen Ende des Römischen Reiches im Westen. Was daran stimmt, ist, dass es von diesem Zeitpunkt an keinen weströmischen Kaiser mehr gegeben hat. Das Ende des Reiches, so wichtig es ist, wurde als Wendepunkt zwischen Antike und Mittelalter immer wieder in Frage gestellt, da es politische und kulturelle Kontinuitäten herunterspielt. Schließlich existierte das Römische Reich im Osten weiter und zwar für fast tausend Jahre; es endete erst mit der Eroberung Konstantinopels durch die Türken, ein Datum, in dem ältere Geschichtsschreiber wiederum den Beginn der Neuzeit sahen. Selbst im Westen funktionierten Reste der imperialen Militärorganisation noch bis ins 6. Jahrhundert hinein weiter. Neuere Forschungen betonen die Kontinuitäten in der Spätantike. Und doch lässt sich das Faktum eines gewaltigen Zusammenbruchs nicht wegdeuten. Die Völkerwanderungszeit, die den Untergang des Imperiums im Westen verursacht hatte, war durch den Einfall der Hunnen in Europa und den

Druck, den sie auf Germanenstämme wie die Goten ausübten, ausgelöst worden. Am Ende zerfiel der Westen in verschiedene, von Germanen kontrollierte Staaten, in denen sich germanische und römische Traditionselemente mischten. Die politische Einheit des Mittelmeerraums wurde endgültig mit dem Einfall der muslimischen Araber zerstört, die zuerst den Nahen Osten, dann Ägypten und Nordafrika erobert und 711 auch nach Spanien übergesetzt und dort die Westgoten vernichtend geschlagen hatten. Spätestens darin kann das Ende der antiken Welt gesehen werden.

Diese gewaltigen politischen Umbrüche beeinflussten natürlich das Militärwesen und die Form der Kriege in Westeuropa. Nach dem Zusammenbruch der überlegenen Imperialmacht kämpften nun kleinere, oft gleich starke Gegner miteinander und die Kopfstärken der Heere waren vergleichsweise niedrig.[1] Im Mittelalter wurden Schlachten im Kampf Mann gegen Mann entschieden, durch Lanzen und Schwerter; erst im späten Mittelalter spielten Fernwaffen – vor allem der Langbogen – eine zunehmend wichtigere Rolle.[2] Der soldatische Ehrenkodex blieb, zumindest was den Umgang mit Niederlagen anging, trotz der dramatisch gewandelten politischen Umstände, zunächst ziemlich gleich. Dies war auch nicht anders zu erwarten in einer Epoche, die sich in der Kontinuität des Römischen Reiches sah – was das gesamte Mittelalter hindurch der Fall war. Die Franken konstruierten sogar, ähnlich wie die Römer, eine Gründungssage, die sie von den Trojanern abstammen ließ, und mittelalterliche adlige Familien ließen ihren Stammbaum bis in die römische Zeit zurückverfolgen.

Diese Zeit der Völkerwanderung, über die wir deutlich weniger wissen als über die Jahrhunderte davor und danach, hinterließ Erzählungen und Mythen, die sich gut in die bisherigen militärischen Ideale eingliederten und diese ergänzten. Römische Traditionen und germanische Mythen verbanden sich. Im Nibelungenlied beispielsweise, das wahrscheinlich um 1200 am Hof des Bischofs von Passau entstand, kämpften die Nibelungen in bedingungsloser Treue zu ihren Waffenbrüdern bis zum letzten Mann. Von Aufgabe des Kampfes, von Einlenken oder gar Kapitulation ist keine Spur zu sehen; das Lied *von küener recken strîten* endet in einem Blutbad gegenseitiger Vernichtung. Ähnlich betont das um 700 entstandene angelsächsische Epos «Beowulf» die Kriegertugenden der Aufopferung und des Zusammenstehens. Sehr beliebt war auch das altfranzösische Versepos *La chanson de Roland*, das Ende des 11. Jahrhunderts entstanden war und schon bald in mehrere Sprachen übersetzt wurde. Es behandelt das Desaster der Schlacht von Roncesvalles, bei der Basken im August 778 in einem Gebirgspass die Nachhut des sich aus Spanien zurückziehenden Heeres Karls des Großen vernichteten. Markgraf Roland, eine Märtyrerfigur, kämpfte mit seinen Getreuen gegen einen gewaltig überlegenen fremden Feind – die christlichen Basken wurden im Rolandslied in muslimische Araber verwandelt – bis zum Tod. Hier, wie auch in dem spanischen Nationalepos vom Cid, vereinte sich der Glaube eines christlichen Märtyrers mit der unbeirrbaren Standhaftigkeit antiker Helden. Die Struktur dieser mittelalterlichen Heldenlieder wurde von Herbert Kolb in folgende Formel gefasst: «Heldendichtung handelt [...] von Kampf und Sieg oder von Kampf und Untergang; die Niederlage des Helden, der aus dem Kampf als Geschlagener, doch mit dem Leben davongeht, liegt ihr als Thema fern.»[3] Damit behaupteten sich militärische Ideale, die denen der Antike nicht unähnlich waren: Ein wirklicher Held siegt oder stirbt auf dem Schlachtfeld. Wenn es einen Unterschied gab, dann war es die christliche Untermalung, was aber durch die Idee des Märtyrertums geradezu als Verstärkung dieser Tendenz angesehen werden kann. Der Kreuzzugsprediger Bernhard von Clairvaux gab in seinen Predigten zu bedenken, dass Kreuzfahrer entweder überleben oder fallen würden – und konnte in Letzterem, wegen der Jenseitshoffnung, keinen Nachteil sehen. Dies ähnelt sehr der römischen Losung von Sieg oder Tod.[4] Der Historiker Wilhelm von Tyros fand in seiner Chronik des Heiligen Landes scharfe Worte gegen Krieger, die nicht seinem Ideal der Standhaftigkeit bis in den Tod entsprachen: «Krieger, bekannt für ihre Klugheit und Erfahrung im Krieg, ebenso gemeine Soldaten, retteten ihr elendes Leben, indem sie sich wie niedrigste Sklaven ohne Widerstand ergaben, völlig ohne Rücksicht auf das schmachvolle Joch der Sklaverei und die Schande, die ihrem Namen für alle Zeit anhängen wird.»[5] «Ungeachtet ihrer Ehre warfen alle sofort ihre Waffen nieder und bettelten elend um ihr Leben, welches sie besser zur mannhaften Verteidigung ihres Vaterlandes hätten hingeben sollen, ein Beispiel für die Späteren.»[6]

Wie schon in der Antike gab es natürlich auch im Mittelalter den Unterschied zwischen Theorie und Praxis. Und wie noch zu zeigen sein wird, haben sich ab der Jahrtausendwende sogar sehr viel flexiblere Konzepte der Kapitulation durchgesetzt. Im Frühmittelalter setzten sich die Traditionen antiker Kriegführung allerdings zunächst fort, und zwar derart, dass Juristen später vom «bellum romanum», vom «römischem Krieg», sprachen, wenn sie von der in diesen Kriegen üblichen Versklavung des Verlierers und der Plünderung seiner Habe sprachen.[7] Die Schlachten der Merowinger und Karolinger, der Langobarden und Goten, der Wikinger und Angelsachsen, der Bulgaren, Ungarn, Oströmer und Araber ließen an Grausamkeit nichts zu wünschen übrig. In vielen Fällen wurden Gefangene, wenn sie hinderlich oder gefährlich waren, einfach sofort umgebracht, in anderen Fällen grausam verstümmelt. Die Oströmer blendeten Gefangene in Georgien oder hackten gefangenen Beduinen die Hand ab. Friedrich Barbarossa ließ italienische Rebellen blenden, König Richard I. blendete im Jahre 1198 15 französische Ritter, ließ einem ein Auge und sandte sie zurück zu König Philipp Augustus. Die Mongolen sollen ihren Gefangenen bei der Eroberung von Magas insgesamt 270 000 Ohren abgeschnitten haben.[8] Auch Kastrationen von Gefangenen gab es im Mittelalter. Vor dem Hintergrund von Gesellschaften, in denen Folter, Gewalt und Verstümmelung ohnehin alltäglich waren, ist der brutale Umgang mit Kriegsgefangenen wenig überraschend. Ein Beispiel aus der oströmischen Geschichte ist die Schlacht, in der sich Kaiser Basileios II. seinen Beinamen «Der Bulgarentöter» (*bulgaroktonos*) erworben hatte. Im Jahre 1014 war es den Oströmern gelungen, in einem Gebirgspass ein Bulgarenheer zu umgehen und gefangenzunehmen. «Und der Kaiser ließ die gefangenen Bulgaren, 15 000 Mann wie man sagt, blenden und schickte sie zu (Bulgarenzar) Samuel, immer hundert unter der Führung eines Einäugigen.»[9] Die genaue Zahl der Opfer ist strittig und wahrscheinlich übertrieben; aber ebenso wahrscheinlich ist, dass sich der Vorfall in den Grundzügen so ereignet hat. Die Gründe für diese Grausamkeit werden unter Fachhistorikern diskutiert. Eine Theorie besagt, dass Gefangene dann verstümmelt wurden, wenn es sich entweder um «Barbaren» oder «Ketzer» handelte.[10] Ein weiterer wichtiger Grund dürfte sein, dass Basileios nach jahrelangem Kampf auf dem Balkan die Oberhand gewonnen hatte, das Gesetz der Reziprozität nicht mehr fürchtete und nun durch nackten Terror einerseits, politisches Entgegenkommen andererseits den bulgarischen Widerstand endgültig brechen wollte. Er war erfolgreich: Sein Gegenspieler Zar Samuel brach zusammen, als er den grausigen Zug kommen sah, und starb nur Tage später. Der bulgarische Widerstand begann zu erlahmen und das Land wurde vier Jahre später wieder Teil des Römischen Reiches. Das Frühmittelalter war reich an vergleichbaren Schreckenstaten. Karl der Große ließ 4500 Sachsen in Verden an der Aller hinschlachten und wurde deshalb der Sachsenschlächter genannt. Eric Christiansen stellte daher fest, dass die wirklich großen Massaker der Zeit nicht von den überall wegen ihrer Plünderungen gefürchteten Wikingern, sondern von den «Kämpfern für Zivilisation und Christentum», von den Franken und Oströmern, also von den Imperien, die eine vergleichsweise leistungsfähige militärische und administrative Struktur besaßen, begangen wurden.[11] Die Regel waren solche Verstümmelungen oder Massaker an Gefangenen aber nicht; es dürfte gerade in Byzanz der Fall überwogen haben, dass die Besiegten vielmehr in die eigene Armee übernommen wurden.

Es ist in diesem Zusammenhang interessant, sich das von Kaiser Leo verfasste Strategicon anzusehen, ein militärisches Handbuch von einer Art, wie es im Westen erst im 16. Jahrhundert geschrieben werden sollte.[12] Darin wurde Mut, aber mehr noch Disziplin und List gefordert, ungestümer und unkontrollierbarer Kampfwille als barbarisch abgetan; ein technisches Verständnis des Kriegshandwerks, das in Westeuropa erst zu Beginn der Neuzeit Fuß fassen sollte,[13] von dem im Frühmittelalter dort aber noch nicht viel zu merken war. Die Kriege der Merowinger und auch die zwischen den karolingischen Königen im 9. Jahrhundert, bei denen es fast immer um Erbstreitigkeiten ging, waren blutrünstig und verlustreich. In der Schlacht von Fontenoy im Jahre 841 kämpfte Kaiser Lothar, ein Enkel Karls des Großen, verbündet mit Pippin II., gegen seine Brüder Karl den Kahlen und Ludwig den Deutschen. Angeblich sollen 150 000 Soldaten auf dem Schlachtfeld gekämpft haben, von denen 40 000 getötet wurden, was Verluste in Höhe von 26 Prozent bedeuten würde.[14] Die Zeitgenossen waren schockiert; ein unbekannter Dichter verfluchte die Stätte und den Tag der Schlacht,[15] und Angilbert, ein Anführer im Heere Lothars, schrieb, er habe niemals ein schrecklicheres Morden gesehen.[16] Offenbar hielt das Trauma von Fontenoy, dem wenig später die berühmten Straßburger Eide folgten, eine Weile vor. Ludwig ließ nach der Schlacht bei Andernach im Jahre 876 *propter suam humanitatem* viele Gefangene am Leben. Trotzdem waren die Verlierer dieser Schlacht in Gefahr: Wer nicht wegreiten konnte, wurde von der lokalen Landbevölkerung vollständig ausgeplündert – nicht nur bis aufs Hemd, denn sie wurden vollständig nackt ihrem Schicksal überlassen. Immerhin blieben sie am Leben; von der Schlacht auf dem Lechfeld im Jahre 955 gegen die Ungarn erwähnen die Quellen keine Gefangenen oder Überlebenden. Doch hier mag mitgespielt haben, dass dies kein Bruderkrieg war. Auch während der Schlacht bei Hastings im Jahre 1066 ließen Wilhelm der Eroberer und seine Normannen keine Gnade walten. Die Angelsachsen wurden niedergemacht und König Harold von vier speziell dafür ausgewählten Rittern förmlich zerstückelt.

Derart gnadenlose Kriegführung könnte in gerader Tradition der Antike gesehen werden. *Aut vincere aut emori* – sieg oder stirb, wäre eine gute Zusammenfassung. Doch war das Mittelalter eine Zeit des militärischen Umbruchs, und gerade die normannische Invasion Großbritanniens wird als einer der Startpunkte einer neuen Ära gesehen – des Zeitalters der Ritter, das eine neue Ethik in der Kriegführung hervorbrachte.

2. «Besser ein lebender Schwächling denn tot?» Die Kapitulation in der ritterlichen Kriegführung

Tatsächlich kamen hier mehrere Entwicklungen zusammen. Zuerst sind religiöse, christliche Vorstellungen zu erwähnen, die sich zwar mit dem standhaften Kampf bis zum Tod, aber nicht mit dem gnadenlosen Niedermetzeln des kapitulationsbereiten Verlierers und dem Versklaven von Frauen und Kindern vereinen ließen. Gleichzeitig hatte sich die Struktur der Gesellschaft verändert. Bereits in der Spätantike war die Bedeutung der Sklaverei zurückgegangen und hatte in Zentraleuropa immer weiter abgenommen. Die auf Sklavenarbeit basierende Latifundienwirtschaft wurde durch feudale Strukturen ersetzt. Das Dritte Laterankonzil setzte 1179 einen Schlussstrich mit dem Verbot, Christen als Sklaven zu verwenden. Damit war die Sklaverei auch in Europa noch nicht verschwunden; sie spielte in bestimmten Randregionen, im Mittelmeerraum und im Baltikum, weiterhin eine Rolle. Aber in Zentraleuropa endete die Versklavung von Kriegsgefangenen und Bevölkerungen. Dies hatte weitreichende Auswirkungen auf das Schicksal derer, die im Kampf unterlagen. Ökonomisch wurde die Unterscheidung zwischen Kombattanten und Nichtkombattanten sinnvoll. Es lohnte sich nicht mehr, Bevölkerungen zu versklaven. Sie zu töten und dadurch einen Landstrich zu entvölkern, empfahl sich ebenfalls nicht, wenn der Sieger das Land behalten und in seinem Wert nicht drastisch reduzieren wollte.

Eine weitere Entwicklung ist erwähnenswert, die großen Einfluss auf die Kultur des Krieges und die Erscheinungsformen von Niederlage und Kapitulation nahm. Im karolingischen Europa bildete sich eine feudale vererbbare Kriegerkaste heraus, wobei die Experten diskutieren, ob sich der Feudalismus aus der Panzerreiterei oder umgekehrt die Panzerreiterei aus feudalen Strukturen entwickelt hat.[17] Gepanzerte, mit Lanzen bewaffnete Kavalleristen, dominierten für einige Jahrhunderte das mittelalterliche Schlachtfeld und entwickelten einen spezifischen, einen «ritterlichen»

Ehrenkodex. Im Frühmittelalter endete eine Schlacht fast immer mit dem Untergang der Unterlegenen; ob hoch oder niedrig, arm oder reich, der Verlierer starb auf dem Schlachtfeld, wenn er nicht fliehen konnte. Dies begann sich nun zu ändern. Feldmarschall Montgomery hat diese Entwicklung in seinem Buch über Kriegsgeschichte in folgenden Worten zusammengefasst: «Unter dem Einfluß der christlichen Kirchen entstand, beginnend zur Zeit der Normannen, bis in das Mittelalter allmählich ein komplexer militärischer Ehrenkodex in Europa, nach dem Verrat und Treuelosigkeit als verachtenswerte Verbrechen galten, Tapferkeit im Gefecht und die Vasallentreue hingegen Kardinaltugenden waren. An die Stelle dessen, was Sir Arthur Bryant ‹das alte, selbstmörderische Gesetz der Stammesrache und der blutigen Anarchie, in der Macht vor Recht geht› genannt hat, traten innerhalb der engen Grenzen der erblichen Kriegerklasse die Ideale der Ritterlichkeit mit der Treue zum gegebenen Wort und Großherzigkeit gegenüber dem besiegten Gegner.»[18]

Tatsächlich lassen sich diese Weiterentwicklungen an vielen Einzelfaktoren festmachen. In der Synode von Charroux wurde beschlossen, dass diejenigen, die Kirchen oder die Armen bestahlen oder sich unprovoziert an Klerikern vergriffen, Genugtuung leisten mussten, wenn sie kirchliche Sanktionen vermeiden wollten.[19] Im Spätmittelalter entwickelten sich Verhaltensrichtlinien, die den bisherigen anarchischen Zustand, in dem der Stärkere auf dem Schlachtfeld machen konnte, was er wollte, eingrenzten. Dazu gehörte, Nichtkombattanten zu schonen, Gefangene ritterlich zu behandeln und auch die Kampfhandlungen an kirchlichen Feiertagen einzustellen.[20] Wenn ein Soldat einen Menschen in einem Kriege umgebracht hatte, musste er eine einjährige Buße tun.[21]

Es würde fehlgehen, darauf zu verweisen, dass es sich nicht um kodifiziertes Recht, etwa ein *jus in bello*, handelte, dann auf die zuvor geschilderten Brutalitäten mittelalterlicher Kriegführung zu verweisen und damit die Wirkung solcher sozial verbindlichen Normen zu verneinen oder zu unterschätzen. Amerikanische Militärsoziologen haben die Wirkung der «good boy orientation» für ihre im Zweiten Weltkrieg kämpfenden Soldaten herausgearbeitet;[22] was für diese galt, war auch für mittelalterliche Kämpfer zutreffend. Ein stolzer Ritter wollte sich nicht außerhalb der sittlichen Normen seiner Zeit bewegen – vorausgesetzt, dass ihn nicht ein starkes anderes Interesse dazu antrieb. Was die neuen Entwicklungen doppelt effektiv machte, war, dass sie nicht nur an die Ehre, sondern auch an den Eigennutz der Soldaten appellierten.[23] Dieses Eigeninteresse lag in dem sich seit der Jahrtausendwende rasant verbreitenden Brauch, Großmut gegenüber dem Besiegten zu zeigen, ihn gefangenzunehmen, gut zu behandeln – soweit der moralische Teil – und nur gegen ein üppiges Lösegeld wieder nach Hause zu entlassen. Eine Lösegeldpraxis hatte es immer schon gegeben, vielleicht schon in der Vorgeschichte, nachweislich in der Antike und auch im Frühmittelalter. Wikinger erpressten Lösegelder für Gefangene, und so machten es auch plündernde Araber und Ungarn.[24] Bezeichnenderweise hatte der Karolingerkönig Karl der Kahle in einem Edikt von 864 untersagt, dass sich seine Untertanen von den Wikingern durch Waffen, Panzer oder Pferde freikaufen durften. Doch erst nach der Jahrtausendwende wurde die Lösegeldzahlung zu einem dominierenden Element regulärer Kriegführung. Der Sieger konnte reich werden, der Verlierer sein Leben behalten – beide Seiten hatten deshalb etwas von diesem Wandel. Der Chronist Fulcher beschrieb die neuen Verhältnisse wie folgt: «Eine Schlacht ist gefährlich, Flucht schmachvoll, aber es ist besser, als ein Schwächling weiterzuleben, denn tot zu sein und für immer beklagt zu werden.»[25] Nach dieser Maxime haben auch in der Antike viele Soldaten gehandelt – es aber offen zu sagen, wäre in Griechenland und Rom als vollkommen ehrvergessen erschienen.

Kapitulation und auch die Flucht wurden in der Niederlage sozial vertretbare Handlungsoptionen für die Ritter. Hierbei spielte auch die Natur der Hauptwaffe mittelalterlicher Heere, die schwer gepanzerte Kavallerie, eine wichtige Rolle. Anders als die in der Phalanx vorrückenden griechischen oder die in Manipeln oder Kohorten aufmarschierenden römischen Infanteristen waren die Reiter auf dem Schlachtfeld sehr viel schwerer zu kontrollieren. Der einzelne Infanterist war eingekeilt in den Schlachtreihen; vor sich den Feind, neben und hinter sich die nachdrängenden eigenen Leute, hatte er keine Alternative als den Kampf. Kavalleristen griffen zwar auch in Kolonnen an, aber wenn die Dinge sich ungünstig entwickelten, hatten sie ungleich bessere Chancen zu fliehen und, aufgrund ihrer größeren Geschwindigkeit, dem Feind zu entkommen. Damit ließen sie natürlich den Rest des Heeres, die Infanterie, im Stich; da diese aber in vielen Fällen ohnehin nur aus primitiv bewaffneten Bauern bestand, in denen kein Adliger einen militärisch oder sozial ebenbürtigen Kameraden sah, spielte das für die Ritter eine sekundäre Rolle. Diese Tendenz der Ritter, bei Gefahr zu fliehen, wurde derart drückend, dass während des Hundertjährigen Krieges König Jean II. von Frankreich im Jahre 1351 nach dem Vorbild des englischen Hosenbandordens den «Ordre de l'Étoile» gründete. Die Bestimmungen dieses Ritterordens sollten verhindern, dass sich für die Franzosen ein Debakel wie die Schlacht von Crecy[26] wiederholen würde. Die Mitglieder des Ordens verpflichteten sich, auf dem Schlachtfeld niemals mehr als vier arpents (= ca. 234 Meter) zurückzuweichen, stattdessen entweder zu sterben oder zu kapitulieren. Darin drückt sich der gesamte Wandel des Kriegsbildes und des Tapferkeitsideals aus. Die Handlungsalternative im Kampf war nicht mehr siegen oder sterben, sondern siegen, sterben oder kapitulieren. Der Initiator des Ordens, Geoffroi de Charny, der auch das «Livre de Chevalerie» verfasst hatte, sagte: «Und wenn Du besiegt wirst, zeigt Dir Gott nicht seine große Gnade, wenn Du ehrenvoll gefangengenommen wirst und von Freunden und Feinden gleichermaßen gepriesen wirst?»[27] Allerdings zeigt die Geschichte des Ordens, dass die Bestimmungen und das Verbot der Flucht nicht unbedingt den damaligen militärischen Realitäten angepasst waren. In der Schlacht von Mauron 1352 verlor der Orden 90 Mitglieder, in der Schlacht von Poitiers 1356 wurde der König selbst gefangengenommen, und damit war der Orden praktisch ausgelöscht.

Flucht war zwar schimpflich, aber gebräuchlich. Der Mediävist Hans-Henning Kortüm hat darauf hingewiesen, dass im Mittelalter, also einem Zeitalter, das in unseren Augen scheinbar stark von Ehrbegriffen geprägt war, eine wirksame soziale Kontrolle fehlte.[28] Da die breite Mehrheit aller Ritter in der Not die Flucht dem Tod oder der Gefangennahme vorzog, konnte es gar nicht zum sozialen Ostrazismus kommen, zumindest nicht innerhalb ihrer sozialen Schicht. Sie wurden allerdings von Nichtrittern wegen ihrer Feigheit scharf kritisiert.[29] Auch waren manche Schlachten, die Ritter untereinander führten, erstaunlich verlustarm. Beispielsweise gab es in der Schlacht von Brémule im Jahre 1119, an der 900 Ritter teilnahmen, nur drei Tote zu beklagen.[30] Dies war keine Ausnahme. In der Schlacht von Bouvines hatten die siegreichen Franzosen von ihren ungefähr 3000 Rittern nur zwei Mann verloren; die Deutschen, die mit 1500 Rittern angetreten waren, verloren 70–100 Mann. In der Schlacht von Lincoln im Jahre 1217 wurden drei Ritter getötet und 400 gefangengenommen. Dies erklärt das Urteil des Historikers Clifford Rogers, dass diese Kriege der feudalen Eliten des 12. und 13. Jahrhunderts «mehr wie ein Sport als wie eine ernsthafte Angelegenheit» wirkten.[31] Hier ließen sich Vergleiche ziehen zu Gebräuchen mancher Stämme, bei denen die Schlachten ebenfalls mehr einem Wettkampf als einem Krieg ähnelten.[32]

Eine Hauptursache für diese Schonung des Gegners waren, neben aristokratischer Solidarität, vor allem die erhofften Lösegeldzahlungen. Der britische Historiker John Gillingham hat die ersten regulären Auslösungen im Jahr 1020 feststellen können. Im weiteren Verlauf des 11. Jahrhunderts setzte sich die neue Praxis rasch durch und wurde ein wichtiges Element der Kriegsfinanzierung.[33] Gillingham erwähnt auch ein scheinbar fernab liegendes Argument, das aber doch sehr wichtig sein könnte, um die rasche Verbreitung der Lösegeldpraxis zu erklären, nämlich die gesteigerte Produktion der Silberminen und der dadurch bedingten größeren Geldmenge, die überhaupt erst die Grundlage für diese Auslösungen schuf.[34] Die Höhe der verlangten Lösegelder scheint sich normalerweise im Rahmen der Jahreseinnahmen einer Grundherrschaft bewegt zu haben, das heißt einem hohen, aber noch bezahlbaren Betrag.[35] Auch hier galt es, den Bogen nicht zu überspannen;

überzogene Forderungen hätten das System der Auslösung sehr rasch zum Erliegen gebracht. Dies umso mehr, als diejenigen, die das Lösegeld aufbringen mussten, oft sehr unwillig waren, es zu tun, und nach Ausreden suchten, um die Zahlung zu verweigern, etwa indem sie auf die Feigheit der in Gefangenschaft geratenen Ritter verwiesen. Deshalb wurden die Gefangenen, die durch ihren Eid gebunden waren, oft auf Ehrenwort (Parole) entlassen, um selbst das Lösegeld zusammenzubringen; bisweilen mussten sie Ersatzgefangene stellen.[36] Die Forderungen konnten im Falle hochrangiger Gefangener astronomische Höhen erreichen. Ein prominentes Beispiel war die Auslösung König Jeans II. von Frankreich im Jahre 1360;[37] der berühmteste Fall war aber die Gefangennahme von Richard Löwenherz durch Herzog Leopold von Österreich, auch wenn diese in einem Wiener Wirtshaus und nicht auf dem Schlachtfeld stattfand und außerdem dem Kreuzzugsgedanken Hohn sprach. Herzog Leopold und Kaiser Heinrich VI. verlangten und erhielten 1194 für ihren königlichen Gefangenen ein Lösegeld in Höhe von 150 000 Mark. Das entsprach dem Gegenwert von 35 Tonnen Silber und war ein Mehrfaches der Jahreseinnahmen Englands.[38]

Während der Freikauf in Europa eine individuelle Angelegenheit blieb, war dies im Kampf gegen muslimische Feinde anders. Anfänglich waren die zahlungsunwilligen Autoritäten während der Kreuzzüge zögerlich gewesen, die in Gefangenschaft geratenen Ritter als tapfere Krieger anzuerkennen und auszulösen. Doch als nach der Schlacht bei Hattin 1187 viele Kreuzfahrer in Gefangenschaft geraten waren, nahm sich Papst Innozenz III. der Sache an, förderte den Freikauf und bestätigte die Satzung des zu diesem Zwecke gegründeten trinitarischen Ordens. Die Trinitarier und andere Orden, die sich um die Auslösung von Gefangenen kümmerten, so etwa die Mercedarier (Ordo Beatae Mariae Virginis de mercede redemptionis captivorum),[39] lösten Hunderttausende von Gefangenen aus muslimischer Haft aus.[40]

Wie können wir uns die Kapitulation eines Ritters vorstellen? Es gibt ein Beispiel aus dem Albigenserkreuzzug, auf das John Gillingham hingewiesen hat. Im Jahre 1211 hatte Lambert de Thury mit sechs Männern gegen eine gewaltige Übermacht gekämpft. Sie hatten ihre Pferde verloren, waren umstellt und langsam neigte sich der ungleiche Kampf dem Ende zu. «Da sagte einer der Feinde, der von höherem Rang war als die anderen, zu Lambert, sie sollten sich ergeben. Daraufhin sagte dieser Ehrenmann, […] da er einsah, dass er nicht entkommen konnte: ‹Wir werden unter folgenden fünf Bedingungen kapitulieren: Dass Du uns nicht tötest oder uns die Glieder abschneidest; dass Du uns in ehrenvoller Gefangenschaft hältst; dass Du uns nicht trennst; dass Du uns gegen ein angemessenes Lösegeld entlässt und dass Du uns nicht an irgendwelche andere Personen aushändigst. Wenn Du uns diese Punkte fest versprichst, werden wir uns ergeben. Wenn Du ablehnst, sind wir zu sterben bereit; aber wir vertrauen dem Herrn, dass wir dann nicht allein sterben, sondern unsere Leben teuer verkaufen und, mit Christi Hilfe, zuerst viele von Euch töten werden.› Der Ritter versprach, dass er all dies gerne einhalten werde. ‹Dann komm›, sagte Lambert, ‹gib mir Deine Hand, um mir Deinen guten Glauben zu demonstrieren.› Der andere wagte es nicht, sich ihm ohne weitere Zusicherungen unserer Männer zu nähern. Erst als Lambert seine Versprechungen bekräftigte, kam der Ritter zu ihnen und nahm sie unter den ausgehandelten Bedingungen gefangen. Er brach aber kurz danach sein Wort und gab sie an den Grafen von Foix weiter.» Dieser behandelte die Gefangenen offenbar sehr schlecht und presste ihnen ein hohes Lösegeld ab.[41]

Die Kapitulation war an bestimmte Formeln gebunden, wie der Übergabe von Helm und rechtem Handschuh, oder aber an die Formel, die der Besiegte sprach: «Min sicherheit si din» – so heißt es zumindest im Parzival.[42] Drei französische Ritter ergaben sich während der Belagerung von Limoges mit den Worten: «Mein Herr, wir gehören Euch; Ihr habt uns besiegt. Handelt deshalb nach den Gesetzen des Krieges.»[43] Das Ehrenwort, das die Besiegten mit ihrer Kapitulation verpfändeten, war offenbar so verlässlich und bindend, dass Gefangene während der Schlacht ohne oder mit nur loser Bewachung zum Sammelpunkt gegangen sein sollen.

Feldmarschall Montgomery hat sehr zu Recht darauf hingewiesen, dass diese Regeln nur für den engen Kreis der erblichen Ritterschaft galten. Für die einfachen Soldaten, die *rustici pedites* oder *mediocres de vulgo*, galten andere Gesetze.[44] Sie waren, in den Augen der Ritter, wertlos und auf ihr Überleben wurde keine Rücksicht genommen. Das Fußvolk rannte im Fall der Niederlage um sein Leben, und der Sieger unterzog sich meist nicht der Mühe, es zu verfolgen.[45] Wenn es nicht rechtzeitig vom Schlachtfeld fliehen konnte, wurde es gnadenlos umgebracht. Umgekehrt war es aber auch für die adligen Ritter, für *viri probati*, wie sie in den meist von ihren Standesgenossen verfassten Quellen genannt wurden, überaus gefährlich, eben jenen *rustici pedites* in die Hände zu fallen. Diese einfachen Kriegsknechte hatten nicht die ökonomischen Möglichkeiten und sozialen Verbindungen, um einen Gefangenen monate- oder jahrelang versorgen und langwierige Verhandlungen über ein Lösegeld aufnehmen zu können. Und die Weitergabe ihrer Gefangenen an ihre adligen Führer drohte, sie um jeden Profit zu bringen. So war es für sie manchmal das Vorteilhafteste, ihre Gefangenen auf der Stelle umzubringen und die Leichen auszuplündern. Deshalb waren Ritter oft panisch bestrebt, nicht dem einfachen Fußvolk in die Hände zu fallen.[46] Wenn sie auf dem Schlachtfeld gegen einfache Soldaten zu unterliegen drohten, ergaben sie sich bereitwilligst jedem zufällig vorbeikommenden Adligen durch hastigen Zuruf.[47] Schlachten, in denen Ritter nicht unter sich blieben, sondern in denen nichtadliges Fußvolk oder Bogenschützen eine Rolle spielten, verliefen jedenfalls blutig und verlustreich.[48]

Eine drastische Anekdote soll diesen brutalen Umgang mit Unterlegenen demonstrieren. In der Schlacht von Hausbergen hatten die Bürger von Straßburg im März 1262 ihren Bischof besiegt. Am Morgen nach der Schlacht plünderte ein Bürger von Straßburg die Leichen der Feinde auf dem Schlachtfeld aus. Er fand einen Ritter in wertvoller Rüstung, der noch lebte. Er fragte ihn: ‹Wer bist Du?› Und der Ritter antwortete: ‹Ich bin der Bruder des Bischofs, der Vogt des Elsaß›, und fügte hinzu: ‹Wenn Du mich zu einem sicheren Ort bringst und am Leben lässt, werde ich Dir meinen ganzen

Reichtum überlassen.› Doch der andere sagte: ‹Ich würde lieber sofort sterben, als Dich am Leben zu lassen›, und brachte ihn um. Er nahm ihm den Panzer ab und drehte dann den Leichnam herum, um ihm das Kettenhemd auszuziehen. Da sah er, dass das Kettenhemd mit kleinen Ketten an den Händen befestigt war, wie es bei den Rittern üblich war. Der Bürger wollte rasch vom Schlachtfeld verschwinden und schlug deshalb dem getöteten Ritter beide Hände ab. Mit diesen und dem Kettenhemd kehrte er in die Stadt zurück und ließ den verstümmelten Leichnam liegen.[49] Dieser brutale Umgang der einfachen Soldaten mit adligen Rittern ist vielfach bezeugt; so stürmten beispielsweise während der Schlacht von Crecy walisische, mit langen Messern bewaffnete Soldaten den zurückweichenden französischen Rittern hinterher, um «Herzoge, Barone, Ritter und Edelleute anzufallen, viele zu töten, worüber der König von England hinterher sehr unglücklich war»[50] – kein Wunder, hätte er doch lieber das Lösegeld kassiert.

Generell bleibt, mit Charles W. Oman, festzustellen, dass mittelalterliche Heere sehr schwer zu manövrieren waren, wegen des Individualismus der Ritter, die bestrebt waren, sich als Krieger zu beweisen, aber wenig strategisches Verständnis hatten und außerdem zu unkontrollierbaren Einzelaktionen neigten.[51] Hinzu kam die flache Hierarchie; die Adligen waren keine Offiziere, die das nichtadlige Fußvolk befehligten, sondern Kavalleristen mit teurer Ausrüstung, die danach trachteten, sich im Zweikampf mit adligen Gegnern zu beweisen und diese nach Möglichkeit gefangen zu nehmen.

Für Ritter wie Kriegsknechte war das Überleben im Kriege eine Frage des Glücks, wie besonders eindrücklich die Geschehnisse bei Agincourt 1415 belegen, der wahrscheinlich durch zeitgenössische Quellen am besten dokumentierten mittelalterlichen Schlacht.[52] Sie war einer der Wendepunkte des Hundertjährigen Krieges. Ein von König Heinrich V. angeführtes englisches Heer konnte bei Agincourt ein zahlenmäßig deutlich überlegenes französisches Heer schlagen. Die Schlacht war schon durch neue Elemente der Kriegführung geprägt, vor allem durch die schlachtentscheidenden englischen Bogenschützen. Die Blütezeit der gewappneten Ritter zu Pferd, der *men of war*, war vorbei; bei Agincourt kämpfte die Mehrzahl der französischen Ritter bereits zu Fuß.

Nach einer der Quellen, der aus dem 15. Jahrhundert stammenden Chronik von Thomas Basin, hielt der König vor der Schlacht eine Rede, in der er vor allem die einfachen, nichtadligen Soldaten seiner frierenden und hungrigen Armee zu motivieren suchte. Der Chronist legte ihm folgende Worte in den Mund: «Meine tapferen und feinen Kameraden! Der Moment ist gekommen, an dem Ihr nicht für Ruhm und Ehre Eures Namens, sondern für Eure nackte Existenz kämpfen müsst. Wir kennen die Überheblichkeit der Franzosen und ihre Absichten nur zu gut; wir wissen mit Sicherheit, dass, wenn ihr es aus Feigheit, oder weil ihr erdrückt werdet, zulasst, dass sie Euch schlagen, dass sie Euch kein Pardon geben werden. Es spielt keine Rolle, ob Ihr Edelmänner oder Plebejer seid; sie werden Euch niedermetzeln, als wärt Ihr wilde Tiere. Weder ich selbst noch die königlichen Prinzen haben ein solches Schicksal zu erwarten, denn wenn sie uns schlagen, werden sie hoffen, für uns große Summen zu erzielen und deshalb versuchen, uns lebend zu fangen; aber sie werden uns nicht töten.»[53] In dieser wohl fiktiven Rede des Königs wird ein für unser Thema sehr wichtiger Punkt hervorgehoben: Die einfachen Soldaten, zum Beispiel die Bogenschützen, hätten eine Niederlage wohl mit dem Tode bezahlen müssen. Doch dazu sollte es nicht kommen und sozialer Dünkel der französischen Gewappneten spielte dabei keine geringe Rolle. Sie, deren Ausrüstung etwa das Dreißigfache von der eines Bogenschützen kostete, wollten sich nämlich nicht mit einem sozial derart weit unter ihnen stehenden Gegner abgeben.[54] Doch die Bogenschützen – mehr als 7000, die bis zu fünfzehn Pfeile pro Minute verschossen[55] – sandten einen tödlichen Pfeilhagel und waren durch in den Boden gerammte Pfähle vor der französischen Reiterei geschützt.[56] Die französische Kavallerie hatte zwar zu Beginn der Schlacht diese Flügelstellungen angegriffen, konnte aber weder die Hindernisse überwinden noch dem Pfeilhagel standhalten und flutete zurück.

Nun griffen gepanzerte französische Infanteristen die englische Infanterie an. Doch auch dieser französische Angriff drang nicht durch; die erste Reihe war bald eingekeilt zwischen den Engländern, den eigenen Gefallenen und den stetig nachdrückenden hinteren Reihen. Drei Keile, 20 Mann tief, insgesamt 5000 Mann stark, dahinter noch einmal 3000 Mann, drängten in Richtung Feind, konnten aber ihre zahlenmäßige Überlegenheit schon aufgrund der Topographie des Schlachtfelds nicht zum Tragen bringen und wurden von ihr sogar behindert.[57] Die hinteren Reihen sahen nicht, was sich vorne ereignete, und drückten weiter. Die vorne kämpfenden Franzosen hatten keine Ausweichmöglichkeit; sie wurden in den sicheren Tod hineingeschoben und «wie Vieh abgeschlachtet».[58] Der Angriff der zweiten Abteilung, die sich von hinten heranschob, verschlimmerte das Desaster zusätzlich.[59] Ausweichen konnte nur, wer sich an den Seiten der Formation befand. Jedoch wurden die einzeln Flüchtenden zu Opfern der englischen Leichtbewaffneten, besonders der Bogenschützen, die ihre Stellungen verlassen hatten, ihre Bögen abgelegt und sich mit anderen Waffen, darunter Messer und schwere Hämmer, versehen hatten. Sie griffen in Gruppen die versprengten französischen Infanteristen und abgeworfene Kavalleristen an; also Gepanzerte, die ihnen, dem leicht bewaffneten und ungepanzerten Fußvolk, in der Formation deutlich überlegen gewesen wären.[60] Zeitgenössische Chroniken berichten, dass Kopf- und Halswunden für die Schlacht charakteristisch waren – dass also die Gepanzerten am Hals, im Genick oder durch das Visier getötet wurden.[61]

Als die Schlacht noch unentschieden war, wurde kein Pardon gegeben, da die Soldaten keine Zeit oder Gelegenheit hatten, ihre Gefangenen vom Schlachtfeld zu führen.[62] Erst als sich gegen Mittag der englische Sieg abzeichnete, wurden auch Gefangene gemacht und französische Soldaten hatten die Chance zur Kapitulation. Die Bereitschaft sich zu ergeben war deutlich erkennbar vorhanden. Ein Chronist höhnte sogar, dass «manche, selbst die Edelsten, […] sich an jenem Tage mehr als zehnmal» ergaben, wenngleich sich aus der gleichen Quelle Schwierigkeiten der Interpretation ergeben;

direkt anschließend hieß es nämlich: «Niemand aber hatte jedoch Zeit, sie gefangen zu nehmen, stattdessen wurden fast alle, ohne Ansehen der Person, sobald sie niedergestreckt wurden, getötet.»[63] Tote können nicht nochmals kapitulieren; insofern sind die Möglichkeiten der Kapitulation während der Schlacht unklar und es kann darüber spekuliert werden, ob sich Gefangene, nachdem sie den Kampf schon eingestellt hatten, im Getümmel des Gefechts mehrfach aufs Neue ergeben mussten. Sicher ist, dass es sich dabei um eine individuelle Entscheidung handelte,[64] da sich die Schlacht in ein unkontrollierbares Geschehen aufgelöst hatte und eine zentrale Lenkung fehlte. Nicht immer gelang die Kapitulation. Der Herzog von Alençon hatte Heinrich angegriffen und fand sich von dessen Leibwache umstellt. Er richtete seine Hand zum König und rief: «Ich bin der Herzog von Alençon und ergebe mich Dir.» Doch er wurde umgebracht, bevor Heinrich ihm helfen konnte.[65] Andere hatten mehr Glück. Während die Engländer nach der Zertrümmerung der ersten beiden französischen Abteilungen das Feld beherrschten, aber, da die Schlacht noch nicht vorbei war, in Formation stehenblieben, begannen Kopfgeldjäger, die französischen Überlebenden gefangen zu nehmen. Dabei handelte es sich vor allem um Verwundete, die zwischen den Leichenbergen auf dem Schlachtfeld eingekeilt waren und sich nun ergeben mussten.[66] Sie wurden hinter den Linien gesammelt und mussten, als Zeichen ihrer Aufgabe, ihren rechten Handschuh ausziehen und ihre Helme abnehmen.[67] Doch sie waren damit, wie sich zeigen sollte, noch nicht außer Lebensgefahr. Denn es kam die Nachricht, dass eine französische Gruppe den kaum bewachten englischen Gepäcktross angegriffen hatte und sich außerdem eine neue französische Schlachtreihe formierte. König Heinrich begann zu fürchten, dass die Schlacht doch noch verlorengehen könnte und gab den Befehl, die unzureichend bewachten Gefangenen zu töten; wohl um zu verhindern, dass sie, bei einem Umschwung des Schlachtenglücks, den Kampf wiederaufnahmen.[68] Nach einigen Quellen weigerten sich seine Leute, den Befehl auszuführen. Hierfür gibt es zwei Erklärungen. Die erste ist, dass die englischen Ritter nicht auf ihr Lösegeld verzichten wollten, die zweite, dass sie einen solchen Schritt als unehrenhaft ablehnten. Möglich und wahrscheinlich ist eine Kombination aus beidem. Heinrich konnte seinen Befehl nicht durchsetzten und musste 200 Bogenschützen, also Soldaten, die nicht derselben sozialen Klasse wie die Gefangenen entstammten, nach hinten schicken, die dann seinen Tötungsbefehl durchführten.[69] Wie viele Gefangene ihm tatsächlich zum Opfer fielen, ist umstritten.[70] Die Gefahr durch den französischen Angriff auf das Lager war rasch gebannt und der Sieg schließlich sicher. Anne Curry hält es für wahrscheinlich, dass der König die Franzosen, die sich scheinbar zur Wiederaufnahme der Schlacht rüsteten, durch den Tötungsbefehl einschüchtern und erreichen wollte, dass sie sich zurückzogen. Durch Herolde soll er ihnen mitgeteilt haben, «wenn sie sich nicht zurückzögen oder sich nun zur Schlacht stellten, würden alle Gefangenen und alle, die noch gefangengenommen würden, ohne Gnade mit dem Schwert getötet werden».[71] Das englische Heer nahm zwischen 1000 und 2000 Gefangene mit nach Calais; viele von ihnen wurden bereits dort ausgelöst, so dass nur einige hundert tatsächlich nach England überführt worden sind.[72] Die Schlacht war eine Eruption ungeheurer Gewalttätigkeit, da, bis auf die Bogenschützen, im Kampf Mann-gegen-Mann getötet wurde. Auf dem Höhepunkt der Schlacht endete der Kampf mit dem Tod – 6000 Franzosen fielen. Erst als sich der Sieg abzeichnete, stoppte das Töten. Hier wirkte sich die Rolle, die Lösegeld und Beutedenken spielten, für das Schicksal des adligen Unterlegenen positiv aus.[73] Allerdings wurde diese Bereitschaft, sich gefangennehmen zu lassen, bezeichnenderweise von der französischen Bevölkerung negativ gewertet. Ein anonymer Pariser Chronist notierte nach der Schlacht: «Seit Gott geboren wurde, hatte man keine solche Gefangennahme in Frankreich gesehen, durch Sarazenen oder andere [...] und man sagte allgemein, solche, die sich hatten gefangennehmen lassen, seien nicht gut und treu gegen solche gewesen, die in der Schlacht fielen.»[74]

Die Schlacht von Agincourt zeigt, wie sehr das Überleben des Einzelnen vom Glück abhing. Kapitulation war in der Hitze der

Schlacht nicht möglich; erst als sich der Sieg den Engländern zuneigte, wurden Gefangene gemacht. Doch selbst die Gefangenschaft versprach keine Sicherheit, wie der Tötungsbefehl zeigt. Außerdem wirkte sich während dieser Schlacht eine Entwicklung aus, die sich schon in der Schlacht von Crecy gezeigt hatte und die vielleicht vergleichbar war mit dem Aufweichen der Regeln des Hoplitenkrieges im Peloponnesischen Krieg: Leichtbewaffnete mit neuen Waffen und geringerem sozialem Prestige hatten das Gesicht der Schlacht verändert. Die Armbrust und der Langbogen konnten Panzerungen auch auf lange Distanz durchschlagen und führten zu einer Aufwertung der Infanterie, die für einige Jahrhunderte den Lanzen tragenden Panzerreitern unterlegen gewesen war. Mit dem Aufkommen dieser Infanteristen, meist Söldner oder Bürger aus einer niedrigen sozialen Schicht, die nicht an den ritterlichen Ehrenkodex gebunden waren oder nicht in ihn eingebunden wurden, begann sich auch die Kriegführung zu modifizieren. Für Ritter waren diese Kriegsknechte als Gegner nicht ebenbürtig und als Gefangene wertlos. Manche Historiker sehen am Ende des Mittelalters, infolge dieser Aufweichung ritterlicher Kriegsgepflogenheiten, mit guten Gründen eine erneute Verrohung der Kriegssitten aufziehen – dazu später mehr.

3. Wie Kämpfe zwischen Angehörigen verschiedener Schichten, Religionen und Kulturen endeten

Die sozialen Unterschiede einer ständischen Gesellschaft wirkten sich, wie oben bereits erwähnt, auch auf dem Schlachtfeld aus; sie entschieden darüber, wie die Unterlegenen behandelt wurden, ja sogar, ob sie am Leben gelassen wurden oder nicht. Ähnliches galt für die Verwerfungen zwischen verschiedenartigen Kulturen oder Religionen, die sich auf die Kampfweise und vor allem auf die Bereitschaft, den Gegner zu schonen, direkt auswirkten.

Zuerst soll hier ein Blick auf die Randbezirke Europas geworfen werden, in denen sich lange extrem grausame Kriegssitten hielten.

In Irland, in Schottland und Wales sowie im Baltikum herrschten bis zum Ende des Mittelalters die Sitten des *bellum romanum.* Irische Könige, litauische Stammesführer oder Ritter des Deutschen Ordens unternahmen Kriegszüge, um Vieh, Pferde und Frauen zu erbeuten. Wer im Kampf unterlag, hatte schlechte Chancen, mit dem Leben davonzukommen; dies galt für die Anführer noch mehr als für die einfachen Soldaten. Vornehme Gefangene wurden umgebracht, einfache Soldaten als Sklaven verkauft. Ein Beispiel: Die Quellen berichten, dass die Schotten bei einem Einfall in England im Jahre 1147 die Männer, alle alten und kranken Menschen, schwangere Frauen und Kinder umbrachten und die restlichen Frauen sowie Kriegsbeute abtransportierten; die Frauen wurden versklavt oder gegen Vieh eingetauscht.[75]

Das war nicht nur, wie man denken könnte, Propaganda der Engländer gegen die Schotten; so beschrieben nämlich die Sieger selbst ihr Tun. Auf diese Weise wurde auch im Baltikum Krieg geführt, wo der Deutsche Orden gegen die einheimische, noch nicht christianisierte Bevölkerung einen beidseitig erbarmungslosen Krieg führte. Im Jahre 1216 unternahmen der Bischof von Riga, die Schwertbrüder und ihre livländischen Bundesgenossen einen Angriff auf Estland. Heinrich von Livland schrieb in seiner Chronicon Livoniae: «Als wir dort ankamen, verbrannten und zerstörten wir alles, brachten alle Männer um, fingen Frauen und Kinder und nahmen ihre Pferde, Kühe und Schafe mit uns.»[76] In Heinrichs Chronik sind mehr als zwanzig Passagen zu finden, in denen er das immer gleiche Vorgehen gegen die Besiegten beschreibt. Dieses erinnert, in voller Rechtfertigung der Bezeichnung *bellum romanum*, ganz an antike Vorbilder. Die gefangenen Männer wurden mal verbrannt, mal aufgehängt, mal gefoltert, um die Verstecke der Frauen und Kindern zu erfahren.[77] Solche Greuel kamen immer wieder und überall vor. Das auf dem Balkan vorrückende Kreuzfahrerheer Friedrich Barbarossas hängte ohne viel Federlesen bulgarische Partisanen auf. Auch die Zivilbevölkerung war nicht ausgenommen von den Grausamkeiten des Krieges. Eine Schweizer Quelle aus dem späten Mittelalter schildert, wie zwei ausgemergelte und verzweifelte alte Frauen eine Gruppe von halbtoten, fast verhungerten Kindern auf eine Wiese führten, um sie dort Gras und Kräuter essen zu lassen. Dem entsetzten Beobachter erzählten sie, dass die Eltern der Kinder getötet worden seien; sie habe man ihres Alters wegen am Leben gelassen, um auf die Kinder aufzupassen, von denen mittlerweile noch die Hälfte lebe. Nun hätten sie nur noch den Wunsch, dass ein baldiger Tod sie von ihren Qualen erlösen möge.[78] Dies mag unseren Blick darauf richten, welche dramatischen Folgen Niederlage und Tod auch für jene haben konnte, die zunächst noch mit dem Leben davongekommen waren. Selbst wenn hier, wie zu vermuten ist, die Kinder vom Sieger bewusst verschont worden waren, hatte sie das nicht vor großen Qualen und einem elenden Ende bewahren können.

Wurde so mit benachbarten, bisweilen auch verwandten Völkern in Europa verfahren, liegt es nahe zu vermuten, dass die Kämpfe gegen die Muslime von noch extremerem Verhalten bestimmt wurden. Wilhelm von Tyros schrieb in seiner Chronik des Königreichs Jerusalem den berühmten Satz: «Krieg wird zwischen Männern, die dieselben Gesetze und denselben Glauben haben, anders geführt. Denn selbst wenn kein anderer Grund besteht, sich zu hassen, die Tatsache des unterschiedlichen Glaubens ist Grund genug für ununterbrochenen Streit und Feindschaft.»[79] Viele Experten, so etwa der britische Kreuzzugsspezialist John France, meinen jedoch, dass Wilhelm von Tyros, wenn er nicht nur den Krieg im Heiligen Land, sondern auch den in Europa gekannt hätte, er vielleicht anders und vorsichtiger geurteilt haben würde. Sie verweisen darauf, dass auch der Krieg in Europa brutal und gewalttätig gewesen sei und es andererseits zwischen Muslimen und Christen oftmals politische und militärische Kooperationen gegeben habe. Zwar hatte der Islam mit einem gewaltigen Eroberungszug begonnen, dessen Abwehr nur in verlustreichen Schlachten gelang. Hierbei ist aber weniger an die Schlacht bei Poitiers, wo Karl Martell den arabischen Vormarsch wirkmächtig gebremst haben soll,[80] als vielmehr an die Abwehrkämpfe der Oströmer und ihre Siege gegen die Araber in den verlustreichen Schlachten um Konstantinopel zu denken. Sie konnten die Araber stoppen, die Lage stabilisieren und dann ab dem 9. Jahrhundert zum Gegenangriff übergehen. Mit der Stabilisierung der Verhältnisse begannen auch Kooperationen. Diese waren beispielsweise in Spanien zu sehen gewesen. Muslimische Fürsten hatten, im Streit untereinander, die Franken um Hilfe gerufen, und Karl der Große war gekommen. Der spanische Nationalheld El Cid kooperierte und kämpfte für Muslime, und zwar nicht nur in der Wirklichkeit, sondern auch in dem Epos, das ihn verherrlichte. Ähnliche Konstellationen traten in den folgenden Jahrhunderten vermehrt auf und hatten auch direkte Auswirkungen auf den militärischen Umgang miteinander. Die Kreuzfahrer verbündeten sich mit dem Kalifat in Kairo gegen die Seldschuken in Syrien; Joscelin II. ging eine Allianz mit dem Emir von Diabekir ein und Raymond III. von Tripoli verband sich mit Saladin gegen den ihm missliebigen König von Jerusalem, Guy de Lusignan. Der Mechanismus setzte sich in der frühen Neuzeit fort: François I. verbündete sich mit den Osmanen gegen die Habsburger, die Briten im Krimkrieg mit den Türken gegen die Russen, die Deutschen im Ersten Weltkrieg mit den Türken gegen die Entente.

Damit soll nicht bestritten werden, dass sich die Kreuzzüge durch besondere Bitterkeit auszeichneten. Hier ging es aber nicht nur um Religion, sondern auch um unvereinbare politische Fragen: Die Kreuzfahrer waren in das Land eingedrungen und hatten es besetzt. Dabei war viel Blut geflossen, vor allem bei der Eroberung Jerusalems im Jahre 1099. Die muslimischen Mächte versuchten nun, sie wieder zu vertreiben. Der Kampf im Heiligen Land war eine Mischung aus einem Religionskrieg, einem *bellum romanum* und dem Kampf eines Ritterheeres, und all diese Faktoren beeinflussten die Kriegführung, die Bereitschaft, einen verloren gehenden Kampf aufzugeben und den Besiegten mit Großmut zu behandeln – oder dies nicht zu tun. Um bei der Religion anzufangen: Die Idee, das Heilige Land von den «Ungläubigen» zurückzuerobern, hatte den Kreuzzug ausgelöst. Kirche und Religiosität waren die treibende Kraft hinter den Kreuzzügen, wenn auch der Wunsch der Kreuzfahrer, im Heiligen Land Macht, Ruhm, Grundherrschaft und Vermögen zu erwerben, sich überall niederschlug.[81] Die Geldgier der Kreuzfahrer wurde in anderen Kulturen, etwa in Byzanz, sprichwörtlich und zum Gegenstand des Spotts. Es soll damit aber nicht bestritten werden, dass einige Kreuzfahrer auch ein immaterielles Anliegen hatten. Vorstellungen vom gerechten Krieg und von religiöser Belohnung für heldenhaftes Kämpfen mögen eine Rolle gespielt haben; trotzdem sollte der Kreuzzugseifer von Predigern in Europa nicht mit dem tatsächlichen Aufopferungswillen der Kämpfer im Orient verwechselt werden. John Gillingham hat hier auf eine sehr interessante Quelle hingewiesen, die seiner Ansicht nach die beste zur Kapitulation im Mittelalter ist. Es handelt sich um die Erinnerungen von Jean de Joinville, der Ludwig IX. (den Heiligen) auf den Kreuzzug nach Ägypten begleitet hatte. Der Kreuzzug scheiterte und Jean fand sich im Jahre 1250 auf dem Nil mit seinen Männern auf einem Schiff eingekreist. Die Lage war militärisch aussichtslos. Jeans Erinnerungen dokumentieren uns seinen Überlebenswillen und auch, mit welchem Schicksal er nach der Kapitulation zu rechnen hatte. Er beriet mit seinen Männern darüber, wem sie sich ergeben sollten, den Galeeren des Sultans oder den Truppen am Ufer. Sie beschlossen, sich besser den Galeeren zu ergeben; so würden sie zusammenbleiben können, während die Truppen am Ufer sie einzeln als Sklaven an die Beduinen verkaufen würden. Da sagte einer seiner Kellermeister: «Mein Herr, ich kann dieser Entscheidung nicht zustimmen.» Jean fragte ihn, was er denn stattdessen zu tun vorschlage, und der Kellermeister antwortete: «Ich empfehle, dass wir alle weiterkämpfen bis zum Tod, denn so werden wir in den Himmel kommen.» Dieser Gedanke schien den anderen nicht diskussionswürdig. Jean setzte seine Erzählung fort: «Aber keiner von uns befolgte diesen Rat.» Dies zeigt, dass der religiöse Fanatismus auch tief gläubiger Kreuzritter – und Jean war, wie andere Teile seines Berichts zeigen, tief gläubig – nicht so weit ging, dass sie in aussichtsloser Lage bis zum Tod kämpfen wollten, um ins Paradies zu kommen. Stattdessen dachten die Soldaten an ihr Überleben und waren dabei durchaus erfinderisch. Einer von ihnen empfahl Jean, sich als Cousin des französischen Königs auszugeben, also als ein prominenter (und reicher) Gefangener, um zu vermeiden, dass er und sein Gefolge bei der Gefangennahme getötet würden. Jean folgte diesem Ratschlag und später bestätigte ihm der muslimische Admiral, der sie gefangen genommen hatte, dass diese Notlüge ihnen das Leben gerettet hatte. Es ist auch festzuhalten, dass Jean und seine Soldaten von den muslimischen Siegern gut behandelt und sogar medizinisch versorgt wurden. Dies war typisch für die Kriegführung während der Kreuzzüge: Es ging um Religion, aber auch um Geld, und die Aussicht auf ein großes Lösegeld war ein gewichtiger Anreiz, seine Gefangenen gut zu behandeln, auch wenn sie Andersgläubige waren.[82]

Dies betraf die Vornehmen und Reichen; für die Armen galten andere Gesetze. Jean erwähnte, dass seine Soldaten befürchteten, als Sklaven an die Beduinen verkauft zu werden. Tatsächlich gab es im Vorderen Orient noch die Sklaverei, und Kriegsgefangene wurden verkauft, wie das schon in der Antike Sitte gewesen war, etwa in der Schlacht von Hattin, in der Saladin das Kreuzfahrerheer vernichtet hatte. Dadurch entstand, ebenso wie es bereits zu römischen Zeiten nach erfolgreichen Feldzügen der Fall gewesen war, ein derartiges Überangebot an Sklaven, dass der Preis für sie, etwa auf dem Markt in Damaskus, dramatisch fiel.[83] Es kam, bei anderen Gelegenheiten, auch zum Gefangenenaustausch. Die christlichen Orden waren da aber zurückhaltend, da sie ihre muslimischen Gefangenen als Arbeitskräfte nicht entbehren wollten oder konnten.[84] Bisweilen wurden Gefangene auch hingerichtet; dabei ist es wiederholt zu sadistischen Quälereien gekommen.[85] Ein Sonderfall waren die Ordensritter. Diese schienen Saladin so gefährlich und effektiv, dass sie nach der Gefangennahme ausnahmslos umgebracht wurden.[86]

Der Eigennutz und das Gesetz der Reziprozität kontrollierte auch während der Kreuzzüge die Gewalt. Solange die Gegner ungefähr gleich stark waren und die Möglichkeit hatten, sich für begangenes Unrecht zu revanchieren, versuchten beide Seiten in Sieg und Niederlage bestimmte Normen einzuhalten. Das funktionierte nicht immer; beispielsweise ließ Richard Löwenherz in der aufgewühlten Stimmung nach der Niederlage von Hattin 2000 gefangene

Muslime töten; Saladin antwortete mit der Tötung der christlichen Gefangenen. Aber nach diesem Exzess kehrten beide Seiten wieder zu den vorherigen Gebräuchen des Krieges zurück.[87] Erst als die Mameluken derart die Oberhand gewannen, dass die Christen im Heiligen Land ihnen nicht mehr gewachsen waren, wurden Regelbrüche seitens der Überlegenen die Norm.[88]

4. Wie Belagerungen und Kapitulationen im Mittelalter endeten

Belagerungen waren ein wichtiger Teil der Kriegführung im Heiligen Land; erwähnt seien insbesondere die Belagerungen und Eroberungen von Jerusalem (1099 und 1187), Caesarea, Beirut, Sidon, Tyros, Edessa und Acre 1104, Tripolis 1109 und Ascalon 1153. Was diese sowie mittelalterliche Belagerungen generell angeht, kann ich nur Edward Gibbon beipflichten, der in seiner Geschichte des Verfalls und Untergangs des Römischen Reiches schrieb: «Wenn er die Eroberung und Plünderung großer Städte schildert, ist der Historiker dazu verdammt, die Erzählung des immer gleichen Jammers zu wiederholen; dieselben Leidenschaften riefen dieselben Auswirkungen hervor, und wenn diesen Leidenschaften ohne Kontrolle gefrönt wurde, gering ist dann, leider, der Unterschied zwischen zivilisierten und wilden Menschen.»[89] Die Geschichte mittelalterlicher Belagerungen in Ost und West folgt den aus der Antike bekannten und bereits beschriebenen Gesetzen – je länger sich eine Stadt oder Festung wehrte und je höher die Verluste des Angreifers waren, desto grausamer verlief hinterher die Eroberung.[90] Eine rechtzeitige Kapitulation eröffnete hingegen die Chance, noch Bedingungen aushandeln zu können, etwa einer Plünderung zu entgehen; dies wurde von den belagernden Truppen nicht gerne gesehen und war schwierig durchzusetzen und einzuhalten. Bei der Eroberung von Acre 1104 und auch der von Tripolis 1109 waren die belagernden Truppen mit dem ausgehandelten Kompromiss nicht einverstanden. Um ihre Beute fürchtend, fingen sie einfach an, die mit ihrer

Habe abrückende Bevölkerung auszuplündern.[91] Überhaupt waren Plünderungen für mittelalterliche Truppen eine begehrte Chance, zu Reichtum zu kommen. Das Beutegut kam nämlich nicht nur den adligen Anführern und dem König, sondern auch allen anderen zugute und wurde nach einem bestimmten Schlüssel verteilt. Nach Eroberungen wurden Städte in vielen Fällen für drei Tage zur Plünderung freigegeben; erst danach kehrten wieder normalere Verhältnisse ein. Vor allem bei langwierigen Belagerungen und auch bei Plünderungszügen, etwa der Wikinger oder Araber, fehlte also eine der essentiellen Voraussetzungen für eine geordnete Kapitulation, nämlich die Bereitschaft des Siegers, den Verlierer zu schonen. Daher war die Gefahr, dass eine militärische Operation in ein Massaker ausartete, bei Belagerungen nicht nur vorhanden, sondern sogar wahrscheinlich. Neben den Plünderungen kam es außerdem immer auch zu Massenvergewaltigungen. Die größte Plünderung des Mittelalters war die Eroberung Konstantinopels im Jahre 1204, bei der die Kreuzfahrer ungeheure Reichtümer erbeuteten.

Blutig verliefen die Belagerungen bei der Eroberung des Heiligen Landes. Bei der Einnahme Antiochias durch die Kreuzfahrer im Jahre 1098 wurden 10 000 Einwohner umgebracht,[92] bei der Eroberung Jerusalems 1099 sollen Zehntausende ums Leben gekommen sein. Die Zahlen sind wohl übertrieben, aber die Quellen berichten übereinstimmend von großen Verlusten. «Sie [unsere Fürsten] veranlassten außerdem, dass sämtliche Sarazenenleichen aufgrund des furchtbaren Gestanks aus der Stadt hinausgeschafft würden, denn fast die ganze Stadt war übersät mit ihren toten Leibern. Somit schleiften die überlebenden Sarazenen die Toten vor die Tore hinaus und schichteten sie zu Stößen auf so hoch wie Häuser. Keiner hat jemals ein solches Abschlachten von Heiden gesehen oder je davon gehört, denn sie wurden auf Scheiterhaufen verbrannt, die Pyramiden glichen, und keiner außer Gott allein weiß, wie viele es waren.»[93] Die Rückeroberung Jerusalems durch Saladin im Jahre 1187 verlief hingegen vergleichsweise glimpflich, da es eine verhandelte Kapitulation war. Er erlaubte der Bevölkerung, sich freizukaufen und ließ alte Männer und Frauen sogar umsonst frei.

Hier drängt sich eine Frage auf: Gab es einen Unterschied zwischen antiken und mittelalterlichen Belagerungen und Kapitulationen von Städten und ihrer anschließenden Behandlung? Offensichtlich dominierte die Habgier und Willkür des Siegers nach wie vor das Geschehen. Dennoch möchte ich vorsichtig dafür plädieren, dass es einen Unterschied gab. Trotz abstoßender Exzesse blieb im Mittelalter, anders als in der Antike, die vollständige Vernichtung der eroberten Gemeinwesen aus, und daraus könnte auf eine Wendung hin zu humanerem Verhalten geschlossen werden. Christliche Barmherzigkeitsideale und der ritterliche Verhaltenskodex mögen dabei eine Rolle gespielt haben; gegen Ende des Mittelalters war das Bewusstsein dafür, dass Unbeteiligte zu verschonen seien, eindeutig vorhanden. Es gab zwar noch die *deditio*, doch war sie nun, anders als zu römischer Zeit, sehr wohl an Bedingungen und Auflagen für den Sieger geknüpft.[94] So kapitulierte Mailand gegenüber Friedrich Barbarossa, aber nicht bedingungslos; es schloss mit ihm einen Kapitulationsvertrag ab, eine *conventio*. Erst als die Mailänder merkten, dass die darin ausgehandelten Bedingungen, nämlich die Beherbergung des kaiserlichen Heeres in der Stadt, ihren wirtschaftlichen Ruin bedeuteten, unterwarfen sie sich einer *deditio sine omne tenore*, die aber, anders als die *deditio* in der Antike, eine starke Verantwortung des Siegers für das Wohlergehen des Besiegten beinhaltete.[95] Hier war, wie auch bei der Kapitulation von Calais 1347 und einer ganzen Reihe anderer Fälle, ein theatralisches Unterwerfungsritual zu beobachten.[96] Die Mailänder Verhandlungsführer hatten sich nach einem zuvor vereinbarten und detailliert festgelegten Bußzeremoniell zu verhalten, in dem sogar geregelt wurde, welche Schuhe sie tragen durften. Im Falle von Calais verlangte König Eduard vom Bürgermeister von Calais, Jehans de Viane, dass sich die sechs vornehmsten Bürger der Stadt, nur in einem Hemd bekleidet, mit einem Strick um den Hals und die Schlüssel der Stadt und der Festung in der Hand, ihm auslieferten. So geschah es.[97] Am Ende dieser Kapitulation mussten die Soldaten und Bürger von Calais am englischen König vorbei paradieren, die Bürger mit dem Strick um den Hals, die Soldaten mit einem

Schwert, das gegen ihre Brust gerichtet war – ein Ritual, das zeigen sollte, dass Bürger wie Soldaten ihr Leben nach elfmonatiger Belagerung eigentlich verwirkt hatten und nur der Gnade des Königs verdankten.

5. Das Ende der ritterlichen Kriegführung: Eine neue Moral des Krieges?

Die Periode, in der vergleichsweise kleine feudale Reiterheere aufeinandertrafen, endete im 14. Jahrhundert. Zwei Entwicklungen trugen dazu bei und beide können als Antwort auf die in Frankreich besonders hoch entwickelte Ritterkultur gesehen werden. Es ist wohl kein Zufall, dass die Nachbarn und Gegner Frankreichs diejenigen waren, die wirkungsvolle Strategien entwickelten, um diese Ritterheere siegreich bekämpfen zu können. Die erste dieser Entwicklungen wurde bereits erwähnt: Die Engländer begannen zunehmend auf ihre Bogenschützen zu vertrauen. Neuentwicklungen wie der Langbogen, der den Pfeilen eine verbesserte Durchschlagskraft verlieh, und die Armbrust veränderten das Kampfgeschehen. An die Stelle des Kampfes zwischen Schwerbewaffneten, die sich mit Hieb- und Stichwaffen bekämpften, traten nun Fernwaffen. Dies hatte gewaltige Auswirkungen auf die Regeln ritterlicher Kampfweise und auch auf die Möglichkeit, einen verloren gehenden Kampf zu beenden. Wer von einem Pfeil auf größere Entfernung getroffen wurde, war verwundet oder tot; die Frage der Kapitulation stellte sich damit entweder gar nicht mehr oder in stark veränderter Form. Damit begann eine Entwicklung, die sich mit der Einführung von Feuerwaffen ab dem 14. Jahrhundert fortsetzen und beschleunigen sollte. Teile des Kampfes entwickelten sich weg vom Kampf Mann gegen Mann, in dem eine Kapitulation zwischen den kämpfenden Soldaten immerhin möglich war, zu einem anonymeren Geschehen, dem Töten auf Entfernung, in dem die Kämpfenden durch Distanz getrennt waren.

Dies deutete bereits in die Neuzeit und war doch nur eine der Methoden, mit denen im späten Mittelalter die klassischen Kavallerietaktiken erfolgreich herausgefordert wurden. Eine andere verwies nicht in die Zukunft, sondern in die Vergangenheit; sie wurde von den Schweizern entwickelt. Ab dem 14. Jahrhundert wurden Schweizer Infanteristen zum Schrecken von Europas Rittern. Später, in der Renaissance, verglich man sie gerne mit der makedonischen Phalanx und tatsächlich gab es einige Ähnlichkeiten. Die Schweizer, die europäische Schlachtfelder für etwa zweihundert Jahre zu dominieren begannen, glänzten durch soldatische Qualitätsarbeit und eine gnadenlose Unerbittlichkeit, die sie berüchtigt machte. Zuerst verteidigten sie sich gegen die Habsburger, dann kämpften sie gegen Karl den Kühnen von Burgund – er verlor in der Schlacht von Nancy sein Leben – und schließlich vermieteten sie sich als Söldner, um vor allem auf italienischen Schlachtfeldern zu kämpfen. Ein harmloser und folkloristischer Ausläufer davon ist die Schweizer Garde des Papstes; anders als diese waren die Schweizer Söldner der frühen Neuzeit aber äußerst gefährliche und brutale Leute. Sie kämpften in dichtgedrängten Formationen, ihre Hauptwaffe waren lange Piken und Hellebarden; dies machte ihre Phalanx für Kavallerie undurchdringlich. Ihre militärische Struktur war simpel, ohne Kavallerie, ohne Offiziere, aber sie hatten einen furchterregenden Kampfes- und Siegeswillen. Wer in ihren eigenen Reihen schwach wurde, wurde umgebracht. Die Schweizer gaben kein Pardon, und zwar ganz bewusst, um ihre furchtbare Reputation zu vermehren und ihre Gegner einzuschüchtern. Schon bei ihren ersten Einfällen in Italien hatten sie Angst und Schrecken verbreitet, weil sie, ganz anders als die Condottieri, den sogenannten bösen Krieg führten, bei dem entgegen der ritterlichen Praktiken keine Gefangenen gemacht wurden. An diesem Grundsatz hielten sie so eisern fest, dass sie manchmal Gefangene allen Abmachungen zum Trotz noch nach der Schlacht erschlugen. Eine Kriegsvorschrift der Berner bringt es auf den Punkt: «Wir wölten gern den eren nach, das jederman erstochen und niemand gevangen were; das wurd allweg den schrecken in unsern vinden meren und unser guet lob behalten.» Sie kämpften als Söldner wie die Berserker, aber nur solange sie pünktlich bezahlt wurden; war das nicht der Fall, rückten sie einfach ab. Das Ende dieser Taktik war gekommen, als sich Feuerwaffen immer mehr verbreiteten. Zwar verwendeten sie auch die Schweizer, aber letztlich forderte die gesteigerte Feuerkraft andere Kampftechniken als eine dichtgedrängte Phalanx.

Es bleibt die Frage, wie es um die Kultur der Niederlage am Ausgang des Mittelalters bestellt war. Das Zeitalter ritterlicher Kriegführung war erkennbar an sein Ende gelangt. Immerhin hatte sich hier eine mögliche Weiterentwicklung des Krieges gezeigt, nämlich in Richtung eines stark ritualisierten Duells, des Turniers. Auch auf dem Schlachtfeld hatte sich diese Entwicklung gezeigt; ein Beispiel dafür waren die italienischen Condottieri, die sich zwar in prächtigen Rüstungen malerische Schlachten lieferten, in denen aber die Zahl der Opfer denkbar klein blieb. Diese Mischung aus Turnier und Schaukampf hatte sich in dem Augenblick überlebt, in dem entschlossene Gegner die Spielregeln ignorierten und mit neuen Waffen das Schlachtfeld zu dominieren begannen. Die Entwicklung dahin war nicht aufzuhalten, obwohl es versucht wurde. Bayard, der «Ritter ohne Furcht und Tadel», ließ Armbrustschützen, die in seine Gefangenschaft fielen, hinrichten, da ihre Waffen feige und hinterhältig seien. Er hatte die Idee, dass es zum Wesen des Soldaten gehöre, nicht nur zu töten, sondern auch im ritterlichen Zweikampf das Risiko des eigenen Todes in Kauf zu nehmen. Das Töten ohne eigene Gefahr sei schließlich eher das Charakteristikum des Henkers, nicht des Soldaten.[98] Von den Zeitgenossen Bayards wurde gefragt: «Welchen Nutzen haben noch die Waffenkünste der Ritter, ihre Kraft, ihre Ausdauer, ihre Disziplin und ihr Streben nach Ehre, wenn derartige Waffen im Krieg zum Einsatz kommen?»[99] Diese Fragen rührten an das Grundverständnis des Krieges, das sich im Kampf zwischen Rittern ansatzweise in eine rituelle Richtung zu entwickeln begonnen hatte; die militärische Effizienzsteigerung durch Fernwaffen unterbrach diesen Prozess. Auf den Schlachtfeldern der frühen Neuzeit mischten sich die Schichten – Adlige und einfache Soldaten – und damit war der auf die aristokratische

Kriegerkaste beschränkte Umgangscode des Mittelalters, der die Kapitulation zum geregelten Vorgang gemacht hatte, erneut in Frage gestellt. Das folgende Kapitel muss fragen, ob, und wenn, in welcher Form, sich die Regeln ritterlicher Kriegführung und des geregelten Aufgebens im Kampf in die Neuzeit retten konnten.

«Es war nicht Deine Liebe zu Deinem Land, die Dich zum Soldaten machte, sondern Deine Liebe zum Beutemachen.» – «Ich gebe es zu, und ich glaube, dass sehr wenige in die Armee gehen mit besseren Absichten.»

Erasmus, Colloquien, 187

VII. Vom Helden zum Soldaten – Die Kapitulation in der frühen Neuzeit

1. Die Ausweitung des Krieges in der frühen Neuzeit

Die Kapitel über die Kapitulation in der Antike und im Mittelalter begannen jeweils mit einem kurzen Blick auf das Ideal: Wurde in der jeweiligen Kultur akzeptiert, dass Krieger einen hoffnungslosen Kampf aufgaben, oder war dies ehrenrührig? Der antike Ehrenkodex bot die Wahl zwischen Sieg oder Tod, und so war es zunächst auch im Mittelalter, auch wenn in beiden Epochen die Realität auf dem Schlachtfeld der epischen Idee des Siegens oder Sterbens ohnehin nur gelegentlich entsprochen hat. Das Ideal selbst hatte sich im Mittelalter zunehmend durch ethische Forderungen christlicher Kriegführung an den Sieger und auch durch materielle Anreize, Gnade walten zu lassen, umgeformt.[1] Es wurde für Ritter normal, Gefangene zu machen, und sozial akzeptabel, sich in Gefangenschaft zu begeben.

Aber auch in jenen Zeiten war die Idee, heldenhaft bis zum Tode zu kämpfen, nicht völlig verschwunden. So wurden bei der Belagerung von Casale aus der Bronze einer geborstenen Kanone Münzen geprägt mit der Aufschrift: «Kein Rückzug, keine Kapitulation».[2] Doch insgesamt zeigt der Blick auf Quellen und Literatur, dass die Zeitgenossen wie selbstverständlich davon ausgingen, dass der Unterlegene einen aussichtslosen Kampf aufgeben durfte, und zwar ehrenvoll, solange er vorher sein Äußerstes gegeben hatte, um den Sieg zu erringen – und das war auch der Tenor der militärischen Handbücher, die in der frühen Neuzeit einen wahren Boom erlebten.

Die Frage der Kapitulation oder des Kampfes bis zum Tod war allerdings in Altertum und Mittelalter eine Frage des Epos und nicht des militarischen Handbuchs gewesen. Gerade hier, im Epos, zeigt sich in der frühen Neuzeit ein bedeutsamer Wandel im soldatischen Selbstverständnis. Heldenlieder aus der Vorzeit, in denen der ruhmreiche Untergang verklärt wurde, wurden nicht mehr ernst genommen oder sogar ins Lächerliche gezogen. Miguel de Cervantes, immerhin ein Mitkämpfer der Schlacht von Lepanto, in der er schwer verwundet worden war und die Gebrauchsfähigkeit seines linken Armes eingebüßt hatte, begegnete in seinem Don Quijote dem Ritterideal mit heftiger Ironie. Solche durchzieht auch Ariosts «Orlando Furioso»; in dem Epos muss der Verstand des unsterblich verliebten Protagonisten schließlich vom Mond wiedergeholt werden. Roland war, anders als im mittelalterlichen Heldenlied, nicht mehr der bis zum Tode kämpfende Recke, sondern grotesk liebeskrank – das zeugte ebenso vom Paradigmenwechsel wie das Urteil Friedrichs des Großen, der einmal in einem Brief feststellte, die deutsche Dichtung des Mittelalters, zu der unter anderem Parzival oder das Nibelungenlied zählten, seien «nicht einen Schuss Pulver werth; und verdienten nicht aus dem Staube der Vergessenheit gezogen zu werden».[3] Bisweilen entsteht der Eindruck, dass in der frühen Neuzeit ein ironisch gebrochener, bisweilen sogar zynischer Umgang mit – nach wie vor vorhandenen – Heldenidealen dominierte. Damit wurde auch das römische Motto *aut vincere aut emori* indirekt in Frage gestellt, und zwar von Soldaten wie Cervantes, die auf dem Schlachtfeld genauso erbittert gekämpft und genauso mutig ihr Leben eingesetzt hatten wie ihre Vorgänger. Manche lehnten sogar ein überlanges Aushalten aus ethischen Gründen ausdrücklich ab. Der französische Philosoph Montaigne verlangte beispielsweise, Kommandanten, die zu lange aushielten, hinterher vor Gericht zu stellen.[4]

Das hört sich an, als hätten Faktoren der Mäßigung in der frühen Neuzeit endgültig die Oberhand gewonnen. Viele Gefechte liefen zwar immer noch auf ein «Siegen oder sterben» hinaus, aber es war nun, mehr denn je, ein situationsbedingtes Dilemma, keine moralische Verpflichtung mehr. Und trotzdem waren die Kriege der Epoche keinesfalls zivilisierter als die des Mittelalters. Hier muss nur an den Dreißigjährigen Krieg erinnert werden, der gerade in Deutschland als verheerendes Ereignis in der populären Erinnerung nachlebt, auch dank Grimmelshausens «Simplicissimus», der zwischen Narrenspiegel und Beschreibung grausamer Kriegswirklichkeiten hin- und herschwankt.

Der zivilisatorische Fortschritt wurde durch andere Entwicklungen ausgeglichen. Die Frage, wie Kämpfe der frühen Neuzeit endeten, muss eine europaweite Entwicklung berücksichtigen, die in der Forschung als «militärische Revolution» bezeichnet wird. Die Kriege zwischen dem späten 15. Jahrhundert und der Französischen Revolution unterschieden sich von denen des Mittelalters nämlich in vielfacher Hinsicht und waren selbst wiederum einer rasanten Weiterentwicklung unterworfen. All dies beeinflusste auch das Aufgeben im Kampf. Die Entwicklungen dieser dreihundert Jahre sollen hier in zwei große Phasen zerlegt werden. Der Wendepunkt liegt in der Mitte des 17. Jahrhunderts, als die zunehmende Verstaatlichung und Reglementierung der Armeen das Bild des Krieges entscheidend veränderten. Was die Epoche jedoch eint und von der mittelalterlichen Kriegführung unterscheidet, waren die Auswirkungen militärischer Neuerungen, unter denen hier die Einführung von Kanonen und Feuerwaffen, die Errichtung einer neuen Art von Befestigungen, die Erfindung des mit Kanonen bewaffneten Linienschiffs und vor allem eine gewaltige Vergrößerung der europäischen Armeen erwähnt werden müssen. Eine Forschungskontroverse dreht sich um die Frage, wie es zu dem explosionsartigen Anstieg militärischer Leistungsfähigkeit im Europa der frühen Neuzeit kam, wann dieser begann, wie er zu erklären ist und welche weltgeschichtlichen Auswirkungen er hatte, etwa im Zusammenhang mit der europäischen Expansion in andere Erdteile.[5] Hier soll nur dargestellt werden, in welcher Form die spektakulären Umbrüche des Militärwesens in der frühen Neuzeit die Kapitulation beeinflussten. Denn fast alle Aspekte dieses Umbruchs nahmen auf die Kultur des Aufgebens im Kampf großen Einfluss, vor allem die waffentechnische Entwicklung und die von ihr erzwungenen taktischen Änderungen auf dem Schlachtfeld sowie die eng damit verbundene Frage nach steigender Größe und sozialer Zusammensetzung frühneuzeitlicher Heere.

Unter dem Eindruck der italienischen Kriege, vor allem der französischen Invasion Italiens durch Karl VIII. im Jahre 1494, der in wenigen Monaten Florenz, Rom und Neapel eroberte und im darauffolgenden Jahr genauso schnell wieder verlor, schrieb Francesco Guicciardini im Jahr 1509: «Wenn [früher] Krieg ausbrach, waren die gegnerischen Seiten so gleichwertig, die militärischen Methoden so langsam und die Artillerie so primitiv, dass die Eroberung einer Burg fast einen gesamten Feldzug dauerte. Kriege zogen sich über eine lange Zeit hin, und Schlachten endeten mit sehr wenigen oder keinen Toten. Aber die Franzosen brachen hier wie ein plötzlicher Sturm ein, der alles umstürzte. [...] Kriege wurden plötzlich und gewalttätig; die Eroberung und Inbesitznahme eines Staates dauerte nun weniger lange als früher die Besetzung eines Dorfes; Städte wurden sehr schnell erobert, in Tagen und Stunden, nicht mehr in Monaten; Schlachten wurden äußerst wild und blutig.»[6] Der revolutionäre Wandel bestand in der zunehmenden Bedeutung der Fernwaffen. Langbogen und Armbrust wurden schon bald von Feuerwaffen ersetzt, obwohl jene hinsichtlich Leistungsfähigkeit und Durchschlagskraft zunächst nicht unbedingt überlegen waren. Ein Nachteil der Feuerwaffen war beispielsweise, dass sie langsam zu laden waren, während ein gut trainierter Langbogenschütze bis zu fünfzehn Pfeile in der Minute abschießen konnte.[7] Der Hauptgrund für den raschen Siegeszug der Feuerwaffen war der niedrige Preis. Frühneuzeitliche Handfeuerwaffen, also Arkebusen, waren vergleichsweise billig und außerdem erheblich einfacher zu bedienen als ein Langbogen, dessen Gebrauch ein langes Training voraussetzte. Aus dem zunehmenden Einsatz von Feuerwaffen resultierten nicht nur die Verdrängung gepanzerter Reiter vom Schlachtfeld, sondern auch neue Schlachtordnungen, nämlich in linearen Formationen, die das geregelte Abfeuern der Schusswaffen ermöglichten und deren Wirkung auf den Gegner maximierten.

Auch die Kanone änderte die Kriegführung. Der zunehmende Gebrauch immer wirkungsvollerer Artillerie erzwang neue Methoden des Festungsbaus. Antike und mittelalterliche Mauern waren dem Beschuss durch Kanonen nicht gewachsen, was allerspätestens im 15. Jahrhundert offensichtlich wurde. Machiavelli schrieb: «Keine Mauer, egal wie dick, kann nicht durch Artillerie in wenigen Tagen zerstört werden.»[8] Dies zwang zum Bau eines neuen Typs von Befestigungsanlagen, der *trace italienne*. Diese Bastionen waren zwar sehr viel widerstandsfähiger gegen Artilleriebeschuss, jedoch sehr groß und teuer. Der Festungsbau verschlang in der frühen Neuzeit ungeheure Summen, führte aber auch dazu, dass diese modernen Festungsanlagen schwer zu erobern waren und die Defensive damit schon bald einen großen Teil ihrer Vorteile zurückgewann.

Der Festungsbau wiederum führt direkt zum nächsten Punkt: Manche Historiker, so etwa Geoffrey Parker, machen diese Festungsanlagen mit ihrem immensen Personalbedarf für den gewaltigen Größenanstieg der Heere in der frühen Neuzeit verantwortlich.[9] Andere sehen die gesteigerten Möglichkeiten des Staates, größere Heere bezahlen zu können, als Ursache; andere wiederum glauben, die zunehmende Staatlichkeit sei durch den Zwang, die großen Armeen bezahlen zu müssen, förmlich erzwungen worden.[10]

Diese Debatte erinnert im Grundsatz an die Frage, ob in der Jungsteinzeit der Ackerbau den Bau von Befestigungen erzwang, oder ob es genau andersherum war. Für die Frage nach der Kapitulation in der frühen Neuzeit reicht die Feststellung, dass das zahlenmäßige Wachstum der Armeen gewaltig war. Jean de Bueil sagte zu König Ludwig XI. im Jahre 1471: «Krieg ist nun sehr anders geworden. In jenen Tagen [des Hundertjährigen Krieges] hatte man acht- bis zehntausend Mann für eine große Streitmacht gehalten; heute ist das aber anders. Ich bin nicht daran gewöhnt, so große Truppenmassierungen zu sehen. Wie kann man verhindern, dass in einer solchen Menge alles drunter und drüber geht?»[11]

Zwar hatte auch das Mittelalter bisweilen große Heere gesehen, etwa während des Ersten Kreuzzuges, als ca. 50 000 Mann in den Orient aufbrachen. Auch konnten die Armeen des Hundertjährigen Krieges 30 000 Mann und mehr umfassen.[12] Doch in der Regel waren mittelalterliche Armeen sehr viel kleiner. In der frühen Neuzeit wuchsen die Truppenzahlen jedoch stark an. Schon die Armee, die Ferdinand und Isabella gegen Granada führten, war 80 000 Mann stark. Die Armeen ihres Enkels, Karls V., erreichten zusammengenommen im Jahre 1552 die Stärke von 150 000 Mann – was fast eine Verdoppelung bedeutete.[13] Im 16. Jahrhundert besaßen die französischen Armeen bis zu 80 000 Mann, wobei die Zahl der tatsächlich im Felde eingesetzten Truppen mit 40–50 000 Mann kleiner war. Das Wachstum der Armeegrößen erfolgte schubweise. Zwischen 1476 und 1528 bewegte sich die durchschnittliche Größe der Feldarmeen um die 25 000 bis 30 000 Mann. Sie stiegen weiter an, um dann, wie im Falle der spanischen Armee in den Niederlanden, ab den 1570er Jahren im Schnitt Stärken von 65 000 Mann zu erreichen. Im Jahre 1610 entwarf der Herzog von Sully Pläne für eine Armee von 190 000 Mann und Olivares für eine spanische Miliz von 140 000 Mann. Beide Pläne blieben Papier, aber wenig später, etwa während des Dreißigjährigen Krieges im Jahre 1631, waren Armeen bereits 100 000 Mann stark, manchmal noch größer, wie etwa die Armeen Wallensteins und des Schwedenkönigs Gustav Adolf.[14]

Dieser gewaltige Zuwachs an Größe hatte am Anfang zu Vorteilen auf einer Seite, aber als die anderen nachzogen, bald wieder zu militärischer Stagnation geführt.[15] Doch nicht nur die Größe, sondern auch die Struktur dieser Armeen war anders als die mittelalterlicher Heere. An die Stelle der adligen Reiterei mit einer flachen Hierarchie traten Söldnerheere, in denen die Infanterie die Hauptrolle spielte. Die soziale Trennung des Mittelalters – adlige Kavallerie, nichtadliges Fußvolk, mit den bereits skizzierten gravierenden Auswirkungen auch auf die Kapitulation auf dem Schlachtfeld – wurde insofern aufgehoben, als sich ein gegliedertes Offizierskorps herausbildete, das aus Adligen bestand, die nun die Führung der nichtadligen Soldaten übernahmen. Die Armeen wurden hierarchischer, sie wurden uniformiert, es bildeten sich Schlachtordnungen heraus, die den neuen Ansprüchen an die Feuerlinien der Schusswaffen gerecht wurden, die Disziplin erzwangen und damit den Mut des individuellen Einzelkämpfers – also das Idealbild des antiken und mittelalterlichen Helden – durch den Zwang zu Uniformität und Gehorsam ablösten. Dieser Wandel beeinflusste auch das Selbstverständnis der Kämpfenden. Aus Kriegern wurden Soldaten; statt epischen Vorbildern nachzueifern, waren nun militärische Handbücher und Dienstvorschriften die Richtschnur, die dem einzelnen Soldaten das fast schon maschinelle Handeln in seiner Formation vorzuschreiben suchten.

All dies änderte die Frage des Aufgebens im Kampf gravierend. In dieser festgefügten Formation, solange sie sich nicht durch Panik aufgelöst hatte, war es nicht mehr die individuelle Entscheidung des Einzelnen, sich zu ergeben. Die Spanier und auch die Österreicher ließen sogar die ersten, die vom Schlachtfeld flohen, hinrichten.[16] Über die Aufgabe des Kampfes zu entscheiden, war nun Sache der Offiziere und sollte es in den kommenden Jahrhunderten auch bleiben. Eine weitere zentrale Frage, die sich beim Übergang vom Mittelalter in die frühe Neuzeit stellt, ist die nach dem Muster von Kapitulationen. Schließlich existierten zwei große Entwicklungslinien, die als Modell dienen konnten. Die erste war der Verhaltenscode der Ritter mit der Möglichkeit des Aufgebens und der Gefangenschaft mit anschließender Auslösung; die zweite war die Schlacht als erbarmungsloses Abschlachten des Unterlegenen, so wie dies im Mittelalter beim Zusammenprall von Soldaten, die unterschiedlichen sozialen Schichten entstammten, der Fall gewesen war. Hier sollte sich im Verlauf der frühen Neuzeit zeigen, dass sich der ethisch höher stehende Kodex der oberen Gesellschaftsschichten durchsetzte – und als wesentliche Neuerung diesmal nicht nur die Adligen, sondern alle Soldaten umfasste. Die adligen Offiziere griffen auf die ihnen selbstverständlichen und traditionellen Möglichkeiten der Kapitulation zurück. Doch befanden sie sich nun in derselben Situation auf dem Schlachtfeld wie ihre Soldaten, die wiederum den unteren Schichten angehörten. Sie waren nicht mehr die vom Fußvolk getrennte Reiterei, sondern standen Seite an Seite mit ihren Männern im Kampf und waren für diese auch verantwortlich. Dies war umso mehr der Fall, weil bis zum Dreißigjährigen Krieg der Typus des Militärunternehmers eine wichtige Rolle spielte, der, wie heute ein privater Wachdienst, seine Soldaten selbst anheuerte und dann im Block an Auftraggeber vermietete.

Insofern könnte, was die Frage der Kapitulation angeht, die frühe Neuzeit in vielerlei Hinsicht als ethischer Fortschritt interpretiert werden. Regeln wurden eingeführt, die den Soldaten die Kapitulation ermöglichten, ihre persönliche Sicherheit garantierten und damit die Willkür des Siegers brachen. Die Soldaten der unterlegenen Partei liefen in vielen Fällen zum Gegner über und wurden von ihm eingestellt. Das war insofern für alle Beteiligten die beste Lösung, da niemand wusste, was mit den Kriegsgefangenen geschehen und wer für ihre Bewachung und Verpflegung aufkommen sollte. Ihre Übernahme in die Armee des Siegers beseitigte das Problem. Später, mit zunehmender Regulierung der Kriegführung, wurde ein Auslösesystem eingeführt, in dem die Soldaten von ihrem Staat freigekauft werden konnten. Es wurden Listen ausgearbeitet, in denen der Preis des Lösegelds, das sich am Dienstgrad orientierte, festgelegt war. Damit hatte sich die aus dem Mittelalter kommende Praxis der Auslösung in bürokratisierter Form in die Neuzeit übertragen und umfasste, als wesentlichen Fortschritt, nicht mehr nur wohlgestellte Adlige, sondern alle Soldaten, vom Gemeinen bis hin zum General.

Allerdings hatte die Entwicklung eine massive Kehrseite, die sich auch darauf auswirkte, wie Kämpfe endeten. Soldaten – Söldner – waren nicht mehr von ethischen Vorstellungen beseelt, sondern sahen in ihrem Beruf nur die Möglichkeit zum Gelderwerb und entwickelten oft eine ausgeprägte Tendenz zur skrupellosen Bereicherung auf Kosten anderer. Dies war, so könnte argumentiert werden, in Antike und Mittelalter genauso gewesen; das *vae victis* war schließlich ein römischer Ausspruch und der antike Sieger brachte nicht nur das gesamte Hab und Gut des Verlierers an sich, sondern verkaufte auch noch die Unterlegenen und ihre Familien in die Sklaverei. Insofern ist die Klage über die Zügellosigkeit der frühneuzeitlichen Soldateska ebenso berechtigt wie einseitig, auch wenn argumentiert werden könnte, dass mit dem Verlust des handlungsdominierenden Heldenideals eine Hemmschwelle fiel, wie ineffektiv sie auch gewesen sein mag. Die Soldaten ließen sich nicht aus Idealismus rekrutieren, sondern oft nur aus rein materiellen Motiven. Erasmus von Rotterdam berichtet in seinen «Colloquien» folgenden Dialog mit einem Söldner: «Es war nicht Deine Liebe zu Deinem Land, die Dich zum Soldaten machte, sondern Deine Liebe zum Beutemachen.» «Ich gebe es zu, und ich glaube, dass sehr wenige in die Armee gehen mit besseren Absichten.»[17] Beutegier war aber nicht der einzige Grund für Brutalität; erneut spielten auch soziale Faktoren eine gravierende Rolle. Viele Söldner rekrutierten sich aus den unteren Schichten der Stadtbevölkerung, vor allem aber aus der Landbevölkerung, die wiederum von der ländlichen Mittel- und Oberschicht und allen Städtern verachtet wurden. Dadurch entstand die Gefahr, dass die Soldaten als Angehörige dieser benachteiligten und sozial ausgegrenzten Gruppen beispielsweise bei der Eroberung einer Stadt ihre Macht an denen, die normalerweise sozial weit über ihnen standen, zügellos, ja mit sadistischer Freude auslebten.[18] Letztlich kam es zu einem Prozess der Verrohung, der alle die in das Lager der Soldaten trieb, die lieber durch Plündern als durch harte Arbeit ihren Lebensunterhalt bestreiten wollten. Damit verwischte die Grenze zwischen Soldaten- und Verbrechertum – mit gravierenden Konsequenzen für diejenigen, die sich diesen Soldaten-Verbrechern ausgeliefert sahen, was wiederum eine Spirale der Gewalt auch bei den Opfern soldatischer Übergriffe in Gang setzte. Beispielsweise waren die Soldaten des Dreißigjährigen Krieges in akuter Lebensgefahr, wenn sie das Pech hatten, der von ihnen drangsalierten Landbevölkerung in die Hände zu fallen.

Dies war ein Grund, warum die Kriegführung des 16. und 17. Jahrhunderts legendär grausame Züge trug. Hier muss aber ein zweiter Faktor erwähnt werden, der den ersten, nämlich die Verrohung der Soldaten, praktisch erzwang, selbst wenn diese mit den allerbesten Vorsätzen ihren soldatischen Dienst begonnen haben mochten. Dafür müssen wir zum zentralen Problem der gewaltig wachsenden Armeegrößen zurückkommen. Denn bis in die Mitte des 17. Jahrhunderts hinein waren die frühneuzeitlichen Staaten nicht in der Lage, die von ihnen aufgestellten riesigen Söldnerheere wirklich zu bezahlen, und das, obwohl sie bis zu 90 Prozent ihrer Einkünfte fürs Militär aufwendeten.[19] Der aus dem Größenwachstum der Armeen resultierende Geldbedarf überforderte alle Staaten gleichermaßen; es war nicht einmal möglich, diese großen Heere mit den nötigen Lebensmitteln zu versorgen,[20] geschweige denn mit Sold. Alle frühneuzeitlichen Staaten bewegten sich infolge ihrer Kriegführung stets am Rande oder jenseits des Staatsbankrotts. Selbst Spanien, das immerhin über die reichen Gold- und Silberimporte aus Amerika verfügte, musste gleich achtmal Bankrott anmelden.[21] Eine unausweichliche Folge war die unregelmäßige, schleppende, oft ganz ausbleibende Bezahlung der Söldnerheere, was wiederum direkten Einfluss auf den Ablauf von Kapitulationen nahm, ja nehmen musste. Die Heere sahen sich gezwungen, ihre Bezahlung, oft auch ihre essentielle Versorgung mit Nahrung, Pferden und anderen Ausrüstungen durch die Ausplünderung von Zivilisten zu sichern. Viele militärische Untaten der frühen Neuzeit sind durch die schlichte Not der unbezahlten und schlecht versorgten Soldaten und Söldnerhaufen zu erklären. Brantôme klagte, «dass unsere Soldaten sich mehr mit Plünderungen als mit Heldentaten beschäftigen, aber es kann alles darauf zurückgeführt werden, dass sie nicht bezahlt werden.»[22] Hinzu kam die Aufgabe, die großen Armeen zu disziplinieren, was erst gelang, als sie auch verpflegt und versorgt werden konnte, also ab dem späten 17. Jahrhundert.

Damit zeigt sich hier schon ein direkter Einfluss der neuen Strukturen auf die Kapitulation. Zum Aufgeben gehören zwei: Der Verlierer, der aufgeben will, und der Sieger, der die Kapitulation akzeptiert. Wenn der Sieger aber ein unbezahltes Söldnerheer ist, kann kaum erwartet werden, dass er den Besiegten entkommen lässt, ohne ihn vorher vollständig auszuplündern. Guicciardini schrieb, dass er in den 1530er Jahren nichts als Szenen endloser Gewalt, von Plünderung und Zerstörung von Städten und Gemeinden sah, verbunden mit der Zügellosigkeit von Soldaten, die nicht weniger gewalttätig zu Freunden als zu ihren Feinden waren.[23] Dadurch war in der frühen Neuzeit die «unsichtbare Hand des Krieges», also der mäßigende Einfluss, den das Zusammenspiel des beidseitigen Egoismus von Sieger und Verlierer normalerweise ausübt, außer Kraft gesetzt. Der Verlierer war zwar in dieser Epoche fast immer zum Aufgeben bereit, aber es gelang dem Sieger nicht, mäßig zu sein, selbst wenn er es versuchte. Die zunehende Größe frühneuzeitlicher Heere hatte noch eine weitere wichtige Auswirkung auf die Niederlage. Die Kampfhandlungen reichten weit mehr in die Krieg führenden Gesellschaften hinein als die begrenzteren Kampfhandlungen im Mittelalter, als etwa die «episodische Natur des Hundertjährigen Krieges.»[24] Damit wurde auch ein größerer Teil der Bevölkerung von den Kampfhandlungen und damit natürlich auch von den Begleitumständen, unter denen diese Kämpfe aufhörten, betroffen.

Wie schon in Altertum und Mittelalter waren die schlimmsten Exzesse im Zusammenhang mit Kapitulationen bei Belagerungen zu erwarten, vor allem, wenn sie nicht durch rechtzeitige Verhandlungen, sondern durch Eroberung endeten. John Hale, der ein ausgezeichnetes Buch über die Kriegführung in der Renaissance geschrieben hat, prägte dafür das Wort vom «militärischen Karneval» oder «All Fools Day». Allerdings handelt es sich dabei nicht um eine spaßige Narrenherrschaft, sondern um einen Zustand, in dem alle Regeln und Einschränkungen zivilisierten Verhaltens außer Kraft gesetzt waren. Im unkontrollierten Morden, Vergewaltigen und Plündern entschädigten sich die Soldaten für die vorangegangenen Strapazen der Belagerung, für den ausstehenden Sold und die durchlebten Gefahren.[25] Die frühe Neuzeit ist reich an solchen Exzessen. Hier braucht bloß die Plünderung Roms (Sacco di Roma) durch Truppen Karls V. im Jahre 1527 erwähnt zu werden. Die Landsknechte, ihrer Führer beraubt (Karl III. von Bourbon Montpensier war während der Belagerung gefallen und Georg von Frundsberg hatte sich, schwer erkrankt, nach Deutschland begeben müssen), waren unbezahlt, blieben deshalb zehn Monate in der Stadt und plünderten sie unbarmherzig aus, wobei durch Gewalttaten und Krankheiten etwa 20000 Menschen ums Leben kamen. Dies war kein vereinzelter Vorfall. Im Jahre 1576 wurde Antwerpen geplündert, wobei 7000 Tote zu beklagen waren. Bei der Eroberung Maastrichts durch die Spanier im Jahre 1579 starb ein Drittel der Bevölkerung. Diese Eroberungen waren «Orgien an Sex und Gier», und gleichzeitig von Hass, und zwar mehr Hass, als die Geilheit und Beutesucht des Siegers erklären könnten.[26] Hale macht dafür auch die erwähnten sozialen Gründe, nämlich die «peasants' revenge», verantwortlich. Damit meint er den Hass der Soldaten, die sich entweder aus bäuerlichen Schichten oder aber, als zweitgrößter Gruppe, aus den Gescheiterten der städtischen Gesellschaft rekrutierten, auf die Stadtbevölkerung.[27] Auch die unterschiedliche Religion – der Kampf zwischen katholischen und protestantischen Mächten – hat in vielen Fällen eine zusätzlich enthemmende Rolle gespielt.

2. Eine frühneuzeitliche Kapitulationsverweigerung: Die Zerstörung Magdeburgs im Jahre 1631

Wie diese Umstände des frühneuzeitlichen Krieges zusammenwirkten und zum katastrophalen Gewaltexzess führen konnten, soll an einem Beispiel näher beleuchtet werden, nämlich der Eroberung Magdeburgs durch Tilly im Dreißigjährigen Krieg. Hier lässt sich paradigmatisch aufzeigen, wie die Lebensmittel- und Geldknappheit eines Heeres sowie eine Kapitulationsverweigerung zur

Komplettzerstörung einer der größten Städte des Reiches führten und wie alle Bemühungen von Siegern wie Besiegten, dies zu verhindern – also die Faktoren der «unsichtbaren Hand des Krieges» –, unwirksam blieben.

Die Tragödie Magdeburgs begann, typischerweise, mit dem katastrophalen Versorgungszustand des Heeres der Liga, einer multinational zusammengesetzten Söldnerarmee unter Tillys Führung. Dieser schrieb, er habe in seinem Leben «khein armada gesehen, deren alle nothwendige requisita von größerstem biß zum geringsten auf einmal totaliter abgehen, sintemahl khein Artigleria-Pferde, khein einzig Officierer, khein Stückhe, so zue geprauchen, khein Pulver, Kugeln, Hackhen und Schauffeln, khein geldt noch Proviandt vorhanden.»[28] Vergebens erbat er Hilfe von denen, die sie ihm schuldeten, von Wallenstein oder dem Kaiser. In der klassischen Formulierung der britischen Historikerin Wedgewood heißt es: «Wallenstein wollte und Ferdinand konnte nicht helfen.»[29] In seiner ausweglosen Verlegenheit blieb Tilly nichts anderes übrig, als sich im April 1631 dem General Pappenheim anzuschließen, der mit seinen Truppen vor Magdeburg lag, aber zu schwach war, allein eine Belagerung zu beginnen.[30] Er vermutete Vorräte in der Stadt, die seine Notlage lindern oder beheben würden. Seine Hoffnung war, dass Magdeburg alsbald kapitulieren und ihm ihre Hilfsmittel gezwungenermaßen, aber gewaltlos zur Verfügung stellen würde.

Die protestantische Stadt hatte sich allen bisherigen Versuchen des Kaisers, sie zu militärischen Unterstützungsleistungen heranzuziehen, entzogen und war eine Allianz mit dem Schwedenkönig eingegangen. Auch verweigerte sie nun mehrere Aufforderungen zur Kapitulation. Die Verteidigung der Stadt wurde von Oberst Falkenberg organisiert, einem Fanatiker, der fortgesetzt den – zunehmend illusorischen – Entsatz durch Gustav Adolf versprach. Dieser wiederum wurde durch die Nichthilfe, ja Sabotage seiner protestantischen Bundesgenossen, der Kurfürsten von Brandenburg und Sachsen, daran gehindert, Richtung Magdeburg vorzurücken. Im Rat der Stadt gab es besonnene Kräfte, die Unterhandlungen und eine geregelte Kapitulation verlangten. Immerhin hatte

Tilly die Stadt schon dreimal zur Kapitulation aufgefordert und Magdeburgs Kräfte reichten zu einer erfolgversprechenden Verteidigung nicht aus.[31] Die Bürger flehten, die Unterhandlungen zu beginnen, Falkenberg aber blieb hart.[32] Er konnte die Aufnahme der Verhandlungen so lange verschleppen, bis es zu spät war. Tilly hatte Boten geschickt, die Kapitulationsverhandlungen anboten; die Verhandlungen erübrigten sich, als Pappenheims Truppen angriffen, Tilly sich anschloss und sie gemeinsam die Verteidigung überrannten. Damit war eine geregelte Kapitulation gescheitert. Am 17. und 18. Mai 1631 wurde die Stadt erobert. Kapitulationsversuche der Reste der Besatzung auf den Mauern waren vergebens: «Etliche so auf den Wällen noch gewesen und um Quartier gebeten, haben es wiewol gar schwerlich erlanget, dann etliche Soldaten und sonderlich die Wallonen keinem leichtlich Quartier gegeben, sondern haben mit niedergehauen beydes der Weiber und kleinen Kinder auch schwangern Weibern in Häusern und Kirchen nichts verschonet.»[33]

Die Eroberer gingen mit äußerster Brutalität vor; ein gewaltiges Feuer vollendete das Zerstörungswerk. Ein Magdeburger «Patricio» berichtete: «Indessen ist an unterschiedlichen Orten Feuer aufgangen, welches so geschwinde überhand genommen, daß die Soldaten an ihrer Plünderung verhindert worden und widerum meistentheils bis auf etliche Regimenter so den Wall besetzet sich aus der Stadt begeben müssen.»[34] Manche behaupteten, das Feuer sei von Soldaten Pappenheims gelegt worden, um den Verteidigern ihre Aufgabe zu erschweren; andere, dass der Brand von fanatischen Verteidigern entfacht wurde. Die Ausbreitung des Feuers wurde durch einen «unverhoffentlichen Sturmwind» begünstigt, sodass am Ende des Tages von der Stadt nicht mehr viel übrig war. Von Magdeburgs 1900 Gebäuden standen nur noch 200.[35] Mindestens ebenso viele Bewohner starben durch den Brand wie durch den Mordrausch der Soldaten.

Dieses Ergebnis war keinesfalls im Sinne des Eroberers. Tilly brauchte Vorräte und wollte die Stadt einnehmen, nicht aber über einen rauchenden Schutthaufen herrschen. Er hatte zwar seine marodierenden Soldaten nicht kontrollieren und das Plündern und Morden nicht verhindern können, aber er soll eigenhändig einen Säugling gerettet haben und befahl auch einem Mönch, etwa 600 Frauen und Kinder im Dom in Sicherheit zu bringen, und sorgte für ihre Befreiung und Versorgung.[36] Einigen Bürgermeistern und Offizieren, Ratsherren und Soldaten wurde «Quartier» gegeben, das heißt, sie wurden gefangen genommen. Die gegnerischen Soldaten wurden in die eigene Armee übernommen, obwohl Tilly der Ansicht war, sie hätten schlecht gekämpft. Währenddessen machten sich seine eigenen Soldaten daran, in den rauchenden Ruinen nach Beute zu suchen. Am 14. Mai wurden die Truppen auf den Wall geführt, damit sie nicht mehr die Keller plündern und die Bewohner ihre Habseligkeiten suchen konnten.

Die Verluste an Menschenleben waren sehr hoch. Die zahlreichen Chroniken über den Fall der Stadt berichten übereinstimmend, dass es unmöglich gewesen sei, die Zahl der Opfer genau zu bestimmen. Viele Leichen konnten nicht beerdigt werden, sondern wurden auf Anweisung Tillys zur Vermeidung von Seuchen in die Elbe geworfen. Noch Monate später wurden in Kellern die Leichen der beim Brand erstickten Frauen und Kinder entdeckt. Am Tag nach der Eroberung schrieb der kaiserliche General Pappenheim: «Ich halt, es seyen über zwaintzig Tausent Seelen darüber gegangen. Es ist gewiß, seyd der Zerstörung Jerusalem, kein grewlicher Werck und Straff Gottes gesehen worden. All unser Soldaten seind reich geworden. Gott mit uns.»[37]

Für die Eroberung Magdeburgs ist die merkwürdige Metapher der «Magdeburger Hochzeit» geprägt worden; Tilly als «ältlicher Bräutigam» habe die «Dame Magdeburg» heimgeführt. In diesem Zusammenhang wurde Magdeburg auch als die «protestantische Lucrezia» bezeichnet, «weil sie sich lieber selbst vernichtete, als daß sie ihre Schande überlebte.»[38] Die Eroberung von Magdeburg ist schon von den Zeitgenossen oft mit antiken Belagerungen, etwa Trojas, oder Jerusalems, verglichen worden. Von den Zahlen her hatten diese Vergleiche durchaus ihre Berechtigung: Von etwa 25 000 Einwohnern der Stadt überlebten nur etwa 5000;[39] und ein

Zensus im Feburar 1632 zeigte, dass die Stadt nur noch 449 Einwohner hatte.[40] Das sind Zahlen, die den Fall Magdeburgs vergleichbar machen mit der Zerstörung Numantias durch die Römer. Allerdings würde ein Vergleich, der sich auf die Opferzahlen beschränkt und nicht die Motivation der gegnerischen Parteien einbezieht, fehlgehen. Denn die Stadt war keine «protestantische Lucrezia», die ihre Schande nicht überleben wollte; sie war aber ebenso wenig das Opfer einer geplanten Zerstörung, wie Karthago oder Jerusalem. Tilly war, nach Aussage aller Quellen, tief bekümmert über die Exzesse seiner Soldateska, die einzudämmen er sich als unfähig erwiesen hatte. Die Verwüstung der Stadt war nicht in seinem Interesse gewesen, zumal er durchaus realistisch einschätzte, dass dieses barbarische Vorgehen die Wut und den Kampfgeist des protestantischen Europas ungemein befeuern würde. Das gewaltige europaweite Echo zeigt, dass die Zerstörung Magdeburgs nicht als normaler Akt des Krieges, sondern als barbarische Untat empfunden wurde. Tatsächlich schwor Gustav Adolf Rache. Jahre später noch soll kaiserlichen Soldaten der Pardon mit dem Spruch «Magdeburger Pardon»[41] verweigert worden sein. Dennoch setzte sich insgesamt wieder die Mäßigung durch, da beispielsweise am Morgen nach der Schlacht bei Breitenfeld, nur vier Monate nach dem Fall Magdeburgs, 7000 Gefangene des Tillyschen Heeres ins schwedische Heer übernommen wurden.[42]

Belagerungen konnten auch sehr viel zivilisierter zu Ende gehen, wenn die Parteien den entsprechenden guten Willen aufbrachten. Als Beispiel dafür kann die Übergabe Bristols durch Prinz Rupert während des englischen Bürgerkriegs dienen. Die Stadt war 1643 von ihm erobert worden; im August 1645 wurde er nun selbst von einer überlegenen Streitmacht der Parlamentsarmee in der Stadt belagert. Sir Thomas Fairfax, der Befehlshaber der gegnerischen Streitkräfte, forderte von Prinz Rupert am 4. September die Übergabe der Stadt, um ihre Verwüstung zu verhindern. Briefe in höflicher Sprache gingen hin und her, Argumente und Bedingungen wurden ausgetauscht; gleichzeitig suchte Fairfax klarzumachen, dass nicht er die Verantwortung für die Schäden und Blutopfer tragen werde, sollte es zur gewaltsamen Erstürmung der Stadt kommen müssen, und versprach, sich im Fall einer geregelten Übergabe wie ein «Gentleman und Christ» zu verhalten. Trotzdem kam es zu keiner Einigung, weshalb er am 10. September angreifen ließ. Es kam zu blutigen und verlustreichen Kämpfen auf den Mauern; die Parlamentsarmee überwand einen Teil der Befestigungen und Rupert erkannte die Aussichtslosigkeit weiteren Widerstands. Obwohl die Eroberung schon teilweise geglückt war, wurde ein Kapitulationsvertrag abgeschlossen, der weitere Opfer und Zerstörungen verhinderte. Der Prinz durfte die Burg von Bristol mit seinen Truppen, mit fliegenden Fahnen und klingendem Spiel verlassen, seine Soldaten ihre persönlichen Waffen und ihre Pferde mitnehmen und ihnen wurde versprochen, dass sie nicht «geplündert, durchsucht oder belästigt» würden. Sie erhielten freies Geleit bis zum Gebiet der Royalisten. Den Bürgern von Bristol wurde zugesagt, dass sie von Plünderungen verschont blieben sollten, und zwar sowohl seitens der einrückenden Sieger als auch der abziehenden Besiegten. Die Royalisten wiederum verpflichteten sich, die von ihnen noch gehaltenen Forts und Befestigungen, Vorräte und Waffen kampflos und unzerstört bis zum Nachmittag des nächsten Tages zu übergeben.[43] Der Unterschied zwischen der Eroberung Bristols und der Magdeburgs ist evident; nun fragt sich, welcher Vorgang typischer war und in der Folge Schule machen sollte.

3. Die gezähmte Bellona? Kapitulationen im 18. Jahrhundert

Die Antwort wird nicht überraschen. Dieses Buch vertritt die These von der «unsichtbaren Hand des Krieges», die automatisch Exzesse als unvorteilhaft für alle Krieg führenden Parteien abstraft. Ein Ereignis wie Magdeburg war abschreckend und ein Akt sinnloser Grausamkeit, von dem, außer einigen Söldnern des Heeres der Liga, niemand etwas hatte. Das galt für viele Ereignisse in den Kriegen des 16. und frühen 17. Jahrhunderts. Es war offensichtlich, dass Änderungen nötig waren, dass Regeln im Krieg gebraucht wurden. Solche gab es durchaus schon in der Renaissance; es war den Soldaten beispielsweise verboten, Dinge einfach zu stehlen.[44] Im Heiligen Römischen Reich war es bei Todesstrafe untersagt zu vergewaltigen; beim Fall Magdeburgs wurden jedoch die Frauen und selbst 10–12-jährige Mädchen nicht verschont. Regeln mussten auch durchgesetzt werden können. Die großen Heere des 16. und frühen 17. Jahrhunderts waren zuchtlos, aufgrund einer Mischung von Mangel an Disziplin, Unterversorgung und ausstehendem Sold. Die Soldaten zu veranlassen, sich an Regeln zu halten, wurde nun ein Hauptanliegen. Dies sollte durch bessere materielle Versorgung erreicht werden und durch Disziplin, die notfalls mit drakonischen Maßnahmen durchgesetzt werden sollte. Es ging zudem um die Entwicklung von Regeln im Krieg, um das *jus in bello*. Dies betraf auch die soldatischen Ehrvorstellungen und wurde gleichermaßen wichtig für die Fortentwicklung der Kapitulation.

An dieser Stelle ist ein Blick auf das militärische Schrifttum der Epoche notwendig. Die frühe Neuzeit war eine Blütezeit militärischer Theoretiker, die sich mit allen möglichen Facetten der Kriegführung auseinandersetzten – und auch lebhaft rezipiert wurden. Pierino Belli (1502–1575) bekleidete einflussreiche Posten als Ratgeber bei Karl V. und Philipp II. von Spanien,[45] Samuel Pufendorf (1632–1694) entwickelte Theorien vom gerechten und ungerechten Krieg, die vor allem an seiner Wirkungsstätte in Schweden viel beachtet wurden.[46] Moritz von Nassau (1567–1625) wurde durch Justus Lipsius (1547–1606) beeinflusst und Gustav II. Adolf von Schweden (1594–1632) nahm eine Ausgabe von Hugo Grotius' «De Jure Belli ac Pacis» (1625) mit auf seine Feldzüge. Emerich de Vattels Gesetz der Nationen (1758) war sogar speziell als Referenzwerk für Soldaten und Diplomaten entworfen worden.

Diese Schriften gingen auch auf das Problem ein, wann der Kampf aufgegeben werden durfte und wie der Sieger mit dem Unterlegenen verfahren könne. Charakteristisch dafür ist eine Unterhaltung zwischen Francisco de Vitoria (1483–1546), der sowohl über das Problem des gerechten Krieges wie über völkerrechtliche

Fragen (*ius gentium*) nachgedacht hatte, und einem Mitglied des Kronrates Karls V. über das Recht des Siegers und das Schicksal der Verlierer, besonders der Personen, die wir heute als Nichtkombattanten bezeichnen würden.

Das Mitglied des Kronrates war der Ansicht, dass jeder getötet werden dürfe. Vitoria stimmte dem nur mit Einschränkungen zu. Er gab zu, dass jeder, der Waffen tragen konnte, als gefährlich angesehen werden sollte, da zu vermuten sei, dass er den feindlichen König verteidigt habe. Sie sollten daher umgebracht werden, es sei denn, ihre Harmlosigkeit sei offensichtlich. Vitoria fuhr fort: «Ich glaube, zweitens, dass wenn es für den Sieg notwendig ist, Unschuldige zu töten, dass es auch gesetzlich ist.»[47] Dies gelte beispielsweise bei der Beschießung einer Stadt. Aber wenn diese kapituliert habe, «muss man die Unschuldigen nicht absichtlich umbringen, wenn man sie von den Schuldigen trennen kann.» Vitoria verlangte also, dass, wenn möglich, zwischen Kombattanten und Nichtkombattanten ein Unterschied gemacht werden und dass außerdem der Verlierer geschont werden solle, nachdem er den Kampf beendet hatte.

Die Grenzen, die Vitoria hier zog, waren noch eng gehalten, wenn sie mit denen von Hugo Grotius verglichen werden, der heute als einer der Väter des Völkerrechts gilt. Grotius hatte für seine Analysen des *ius in bello* antikes Schrifttum und die Bibel umfassend ausgewertet. Er kam zu dem Ergebnis, dass es gesetzmäßig sei, Kriegsgefangene zu töten, und dass Ermordungen legitim sein können; dass die unterschiedslose Verwüstung von feindlichem Land und Städten erlaubt sei, auch wenn sie kapituliert hatten; dass Zivilisten keinen besonderen Schutz genössen und «das Töten von Frauen und Kindern straflos erlaubt sei, weil so im Gesetz des Krieges eingefasst.» Immerhin war er der Ansicht, dass ein guter Mensch dieses Recht auf straflose Tötung nicht wahrnehmen sollte.[48]

Von der Theorie zur Praxis: Ab der Mitte des 17. Jahrhunderts waren die europäischen Staaten in der Lage, ihre Armeen besser als zuvor zu versorgen. Die Anfänge waren schon im Dreißigjährigen Krieg zu beobachten gewesen. Gustav Adolf hatte Magazine für die

Versorgung seiner Truppen an strategisch wichtigen Punkten anlegen lassen, damit seine Armeen zum Überleben nicht ausschließlich auf die Ausplünderung des Landes angewiesen waren.[49] Dieses System wurde im 18. Jahrhundert perfektioniert, und das, obwohl die Armeen weiter anwuchsen und die Belastungen größer wurden, da es sich nun um stehende Heere handelte, die ganzjährig unterhalten werden mussten. Besonders groß fiel die Erweiterung der brandenburgisch-preußischen Armee aus. Sie umfasste im Jahre 1627 900 Mann; die Armee Friedrich Wilhelms I. hingegen hatte eine Stärke von 80 000 Mann. Eine solche Vergrößerung war zwar ein Extremfall, ein deutlicher Zuwachs aber die Norm, nicht die Ausnahme.[50] Es gelang nun, ein logistisches System aufzubauen und die Truppen mit Verpflegung, Gütern und Sold zu versorgen, so dass sie nicht mehr ausschließlich aus dem Lande leben mussten.

Gleichzeitig suchten detaillierte Vorschriften das Verhalten der Soldaten zu regeln. Sie wurden einer drastischen Disziplin unterworfen – Friedrich II. sagte, die Soldaten müssten ihre Offiziere mehr als die Gefahr fürchten[51] – und trugen nun Uniform. Zuvor waren Soldaten auf ihren Individualismus stolz gewesen, was sich auch in ihrer Kleidung niedergeschlagen hatte, denn eine einheitliche Livree war nur von Dienern getragen worden. Auch begannen die Soldaten, im Gleichschritt zu marschieren.[52] Die Armeen nationalisierten sich. Bis zur Mitte des 17. Jahrhunderts hatten multinationale Söldnerarmeen das Kriegsbild bestimmt; sie wurden im Kriegsfall angekauft und die Auftraggeber entledigten sich ihrer nach Kriegsende rasch wieder. Nun entwickelte sich das Modell der stehenden Armee und die Soldaten begannen anderen Gesetzen zu gehorchen. Disziplin wurde brutal erzwungen; vielleicht nahmen, aufgrund der nun nationalen Zusammensetzung, auch Loyalität und Bindung an den Staat zu. Zahlen sollen diesen Prozess verdeutlichen: Im Jahre 1544 war die Hälfte (andere Zahlen sprechen sogar von 80 Prozent) der französischen Infanteristen Ausländer; im Jahre 1710 war dieser Anteil auf 14 Prozent gesunken. Diese Soldaten wurden von ihrem Staat uniformiert, ausgebildet und verpflegt; ihre Ausbildung dauerte Monate, die Truppen wurden ausgehoben und auch zwangsverpflichtet. Gleichzeitig wuchsen die Armeegrößen weiter an. Franz I. befehligte über 80 000 Mann, meist Söldner; Ludwig XIV. über 400 000.[53] Weitere hundert Jahre später, im Jahre 1794, hatte die französische Armee eine Größe von über einer Million Mann.[54] Die Armeen hatten nun eine größere Festigkeit als die Söldnerarmeen der Renaissance und des Barock, die im Fall der Niederlage auseinanderfielen oder zum Gegner überliefen. Allerdings blieb das Problem der Desertion immer noch so groß, dass auf Nachtmärsche und Verfolgungen geschlagener Gegner oft verzichtet wurde, um den eigenen Soldaten keine Chance zur Flucht zu geben.[55]

Die Kriegführenden des 18. Jahrhunderts versuchten oft, Schlachten zu vermeiden und Kriege durch Abnutzung des Gegners und durch Ausmanövrieren seiner Armeen zu gewinnen. Wenn es aber zu Schlachten kam, konnten diese außerordentlich verlustreich sein, was nicht erstaunt, da hier festgefügte Reihen auf kurze Entfernung (30–40 Schritte) aufeinander feuerten. Die Verluste in den Schlachten des Siebenjährigen Kriegs lagen bei 15–20 Prozent, konnten aber deutlich höher sein, wie etwa die der Russen bei Zorndorf (1758), wo sie etwa 50 Prozent ihrer Männer einbüßten, was als «Weltrekord für eine Armee in einem Kampftag gewertet wurde, in dem die geschlagene Partei weder völlig vernichtet oder widerstandslos massakriert worden ist».[56] Bisweilen lagen die Verluste deutlich niedriger, was an einem unausgesprochenen Konsensus der gegnerischen Parteien gelegen haben mag, über die Köpfe der Gegner hinwegzuschießen.[57]

Während der Schlacht selbst wurde zunächst kein Pardon gegeben und der Sieger war nicht daran interessiert, Gefangene zu machen; erst wenn die Schlachtentscheidung gefallen war, griffen schützende Regelungen. In dem zeitgenössischen französischen Militärhandbuch von Turpin de Crissé und Lancelot Comte hieß es: «Zu Anfange des Angriffs muß man Niemandem, welcher sich zur Wehre setzet, Quartier geben: allein wenn man des Erfolgs gesichert ist, so muß man des Menschen Bluts schonen; weil es zu größerem Ruhme gereichet, Gefangene zu machen, welche ein sichtbares Zeichen des Sieges sind, als Soldaten niederzumetzeln, welche sich ergeben, und wehrlos sind.»[58]

Da die Soldaten nun weniger offen für den Seitenwechsel waren, wurde das Problem der Kriegsgefangenschaft im 18. Jahrhundert akut und ein Massenphänomen. Die Zahl der Gefangenen auf beiden Seiten ging während des Siebenjährigen Krieges in die Zehntausende; mehr als 62 000 preußische und 78 000 österreichische Soldaten gerieten während des Krieges in gegnerischen Gewahrsam. Auch die Zahl derer, die sich zu einem bestimmten Zeitpunkt in Gefangenschaft befanden, war hoch. Während des Österreichischen Erbfolgekrieges waren ca. 40 Prozent der Soldaten der Generalstaaten in französischer Gefangenschaft und im Jahre 1758 befanden sich 41 000 österreichische Soldaten in preußischer Gefangenschaft, was viel war, wenn man es mit der durchschnittlichen Größe der Feldarmeen von 50–70 000 Mann vergleicht.[59] So viele Gefangene zu versorgen wurde eine organisatorische Herausforderung, die nach Regelungen verlangte. Jeder Staat war verpflichtet, für seine Soldaten zu sorgen, die in gegnerische Gefangenschaft geraten waren. Das war eine erhebliche Belastung, weshalb die Staaten bestrebt waren, die Zahl der Kriegsgefangenen klein zu halten. Dies wurde auf verschiedenen Wegen erreicht. Einer davon war die Auslösung durch parallelen Austausch; die andere der Freikauf nach dem System der Kartelle, in denen nach Dienstgrad gestaffelt vorgegeben war, wie hoch die Auslösung zu sein hatte – eine Perfektionierung des mittelalterlichen Lösegeldsystems. Der dritte Weg war die Freilassung auf Ehrenwort. Die Offiziere und Soldaten mussten sich verpflichten, für eine festgelegte Dauer nicht mehr gegen ihren Freilasser zu kämpfen. Allerdings war diese Regelung meist nicht im Sinne ihres Monarchen, der dann eine Truppe besolden musste, die für ihn keinen militärischen Nutzen mehr hatte. Bisweilen wurde noch immer, wie im Jahrhundert zuvor, versucht, Kriegsgefangene in die eigene Armee zu integrieren, allerdings mit gemischtem Erfolg. Friedrich der Große wollte beispielsweise sächsische Soldaten nach deren Kapitulation auf seiner Seite kämpfen lassen, doch die Truppen erwiesen sich als unzuverlässig.

Auch in anderen Fragen, die für das Aufhören im Kampf wesentlich waren, wurden neue Regelungen etabliert, etwa hinsichtlich der Frage, wie lange sich eine belagerte Festung zu verteidigen hatte. Dies war schon immer ein überaus heikles Problem gewesen, das dem Festungskommandanten eine große Verantwortung auferlegte. Kapitulierte er zu früh, wurde dies als Feigheit und Verletzung seiner Dienstpflichten gewertet, was er im Extremfall mit seinem Leben bezahlen musste. Hielt er zu lange aus und wurde die Festung erstürmt, war ein Massaker an der Besatzung die wahrscheinliche Folge. Das Dilemma, den richtigen Moment zu wählen, wurde nun dadurch entschärft, dass in der französischen Armee Tabellen ausgearbeitet wurden, die offenlegten, wie lange eine Festung auszuhalten hatte. Das Aufgeben im Kampf wurde somit reguliert und fast schon als Frage der Mathematik verstanden. Die Funktion der Festung wurde in der Verzögerung eines feindlichen Vormarschs gesehen und diese Verzögerungswirkung konnte nun sogar berechnet werden.[60] Der Endkampf bis zum Tod wurde nicht verlangt und bisweilen kam es sogar vor, dass Monarchen, wie etwa der französische König, Kommandanten belagerter Festungen befahlen, den Widerstand aufzugeben – sie hätten genug getan.

Die Kriege des 18. Jahrhunderts blieben blutig, wenn sich auch die Fortschritte bei den Regelungen der Kapitulation nicht übersehen ließen. Das 18. Jahrhundert wird oft unter dem Stichwort der «gefesselten Bellona» behandelt, als eine Zeit, in der es gelang, dem Krieg Regeln aufzuerlegen. Andere interpretieren das 18. Jahrhundert als überaus kriegerische Zeitspanne mit einer unerträglichen Häufung endloser Kriege zwischen den europäischen Monarchien, die den Krieg als Sport der Könige begriffen.[61] Beides – die Auswirkung von Regeln im Krieg und die Häufung und Länge der Konflikte – traf zu. Hier wirkte sich ein Phänomen aus, das ebenfalls mit dem Größenanstieg sowie mit der im späten 15. Jahrhundert einsetzenden Globalisierung zu tun hatte und die auch massiv das Aufgeben im Kampf beeinflusste: die zunehmende Komplexität des Kriegsgeschehens, vor allem die Allianzen unterschiedlicher Mächte, und das Zusammenspiel mehrerer, räumlich voneinander getrennter und trotzdem sachlich miteinander verbundener Kriegsschauplätze. Die Allianzen gingen quer über Religionsgrenzen und Kontinente hinweg; die Zeit sah Verbindungen zwischen den Osmanen und den Franzosen gegen die Habsburger, die Suche der Portugiesen nach einem christlichen Verbündeten im Rücken ihrer muslimischen Gegner und natürlich die unterschiedlichsten Konstellationen zwischen europäischen Mächten. Diese Konflikte hatten eine zunehmende globale Komponente. Kriege wurden Weltkriege; der Spanische Erbfolgekrieg (1701–1714), der österreichische Erbfolgekrieg (1740–1748) und der Siebenjährige Krieg wurden nicht nur in Europa, sondern auch in Nordamerika und Indien ausgefochten und verdienen daher den Namen Weltkrieg genauso wie die Auseinandersetzungen des 20. Jahrhunderts. Das Aufhören im Kampf und das Ende der Kriege drifteten infolge dieser Entwicklung immer weiter auseinander. Denn durch diese Koalitionen verbündeter Parteien mit unterschiedlichen Kriegszielen verloren selbst größere Schlachten ihren ursprünglichen Charakter als Entscheidungsmoment des Krieges. In solchen Kriegen gab es nun viele Schlachten, die natürlich auch den Ausgang, vor allem aber die Dauer des Krieges beeinflussten. Konflikte konnten sich jahrelang entscheidungslos hinziehen und gingen schließlich durch wechselseitige Ermattung aufgrund politischer Entscheidungen zu Ende. Ein solches Element der Ermattung gehörte schon immer zum Krieg, und viele einzelne Elemente dieses Bildes waren schon in früheren Kriegen und Epochen zu sehen. Und doch wurden das Aufhören im Kampf und die Kapitulation von Festungen zunehmend zu einem taktischen, nicht einem strategischen Phänomen – noch mehr, als dies in den meisten früheren Kriegen der Fall gewesen war.

4. Kapitulation in frühneuzeitlichen Kriegen außerhalb Europas

Nun ist es nötig, einen Blick über die Grenzen des europäischen Kulturraums hinweg zu tun. Denn die «militärische Revolution» Europas hatte auch einen globalen Aspekt, der benachbarte Kulturräume, wie etwa das Osmanische Reich, betraf, und auch die Kulturen Amerikas und Asiens, die mit den expandierenden Europäern zusammenstießen. In all diesen Fällen werde ich mich darauf beschränken müssen, die Elemente der Kapitulation, der Aufgabe im Kampf, zu erwähnen, da der Gegenstand selbst fast endlos ist.

Die Kriegführung des Osmanischen Reichs gehorchte letztlich sehr ähnlichen Gesetzen wie die der europäischen Staaten. In den Zeiten der stürmischen osmanischen Expansion war die Kriegführung rücksichtslos und scherte sich nicht übermäßig um den Besiegten. Als die Expansion zum Stillstand kam und die Osmanen sogar die ersten Rückschläge erlitten, kam das Gesetz der Reziprozität zu seinem Recht. Sorgen um die Regierbarkeit eroberter und bereits unterworfener Gebiete ließen die osmanischen Befehlshaber vor allzu radikalen Maßnahmen zurückschrecken; dies galt auch im Belagerungskrieg. Sie wollten auch nicht durch übertriebene Grausamkeit und Kriegslasten die unterworfenen Bevölkerungen gegen sich aufbringen. Sie hofften sogar, christliche Völker zum freiwilligen Anschluss bringen zu können. Kara Mustafa Pascha beispielsweise glaubte, als er 1683 gegen Wien marschierte, die Ungarn dazu bewegen zu können, da die osmanische Herrschaft für sie vorteilhafter sei als die des Kaisers.

Trotzdem ließe sich auch zeigen, dass die Kriege mit den Osmanen beiderseits mit großer Erbitterung geführt wurden. In den Zeiten Prinz Eugens benahmen sich Truppen, die von den Türkenkriegen nach Norditalien versetzt worden waren, so grausam, dass es dort auffiel; sie waren vom Balkan andere Sitten gewöhnt. Die Osmanen wiederum richteten die Unterlegenen bisweilen grausam hin; so wurde der venezianische Befehlshaber Antonio Bragadino, der die Verteidigung Zyperns organisiert hatte, von den Osmanen wegen seiner vorherigen Übergriffe lebendig gehäutet, gevierteilt, seine Haut dann später mit Stroh ausgestopft und auf einer Kuh reitend, in der Bekleidung eines venezianischen Magistraten, herumgezeigt.

Doch letztlich besaßen die Osmanen und die Europäer ähnliche Kulturen mit zahlreichen Berühungspunkten, und das galt auch für die Kriegssitten. Anders war dies bei den amerkanischen Kulturen. Hier spielte gerade die Frage der Kapitulation eine wichtige Rolle, da die Spanier – Cortés in Mexiko, Pizarro im Inkareich – mit wenigen hundert Mann ganze Reiche überrennen konnten. Wie war das möglich? Warum konnten so wenige Spanier gegen Zehntausende von Azteken siegen? War das die Folge der gewaltigen waffentechnischen Überlegenheit der Spanier oder, wie oft argumentiert wurde, die Folge unterschiedlicher Konzepte von Krieg und Kapitulation, von Unterschieden, die die Azteken im entscheidenden Moment lähmten?[62]

In der Tat war das Militärwesen der Azteken stark ritualisiert. In Schlachten versuchten diese ihre Gegner nicht umzubringen, sondern nur an den Beinen zu verwunden und dann zu überwältigen.[63] Sie wurden anschließend, offenbar im Geist von Freundschaft und Respekt, in der Gefangenschaft gesund gepflegt, um danach rituell durch Herausreißen des Herzens geopfert zu werden. Die Gefangennahme von gegnerischen Soldaten war auch relevant für den Aufstieg von Soldaten innerhalb der militärischen Hierarchie. Das Konzept des «Töten, um zu siegen», war den Azteken fremd.

Es würde verlockend gut in den Argumentationsrahmen dieses Buches passen, zu behaupten, dass dieser kulturelle Unterschied im Schlacht- und Kapitulationsverhalten verantwortlich war für die Niederlage der Azteken gegen die Spanier. Allerdings wäre eine solche Behauptung nicht sehr stichhaltig, da dieser Ausgang auf ein ganzes Bündel von Ursachen zurückzuführen ist und von diesen ist der Unterschied in der militärischen Kultur nur einer. Dies lässt sich unter anderem daran zeigen, dass die Inkas, anders als die Azteken, töteten, um zu siegen, und für die Spanier trotzdem ein leichterer Gegner waren als die Azteken. Außerdem kämpften die Azteken zwar, um Gefangene zu machen und sie hinterher opfern zu können; aber sie sahen ja, wie die Spanier kämpften, und begriffen den Unterschied sehr schnell.

Ein wichtiger Grund des Sieges war die technologische Überlegenheit der Spanier, vor allem die eisernen Waffen, die den indianischen Holzwaffen mit Obsidianklingen in Handhabung und Wirkung haushoch überlegen waren. Fachleute haben die Behauptung aufgestellt, dass 50 Spanier gegen eine beliebige Anzahl von Azteken oder Inkas kämpfen und siegen konnten.[64]

Beide Seiten kämpften mit ungeheurer Grausamkeit. Pizarro schreckte nicht davor zurück, Frauen umbringen zu lassen, da er ihre Rolle für den Nachschub der Inkas erkannt hatte. Die Fremdheit der beiden Kulturen verhinderte offenbar eine Schonung des Gegners. Ein Veteran des Feldzugs gegen die Inkas schrieb: «Ich kann bezeugen, dass dies hier der schrecklichste und grausamste Krieg in der Welt ist. Denn zwischen Christen und Mauren gibt es einiges Wohlwollen, und es ist im Interesse beider Seiten, diejenigen, die sie lebendig gefangennehmen, zu verschonen, um ein Lösegeld zu erheben. Aber in diesem Krieg gegen die Indianer gibt es auf keiner der beiden Seiten ein solches Gefühl. Sie töten sich gegenseitig auf die grausamste Weise, die man sich nur vorstellen kann.»[65]

Im Osten waren die kulturellen Unterschiede geringer. Doch auch hier, beginnend mit Vasco da Gama und der Ankunft der Europäer in Indien, bekämpften Letztere die asiatischen Kulturen zeitweise mit großer Grausamkeit und Brutalität und schreckten auch nicht vor der Niedermetzelung von Zivilisten zurück.[66]

Am Ende des 18. Jahrhunderts hatte sich der europäische Krieg globalisiert und war sehr komplex geworden, was auch auf das Aufhören im Kampf zurückwirkte. Die europäischen Armeen waren deutlich größer geworden. Zuerst hatten im 16. und frühen 17. Jahrhundert chaotische Verhältnisse geherrscht, die unter anderem durch die Unfähigkeit der Fürsten, ihre Soldaten bezahlen zu können, verursacht worden war. Doch dann setzte sich straffe Disziplin durch. Offiziere entschieden für ihre Männer über das Ob und Wie der Kapitulation. Die festen Regeln, nach denen Gefangene nun behandelt wurden, beeinflussten auch die Aufgabe im Kampf. Diese Trends der frühen Neuzeit – die zahlenmäßige Vergrößerung der Armeen, die Komplexität des Kriegsgeschehens auf räumlich getrennten Kriegsschauplätzen und das sich herausbildende Regelwerk des Krieges in Europa – sollten in der Französischen Revolution und der *Levée en Masse* ihre Vollendung finden.

Doch zuvor ist ein Blick auf einen ganz anderen Kriegsschauplatz notwendig – den maritimen.

We die – does it matter when?
Sink me the ship, master gunner,
sink her, split her in twain,
Fall into the hands of god,
not into the hands of Spain.

Alfred Lord Tennyson:
The Revenge. A Ballad of the Fleet

VIII. Mit wehender Fahne untergehen? Niederlage und Kapitulation im Seekrieg

1. Niederlage und Kapitulation in antiken und mittelalterlichen Seeschlachten

Kapitulationen im Seekrieg folgten der allgemeinen Entwicklung der Gesetze des Krieges und können trotzdem einen Sonderstatus beanspruchen.[1] Noch viel mehr als im Landkrieg ist es für den Einzelnen im Seekrieg meistens unmöglich, den Kampf aus einem eigenen Entschluss heraus aufzugeben. Jean Froissart, ein Chronist des Hundertjährigen Krieges, schrieb über die Seeschlacht bei Sluys im Jahre 1340, was auch für andere Kämpfe zur See gilt: «Die Schlacht, die ich Euch beschreibe, war übel und sehr schrecklich. Schlachten und Kämpfe zur See sind länger und größer als die an Land, weil man weder fliehen noch sich zurückziehen kann.»[2] Der Verlierer einer Seeschlacht musste ertrinken; siegen oder sterben war deshalb die reale Alternative. Es blieb natürlich auch der dritte Weg, die Kapitulation. Die Aufgabe im Seekrieg, sollte der Unterlegene seine Niederlage überleben, verlangte aber deutlich straffere Regelungen als die Kapitulation zu Lande, etwa über das Schicksal der Besatzung im Falle des Untergangs des unterlegenen Schiffs. Die Frage wurde zusätzlich dadurch erschwert, dass ein kapitulierendes oder erobertes Schiff vom Sieger übernommen und, sofern brauchbar, in seine Flotte eingereiht werden konnte. Daher war die Schwelle zur Kapitulation ähnlich hoch wie bei der Übergabe einer Landfestung. Aus diesen Gründen bietet der Seekrieg die Gelegenheit, die Frage des Aufgebens im Kampf und auch des «Siegens oder Sterbens» idealtypisch und detailliert beleuchten zu können.

Schon in den Kriegen gegen die Perser hatten Seeschlachten eine sehr wichtige Rolle gespielt und auch im Peloponnesischen Krieg zwischen den Spartanern und dem attischen Seebund kam es zu vielen und teilweise äußerst erbitterten Seeschlachten. Die Größenordnung, die Zahl der beteiligten Soldaten und Seeleute und auch die der Opfer erreichte und übertraf die der größten Landschlachten dieser Zeit; im Peloponnesischen Krieg kämpften bisweilen Hunderte von Schiffen mit insgesamt 40–60 000 Mann Besatzung gegeneinander.[3] Die Verluste waren hoch, da sich die Schiffe durch den Rammstoß mit ihrem verstärkten Bug gegenseitig effektiv versenken konnten und es für die Besatzung kaum eine Rettung gab. 108 von 170 Ruderern einer klassischen griechischen Triere waren im Rumpf eingeschlossen[4] und hatten deshalb geringe Chancen, den meist sehr raschen Untergang ihres Schiffes zu überleben, obwohl griechische Ruderer, anders als römische Galeerensklaven, nicht angekettet waren.[5]

Antike Seeschlachten waren infolgedessen ein schreckenerregendes Spektakel. Diodor berichtet vom Kampf der athenischen Flotte im Hafen von Syrakus: «Über dem ganzen Hafen erschallte der Lärm der rammenden Schiffe und die Schreie verzweifelt kämpfender Männer, die töteten und getötet wurden.» Schiffe konnten sich auch ineinander verhaken; dann entschied der Enterkampf über den Ausgang. Wie hoch die Opferzahl auf sinkenden Schiffen war, ist nicht bekannt; die Wahrscheinlichkeit spricht für den Totalverlust der Besatzung.[6] Wenn die Matrosen es schafften, sich aus ihrem sinkenden Schiff zu retten, konnten sie nur hoffen, von eigenen Schiffen aufgefischt zu werden. Die meisten antiken Seeschlachten fanden in Landnähe statt, und doch waren Schiffbrüchige nach dem Untergang ihres Schiffes meist noch Meilen vom Land entfernt und vom Sieger war keine Hilfe zu erwarten.

Die Frage, wie Kämpfe zur See enden sollten, und ob und wie Überlebende und Tote nach der Schlacht geborgen werden konnten, war den Zeitgenossen alles andere als gleichgültig. Dies wurde besonders deutlich nach dem athenischen Seesieg bei den Arginusen. Die Admirale der athenischen Flotte konnten wegen eines aufziehenden Sturms nach der Schlacht weder ihre Schiffbrüchigen noch die Toten bergen und wurden deshalb in Athen vor Gericht gestellt. Sie wurden zum Tode verurteilt und hingerichtet. Diese fragwürdige Entscheidung erwies sich als fatal, da die athenische Flotte dadurch ihrer kompetenten Befehlshaber beraubt wurde. Schlecht geführt, unterlag sie dann bei Aigospotamoi den Spartanern unter Lysander. Somit besteht ein zumindest indirekter Bezug zwischen der Frage des Überlebens in der Seeschlacht und dem Ende des Peloponnesischen Krieges.

Diese Entscheidungsschlacht des Krieges bei Aigospotamoi – die an der Küste des Hellespont gelandete und unvorbereitete athenische Flotte war durch die Spartaner überrascht worden, die viele Schiffe erbeuten und zahlreiche Gefangene machen konnten – endete mit einem Prozess der Spartaner gegen die gefangenen athenischen Anführer. Auch in diesem Fall drehte es sich um eine zentrale Frage der maritimen Kapitulation, nämlich um die Behandlung der kriegsgefangenen Verlierer. Die Athener hatten vor der Schlacht beschlossen, im Fall eines Sieges die Spartaner durch die Amputation des rechten Daumens oder der rechten Hand für den weiteren Dienst in der Flotte untauglich zu machen. Nun war es andersherum gekommen und die Athener wurden für diese, die damaligen Kriegsnormen verletzenden Pläne zur Rechenschaft gezogen. Lysander stellte den Hauptverantwortlichen, Philokles, zur Rede und schnitt ihm nach einem Wortwechsel die Kehle durch; dann ließ er 3000 Gefangene hinrichten. Adeimantos, ein weiterer athenischer Admiral, der dem Plan damals seine Zustimmung verweigert hatte, wurde freigesprochen. Athen, nun ohne Flotte, wurde ausgehungert und musste sich schließlich auf Gnade oder Ungnade den Spartanern und ihren Verbündeten ergeben.

Diese Vorgänge zwischen der Schlacht bei den Arginusen und der bei Aigospotamoi werfen ein bezeichnendes Licht auf die Problematik der Kapitulation im antiken Seekrieg. Die Griechen waren offensichtlich der Meinung, dass zumindest die eigenen Überlebenden und Tote geborgen werden sollten, und dass die Behandlung der Unterlegenen bestimmten Mindeststandards zu entsprechen hatte. Sie zu versklaven, war statthaft; nicht aber, sie zu verstümmeln. Diese Standards zu verletzen, konnte massive Repressalien nach sich ziehen. Trotz dieser Normen war der antike Seekrieg hart und grausam. Dies galt etwa für den ersten punischen Krieg, in dem viele Flotten durch Schlachten wie durch Stürme sanken, wie auch für den römischen Bürgerkrieg zwischen Octavian und Antonius.

Ab dem 6. Jahrhundert änderte sich das Erscheinungsbild des Seekriegs entscheidend. Die Schiffe, nach wie vor Galeeren, die aber nun Dromone statt Triere hießen, hatten keinen Rammbug mehr und ihnen fehlte daher die entscheidende Waffe, mit der sie ihren Gegner wirkungsvoll zerstören konnten. Kriegsschiffe konnten sich nun, anders als in den Seeschlachten des klassischen Altertums, gegenseitig nicht mehr schnell versenken; dies sollte den Seekrieg bis in die Neuzeit hinein prägen. Auch Waffen wie das Griechische Feuer, eine Erfindung Ostroms, in der durch einen Syphon eine nicht löschbare, brennende Flüssigkeit auf das gegnerische Schiff gespritzt wurde, konnte in seiner Wirksamkeit den Rammsporn nicht ersetzen.[7]

Über die Seeschlachten des Mittelalters ist weniger bekannt als über die der Antike, obwohl die Epoche große amphibische Operationen sah – etwa die der Wikinger oder die Landung der Normannen in England im Jahre 1066.[8] Mittelalterliche Staaten konnten die See nicht effektiv im neuzeitlichen Sinne kontrollieren.[9] Schlachten erfolgten dicht an der Küste oder direkt an Land, nachdem die Schiffe vor Anker gegangen waren. Bisweilen wurden die Schiffe auch mit eisernen Ketten zusammengebunden[10] und der Kampf erfolgte dann auf einer Art Plattform, ähnlich wie zu Lande.[11] Deshalb waren die Seeschlachten dieser Zeit Landschlachten nicht unähnlich: der Gegner wurde mit einem Hagel von Steinen, Pfeilen und Armbrustgeschossen überschüttet. Der Kampf endete damit, dass die gegnerischen Schiffe erobert und die eroberte Besatzung gefangen genommen wurde.

In den Seeschlachten begann auch technisches Geschick eine Rolle zu spielen, wie die Berücksichtigung von Wind, Ebbe und Flut. Eine der größten und verlustreichsten Seeschlachten ereignete sich bei Sluys im Jahre 1340, bei der die etwa im Maßstab 4:1 überlegenen Franzosen – die Masten der Schiffe wirkten nach Jean Froissart wie ein Wald[12] – 30 000 Mann verloren haben sollen. Die gefangenen französischen Admirale – Hugnes Quiéret und Nicolas Béhuchet – wurden hingerichtet.[13] Die hohen französischen Verluste wurden auf die Überlegenheit englischer Langbogenschützen, auf die bessere Führung der Engländer, aber auch auf das Eingreifen der Flamen auf Seiten der Engländer zurückgeführt. Die Flamen waren von besonderer Unbarmherzigkeit, da sie die Franzosen wegen der vorangegangenen, ihre Existenz bedrohenden Versuche, die Passage nach Sluys zu sperren, hassten.[14] Sie gaben, nach Aussage der Quellen, kein Pardon: «Sie töteten sie zu Lande und zu Wasser und hatten kein Mitleid.»[15] Ebenso mitleidlos verhielten sich im Jahre 1123 die Venezianer im Kampf gegen die Muslime bei Jaffa. Sie umzingelten die gegnerischen Schiffe, enterten sie und hauten die Besatzung in Stücke, sodass sich das Meer blutrot verfärbte.[16]

Alles, was über die mittelalterliche Kriegführung zur See bekannt ist, deutet darauf hin, dass das Schicksal der Unterlegenen grausam war. War ein Schiff im Enterkampf erobert worden, wurden tote und verwundete Feinde kurzerhand über Bord geworfen,[17] andere verstümmelt,[18] wobei unklar ist, ob dies die Norm war oder ein Exzess. Die *Christopher* etwa rammte im Januar 1440 bei Dartmouth ein Schiff und nahm erst dann Überlebende auf, als die Crew Schreie der Schiffbrüchigen hörte, sie seien Engländer.[19] Deshalb leisteten die Verlierer in der Regel lange Widerstand.

Es gab in diesen mittelalterlichen Kämpfen auch geregelte Übergaben. Beispielsweise haben mehrere Hanseflotten vor englischen Schiffen kapituliert. Sie bevorzugten es, ihr Eigentum von einem britischen Admiralty Court zurückzuerhalten, anstatt die Schrecken einer Enteraktion zu durchleben. Dies weist auf einen weiteren Aspekt des Seekriegs hin – die Piraterie. Am Anfang dieses Buches wurde die These geäußert, dass der Wunsch nach Bereicherung durch Gewalt wohl die zentrale Rolle im ursprünglichen Wesen des Krieges ausmachte. Das gilt auch für den Seekrieg, in dem von der Antike bis in die Neuzeit hinein die Grenze zwischen Kriegführung und Piraterie oftmals fließend war und Piraterie als «eine Form des niemals endenden Partisanenkriegs zur See»,[20] als «eine Art von Kidnapping oder Überfällen» und auch als «gewohnheitsmäßige Investition» gewertet worden ist.[21] Die Frage, wie Piraten Kämpfe beendeten, kann aber nicht pauschal beantwortet werden, da es hier eine große Spannbreite gab, die kaum auf einen gemeinsamen Nenner zu bringen ist.

2. Die *Revenge*, Sir Grenville's Kapitulationsverweigerung und einige generelle Bemerkungen zur Bedeutung der Kapitulation

Die Quellen zu den antiken oder mittelalterlichen Seekriege erzählen die Abläufe der Schlachten, liefern aber keine Details, die uns über die genauen Umstände maritimer Kapitulationen und die Handlungen und Motive von Siegern und Verlierern unterrichten. Dies ändert sich in der frühen Neuzeit, wo die Überlieferung uns einen sehr viel besseren Einblick gestattet. Sie schildert die Kämpfe zwischen den mit Kanonen bewaffneten Segelschiffen, die in der frühen Neuzeit den Seekrieg technisch revolutionierten.[22]

Ein ebenso berühmtes wie wirkmächtiges Beispiel war die Kapitulation der englischen Galeone *Revenge*, die von dem elisabethanischen Seehelden Sir Richard Grenville befehligt wurde und die im September 1591 bei den Azoren für fünfzehn Stunden gegen eine gewaltige spanische Übermacht kämpfte. Die *Revenge* war durch den ebenso wagemutigen wie unsinnigen Versuch Grenvilles, der spanischen Flotte zu entkommen, indem er durch sie hindurchsegeln wollte, in diese Zwangslage gekommen. Sie verlor in dem ungleichen Kampf gegen eine gewaltige Übermacht ihre Masten und einen Großteil der Besatzung. Schließlich war ihre Widerstandskraft erschöpft. Eine bemerkenswerte Quelle, die von Grenvilles Cousin, Sir Walter Raleigh, verfasst worden ist, gibt uns Auskunft über den Entschluss zur Kapitulation: Sir Richard, der selbst schwer verwundet war, sah, «dass er selbst und das Schiff in die Hand der Feinde fallen mussten, die ihn umzingelt hatten; die *Revenge* war bewegungsunfähig und folgte nur noch den Wellen und Strömungen des Meeres. Da befahl er dem Geschützmeister, den er als äußerst entschlossenen Mann kannte, das Schiff zu sprengen, sodass den Spaniern kein Ruhm oder Sieg bleiben würde, nachdem sie nun schon 15 Stunden mit solch starker Übermacht angerannt waren, mit 15 000 Mann und 53 Schiffen. Er überzeugte die Besatzung, oder zumindest jene, die er erreichen konnte, sich der Gnade Gottes anzuvertrauen und niemandem sonst; dass sie als tapfere und entschlossene Männer so viele Feinde zurückgeschlagen hatten, dass sie jetzt nicht die Ehre ihrer Nation verkleinern sollten, nur um ihr eigenes Leben noch um ein paar Stunden oder einige Tage zu verlängern. Der Geschützmeister und einige andere stimmte dem gerne zu, aber der Kapitän des Schiffes und der *master* gaben zu bedenken, dass man mit den Spaniern ja eine Kapitulation aushandeln könne; schließlich seien einige Männer noch am Leben und nicht tödlich verwundet und könnten ihrem Land später noch nützliche Dienste leisten. Außerdem sei das Schiff so beschädigt, dass es ohnehin unwiderruflich sinken und den Spaniern nicht mehr nützen werde.»[23] Diese Gegenargumente der Kapitulationsbefürworter konnten fast alle Besatzungsmitglieder überzeugen; nur der Geschützmeister musste mit Gewalt daran gehindert werden, sich das Leben zu nehmen. Grenville konnte seinen Willen nicht durchsetzen; tödlich verwundet, starb er in spanischer Gefangenschaft.

Raleighs Bericht über die *Revenge* wurde in viktorianischer Zeit von Lord Tennyson äußerst geschickt in Versform gebracht.[24] Dort wurden Grenville und seine Standhaftigkeit heroisch überhöht. In seinem Enthusiasmus für den ruhmreichen Untergang zeigte der Dichter, dass er ein Kind des 19. Jahrhunderts war; Grenvilles Zeitgenossen hatten den Vorgang nämlich sehr viel nüchterner und kritischer beurteilt. Sie hatten zwar seinen Mut und seine Standhaftigkeit gepriesen, aber darin übereingestimmt, dass er die *Revenge* durch sein «gewalttätiges und stures Temperament», durch vorherige Fehler, schlechte Seemannschaft und flagranten Ungehorsam gegenüber seinem Befehlshaber verloren hatte.[25]

Grenvilles Haltung ist ein herausragendes und später auch wirkmächtiges Beispiel für das Streben nach militärischem Ruhm, für das *aut vincere aut emori*, die Kapitulationsverweigerung, die als Haltung einer kleinen, aber Legenden bildenden Minderheit durch die gesamte europäische Militärgeschichte hindurch verfolgt werden kann. Die meisten Soldaten bevorzugten es, wenn sie im Kampf unterlagen, als Geschlagene, Gefangene, Gedemütigte weiterzuleben. Aus Trotz in der Niederlage den Tod zu suchen, wurde idealisiert, war aber für die Mehrheit keine Option. So war es auch im Fall der *Revenge*: Sir Richard konnte nicht einmal die eigene Crew überzeugen; seine Haltung erinnert an den Kellermeister Jean de Joinvilles, der gegen die Muslime bis zum Tode weiterkämpfen wollte statt zu kapitulieren, aber auch auf ihn hatte niemand gehört.[26] Fast alle Soldaten wollten, wenn der weitere Kampf keine Ausicht auf Erfolg hatte, zumindest das eigene Leben retten. Das mag kleinmütig wirken gegenüber der Idee des unbeirrbaren Kämpfers, der den Tod der Schande vorzieht und kämpfend untergeht; es wirkt möglicherweise auch absurd und erbärmlich vor dem Hintergrund, dass oft schon Tausende tapfer kämpfend gefallen waren, dem eigenen Leben plötzlich einen so hohen Wert beizumessen und es um jeden Preis retten zu wollen. Anhänger des heroischen Untergangs wie Grenville verwiesen auf die eigene Vergänglichkeit: Wir müssen sowieso alle sterben, warum dann nicht jetzt, als unbeugsamer Held? Sie glaubten, dass sie mit dem Opfer ihres Lebens die Niederlage mit einer verklärenden Aureole umgeben und sie dergestalt in eine Art Triumph verwandeln könnten, der für das eigene Nachleben, für die militärische Tradition, den

Kampfesmut der eigenen Streitkräfte und auch deren Ansehen bei den Feinden bedeutsam sein würde.

Die Kapitulation war demgegenüber eine schmerzliche, vor allem aber unrühmliche Entscheidung. Aber mit Clausewitz den Unterschied zwischen militärischer und physischer Vernichtung zu machen, nämlich zwischen der Unfähigkeit, dem Gegner weiter schaden zu können, und dem eigenen Tod, war eine Grundkonstante abendländischer Kriegführung. Auch sehr tapfere Soldaten konnten sich mit unüberwindlichen Schwierigkeiten konfrontiert sehen und es war ihnen dann erlaubt zu kapitulieren, ohne dass sie ihre Ehre verloren. Es gibt einen Punkt, an dem Widerstand sinnlos wird und aufhören sollte. Dies war zumindest die Ansicht von Carl von Clausewitz, der in seinem Buch «Vom Kriege» schrieb: «Wie hoch auch der Wert des Mutes und der Standhaftigkeit im Kriege angeschlagen werden muß, so gibt es doch einen Punkt, über den hinaus das Verharren nur eine verzweiflungsvolle Torheit genannt und also von keiner Kritik gebilligt werden kann.»[27] Dieser Punkt ist in enger Beziehung zum eigentlichen Kampfziel, der Vernichtung und Neutralisierung der gegnerischen Streitmacht, zu sehen. Vernichtung bedeutet also, um den Punkt ganz klar zu machen, nicht die physische Vernichtung, also den Tod des unterlegenen Heeres, sondern einen Zustand, in dem der Unterlegene dem Sieger keinen entscheidenden Schaden mehr zufügen kann. Ab diesem Punkt ist weiterer Widerstand militärisch sinnlos und muss als rituell verbrämter Selbstmord gewertet werden.[28]

Dies ist auch die Bedeutung der Kapitulation im Kriege. Die Kapitulation ist eine, vielleicht die wichtigste dieser Grenzen, die Zerstörung und den Tod in unserer Kultur des Krieges eindämmen. Der springende Punkt ist hier, dass die Kapitulation nicht ausgeschlossen war; sie sollte verhindern, dass die Niederlage, also die «militärische» Vernichtung des Verlierers, auch zu seiner physischen «Vernichtung» führte.

Die Gesetze des Krieges, die militärischen Bestimmungen und auch der soldatische Ehrenkodex haben den Moment, an dem ein Soldat kapitulieren darf, so eng wie möglich definiert, um zu garantieren, dass Soldaten dies wirklich nur dann taten, wenn alle Mittel zum Widerstand erschöpft waren. Natürlich können die Meinungen, ob eine Situation wirklich hoffnungslos ist oder ob es noch Chancen gibt, zu entkommen oder zu gewinnen, geteilt sein. Kampfsituationen sind oft unübersichtlich und es gibt viele Unbekannte, die es bei einer solchen Entscheidung zu berücksichtigen gilt. Es könnte auch argumentiert werden, dass, solange ein Soldat kämpft, er Kräfte des Gegners bindet und ihn schädigt, selbst wenn die eigenen Opfer immer weiter ansteigen und schließlich in einem äußerst unausgewogenen Verhältnis zu denen des Gegners stehen.

Noch viel mehr, als dies im Landkrieg der Fall war, haben es alle Marinen ihren Kapitänen und Besatzungen so schwer wie möglich gemacht, zu kapitulieren. Das Zeichen der Kapitulation im Seekrieg war das Streichen der Flagge. Wenn dies geschah, hörte der Kampf auf und der Feind war für Schiff und Besatzung verantwortlich. Ein Schiff war immer schon eine teure Waffe, die nicht leicht zu ersetzen war. Zudem konnte ein erobertes Schiff später gegen seinen ehemaligen Besitzer eingesetzt werden. Das mag der durchaus rationale und militärisch verständliche Grund gewesen sein, dass sich die Bestimmungen aller Marinen in die Richtung entwickelten, das Sinken der Kapitulation vorzuziehen, ohne Rücksicht auf Verluste.

Die Kapitulation im Seekrieg wurde auch durch einen außergewöhnlich starren Ehrenkodex[29] des sich herausbildenden Marineoffizierskorps beeinflusst, der sein äußeres Symbol in der Flagge fand.[30] Nicht die Flagge einzuholen, nicht zu kapitulieren, sollte zeigen, dass man unter Druck nicht nachgab, selbst wenn das eigene Leben bedroht war. Die Kapitulation im Seekrieg wurde daher durch mindestens drei Faktoren beeinflusst: erstens durch den rationalen Wunsch, dem Feind kein brauchbares Kriegsschiff zu übergeben; zweitens durch den Flaggenkult und damit der Ablehnung, die feindliche Seeherrschaft anzuerkennen, und drittens auch durch Duellsituationen zwischen Kriegsschiffen, die ähnlich ritualisiert verliefen wie Duelle an Land.[31] Clausewitz beschrieb Krieg als ein Duell, als einen «erweiterten Zweikampf»; im Seekrieg war das oft buchstäblich der Fall. Vielleicht ist das auch der Grund dafür, dass der Seekrieg noch mehr als der Landkrieg durch einen rigiden Ehrenkodex, vor allem für die Kommandanten der Schiffe, geprägt wurde.

3. Die maritime Kapitulation in der frühen Neuzeit

In der Regierungszeit Elisabeths I. hatte sich der Seekrieg vom Kampf zwischen Galeeren, deren Artillerie an Bug und Heck angeordnet war, zum Artillerieduell zwischen Segelschiffen gewandelt, die ihre Geschütze in Breitseite aufgestellt hatten.[32] Eine neue Taktik entwickelte sich, das Gefecht in der Linie, das es den Schiffen ermöglichte, einen möglichst großen Teil ihrer Geschütze im Gefecht einsetzen zu können. Die großen Schlachten dieser Epoche blieben oft ohne klaren Sieger. Manchmal endeten Schlachten in Nahkämpfen zwischen Schiffen, manchmal in «rake»-Taktiken (ein Manöver, bei dem ein Schiff die verwundbarsten Teile des Gegners, nämlich den Bug oder das Heck, beschoss; dies jagte Schockwellen aus Eisen- und Holzsplittern durch die gesamte Länge des Schiffsrumpfs, ein Effekt, der vielleicht mit modernem Schrapnellfeuer vergleichbar ist und unter der dann schutzlosen Besatzung katastrophale Verluste verursachte)[33] und im Enterkampf. In diesen Fällen wurden die Schiffe im Kampf Mann gegen Mann erobert.

Spätestens im 18. Jahrhundert entwickelten die britischen Seeleute das «Bewusstsein von Überlegenheit gegenüber den Franzosen zur See».[34] Dies ist für unsere Frage bedeutsam, weil es zeigt, dass wenigstens eines der Argumente der Kapitulationsverweigerer nicht ganz aus der Luft gegriffen war: Maritime Kapitulationen verminderten das Prestige einer Marine, und gegenseitige Erwartungen konnten in Seeschlachten zu einer sich selbst erfüllenden Prophezeiung werden. Zwischen dem 16. und 18. Jahrhundert entwickelte die britische Marine einen aggressiven Offensivgeist und den Willen, überall anzugreifen und zu gewinnen. Zum ersten Mal, seit die Karthager erfolglose Feldherren ans Kreuz genagelt hatten, stellte die Royal Navy Admirale nicht nicht nur wegen verlorener, sondern auch wegen nicht gewonnener Schlachten vor Gericht; Admiral Byng wurde für eine unentschiedene Seeschlacht bei Menorca exekutiert.[35] Voltaire kommentierte das ironisch in seinem «Candide»: «In jenem Land ist es üblich, von Zeit zu Zeit einen Admiral hinzurichten, um die anderen anzuspornen.»[36] Dies war kein Einzelfall: Zehn Jahre zuvor wurde ein britischer Leutnant, Baker Phillips, exekutiert, weil er in hoffnungsloser Lage kapituliert und dem Feind sein Schiff übergeben hatte.[37] Einige Experten, wie Admiral Nimitz oder der Marinehistoriker Nicholas A. M. Rodger, glauben, dass diese rigiden Maßnahmen sich auszahlten.[38] Sie schufen «eine Kultur aggressiver Entschlossenheit, die die britischen Marineoffiziere von ihren ausländischen Zeitgenossen trennte, und die ihnen mit der Zeit einen ständig wachsenden psychologischen Vorteil gaben. Mehr und mehr [...] trafen britische Offiziere auf Gegner, die erwarteten, angegriffen zu werden, und dazu neigten, sich bereits für geschlagen zu halten, so daß sie mit einem unsichtbaren Nachteil in den Kampf zogen.»[39] Diese unbedingte britische Entschlossenheit zu siegen, beeinflusste natürlich auch die Entscheidung ihrer Gegner zur Kapitulation.

Frühneuzeitliche Seeschlachten und Seekriege endeten meist mit britischen Siegen und spanischen und französischen Verlusten. Das spanische und französische Prestige wurde dadurch auf Jahrhunderte beschädigt.[40] Die Royal Navy wurde zunehmend besser als ihre Gegner, weniger durch gute Schiffe – die französischen Schiffe des 18. Jahrhunderts waren im Allgemeinen besser als die britischen –, sondern durch rabiate Entschlossenheit der Schiffsführung, verbunden mit besserer Ausbildung der Besatzung, was in erheblich höheren Feuergeschwindigkeiten der Artillerie und besserer Seemannschaft resultierte. In Kämpfen zwischen zahlenmäßig gleichen Flotten – und selbst dann, wenn sie zahlenmäßig unterlegen waren – siegten die Briten fast immer über ihre Feinde. Eine Analyse der Kapitulation zur See in der frühen Neuzeit muss daher nicht nur die Royal Navy einbeziehen, die in Fragen des Kampfgeistes im 19. Jahrhundert das Modell und Ideal für alle modernen Marinen wurde, sondern auch die französischen und spanischen Flotten.

Es wäre nämlich ungerecht, Spaniern und Franzosen mangelnden Kampfeswillen vorzuwerfen. Besonders im französischen Fall können wir viele Beispiele von großem Mut beobachten und es gab sogar französische Kapitulationsverweigerungen. Ein berühmter Fall ereignete sich in der englisch-französischen Seeschlacht vom 1. Juni 1794 («Glorious First of June»), als das französische Linienschiff *Vengeur du Peuple* nach einem erbitterten Kampf mit Teilen seiner Besatzung sank. Das Schiff hatte zuerst die Flagge eingeholt, sie dann aber wieder aufgezogen und den Widerstand fortgesetzt. Matrosen hielten eine Flagge in der Hand und riefen: «Vive la Nation! Vive la Republique!», bevor sie mit ihrem sinkenden Schiff untergingen.[41] Es gibt mehrere Versionen dieser Geschichte. Die patriotische, glorifizierende Version interpretierte diesen Untergang als Kapitulationsverweigerung tapferer Freiheitskämpfer. Der realistischere Augenzeugenbericht von Seeleuten des britischen Schiffs *Brunswick* gibt uns eine andere Lesart der Ereignisse; der Kapitän der *Vengeur* und Teile der Besatzung hatten kapituliert und überlebten als Gefangene, doch an Bord des sinkenden Schiffes waren noch einige betrunkene Matrosen, die den Alkoholvorrat geplündert hatten. Es ist bedeutsam, auf die tatsächlichen Abläufe zu verweisen; aber vielleicht ist die patriotische Legende – eine Art von Halbfiktion, eine Übertreibung tatsächlicher Geschehnisse – auf lange Sicht einflussreicher als die historische Wahrheit, da sie künftigen Generationen Vorbilder heroischen Verhaltens lieferte. Der Bericht über den heroischen Untergang erzeugte einen Enthusiasmus, den der über eine geglückte Kapitulation niemals erzeugen konnte. Er weckte vielleicht sogar in Heranwachsenden und Jugendlichen den Wunsch, selbst ein heroisches Selbstopfer zu bringen, ein Wunsch, der in der europäischen christlichen Kultur (aber auch im Islam) ohnehin inhärent war.[42]

Die historische Realität war in der Ära der Segelschiffe heroisch genug, aber nicht selbstmörderisch. Hunderte von Schiffen kapitulierten, aber normalerweise erst nach hartem Kampf.[43] Sie kapitulierten, nach Aussage aller Augenzeugenberichte, wenn die Verluste so hoch waren, dass sie nicht mehr genug Mannschaften hatten, um die Geschütze bedienen und den Kampf fortsetzen zu können. Sie strichen die Flagge, wenn das Schiff durch den Verlust seiner Masten und Segel seine Manövrierfähigkeit verloren hatte, sodass der Feind es mit dem gefürchteten «raking» bedrohen konnte. Andere kapitulierten, wenn Feuer ausbrach und außer Kontrolle geriet. Dies waren die Momente, in denen der Kampf meistens, aber nicht immer endete. Während der Schlacht auf dem Nil brannte das französische Linienschiff *Orient*, seine Geschütze feuerten aber weiter bis zu dem Augenblick, in dem das Feuer das Pulvermagazin erreichte und das Schiff explodierte.

Nicht nur spanische und französische Schiffe, auch britische Schiffe kapitulierten, wenn es unvermeidlich schien, obwohl das Streichen der Flagge in der Royal Navy stigmatisiert war. Im Amerikanischen Unabhängigkeitskrieg und auch im Britisch-Amerikanischen Krieg von 1812 kapitulierten britische Fregatten nach hartem Kampf und die Royal Navy ebenso wie die britische Öffentlichkeit nahmen schockiert zur Kenntnis, dass sie nicht unbesiegbar waren.[44] In einigen Fällen hatte der Kampf überhaupt nur wegen des institutionell gezüchteten Angriffsgeists der Kapitäne der Royal Navy beginnen können; britische Schiffe suchten das Duell mit schwerer bewaffneten amerikanischen Einheiten, dem sie aufgrund ihrer leichteren Bauart und besseren Segeleigenschaften leicht hätten ausweichen können.[45] Die Erinnerungen von Samuel Leech, der «powder monkey» auf der britschen Fregatte *Macedonia* war, geben einen exzellenten Eindruck von Kampf und maritimer Kapitulation aus der Perspektive eines einfachen Soldaten. Das britische Schiff hatte 1812 den Kampf mit der langsameren, dafür größeren und besser bewaffneten *USS United States* gesucht. Leech berichtet:

«Ich bin oft gefragt worden, wie meine Gefühle während dieses Kampfes waren. Ich fühlte ziemlich dasselbe wie das, was, ich vermute, jeder in einem solchen Moment fühlt. Daß Männer keine Gedanken und Gefühle haben, wenn sie inmitten von Sterbenden und Toten stehen, ist eine absurde Idee, die keinen Glauben verdient. Wir schienen alle fröhlich, aber ich weiß, daß mir viele ernste Gedanken durch den Kopf gingen. Aber was konnten wir machen, außer wenigstens den Eindruck von Lebendigkeit zu machen? Unsere Gefechtsstation zu verlassen hätte den sicheren Tod durch die Hand unserer eigenen Offiziere bedeutet. Schwermut zu zeigen oder gar Furcht, hätte uns nicht genutzt und uns den Ruf eingehandelt, ein Feigling zu sein, und außerdem die sichere Niederlage bedeutet. Deshalb war unsere einziger Ausweg, das Beste aus der Situation zu machen, indem wir tapfer und fröhlich kämpften. Trotzdem dachte ich viel ans Jenseits. [...] Plötzlich hörte das Rasseln des Eisenhagels auf. Wir bekamen den Befehl, das Feuer einzustellen. Eine tiefe Stille folgte, unterbrochen nur durch das Stöhnen der tapferen Verwundeten unter Deck. [...] Die Offiziere berieten sich nun auf dem Achterdeck. Unsere Situation war extrem gefährlich: Sieg oder Flucht waren gleichermaßen aussichtslos. Unser Schiff war manövrierunfähig; viele unserer Männer waren tot, und viele mehr verwundet. Der Feind würde zweifellos in einigen Augenblicken wiederkommen. [...] Jeder weitere Widerstand war Wahnsinn. Obwohl der hitzköpfige Leutnant, Mr. Hope, nicht kapitulieren und stattdessen längsseits untergehen wollte, wurde beschlossen, die Flagge einzuholen.»[46]

Leech ist eine der besten Quellen über eine maritime Niederlage und Kapitulation aus der Perspektive eines einfachen Matrosen, die wir haben. Es ist zu vermuten, dass seine Erfahrungen und Eindrücke zeitlos waren. Seine Erzählung zeigt, dass die Geschützbedienungen während des Kampfes nicht wussten, ob ihr Schiff siegte oder verlor. Gelähmt vor Todesangst und auch in der Furcht, vor sich selbst und anderen als Feigling dazustehen, beteten sie um ihr Leben und versuchten ihre Funktion, so gut sie es konnten, auszufüllen. Die Entscheidung zu kapitulieren wurde nicht von ihnen, sondern von den Offizieren getroffen, die mitverfolgen konnten, wie der Kampf lief. Diese Entscheidung fiel ihnen nicht leicht. Leech berichtete, dass die Besatzung die Kapitulation relativ leicht nahm, aber dass der Kapitän des Schiffes die Niederlage kaum verkraften konnte: «Kapitän Carden überreichte sein Schwert dem Commodore [Stephen Decatur] und sagte: ‹Ich bin erledigt. Ich bin der erste britische Marineoffizier, der voreinem Amerikaner kapituliert.›» Der Kapitän fühlte, so schrieb Leech, «Schande und Demütigung wegen des Verlusts seines Schiffes. Da er vom stolzen Geist der britischen Aristokratie beseelt war, fühlte er sich natürlich schnell beleidigt und verletzt, in der Position eines besiegten Mannes.»[47]

Wie kann nun die Kapitulation im frühneuzeitlichen Seekrieg abschließend beurteilt werden? Viele Beispiele deuten in die Richtung von größtem Einsatz und Tapferkeit auf allen Seiten. Wir sehen einige wenige Beispiele von fanatischen Kapitänen, die den Tod der Kapitulation vorziehen und sogar ihr Schiff in die Luft sprengen wollten. Aber sie können mit Generälen verglichen werden, die Selbstmord begingen, wenn sie eine Schlacht verloren; dies ist ein breiteres Phänomen und nicht nur auf den Seekrieg beschränkt. Meistens kapitulierten Schiffe in aussichtslosen Lagen. Eine solche war erreicht, wenn die eigene Kampffähigkeit so stark herabgesetzt war, dass der Gegner durch eigene Aktionen nicht mehr geschädigt werden konnte und nur noch die eigene Besatzung litt. All dies ist eng verwandt mit Clausewitz' Definition der «Vernichtung».

Eine solche Haltung stimmt auch mit den «Fighting Instructions» der Royal Navy von 1530–1816 überein. Diese Vorschriften verlangten energischsten Einsatz, nicht aber sinnlose Opfer, und die Möglichkeit der Kapitulation wurde zumindest indirekt erwähnt.[48] Gleichzeitig tat die Admiralität aber alles, um den Kampfgeist ihrer Offiziere zu heben. Eine erfolgreiche Methode war der Appell an die Ehre – Erfolge im Kampf wurden in den «dispatches», den Bulletins der Admiralität erwähnt. Diese Bulletins enthielten nur Meldungen über Kämpfe zwischen Kriegsschiffen, nicht Meldungen über Prisen, über Übernahmen von Handelsschiffen. Dieser Appell an die Ehrsucht war erfolgreich. Kapitäne und Besatzungen konnten leichtes Geld verdienen, indem sie feindliche Handelsschiffe aufbrachten, aber einige bevorzugten es, sich auf das Duell mit Kriegsschiffen vorzubereiten. Diese Neigung, militärischen Ruhm dem materiellen Profit vorzuziehen, war auch für die Frage der Kapitulation im Seekrieg von Bedeutung. Ruhm, das «soziale Kapital» des Soldaten, um mit Bourdieu zu sprechen,[49] war ein starker Anreiz. Die Flagge zu streichen wurde letztendlich als schändlich und als den Traditionen der Royal Navy unwürdig angesehen. Während der Schlacht bei Trafalgar soll der sterbende Lord Nelson den Kapitän der *Victory* gefragt haben: «Ich hoffe, Hardy, daß keines unserer Schiffe die Flagge gestrichen hat.» Und Hardy antwortete: «Nein, mein Herr, das wird nie geschehen.»[50]

Hardy irrte sich nicht – kein einziges britisches Schiff kapitulierte während der Schlacht bei Trafalgar.[51] Die Flotte Nelsons nahm 18 feindliche Schiffe, und die Frage, wer wann und warum kapitulierte, muss an die Spanier und Franzosen gerichtet werden. Die Royal Navy war zwar klar an Kampfkraft überlegen, aber französische und spanische Schiffe hatten tapferen und einige sogar fanatischen Widerstand geleistet. Die Verluste an Bord der Schiffe, die schließlich die Flagge strichen, waren furchtbar, sie verloren 20–40 Prozent ihrer Besatzung. Einige Schiffe erlitten noch höhere Verluste; die *Redoubtable* verlor mehr als 80 Prozent ihrer Männer.[52] Als Beispiel soll hier das französische Linienschiff *L'Aigle* genommen warden. Ein Mitglied der Besatzung beschrieb die Gründe für die Kapitulation:

«Wir hielten noch eine Weile aus, aber die brennenden Schwefelbündel des Feindes hatten das Geschützdeck in der Nähe des Kabelgatts und des Heckgeländers in Brand gesteckt. Das Schiff hatte seine Takelage verloren, die meisten Kanonen waren aus ihren Lafetten herausgeschleudert worden, der Kapitän und der Kommandant gefallen, fast alle Offiziere verwundet und zwei Drittel der Besatzung kampfunfähig. Das Schiff war – ich weiß nicht, durch welches Mißgeschick – vom Rest der Flotte abgeschnitten. Deshalb entschieden wir uns, die Flagge zu streichen, um die Flammen zu löschen und die klägliche Zahl der verbliebenen ritterlichen Verteidiger für den Kaiser zu erhalten.»[53]

Auf dem Schiff sah es den Beschreibungen zufolge wie in einem Schlachthaus aus; umso mehr deshalb, weil die Franzosen ihre Gefallenen während der Schlacht nicht einfach über Bord warfen, wie es die Briten taten. Die Besatzung umfasste 755 Mann; der Kommandant war tot, ebenso 70 weitere Besatzungsmitglieder; 100 waren verwundet. Die Verluste betrugen zum Zeitpunkt der Kapitulation demnach 22 Prozent.[54] Das Argument, dass es notwendig gewesen sei, die Flagge zu streichen, um die Überlebenden «für den Kaiser zu erhalten», hörte sich, wie die gesamte Schilderung, eher wie eine Ausrede oder Entschuldigung für die Kapitulation an. Die Besatzung von Sir Grenville hatte sehr ähnliche Argumente gebraucht, und später sollten noch vergleichbare Begründungen für das Streichen der Flagge in Russland und sogar im Japan des Zweiten Weltkriegs zu hören sein.

Obwohl die Kapitulation in aussichtsloser Lage in der Segelschiffszeit normal war, wurde es in allen Marinen eine Art von Ideal, lieber unterzugehen als die Fahne zu streichen. Die Royal Navy bewegte sich schon während des 18. Jahrhunderts in diese Richtung: Bei Schiffsverlusten sank der Anteil der Kapitulationen von circa 40 Prozent (1688–1714) auf 25 Prozent (1714–1815).[55] Ein Schiff, das einen Kampf verlor, sollte mit wehender Fahne untergehen. Manchmal entschied der Kapitän, auf seinem sinkenden Schiff zu bleiben. Maritime Niederlagen und heroischer, wenn auch sinnloser Widerstand bis in den Tod wurde mehr verklärt als manche Siege und halfen, eine entsprechende Tradition aufzubauen. Sir Grenville und die *Vengeur du People* sind zwei prominente Beispiele. Es ist aber bezeichnend, dass eine solche Verklärung der Kapitulationsverweigerung nur die eigenen oder zumindest die abendländische Seeleute betraf; ein ähnliches Verhalten von Matrosen anderer Kulturräume wurde als Wahnsinn und Fanatismus angesehen. William James beschrieb in seiner Seekriegsgeschichte von 1837, warum die türkisch-ägyptischen Verluste während der Schlacht von Navarino so erschreckend hoch waren: «Als die Türken sahen, daß der Sieger ihre Schiffe als Prisen nehmen würde, legten sie Feuer und sprengten viele von ihnen, auch vollkommen seetüchtige Einheiten, in die Luft. Dieser ‹grobe Akt ungeheuerlichen Wahnsinns› (‹wanton act of egregious folly›) war nicht auf einige wenige Vorkommnisse beschränkt.»[56] Hier als fremdartiger Fanatismus kritisiert, sollten solche «groben Akte ungeheuerlichen Wahnsinns» in den europäischen Seekriegen des 19. und 20. Jahrhunderts erschreckend normal werden.

4. Technischer Fortschritt und hinterherhinkender Ehrenkodex – maritime Kapitulationen im Zeitalter gepanzerter Dampfschiffe

Die Entwicklung dahin hing sicher damit zusammen, dass alle Marinen sich nach dem Erfolgsmodell der Royal Navy ausrichteten und deren Kampfgeist und unbedingten Siegeswillen zu kopieren, ja das Original an Radikalität noch zu übertreffen suchten. Dies galt auch für die deutsche Flotte, die nach den bescheidenen Anfängen im Kaiserreich ab den späten 1890er Jahren daranging, nach der britischen zur zweitstärksten der Welt zu werden. Woher sollte die deutsche Marine, mangels eigener Traditionen, ihre Vorbilder nehmen, wenn nicht von der Royal Navy, von dem beneideten und bewunderten England, mit dem man jetzt gleichauf ziehen wollte, und aus den abschreckenden Erfahrungen der Franzosen und Spanier?

Auf jeden Fall sollte das Ansehen der noch kleinen und jungen deutschen Marine nicht durch schmähliches Flaggestreichen gemindert werden; lieber sollte ein Schiff, das einem überlegenen Feind nicht ausweichen konnte, mit wehender Flagge ruhmreich untergehen. Dass dies der erklärte Wille der vorgesetzten Stellen war, lässt sich deutlich aus einer Anweisung für den Kriegsfall herauslesen, die Kaiser Wilhelm I. am 17. März 1885 für die Kommandanten der Auslandsschiffe erlassen hatte. Hierin wurden diese Kommandanten unter anderem dazu verpflichtet, «die ihnen anvertrauten Schiffe und Besatzungen so zu verwenden [...], wie es die Ehre der Flagge und das Interesse des Deutschen Reiches erheischen. [...] Je schwieriger seine Lage wird, je aussichtsloser sie erscheint, um so fester soll der Kommandant sich allein an die Gebote der militärischen Ehre halten. [...] Unnachsichtlich werde Ich aber gegen denjenigen Kommandanten einschreiten, der die Ehre der Flagge bloßstellt. [...] Ich hoffe, daß selbst im Unglück ein ehrenvoller Untergang Meine Schiffe davor bewahren wird, die Flagge streichen zu müssen. Scheint dies aber dennoch dem Kommandanten unvermeidlich, so soll er gehalten sein, das Kommando sofort an jeden an Bord befindlichen Seeoffizier abzutreten, der etwa dagegen Einspruch erhebt und den Kampf fortzusetzen gewillt ist.»[57] Aus dieser Anweisung, die bis in den Ersten Weltkrieg hinein ihre Gültigkeit behalten sollte und durch ähnlich lautende Bestimmungen ergänzt wurde, lässt sich vor allem die Angst herauslesen, ein Kommandant könnte ein Schiff übergeben; Angst vor allem vor einem Prestigeverlust für die deutsche Marine. Der Erlass war geradezu ein Kapitulationsverhinderungsinstrument, denn zumindest theoretisch konnte ein einziger draufgängerischer Leutnant das Kommando an sich reißen und einen aussichtslosen Kampf weiterführen, den der Kommandant und die älteren Offiziere einstellen wollten.

Übrigens galten in den Marinen der anderen Nationen ähnlich drastische Bestimmungen, mit denen sich die Herrscher und Oberkommandos davor zu sichern suchten, dass ein verzagender Kommandant dem Feind sein Schiff übergebe. In der russischen Marine waren seit den Zeiten Peters des Großen die Offiziere eines Schiffes gezwungen, einen Kommandanten davon abzuhalten zu kapitulieren, ihn gegebenenfalls festzunehmen und einen neuen zu wählen. Sollten sie nicht so handeln, riskierten sie, dafür gehängt zu werden.[58] Diese Bestimmungen kümmerten sich nicht um die Frage, wie die Verluste an Menschenleben im Fall der Niederlage begrenzt werden könnten; sie waren einzig und allein darauf gerichtet zu verhindern, dass Schiffe in feindliche Hände fallen könnten.

Entsprach die Realität des Seekriegs im 19. Jahrhundert diesen Erwartungen? Der amerikanische Bürgerkrieg etwa sah mehrere Duelle zwischen den Schiffen der Union und der Konföderation, so zum Beispiel am 11. Juni 1864 den Kampf zwischen der *CSS Alabama* gegen die *USS Kearsarge* vor Cherbourg. Der Kapitän der

CSS Alabama, Semmes, der einen sehr erfolgreichen Kaperkrieg geführt hatte, beschrieb die Gründe für seine Kapitulation in seinem Bericht über die Schlacht:

«Nach einer Stunde und zehn Minuten waren wir sicher, daß unser Schiff sank. Die feindlichen Geschosse waren an unseren Seiten und zwischen den Decks detoniert und hatten große Öffnungen gerissen, durch die das Wasser sehr schnell hereinstürzte. [...] Das Schiff lief so schnell voll, daß bevor wir weit kommen konnten, die Feuer unter den Kesseln erloschen und wir offensichtlich sanken. Ich strich nun die Flagge, um weiteres Blutvergießen zu verhindern, und schickte ein Boot zum Feind, um ihn über unseren Zustand zu unterrichten. [...] Wir richteten nun alle unsere Anstrengungen auf die Verwundeten und die Jungs, die nicht schwimmen konnten. Diese wurden in meine achteren Boote gesetzt, die einzigen Boote, die mir geblieben waren, da die anderen in Stücke geschlagen worden waren.»[59]

Semmes handelte zweckrational und, um mit Clausewitz zu sprechen, er kapitulierte, als sein Schiff «vernichtet» war. Er vermied die «verzweiflungsvolle Torheit», bis zum Tod zu kämpfen, und rettete die Besatzung. Zwei Jahre später, in der österreichisch-italienischen Schlacht bei Lissa, gab es ebenfalls einige spektakuläre Untergänge. Zum Beispiel wurde das italienische Panzerschiff *Re d'Italia* durch die *Erzherzog Ferdinand Max* gerammt. Tödlich getroffen, strich das Schiff die Flagge und sank zwei Minuten später. Der Legende zufolge erschoss sich der Kapitän, nachdem er den Befehl zur Kapitulation gegeben hatte. Während die *Re d'Italia* zu schnell sank, um der Besatzung Handlungsalternativen zu geben, war dies auf dem beschädigten italienischen Schiff *Palestro* anders. Der Kapitän, Cappellini, forderte seine Besatzung auf, das Schiff zu verlassen; er selbst wollte an Bord blieben. Seine Männer weigerten sich, ihn zu verlassen. Kurze Zeit spätter flog die *Palestro* in die Luft und sank, nur 19 Mann von 230 überlebten das Desaster.

Diese Todesrate, wie sie auch immer erklärt werden möge, wies in die Zukunft. Trafalgar war nicht nur die größte, sondern auch eine der letzten Schlachten zwischen hölzernen Segelschiffen gewesen. Seit den 1850er Jahren änderten der Dampfantrieb, gezogene Geschütze und Eisen- bzw. später Stahlpanzerung das Bild des Seekriegs. Gepanzerte Dampfschiffe wurden mit immer leistungsfähigeren Geschützen ausgerüstet, die schließlich, im Zweiten Weltkrieg, über 40 Kilometer weit schießen konnten. Damit veränderte sich der Seekrieg entscheidend. Bisher konnten dem Gegner in der Seeschlacht schwere Verluste zugefügt werden; es war aber relativ schwierig und langwierig gewesen, hölzerne Segelschiffe zu versenken, und deshalb endeten viele Gefechte im Enterkampf. Die sich nun verändernden Kampfbedingungen zwischen gepanzerten Schiffen machten es plötzlich möglich, den Gegner rasch zu versenken, und das auf beträchtliche Entfernung.[60] Diese technisch bedingten Änderungen der Kampfbedingungen, die vergrößerte Gefechtsentfernung und das Schicksal der großen Besatzungen dieser Schiffe im Fall der Niederlage hätten eigentlich vollkommen neue Prozeduren für die maritime Kapitulation erzwingen müssen. Dies erfolgte aber nicht bis – im deutschen Fall – 1969![61]

Es scheint auch, dass die Frage, ob und wie die sehr groß gewordenen Besatzungen von Schiffen gerettet werden könnten, und die damit eng verbundene Frage der Kapitulation eines Schiffes überhaupt nicht systematisch untersucht worden sind. Rettungsmittel, wie Boote, waren die ersten Opfer des Kampfes und wurden bisweilen, wegen der Feuergefahr, vor einem Gefecht von Bord gelassen. Daher wurde die Frage der Kapitulation mehr denn je eine Frage des Überlebens der Besatzung. Doch während die Kommandanten hölzerner Segelschiffe immer ein starkes Verantwortungsgefühl für die ihnen unterstellten Matrosen gehabt hatten, entwickelte sich die Ethik in den Seekriegen des 20. Jahrhunderts in eine andere Richtung und machte diese zu wahrhaft «totalen» Kriegen. Nicht nur, dass sich Ehrenkodex und Vorschriften, nämlich das Ideal des Sinkens mit wehender Flagge, nicht änderten; sie radikalisierten sich zunehmend und wurden, begünstigt durch die neuen Kampfbedingungen, zur Realität des Seekrieges. Die Kapitulation als Schutz gegen physische Vernichtung wurde selten und die Niederlage zur See wurde zunehmend zum Todesurteil für die Besatzung der besiegten Schiffe.

5. Pragmatismus gegen militärische Ehre – Nebogatows Kapitulation in der Schlacht von Tsushima

Doch dies war keine geradlinige Entwicklung. Tatsächlich begann das 20. Jahrhundert mit einer der spektakulärsten Kapitulationen der Geschichte – in der Seeschlacht von Tsushima. Das Gros der russischen Flotte, kommandiert von Admiral Rozestvenskij, war durch die japanische Flotte am 27. Mai 1905 versenkt worden. Als die Nachhut, die aus schwer beschädigten modernen und einigen unbeschädigten, aber vollkommen veralteten Schlachtschiffen bestand, am nächsten Morgen auf die gesamte japanische Flotte stieß, war sie in einer hoffnungslosen Situation. Die japanischen Schiffe waren zahlenmäßig weit überlegen, praktisch unbeschädigt, schneller und besser bewaffnet; sie hätten aufgrund ihrer höheren Geschwindigkeit die Gefechtsentfernung bestimmen, außerhalb der Reichweite der russischen Geschütze bleiben und mit ihrer überlegenen Artillerie die russischen Schiffe versenken können, ohne selbst ein wesentliches Risiko einzugehen. Um mit Clausewitz zu sprechen: Das Geschwader war «vernichtet», noch bevor der erste Schuss gefallen war. Sein Kommandeur, Konteradmiral Nebogatow, war zuerst unschlüssig, dann aber beschloss er zu kapitulieren. Nach dem Reglement von Nebogatow um ihre Ansicht gebeten, hatten sich einzelne Offiziere scharf gegen die Kapitulation ausgesprochen; die überwältigende Mehrheit aber diesem Schritt nachdrücklich zugestimmt. Nebogatow fühlte, dass er seinen Männern eine Erklärung schuldete. Er ließ die Mannschaft antreten und erläuterte die Kapitulation mit folgenden Worten: «Ich bin ein alter [...] Mann, dessen Leben keinen besonderen Wert mehr hat. Es ist ohnehin verwirkt; ich werde für diese Tat erschossen werden. Ihr aber seid junge Leute in der Blüte des Lebens und daher berufen, dereinst den Ruhm der russischen Marine wiederherzustellen.

Die Verantwortung für die Übergabe nehme ich ganz allein auf mich.»[62]

Eine bedeutende Quelle, nämlich das Buch von Nowikow-Priboi, der selbst ein Überlebender der Schlacht war und andere Überlebende befragt hatte, stellte fest, dass die Besatzung mit Nebogatows Entscheidung nicht einverstanden war. Nowikow warf dem Admiral vor, er habe vergessen, dass er Schlachtschiffe und nicht Hospitalschiffe kommandiere. Diese Aussage wurde später von anderen in Frage gestellt,[63] und wahrscheinlich waren die Besatzungen erleichtert, dass der Admiral ihnen den sinnlosen letzten Kampf erspart hatte.

Nach der Kriegsgefangenschaft – der Admiral wurde übrigens von den Japanern mit allen Ehren behandelt – wurden Nebogatow und 77 beteiligte Offiziere im Dezember 1906 in Kronstadt wegen der Kapitulation vor ein Kriegsgericht gestellt.[64] Der Ankläger, General Vohak, hielt sie für ein Verbrechen. «Der Angeklagte ist kein Held, der sich über althergebrachte Ideen von militärischer Ehre hinweggesetzt hat und ein paar alte Schiffe übergeben hat, um 2000 hoffnungsvolle junge Leben zu retten.» Die Anordnungen seien absolut eindeutig gewesen: Schiffe durften nur dann kapitulieren, wenn alle Möglichkeiten zur Verteidigung erschöpft waren, wenn sie sanken oder brannten und wenn es keinen anderen Weg gab, die Besatzung zu retten. Daher habe Nebogatows Kapitulation klar gegen die Vorschriften verstoßen; einige seiner Schiffe seien unbeschädigt gewesen. Seine Offiziere hätten seinen Befehlen nicht folgen dürfen. Vohak sagte: «Der Befehl eines Kommandanten zur Kapitulation ist niemals bindend.»[65] Der Anwalt der Verteidigung entgegnete, dass aufgrund der japanischen Überlegenheit eine der Voraussetzungen für die Kapitulation, nämlich dass alle Möglichkeiten zur Verteidigung erschöpft sind, erfüllt war, noch bevor ein einziger Schuss abgefeuert worden war. Wie wäre es möglich gewesen, die Besatzung zu retten, wenn nicht durch eine Kapitulation, vor allem weil sich unter der Besatzung viele Nichtschwimmer befanden? Es wurde während der Verhandlung klar, dass es zweieinhalb Stunden gedauert hätte, die Schiffe zu evakuieren.[66] Nebogatow übergab seine

Schiffe, um 2000 Leben zu retten – und war, wie einer seiner Anwälte feststellte, auch formal dazu berechtigt: «Wir müssen uns von dem Atavismus befreien, der in jeder Kapitulation etwas Schimpfliches sieht, wie in früheren Zeiten, in denen Kapitulation ewige Gefangenschaft oder Sklaverei bedeutete.»[67] Nebogatow, der mit der Todesstrafe rechnen musste, erläuterte vor Gericht seinen Entschluss zu kapitulieren mit folgenden Worten: «Ich bin kein weichherziger Mensch und hätte Tausende von Leben geopfert, wenn es Rußland Nutzen gebracht hätte [...] Auch alle meine Seeleute waren bereit, ihr Leben zu opfern [...] Ich aber hatte kein Recht, unter den Umständen, in denen wir uns am 15. [28] Mai [1905] befanden, 2000 junge Menschen nutzlos hinzuopfern. Das Gesetz gestattet, das Leben zu schonen, wenn alle Mittel zum Widerstand erschöpft sind. Darum entschloß ich mich zur Kapitulation.»[68]

Gegen diese Ansicht war, von einem logischen Standpunkt aus, schwer zu argumentieren, denn hier sprach nicht das humanitäre Gefühl, sondern ein zweckrationales Kalkül. Trotzdem glaubten viele Prozessbeobachter in Kronstadt, dass diese Kapituation eine Schande gewesen sei, ein noch nie dagewesener moralischer Zusammenbruch, und das, obwohl ein japanischer Marineoffizier, Kapitän Masajuki Akijama, Nebogatow ausdrücklich in Schutz nahm, seine Kapitulation als berechtigt bezeichnete und sagte, weiterer russischer Widerstand wäre so sinnlos gewesen, «wie das Meer mit einem Besen zu kehren.»[69] Trotzdem wurde Nebogatow zusammen mit drei Kommandanten zum Tode durch Erschießen verurteilt, das Urteil durch kaiserlichen Gnadenerlass wegen früherer Verdienste in zehn Jahre Festungshaft abgeändert.

Nebogatows Prozess wurde nicht nur in St. Petersburg, sondern auch in der internationalen Presse kommentiert. Einige werteten seine Kapitulation als einen Akt verantwortungsvoller soldatischer Führung, andere sahen sie als Feigheit an. Zu den Ersteren gehörte Admiral Hopkins, der 1906 schrieb: «Admiral Nebogatows Darstellung der Schlacht von Tsushima wirft ein neues Licht auf die Vorgänge [...] Von seinem Standpunkt aus war die schließliche unblutige Kapitulation durch das noble Motiv gerechtfertigt, nicht sinnlos Menschenleben zu opfern in einem hoffnungslosen Kampf, der eben nur in einem sinnlosen Blutvergießen hätte enden können. Sein Mut, so zu handeln, wird zweifellos von der Nachwelt gewürdigt werden.»[70] Hopkins hatte nicht ohne Grund auf Nebogatows moralischen Mut hingewiesen, da seine Handlungsweise sich außerhalb der normalen Kategorien von Mut und Kampfwillen der Zeitgenossen bewegte. Die meisten Kommentatoren waren in der Tat kritisch. Ein deutscher Kommentator, General von Zepelin, veröffentlichte einen Artikel in einem Marinejournal und zitierte bezeichnenderweise Schiller: «Über dem Leben kommt doch die Ehre.»[71] In Alexander Meurers Seekriegsgeschichte von 1925 wurde später Nebogatows Kapitulation als «ein in der Seekriegsgeschichte seltener Fall völligen moralischen Versagens» gebrandmarkt.[72] Sogar die Times schrieb am 26. Dezember 1906: «die beigebrachten Beweise, die den mangelhaften Zustand der Besatzungen, Schiffe und Geschütze demonstrierte, konnte nicht die Überzeugung des Gerichts – die, wie ich anfügen möchte, hier überall weithin geteilt wird – ändern, dass Nebogatow, für die Ehre der Flagge und seines Landes, den Tod der Kapitulation hätte vorziehen sollen.»[73]

6. Maritime Kapitulationsverweigerungen in beiden Weltkriegen

Nebogatows Kapitulation wurde als abschreckendes Beispiel wirkmächtig, nicht als Vorbild für verantwortliche Führung in der Niederlage. Auch ist nicht erkennbar, dass sich die Marinen nun ernsthafter mit der Frage beschäftigten, wie Kommandanten sich denn im Fall der Niederlage in der Seeschlacht zu verhalten hatten und wie eine maritime Kapitulation zu bewerkstelligen war. Stattdessen wurde die Kapitulation geächtet. Tsushima war die letzte große Kapitulation zur See im 20. Jahrhundert, wenn wir von den Schiffsübergaben nach den Waffenstillständen oder Gesamtkapitulationen absehen. In beiden Weltkriegen gab es eine nur verschwindend kleine Zahl kapitulierender Kriegsschiffe. Die meisten Schiffe sanken während des Kampfes mit wehender Flagge. Dies wurde schon im Herbst 1914 offensichtlich. Der britische Admiral Doveton Sturdee sagte zu einer argentinischen Zeitung: «In früheren Zeiten haben Schiffe kapituliert; nun bevorzugen sie es, unterzugehen.»[74]

Tausende von Schiffen sanken in beiden Weltkriegen. Die Frage, wann sie hätten kapitulieren können, darf sich nicht an Schiffe richten, die plötzlich, beispielsweise infolge einer Explosion sanken, wie etwa die *HMS Invincible* oder die *SMS Pommern* während der Skagerrakschlacht 1916 oder die *HMS Hood* 1941. Die Kapitäne und Besatzungen dieser Schiffe hatten keine Chance zu kapitulieren. Das galt in gewisser Weise auch für Schiffe, die von Flugzeugen angegriffen und versenkt wurden, wie etwa die *Prince of Wales* oder die *Repulse* 1941,[75] die *Roma* 1943 und die *Musashi* und *Yamato* 1944 und 1945. Hier wirkte sich eine weitere Facette des technischen Fortschritts aus, über die nicht ausreichend nachgedacht worden war und für die es keinerlei etablierte Regelungen gab und bis heute gibt. Die Frage war noch während des Falklandkrieges 1982 offen und könnte in jedem künftigen Seekrieg erneut zum Problem werden. Immerhin kapitulierten während des Zweiten Weltkriegs einige kleinere Einheiten vor Flugzeugen, so zum Beispiel das britische Unterseeboot *HMS Seal*, das durch eine Mine schwer beschädigt worden war, bewegungs- und tauchunfähig und in der akuten Gefahr zu sinken. Die Besatzung war kampfunfähig, da sie an den Folgen vorangegangenen akuten Sauerstoffmangels litt. Deshalb kapitulierte das Boot 1940 gegenüber einem kleinen Arado Wasserflugzeug. Der Kommandant, Lonsdale, wurde nach dem Krieg vor ein Kriegsgericht gestellt, aber angesichts der widrigen Umstände ehrenvoll freigesprochen.[76] Der Kommandant eines deutschen U-Boots, das nach einem ungünstig verlaufenen Gefecht ebenfalls vor einem Flugzeug kapituliert hatte, wurde hingegen im Gefangenenlager von seinen Mitgefangenen als Feigling behandelt und vor ein inoffizielles Ehrengericht gestellt.[77]

Diese Fälle waren aber ohnehin Ausnahmen. Ab 1914 gab es, in der Regel, keine Kapitulationen mehr. Es wurde normaler, mit wehender Fahne unterzugehen, als die Niederlage zu akzeptieren und die Besatzung zu retten. Aufschlussreich ist etwa das Schicksal des Ostasiengeschwaders des Grafen Spee, das am Morgen des 8. Dezembers 1914 bei den Falklandinseln einem gewaltig überlegenen britischen Geschwader unter dem Kommando von Admiral Sturdee in die Arme lief. Die britischen Schiffe, unter ihnen zwei hochmoderne Schlachtkreuzer, waren schneller und sehr viel besser bewaffnet als das deutsche Geschwader. Daher war die Schlacht für sie, wie Sturdee später schrieb, ein «Scheibenschießen».[78] Vier deutsche Schiffe sanken, ohne zu kapitulieren. Das Verlustverhältnis zeugt von der Aussichtslosigkeit des deutschen Widerstands: Fast 2000 deutsche Seeleute verloren ihr Leben, während die Briten nur sieben Verluste verzeichneten.

Diese Kapitulationsverweigerung war eine Entscheidung der Offiziere, von denen einer hier kurz vorgestellt werden soll. Kapitän Maerker, als Kommandant des Panzerkreuzers *Gneisenau* zweithöchster Offizier des Geschwaders, war ein sehr fähiger und beliebter Vorgesetzter. Er schrieb in den ersten Monaten des Krieges Briefe an seine Frau, die überliefert sind. Diese Briefe haben einen überraschenden Ton. Maerker hatte genug von der Marine, wollte nach dem Krieg Zivilist werden und in seinem Garten Bienen züchten. Am 2. November 1914 – einen Tag nach dem Seesieg bei Coronel, bei dem ein englischer Kreuzer die Kapitualtion verweigert hatte und mit allen 900 Mann untergegangen war – schrieb er: «Warum müssen wir in dieser friedlichen Natur, aller Menschlichkeit und der Kultur zum Spott und entgegen dem eigenen Herzenstriebe als unruhige Gäste herumziehen, um andere zu vernichten oder selbst anderen zur Befriedigung ihrer Zerstörungswut zu dienen?» Er war ein besonnener Soldat und hatte dem Grafen Spee dringend von dem Angriff auf die Falklandinseln abgeraten. Und obwohl ein nachdenkliches, gar nicht draufgängerisches Persönlichkeitsprofil erkennbar ist, dachte auch dieser Kapitän in aussichtsloser Lage nicht ans Aufgeben, sondern kämpfte buchstäblich bis zur letzten Granate. Die Zustände an Bord seines Schiffes, das im Laufe des Gefechts 29 schwere Treffer erhielt und am Ende vollkommen durchsiebt war, müssen eine wahrhafte Hölle gewesen sein. Am Ende war es unmöglich, sich innerhalb des Schiffes zu bewegen; fast alle Durchgänge hatten sich durch Trefferwirkung verzogen und ließen sich weder öffnen noch schließen; die elektrische Beleuchtung war ausgefallen, die Schornsteine waren zerschossen und umgefallen. Im Hauptverbandsplatz mussten die Schwerstverwundeten – nur solche konnten dort behandelt werden – übereinandergestapelt werden, bis schließlich ein 30-cm-Volltreffer alle Verwundeten und das Sanitätspersonal tötete. Überall wüteten Brände. Erst als die gesamte Munition verschossen war, alle Geschütze ausgefallen waren und auch die Maschinen keinen Dampf mehr liefern konnten, weder zum Fahren noch zum Betrieb der Pumpen, befahl Kapitän Maerker um 17.20 Uhr die Selbstversenkung. Durch die zahllosen Einschusslöcher kletterten die Matrosen ins Freie. Sie traten auf dem Deck an, der Kapitän brachte drei Hochs aufden Kaiser und «Unsere brave alte Gneisenau» aus, dann kenterte das Schiff mit wehender Fahne. Auf dem Torpedoausstoßrohr standen dann noch vier Mann, die winkten und sangen und schließlich mit dem Schiff untergingen. In dem eiskalten Wasser trieben 300–400 Mann, die, wie der überlebende Erste Offizier des Schiffes berichtet, ununterbrochen Verwünschungen auf die Engländer, Hochs auf den Kaiser und die Gneisenau ausbrachten. Von der fast 800 Mann starken Besatzung wurden 187 gerettet. Unter den Ertrunkenen war auch der Kapitän.

Hier sehen wir die fatalen Auswirkungen der maritimen Kapitulationsverweigerung. Was diesen Vorfall so bezeichnend macht für den herrschenden Geist, ist, dass die *Gneisenau* durch einen ausgesprochen menschlichen Offizier geführt worden war, nicht durch einen militaristischen Scharfmacher. Doch auch dieser Mann kapitulierte nicht, und diese Weigerung kostete ihn selbst sowie fast 80 Prozent seiner Besatzung das Leben. Dies zeigt, wie tiefe Wurzeln die maritime Kapitulationsverweigerung schon zu Beginn des Ersten Weltkriegs hatte.

Doch was war der Sinn dieses Widerstands bis zum Untergang? General Patton wurde das Zitat zugesprochen: «Das Ziel des Krieges ist nicht, fürs Vaterland zu sterben, sondern den anderen Bastard für seins sterben zu lassen.»[79] Die Marinen lebten nicht nach dieser Einsicht; sie orientierten sich an der Idee der heroischen Selbstaufopferung im Fall der Niederlage. Doch welchen Sinn machte es, nicht zu kapitulieren, wenn das eigene Schiff ein sinkendes Wrack war? Besonders wenn die eisigen Wassertemperaturen (4–1 Grad, je nach Quelle) ein Retten durch Schwimmen so unwahrscheinlich machten, dass der Befehl, das Schiff zu verlassen, nicht als ein Ersatz für eine Kapitulation gewertet werden konnte. Warum hatten die Deutschen nicht kapituliert, um dadurch Hunderten oder Tausenden das Leben zu retten? Dies ist nicht nur die Frage der Nachgeborenen, die sich in Situation und Mentalität nur begrenzt hineinversetzen können; dies war auch die Frage, die Admiral Sturdee und viele andere britische Offiziere ihren deutschen Gefangenen stellten, vor allem dem ranghöchsten deutschen Überlebenden, Fregattenkapitän Pochhammer. Seine Antwort – «Wir tun das eben nicht!»[80] – war nicht wirklich zufriedenstellend. Die Frage, welchen Sinn dieser Untergang mit wehender Fahne ergab, wurde in der Literatur der Zwischenkriegszeit ausgeklammert;[81] sie pries den unbeugamen deutschen Widerstandswillen, der auch von den Engländern anerkannt worden war. Admiral Sturdee hatte hervorgehoben, dass die Deutschen «bis zum Ende in äußerst tapferer Weise gefochten hatten»,[82] und die deutschen Berichterstatter berauschten sich an diesem Lob des Gegners sowie an zahlreichen Beispielen von Heroismus während der Schlacht. So war der Kapitän der *Leipzig*, Fregattenkapitän Haun, zigarrenrauchend mit seinem sinkenden Schiff untergegangen, statt sich zu retten. Verwundete Seeleute seines Schiffes sollen gefragt haben, ob die Flagge noch wehe, um dann beruhigt zu sterben – was wie eine deutsche Version des sterbenden Nelson wirkt. In demselben Geist war das wohl berühmteste deutsche Marinebild – «Der letzte Mann» von Hans Bohrdt – gehalten, das eine – nicht authentische – Szene zeigt: Ein Signalgast soll sich, mit der Kriegsflagge in der Hand, auf den Kiel der gekenterten *Leipzig* gestellt haben und dann mit ihr untergegangen sein. Die Pose des Matrosen erinnert sehr an eine Ikone der Malerei des 19. Jahrhunderts, an Eugéne Delacroix' «Die Freiheit führt das Volk» von 1830. Kaiser Wilhelm II. war begeistert von dem Bild, obwohl Bohrdt seinem Wunsch, einen segnenden Engel in die obere Bildhälfte zu malen, nicht nachgekommen war. In der Ausdeutung ist dieses Bild die Weigerung, die Niederlage und damit die englische Herrschaft über die Meere zu akzeptieren. Der «letzte Mann» steht als Symbol und Mythos für trotzigen Durchhalte- und Siegeswillen, der stärker ist als der Wunsch zu leben – und der sich der Kapitulation verweigert.[83]

Endeten Seeschlachten dieses Krieges immer wie in Coronel oder bei den Falklands? Es scheint so; in keinem Gefecht, etwa bei der Doggerbank 1915 oder in der Skagerrakschlacht 1916, gab es eine Kapitulation, nicht einmal in den aussichtslosesten Lagen. Anders war es nur in den Fällen, in denen es möglich war, das Schiff zu zerstören und gleichzeitig die Besatzung zu retten. Ein Beispiel ist der kleine deutsche Kreuzer *Emden*, der nach erfolgreichem Handelskrieg bei den Kokosinseln in einem Gefecht auf den überlegenen australischen Kreuzer *Sydney* traf.[84] Der wegen seiner ritterlichen Kreuzerkriegführung sogar in den Feindstaaten populäre Kommandant des Schiffes, Kapitän von Müller, setzte, nachdem der Ausgang des ungleichen Kampfes nicht mehr zu bezweifeln war, sein Schiff auf ein Riff und strich die Flagge. So konnte er, seinen Befehlen folgend, das Schiff garantiert unbrauchbar machen und trotzdem die Besatzung retten. Hätte von Müller auf offener See die Flagge gestrichen und sein Schiff übergeben? Diese Frage muss offenbleiben. Immerhin kristallisierte sich auch im Zweiten Weltkrieg die – meist natürlich nicht vorhandene – Möglichkeit, sein Schiff auf ein Riff zu setzen, als einzige wirkliche Alternative zum Untergang mit wehender Fahne für den im Artillerieduell Unterlegenen heraus.

Waren die Untergänge des Kreuzergeschwaders und der *Emden* das schmerzliche Ergebnis von unglücklich verlaufenen Kämpfen, so zeichnete sich gegen Ende des Krieges, angesichts der drohenden Niederlage im Herbst 1918, eine unheimliche Steigerung dieser vor den Falklandinseln zu beobachtenden selbstmörderischen Ehrtradition der hohen Marineoffiziere ab. Es wurde, passend zu den neuen Tendenzen im Seekampf, sogar ein neuer Begriff geprägt: Die Mannschaften sprachen von der «Todesfahrt», zu der die gesamte deutsche Hochseeflotte auslaufen sollte. Da bis dahin die Flotte nur sehr zurückhaltend eingesetzt worden war, musste sich den Mannschaften der Verdacht aufdrängen, dass hier ein heroischer Endkampf in Szene gesetzt werden sollte. Admiral von Trotha, der Stabschef der Hochseeflotte, hielt in seinen, am 6. Oktober 1918 verfassten «Überlegungen in ernster Stunde» einen «Todeskampf» für angebracht, um «einem schmachvollen Frieden» zu entgehen. Und er schrieb zwei Tage später: «Der Einsatz, um mit Ehren unterzugehen, lohnt doch auch noch, denn eine schwere Wunde würden wir England schon noch beibringen.»[85]

Die einfachen Matrosen hingegen, ohnehin unzufrieden wegen der schlechten Lebensbedingungen an Bord, hatten nicht die geringste Neigung, «als ‹Opfer des Ehrgeizes der Offiziere› in den Tod geführt» zu werden; sie waren zum Verteidigungseinsatz bereit und wollten bis Helgoland fahren, aber nicht zur «Todesfahrt» gegen England. Der Befehlshaber der Flotte, Admiral Hipper, ließ daraufhin das Unternehmen abblasen, was indes die revolutionäre Unruhe in der Flotte nicht mehr abbremsen konnte. Die Verweigerung der Mannschaften war berechtigt. Denn auch wenn die Seekriegsleitung keine «Selbstmordfahrt» im Wortsinn plante, wäre es auf eine solche hinausgelaufen angesichts der Regelungen der Marine für den – nicht auszuschließenden – Fall, dass man auf den weit überlegenen Feind gestoßen wäre. Die praktische Unmöglichkeit maritimer Kapitulation hätte dann leicht ein Desaster ohnegleichen heraufbeschwören können. Die Meuterei von 1918 zeigt beispielhaft, dass die Besatzungen der Schiffe durchaus nicht den selbstmörderischen Ehrenkodex ihrer Vorgesetzten teilten und, wenn sie eine realistische Alternative sahen und hatten, den Endkampf und die Selbstaufopferung verweigerten. Die Vorstellung vom Untergang mit wehender Fahne war wesentlich ein Phänomen der Offiziersklasse. Weil es die eigene Vernichtung herauf beschworen hätte, den Konsensus in der Kampfgruppe ausgerechnet im Gefecht aufzukündigen, machten die Besatzungen beim Gefecht auf hoher

See grundsätzlich mit. Dies galt erst recht an Bord eines modernen Kriegsschiffes, das ein hochtechnisierter, in zahlreiche kleine Abteilungen untergliederter, straff hierarchisch geführter Kampfapparat war, in dem der einzelne seine Aufgabe zu erfüllen hatte, aber keine wirkliche Übersicht und auch keine realistische Chance zur Opposition hatte. Das sollte aber nicht darüber hinwegtäuschen, dass Mannschaften und Offiziere die Ehrenfrage grundsätzlich sehr unterschiedlich sahen.

Am Ausgang des Ersten Weltkrieges konnte sich die Marine an verschiedenen Vorbildern orientieren: Dem «letzten Korsaren», Kapitän von Müller, der kämpfte, bis es nicht mehr ging, dann sein Schiff auf ein Riff setzte und die Flagge strich; oder an dem Grafen Spee, der über 2000 Mann opferte, ohne den Feind schädigen zu können, und mit «wehender Fahne» unterging. Eine übermächtige Tradition, ja ein Alptraum für die Marineführung waren natürlich die Unruhen des Jahres 1918; dies war ein weiterer Grund für das ständige Betonen des äußersten Einsatzwillens. Doch auch der Untergang des Grafen Spee hatte in der Zwischenkriegszeit seine Auswirkungen hinterlassen – und zwar in beide Richtungen. Einerseits feierten Offiziere, wie der spätere Großadmiral Erich Raeder, den heroischen Untergang mit wehender Flagge, andere fragten sich hingegen, ob denn das sinnlose Hinschlachten der Besatzung moralisch zu verantworten sei. Für diese letzte Haltung gibt es ein plastisches Beispiel gleich zu Beginn des Zweiten Weltkrieges. Im November 1939 sprengte Kapitän Langsdorff die *Admiral Graf Spee* vor dem Rio de la Plata, weil er sich umstellt glaubte und seiner Besatzung den sinnlosen Endkampf ersparen wollte. In bewusster Erinnerung an das Schicksal des Mannes, nach dem sein Schiff benannt worden war, bekannte er: «Ich werde uns nicht von einer Übermacht in Stücke schießen lassen. Für mich sind tausend junge Männer lebend mehr wert als tausend tote Helden.»[86]

Für unsere Argumentation ist hier weniger bedeutend, dass Langsdorff, was die gegnerische Stärke anging, einer englischen Propagandaente sowie Falschbeobachtungen seines Artillerieoffiziers aufgesessen war, sondern dass er das Problem der maritimen

Kapitulation in seiner vollen Tragweite – das heißt in der faktischen Unmöglichkeit der Kapitulation – erfasst hatte. Dass er nicht außerhalb der Marinetradition stand, zeigte sich hinterher; er erschoss sich, auf der Kriegsflagge seines Schiffes, in seinem Hotel. In einem Abschiedsbrief an die Besatzung schrieb er, dass er durch seinen Tod verhindern wolle, dass irgendein Schatten auf die Ehre der Flagge falle.[87] In Deutschland missfiel dieser Vorgang natürlich sehr, zumal Hitler eigentlich einen Durchbruchsversuch befürwortet, die Seekriegsleitung hingegen für die Selbstversenkung plädiert hatte. Um klarzustellen, was er in Zukunft von seinen Schiffen erwartete, erließ Großadmiral Raeder am 22. Dezember 1939 folgende Weisung: «Das deutsche Kriegsschiff kämpft unter vollem Einsatz seiner Besatzung bis zur letzten Granate, bis es siegt oder mit wehender Fahne untergeht.»[88] War die Kapitulation während eines Artillerieduells auf See bisher schon außerordentlich schwierig gewesen, so wurde sie nun unmöglich. Mit dieser nun amtlichen und verbindlichen Selbstmordanweisung war, für den gesamten weiteren Verlauf des Zweiten Weltkriegs, das Schicksal der deutschen Kriegsschiffe vorgezeichnet.

In aussichtsloser Lage nicht zu kapitulieren war aber nicht nur ein deutsches Phänomen. Am 23. November 1939 stieß der britische Hilfskreuzer *Rawalpindi*, der zwischen Island und den Färöer Inseln patroillierte, auf die haushoch überlegenen deutschen Schlachtkreuzer *Scharnhorst* und *Gneisenau*. Sie nahmen die *Rawalpindi* in die Mitte. Bevor sie das Feuer auf das britische Schiff eröffneten, boten sie ihm an, zu kapitulieren und die Besatzung zu retten. Aber der Kapitän des Schiffes, Edward Kennedy, dachte nicht daran, dieses Angebot anzunehmen. Er stand auf seiner Brücke und sagte: «Wir werden mit beiden kämpfen und sie werden uns versenken. So ist es halt. Lebt wohl.» Er gab seinem Ersten Offizier die Hand, drehte sich auf dem Absatz und bereitete das Schiff auf das Gefecht vor.[89] Kapitulation war keine Option, und die *Rawalpindi* sank und nahm einen Großteil ihrer Besatzung mit sich. Dieses Verhalten war keine extremistische Ausnahme, sondern die Norm.

Es wäre möglich, mit langen Listen gesunkener Schiffe zu demonstrieren, dass in den Weltkriegen Kapitulationen von Kriegsschiffen eine seltene Ausnahme waren.[90] Ein Grund dafür waren, wie erwähnt, Befehle wie die Raeders; ein anderer und vielleicht noch wirkmächtigerer war die generelle Haltung der Marineoffiziere der am Krieg beteiligten Nationen. Sie erwarteten von sich selbst und vom Feind, dass sie tapfer kämpfen und notfalls mit wehender Fahne untergehen würden. Dieses Verständnis von Ehre und Tapferkeit, das praktisch eine Kapitulation ausschloss, wurde auf beiden Seiten Standard. Das berühmteste Beispiel für diese Kapitulationsverweigerung war der Untergang der *Bismarck*. Die kommandierenden Offiziere des Schiffes, Admiral Lütjens und Kapitän Lindemann, sahen sich in dem Dilemma, dass sie das stärkste und modernste Schlachtschiff der Welt befehligten, dass ihr Schiff aber am Abend des 26. Mai 1941 aufgrund eines Rudertreffers seine Manövrierfähigkeit verloren hatte. Was sollten sie nun tun? Die Schiffsführung hatte eine ganze Nacht Zeit, diese Entscheidung zu treffen, da bekannt war, dass englische Schlachtschiffe am nächsten Tag die Position der Bismarck erreichen und das hilflose Schiff zusammenschießen würden. Sie entschieden sich zu kämpfen, nicht zu kapitulieren. Das Schiff war verloren; niemand hatte daran den geringsten Zweifel, vor allem nachdem gegen Mitternacht die Reparaturarbeiten am Ruder als hoffnungslos aufgegeben worden waren. Lütjens richtete sich über Bordlautsprecher an die Besatzung und formulierte als Ziel, dass die *Bismarck* im Untergang noch einen oder zwei Gegner mitnehmen werde. Eine britische Gefangenenbefragung von Überlebenden der *Bismarck* kommentierte das wie folgt: «Diese Ansprache scheint sie vollkommen entmutigt zu haben.»[91] Die Besatzung, die nach fünf Tagen praktisch ohne Schlaf körperlich vollkommen erschöpft war, akzeptierte ihr kommendes Ende fatalistisch und ohne Enthusiasmus. Aus den Beschreibungen der Überlebenden wird deutlich, dass die Stimmung an Bord der in einer Hinrichtungszelle in der Nacht vor der Exekution nicht unähnlich war. Und trotzdem erhob sich keine Stimme, die nach der Kapitulation des kampfunfähigen Schiffes verlangt hätte, um 2200 Menschenleben zu retten. Lütjens und Lindemann waren entschlossen, gemäß dem Befehl Raeders den aussichtslosen und militärisch sinnlosen letzten Kampf zu schlagen und «mit wehender Fahne» unterzugehen; Lütjens versprach Hitler telegraphisch den Kampf «bis zur letzten Granate». Als am nächsten Morgen schwere britische Einheiten die *Bismarck* erreichten, wurde das manövrierunfähige Schiff in unerhörter Weise zusammengeschossen. Innerhalb von 90 Minuten wurden fast 3000 Granaten, darunter schwerste Kaliber, auf die Bismarck abgefeuert; und viele trafen das Ziel. Was sollte dieser aussichtslose Kampf, mit dem bewegungsunfähigen, wehrlosen Schiff? Müllenheim-Rechberg, einziger überlebender Offizier der Bismarck, schrieb in seinen Erinnerungen: «Wenn an unser drängendes Gewissen eine Frage übrigbleibt, dann ist es wohl die nach dem Grund, aus dem Lütjens das immer schrecklichere und schließlich aussichtslose Gemetzel im Endkampf nicht durch ein Sich-Ergeben zu beenden versucht hat, beispielsweise durch das Angebot an Tovey: ‹Feuer einstellen, Bismarck versenkt sich selbst, Sie retten unsere Überlebenden.›» Doch in welcher Weise dies außerhalb der Denkungsart der beiden Hauptverantwortlichen, Lütjens und Lindemann, lag, zeigt ein Vorgang kurz vor dem Sinken des Schiffs. Kapitän Lindemann ging zum Bug seines über das Heck sinkenden Schiffes. «Dann trat Lindemann», so berichtet ein Überlebender, «hinüber auf den immer weiter nach oben heraus und flacher zu liegen kommenden Steuerbord Vorsteven, verharrte dort, nahm die Hand an die weiße Mütze. [...] Dann ging das Schiff langsam, langsam mit dem grüßenden Lindemann in die Tiefe. Wer von uns wußte in diesem Moment schon, daß sich hier die dämonisch anmutende Jugendsehnsucht eines Mannes erfüllte, der im Alter von 13 Jahren eine Versessenheit auf die Marine entwickelt und es damals im Kreise seiner Brüder und Freunde wiederholt als seinen höchsten Wunsch geäußert hatte, einmal sein eigenes Schiff zu kommandieren und auf ihm mit wehender Flagge unterzugehen?»[92]

Doch Lindemann ging nicht allein mit seinem Schiff unter. Von den 2221 Mann der *Bismarck* überlebten nur 115 die Katastrophe.[93]

Die Rettungsarbeiten wurden durch Seegang, Heizöl, Erschöpfung der im kalten Wasser treibenden Mannschaften und schließlich auch durch die Tatsache, dass die englischen Schiffe Angst vor deutschen U-Bootangriffen hatten und deshalb die Rettungsarbeiten abbrachen, außerordentlich erschwert – alles Faktoren, mit denen bereits vorher zu rechnen war. Die Engländer hatten hingegen keine Verluste. Bezeichnenderweise waren die britischen Offiziere, vor allem der die Schlachtschiffe kommandierende Admiral Tovey, zwar schockiert über das sinnlose Gemetzel, zu dem sie der Fanatismus eines Lütjens und eines Lindemann gezwungen hatte, aber gleichzeitig auch begeistert von der Haltung des Feindes. In Toveys Abschlussbericht heißt es: «Bismarck hat gegen eine riesige Übermacht einen äußerst tapferen Kampf geführt, würdig der vergangenen Tage der kaiserlichen Marine, und sie ist mit wehender Flagge untergegangen.»[94]

Die Kapitulation zu verweigern war normal, ja ruhmreich. Die Anerkennung, die Tovey für *Bismarcks* Endkampf hatte, zeigt, dass die Frage nach der Kosten-Nutzen Bilanz der Opfer keine zentrale Rolle spielte. In den Augen des Siegers war es tapfer, ja vorbildlich, dass der Besiegte nicht kapitulierte. Für den Besiegten war es ein Schicksal, das er mit dem Gleichmut eines Leonidas akzeptierte.

7. «We die – does it matter, when?»

Am Ende des Zweiten Weltkriegs wurde es offensichtlich, dass die Marine nicht kapitulierte und damit neue Regeln entwickelt hatte, die deutlich von den etablierten Methoden abendländischer Kriegführung abwichen. Dies wird daran sichtbar, dass vergleichbarer Untergangsfanatismus zu Lande vom Gegner durchweg kritisch gewertet wurde;[95] die Marinen bewegten sich hier in einem eigenen Wertesystem. Dies war auch die Ansicht von Adolf Hitler, der Ende April 1945 in seinem Testament schrieb, dass er selbst den Tod einem feigen Absetzen vorziehe, und weiter: «Möge es dereinst zum Ehrbegriff des deutschen Offiziers gehören – so wie dies in unserer Marine schon der Fall ist –, daß die Übergabe einer Landschaft oder einer Stadt unmöglich ist und daß vor allem die Führer hier mit leuchtendem Beispiel voranzugehen haben in treuester Pflichterfüllung bis in den Tod.»[96] Und er befahl seinem Nachfolger, Großadmiral Dönitz, nach seinem Tod den Kampf fortzusetzen; einen Kampf, dessen Sinnlosigkeit er selbst bereits mehrfach seiner Umgebung und durch seinen Selbstmord der ganzen Welt überdeutlich eingestanden hatte. Bekanntermaßen leitete Dönitz dann sofort die Kapitulation ein. Es ist aber bezeichnend, dass Hitler die Führung des fanatischen und aussichtslosen Endkampfes bis zum letzten Mann nach seinem Tod am ehesten einem Marineoffizier zugetraut hatte.

Von der deutschen Geschichte des Zweiten Weltkriegs zurück zur Niederlage im Seekrieg: Die Verlustzahlen der Seegefechte beider Weltkriege zeigen, dass sich die Verhältnisse, im Vergleich zu früheren Jahrhunderten, verschlechtert hatten. Von der «Kunst der Niederlage» konnte keine Rede mehr sein. Die Verluste der unterlegenen Besatzungen eines Schiffes gingen von ca. 20 Prozent, wie bei der Schlacht von Trafalgar, hoch auf 80 bis 100 Prozent. Die Kapitulation, als ein Schutz des Verlierers vor der physischen Vernichtung, war aus der Mode gekommen. Was auf einzelne Schiffe zutraf, stimmte auch für ganze Marinen – die deutsche Unterseebootwaffe verlor im Zweiten Weltkrieg mehr als 60 Prozent ihrer Besatzungen[97] – eine Konsequenz nicht nur aus den technischen Entwicklungen des Unterseebootkrieges, sondern auch des Fanatismus deutscher Befehlshaber wie Karl Dönitz, der gedroht hatte, kapitulierende Kommandanten nach dem Krieg vor Gericht zu stellen.

Die Gründe für diese anachronistische Entwicklung waren komplex. Einer der Hauptgründe scheint die Entwicklung eines Ehrenkodex zu sein, der dem Fortschritt der Waffentechnik hinterherhinkte und nicht den aktuellen Kampfbedingungen angepasst wurde. Außerdem spielte eine zunehmende Gleichgültigkeit gegenüber humanitären Überlegungen eine Rolle. Es ist nicht zu erkennen, dass die Marineführungen ernsthaft darüber nachdachten, wie sie im Fall der Niederlage die Mannschaften durch Kapitulation retten könnten. Stattdessen versuchten sie die Kapitulation als solche zu tabuisieren. Die Marineführungen spielten in dieser Eskalation der Gewalt eine zentrale Rolle. Es begann mit ihrem Wunsch, den Feind an der Inbesitznahme eigener Schiffe zu hindern, weshalb die Regeln während des 19. Jahrhunderts weiter verschärft wurden. Schliesslich kam es sogar zu direkten Kapitulationsverboten.

Auf der britischen Seite machten der institutionalisierte Kampfgeist der Royal Navy und ihre maritime Überlegenheit solch drastische Befehle unnötig; aber der Druck auf die kommandierenden Offiziere war trotzdem enorm. Im Ersten Weltkrieg wurden Admirale vor ein Kriegsgericht gestellt, weil sie den Feind nicht hatten stellen können[98] – und dieser institutionelle Druck trieb die anderen vorwärts, manchmal in den sicheren Tod hinein. Die Geschichte beider Weltkriege zeigt, dass es zwischen der deutschen und der britischen Marine in dieser Frage keinen Unterschied gab.

Dies führt uns zu einem wichtigen Punkt: Die Haltung von Kapitän und Besatzung. Soldaten kämpfen, so haben amerikanische Militärpsychologen herausgearbeitet, wegen ihrer «good-boy orientation».[99] Sie wissen, dass die Gesellschaft ein bestimmtes Verhalten von ihnen erwartet, und sie selbst erwarten dieses Verhalten ebenfalls von sich. Wenn die allgemeine Erwartung die war, dass eine tapfere Besatzung mit wehender Fahne unterging und nicht kapitulierte, dann erfüllten sie auch diese. Der Druck wurde umso größer, weil nicht nur die eigenen Leute, sondern auch der Feind ein solches Benehmen erwartete und ihm applaudierte.

Trotzdem waren sich alle der Tatsache bewusst, dass die Kapitulationsverweigerung das militärisch sinnlose Opfer von Hunderten oder Tausenden von Soldaten bedeutete. Die Beispiele Nebogatovs und Langsdorffs zeigen, dass einige Kommandanten sich ein Gefühl der Verantwortung gegenüber den ihnen unterstellten Soldaten bewahrt hatten. Es kann sein, dass einige Kapitäne unbequeme Gewissensbisse, die sie wegen des schrecklichen Endes ihrer Männer empfinden mochten, dadurch kompensierten, dass sie im letztmöglichen Moment den Befehl gaben, das Schiff zu verlassen. In der Theorie konnten sich die Matrosen dann durch Schwimmen retten. Die Praxis zeigte, dass dies allenfalls ein Feigenblatt für das schlechte Gewissen war, aber kein Ersatz für eine Kapitulation. Natürlich wollten die Kommandanten ihre Besatzungen nicht opfern; sie nahmen ihren Tod aber fatalistisch in Kauf, als Kollateralschaden für etwas, das sie als wichtiger empfanden.

Die Besatzungen akzeptierten dies. Während des Kampfes hatten sie keine Wahl; sie mussten ihre Funktion an Bord erfüllen, auch wenn sie vor Todesangst innerlich versteinert waren, so wie Samuel Leech dies für den Kampf der *Macedonia* beschrieben hatte. Es ist bezeichnend, dass alle Überlebenden Seeschlachten als traumatische, als alptraumhafte Erfahrung ansahen; aber generell zweifelten sie nicht an der Entscheidung, bis zum Äußersten zu kämpfen, nicht zu kapitulieren und mit wehender Fahne unterzugehen. Sie hatten, an Bord eines großen Kriegsschiffes, in ihren Gefechtsstationen ohnehin keinen Überblick darüber, wie das Gefecht lief; es wurde immer erst dann offensichtlich, dass das Schiff sinken würde, wenn es für die meisten zu spät war. «Die weitgehende Unterteilung des Schiffes in wasserdichte Abteilungen hinderten den Austausch von Informationen, die sich sonst schnell verbreitet hätten.»[100]

In den maritimen Kapitulationsverweigerungen spiegelt sich ein sehr viel breiterer Aspekt unserer Kultur des Krieges, und auch der Frage nach der Kunst der Niederlage, wider. Es scheint mir offensichtlich, dass ein Soldat einen starken inneren Ehrenkodex braucht, um den Kampf auszuhalten. Es ist, so glaube ich, gegen die menschliche Natur, sich einer abstrakten Sache wegen – und dazu gehören Patriotismus und die Verteidigung des Vaterlands – einer akuten Lebensgefahr auszusetzen. Alle Soldaten stimmen überein, dass Mut nicht bedeutet, furchtlos zu sein, sondern Todesangst überwinden zu können; und der Ehrenkodex ist der innere Richter und der effizienteste Weg, genau dies zu leisten. Niemand kann Soldaten allein durch rigide Disziplin zu effektiven Kämpfern machen. Das Ehrgefühl lässt Menschen seltsame Dinge tun – und Kämpfen ist ein sehr seltsames Ding. Unsere Kultur ermöglichte es dem Unterlegenen in der Regel, im Kriege zu kapitulieren, wenn die Dinge schlecht liefen. Die Entwicklung im Seekrieg zeigt aber, dass diese etablierte Regel – sein Leben durch Kapitulation zu retten – durch selbstmörderisches Verhalten ersetzt werden konnte, und auch, dass dieses Verhalten eine erstaunlich breite Akzeptanz in einem Kulturraum entwickeln konnte, der normalerweise anderen Regeln folgte.

Die Kapitulation begrenzt die physische Vernichtung und den Tod im Kriege. Sie beseitigt nicht das Übel des Krieges, aber mildert und begrenzt es. Diesen Mechanismus abzulehnen, scheint ein Wahnsinn, der normalerweise nur anderen Kulturen zugeschrieben wird. Kamikaze-Piloten und Selbstmordbomber sind für uns Ausdruck einer merkwürdigen, fanatischen, unverständlichen Mentalität.[101] Aber wenn wir genau hinschauen, sehen wir die Mechanismen dieses Verhaltens auch bei uns selbst.

Die Kriege der Könige waren vorbei;
die Kriege der Völker begannen.

Marechal Ferdinand Foch

IX. Verbriefte Rechte des Verlierers versus totaler Krieg: Die Kapitulation in Kriegen des 19. und 20. Jahrhunderts

1. Sieg und Niederlage im «totalen Krieg»

Während der Französischen Revolution erreichten zwei der dominanten Trends der Militärgeschichte der frühen Neuzeit, die kontinuierliche Steigerung der Truppenstärken und die Verrechtlichung des Krieges, ihren vorläufigen Höhepunkt. Beide Entwicklungen hatten direkte Auswirkungen auf das Aufgeben im Kampf – auch wenn sie in entgegengesetzte Richtungen wirkten.

Um zuerst von den Armeegrößen zu sprechen: Das revolutionäre Frankreich führte die allgemeine Wehrpflicht ein, die es als Prinzip schon früher gegeben hatte; doch erst jetzt konnten die europäischen Gesellschaften einen Großteil ihrer männlichen Bürger in wehrfähigem Alter einziehen und die dadurch entstehenden gewaltigen Truppenmengen auch tatsächlich ausrüsten und versorgen. Der Krieg wurde zu einer Angelegenheit der gesamten Gesellschaft; der Grundkonsens über die Notwendigkeit des Militärdienstes war eine wesentliche Bedingung für die Festigkeit der Wehrpflichtarmeen und zwang den Einzelnen zur Erfüllung dessen, was als seine Pflicht und Ehre angesehen wurde.[1]

Die Auseinandersetzungen des revolutionären und später napoleonischen Frankreichs standen am Anfang einer militärischen Entwicklung, die sich parallel zur Bevölkerungsexplosion und Industrialisierung während des 19. Jahrhunderts ausweitete und schließlich im Zeitalter der beiden Weltkriege endete. Die Kriege dieses Zeitraums von 1792 bis 1945 waren unerreicht in ihrer Größenordnung; die Zahl der Kombattanten ging in die Millionen und ebenso die der Opfer; gleichzeitig weiteten sich die Kriegsschauplätze gewaltig aus.

Konservative Interpreten dieser Entwicklung, wie etwa der britische General John F. C. Fuller, kritisierten, dass durch die Beteiligung des ganzen Volkes ein Element nationalistischer Leidenschaft in die Kämpfe gebracht wurde, das früheren Kriegen fehlte, und dass dies zu Hass und Vernichtungswillen führte, zu einem Fanatismus, der diese Kriege so grausam und langwierig machte. Außerdem habe die allgemeine Wehrpflicht dazu geführt, dass Soldaten fast schon beliebig ersetzbar wurden und deshalb die militärischen Planer, anders als die Führer schwer zu ersetzender Berufsarmeen, mit den Leben der ihnen unterstellten Soldaten sorgloser, ja verschwenderischer umgingen und den Krieg praktisch über die Verlustliste führten.[2] Diese Kritik ist teilweise zutreffend. Ein solches Vorgehen lag aber nicht an der Unmoral, sondern an den technischen Zwängen, denen sich die Verantwortlichen ausgesetzt fühlten. Typisch hierfür dürfte das folgende Zitat aus einem Brief sein, den der für den personellen Ersatz zuständige preußische Kriegsminister Wild von Hohenborn am 5. August 1915 an seine Frau schrieb: «... man gewöhnt sich allmählich fast daran, die tiefen Wunden, die dieser Krieg schlägt, rein geschäftsmäßig zu bewerten. Wenn der Monatsschluß mit seinen oft jammervoll hohen Verlustziffern vorliegt, dann kenne ich auch den Stand des [personellen] Ersatzes, und wenn letzterer gut ist, dann hat man das Gefühl eines Geschäftsmannes, der über die Geschäftsunkosten im Hinblick auf seine großen Aktiva hinwegsehen kann. Das klingt grausam; aber der Krieg ist es eben auch.»[3] Diese Haltung hat der britische Philosoph und Pazifist Bertrand Russell auf die Formel gebracht: «Maximum slaughter at minimum expense.»[4]

Manche der Auseinandersetzungen dieser Epoche werden als «totale» Kriege bezeichnet,[5] wobei es sich hier um die Vergröberung einer der zentralen Ideen von Carl von Clausewitz handelt. Der Soldat-Philosoph hatte vom «absoluten Krieg» gesprochen, einem Ideal des Krieges (Ideal hier im Sinn eines reinen Konzepts), dem Napoleon seiner Ansicht nach nahe gekommen sei, wenn auch das Ideal selbst niemals erreichbar wäre. Im «absoluten Krieg» spielten, so Clausewitz, politische Rücksichten und Kosten-Nutzen-Erwägungen keine Rolle mehr. Der Sieg werde als politisches Ziel verabsolutiert und mache den Krieg zu einem Akt potentiell uferloser Gewalt, der nur mit der Vernichtung einer der beiden Seiten enden könne. Clausewitz war der Ansicht, dass so etwas in der Realität nicht vorkommen werde; dass der Krieg, den er als Instrument der Politik ansah, schließlich auch mit anderen, die Kriegsanstrengungen bremsenden politischen Zielen außerhalb der militärischen Sphäre in Einklang gebracht werden müsste, was normalerweise dazu führe, dass ein Krieg politisch beendet werde, wenn der Sieg zu unsicher oder zu kostspielig schien. Im «absoluten» oder «totalen Krieg» ging es jedoch darum, wie Joseph Goebbels in seiner berühmten Sportpalast-Rede im Februar 1943 sagte, mit allen Kräften um den Sieg zu kämpfen, «koste es, was es wolle».[6] Ähnlich hatte sich auch Winston Churchill am 13. Mai 1940 im britischen Unterhaus ausgedrückt: «Sie fragen: Was ist unser Ziel. Ich antworte mit einem Wort: Es ist der Sieg; der Sieg um jeden Preis; der Sieg trotz aller Schrecken; der Sieg, egal wie lang und hart es sein wird, dahin zu gelangen; denn ohne den Sieg gibt es kein Überleben.»[7] Ein solches Konzept des Krieges musste gravierende Auswirkungen auf die Bereitschaft zur Kapitulation haben, die Gewalt entgrenzen und den Kampf bis zur – militärischen – Vernichtung des Verlierers führen, so wie es im Zweiten Weltkrieg tatsächlich geschehen ist.

In die Kategorie der «absoluten» oder «totalen» Kriege werden bisweilen die Kriege Napoleons, der Amerikanische Bürgerkrieg und die beiden Weltkriege gezählt.[8] Eine Reihe weiterer, oftmals verlustreicher Auseinandersetzungen, wie etwa der Krimkrieg

(1853–1856), der Französisch-Österreichisch-Italienische Krieg von 1859, der Preußisch-Österreichische Krieg von 1866 und der Deutsch-Französische von 1870/71, der Burenkrieg (1899–1902) und der Russisch-Japanische Krieg von 1904/05 werden nicht dazugerechnet, weil sie in ihren politischen Zielen begrenzt waren und deshalb nicht eskalierten. Auch die zahlreichen Kolonialkriege dieser Epoche müssen erwähnt werden, die für die Besiegten oft drastische Folgen hatten. Auf den Schlachtfeldern gab es aber ohnehin keinen Unterschied zwischen «totalen» oder «normalen» Kriegen; hier fallen nur die Kolonialkriege und der Zweite Weltkrieg aus dem Schema, da sie sich der zweiten, parallelen Entwicklung, nämlich der Verrechtlichung, entzogen.

Die Kapitulation zwischen Verrechtlichung und soldatischer Ehre

Die große Zahl verfügbarer Soldaten, ihre Motivation und die weit ausgedehnten Kriegsschauplätze beeinflussten die Gewalt und Dauer – und damit natürlich auch das Ende – dieser Kriege. Gleichzeitig aber bildete sich auch eine diametral entgegengesetzte Dynamik heraus. Die Aufgabe im Kampf wurde verrechtlicht und zwar durch Garantien nicht nur für Leib und Leben der Kapitulierenden, sondern auch durch klare Bestimmungen über die Unterbringung und Alimentierung der Kriegsgefangenen. Dem Gewahrsamsstaat wurde nun eine Fürsorgepflicht auferlegt.[9] Die Bestimmungen, die das revolutionäre Frankreich erließ, sahen vor, dass Kriegsgefangene den französischen Bürgern gleichgestellt waren.[10] Dies war neu, während alle weiteren Bestimmungen das bereits geltende Kriegsrecht in Bezug auf die Kapitulation und Kriegsgefangenschaft lediglich kodifizierten.[11] Hier stellt sich die Frage, warum diese Bestimmungen nicht gravierende Auswirkungen auf die Kampfmoral hatten, bot sich doch den Soldaten nun die Möglichkeit, durch die Kapitulation der Lebensgefahr des Kampfes auszuweichen und das Kriegsende vergleichsweise komfortabel in der Kriegsgefangenschaft abwarten zu können. Die Geschichte der

Kriege zwischen 1789 und 1945 zeigt, dass dies nicht passierte; dass die Soldaten der Wehrpflichtarmeen sehr lange kämpften und durchhielten und nur unter noch näher zu beschreibenden, katastrophalen und hoffnungslosen Bedingungen überhaupt an Aufgabe dachten. Die Bedeutung der Kapitulation war für diese Kriege trotzdem fundamental; der britische Historiker Niall Ferguson hält sie sogar für die ausschlaggebende. Er fragte, ob nicht die kämpfenden Staaten der Epoche den enormen Fehler begangen hatten, den Willen der gegnerischen Soldaten zu kämpfen nicht durch großzügige und sichere Angebote zur Kapitulation systematisch unterminiert zu haben.[12] Auf diese Frage wird im Zusammenhang mit der Kapitulation in den beiden Weltkriegen noch näher eingegangen werden müssen, allerdings seien vorab schon Zweifel angemeldet. Die Wirklichkeit war komplizierter. Hew Strachan hat auf das Paradox hingewiesen, dass im 19. und 20. Jahrhundert «die Rechte der Kriegsgefangenen niemals stärker waren, und gleichzeitig die Bereitschaft, aufzugeben, niemals geringer».[13]

Schon ein oberflächlicher Blick auf die Kriege des 19. und 20. Jahrhunderts zeigt, dass eine breite Mehrheit der Soldaten ein enormes Maß an Einsatz- und Opferbereitschaft entwickelt hat – die in keiner Relation zu dem zu erwartenden persönlichen Gewinn stand. Denn das Beste, was der einfache Soldat im Krieg herausholen könne, sei, so urteilte Hermann Göring in Nürnberg, «daß er mit heilen Knochen zurückkommt».[14] Im Kapitel über den Seekrieg habe ich auf die Bedeutung der «Ehre» für das Aufgeben im Kriege abgehoben; «Ehre» war natürlich auch für die Soldaten anderer Teilstreitkräfte ein zentrales Motiv. Die Soldaten des 19. und 20. Jahrhunderts erwarteten von sich, und ihre Gesellschaft von ihnen, dass sie ihr Leben für eine gemeinsame Sache einsetzten und wirklich nur dann aufhörten zu kämpfen, wenn es absolut nicht anders ging. Das «Ehrgefühl» erlosch auch bei kampferfahrenen Soldaten, bei denen Patriotismus längst in Enttäuschung und Zynismus umgeschlagen waren, nicht einfach. Amerikanische Militärpsychologen, die nach dem Zweiten Weltkrieg dem Phänomen der Kampfmotivation auf den Grund zu gehen suchten, haben außerdem auf die «good-boy-orientation» hingewiesen; auf die Unfähigkeit der meisten Menschen, außerhalb der Normen ihrer Gesellschaft zu stehen.[15] Die meisten Soldaten hatten diese Normen vollkommen internalisiert und suchten ihnen zu entsprechen; nur wenige vermochten, sich darüber hinwegzusetzen. Das bezog sich auf die Gesellschaft wie auch auf die soldatische Gruppe, die sehr verhaltensbestimmend war. Dies belegen alle einschlägigen Untersuchungen, von der Motivation von Deserteuren bis hin zur soldatischen Beteiligung an Massenmorden.[16] Das bedeutet aber auch, dass das Aufhören im Kampf nicht einfach aus einem individuellen Impuls heraus geschah, sondern an den Konsensus im Großen gekoppelt war; erst wenn dieser sich drehte, ermöglichte das dem Einzelnen, den Kampf einzustellen.

In diesem Zusammenhang soll ein wichtiger Unterschied hervorgehoben werden. Im Englischen wird sinnvollerweise zwischen «forced» und «unforced surrender» unterschieden. «Forced surrender», «erzwungene Kapitulation» bedeutet, in einer aussichtslosen Zwangslage aufzugeben, etwa wenn ein Kavallerist unter seinem toten Pferd eingeklemmt war und damit wehrlos; oder wenn Soldaten der Rückweg abgeschnitten war und ihre Munition vollständig verbraucht. Clausewitz hatte, wie bereits mehrfach erwähnt, eine Einheit, die dem Gegner nicht mehr schaden kann, als «vernichtet» definiert. Ähnliches beschreibt der Ausdruck «forced surrender», nämlich dass eine Einheit, oder ein Soldat, «vernichtet» ist und deshalb kapitulieren darf. «Unforced surrender», die «freiwillige Kapitulation» bedeutet, dass Soldaten den Kampf aufgeben, obwohl sie ihn noch fortsetzen könnten; Letzteres ist in der Tat ein Schlüsselindikator für das Zusammenbrechen der Moral, das der Niederlage vorausgeht. «Forced surrender» beschädigt die soldatische Ehre nicht, «unforced surrender» hingegen schon. Auch in demokratischen Staaten gab (und gibt) es hohe Hemmschwellen gegen frühzeitige Aufgabe; Argumente wie «Feigheit vor dem Feind», «cowardice» oder «lack of moral fibre» rühren an die Substanz abendländischer Ehrideale.[17] Das Durchhalten bis zum Tod wurde von Kameraden wie Gegnern gleichermaßen hoch angesehen. Es ist nur natürlich, dass bei einer solchen Erwartungshaltung die «unforced surrender» eine schwierige Entscheidung blieb, die nur in hoffnungslos scheinenden Lagen gefällt wurde; und Soldaten suchten ihren Entschluss zu kapitulieren fast immer als «forced surrender» darzustellen.

Zwei Beispiele unzeitiger Kapitulationen

Die Frage, wann und wie die Soldaten im Zeitalter des «totalen Krieges» aufgaben, soll vorab an zwei Extrembeispielen beleuchtet werden. Das erste ist ein Beispiel für «unforced surrender» aus dem Ersten Weltkrieg, für vorzeitige Waffenstreckung ohne zwingende oder zumindest diskutierbare militärische Notwendigkeit. An der Karpatenfront griffen die Russen bei Zbaró am 4. April 1915 – Ostersonntag – an und fanden bei den gegenüberliegenden Truppen – dem k. u. k. Infanterieregiment 28 – keinen Widerstand. Ohne einen Schuss abzufeuern, ergaben sich die beiden in der Front liegenden Bataillone des Regiments und wurden von den Russen als Gefangene abgeführt – und zwar im Block, Offiziere, Unteroffiziere und Mannschaften gleichermaßen.[18]

Dies könnte, wenn der individuelle Überlebenswille zum Maßstab genommen wird, als rationaler Akt gewertet werden. Für die beteiligten Soldaten war der Krieg aus und nun mussten sie nur noch durch die Gefangenschaft kommen. Das war unangenehm und gefährlich,[19] schien aber doch deutlich weniger riskant, als auf dem Schlachtfeld zu kämpfen.

Doch so einfach war es nicht, denn sonst hätte ein solches Verhalten, die «freiwillige Kapitulation», das Erscheinungsbild des Ersten Weltkriegs vom ersten Tag an prägen müssen und die Armeen wären rasch auseinandergefallen. Stattdessen war die Kapitulation dieses Regiments eine extreme Ausnahme; vergleichbare Vorgänge wiederholten sich erst wieder gegen Ende des Krieges, als sich, nach Jahren harter Kämpfe und Entbehrungen, ganze Armeen in dem Augenblick aufzulösen begannen, in dem die sie tragenden Gesellschaften kollabierten. Das Infanterieregiment 28 verfiel hingegen der sozialen Ächtung. Die kampflose Aufgabe der sich aus Prag rekrutierenden Einheiten hing mit einer schon in der Heimatgarnison chronisch niedrigen Moral und Disziplin zusammen, einem schwachen Kommandeur, Fehler beim sofortigen Einsatz des Regiments an der Front und auch mit der Unpopularität des Krieges bei den tschechischen Untertanen der Donaumonarchie. Letzteres Argument dürfte eine wichtige Rolle gespielt haben. Der Krieg galt, nach der ersten Begeisterung, bei den tschechischen Soldaten nicht als nationales Anliegen und daher fehlte hier das patriotische Verantwortungsgefühl – man könnte es auch als sozialen Zwang beschreiben –, das normalerweise Soldaten dazu brachte, zu kämpfen. Die Massenkapitulation war auch nur deshalb in dieser Form möglich, weil nicht nur die Soldaten, sondern auch die Unteroffiziere und Offiziere dies ebenso sahen und die Vorgesetzten ihre Soldaten nicht mit Waffengewalt daran hinderten zu kapitulieren. Es gibt zahlreiche Beispiele von der Westfront, wo Offiziere und Unteroffiziere ihre kapitulationswilligen Soldaten bedrohten oder sogar erschossen.[20]

Aus der Perspektive der Armeeführung und des Gesamtstaates war die Kapitulation des Regiments natürlich Hochverrat. Kaiser Franz Josef verfügte die Auflösung des Traditionsregiments und erließ folgenden Armeebefehl: «Schmerzerfüllt verordne ich, daß das k.u.k. Infanterieregiment Nr. 28 wegen Feigheit und Hochverrat vor dem Feinde aus meinem Heere ausgestoßen wird. Die Fahne ist dem Regiment abzunehmen und dem Heermuseum einzuverleiben. Die Geschichte des Regimentes, das vergiftet in seiner Moral vom Haus aus ins Feld ausgezogen ist, hat mit dem heutigen Tage aufgehört.»[21]

Dieser Vorfall mag helfen, einige Strukturen deutlich zu machen und zu zeigen, dass vorzeitige «freiwillige» Kapitulation selten und an eine ganze Reihe von Sonderbedingungen gekoppelt war. Das soldatische Ehrgefühl und die Stimmung in der Heimat waren miteinander verbunden. Galt der Krieg als ungerechtfertigt oder entstand sogar das Gefühl, er sei direkt gegen die Interessen der eigenen Gesellschaft gerichtet, war die Bereitschaft zur Kapitulation da.

Dieses Gefühl konnte sich nach großen Niederlagen auch bei bis dahin sehr loyalen und kampferprobten Truppen verbreiten; das tschechische Beispiel ist nur deshalb ungewöhnlich, weil die Truppen zu einem Zeitpunkt den Kampf aufgaben, an dem die militärische Lage nicht hoffnungslos war und auch die allgemeine Erschöpfung noch kein intolerables, an Apathie grenzendes Maß erreicht hatte. Es gab «Spielregeln» des Krieges und das Regiment hatte sie verletzt.

Hier muss auch erneut festgestellt werden, dass der Zweck des Krieges nicht der ist, Gewalt auszuüben oder Menschen zu töten, sondern den Gegner zur Erfüllung des eigenen Willens zu zwingen. Um dies zu bewerkstelligen, müssen wir ihn, so Clausewitz, «in eine Lage versetzen, die nachteiliger ist als das Opfer, welches wir von ihm fordern».[22] Hier aber verläuft die Grenze zum «totalen Krieg», wo es plötzlich nicht mehr um limitierte Opfer, sondern um die gänzliche Vernichtung des Feindes ging; wo es auf die aus der Antike stammende Alternative des «Siegens oder Sterbens» hinauslief und die Kapitulation nicht vorgesehen war. Dies galt für die nationalsozialistische Ideologie und auch für die Kampfweise der Japaner, wie folgendes Beispiel zeigen soll. Die Kampfhandlungen des Zweiten Weltkriegs endeten nicht etwa am 1. September 1945, sondern im Jahre 1974, als die letzten japanischen Soldaten, fast 30 Jahre nach Kriegsende, schließlich den Kampf aufgaben. Der berühmteste von ihnen war der japanische Unterleutnant Onoda Hiro, der auf der philippinischen Insel Lubang im März 1974 kapitulierte. Man hatte zuvor oftmals versucht, ihn und seine kleine Kampfgruppe aus dem Urwald zu holen; Suchteams waren losgezogen, in denen unter anderem sein eigener Bruder ihn beschwor aufzuhören; der Krieg sei aus. Wer auf die dürren Fakten des Vorgangs blickt, könnte denken, dass Onoda Hiro ein Verrückter war. Nur ein solcher konnte alle Zeichen, dass der Krieg längst vorbei war, so lange ignorieren. Doch wenn es Wahnsinn war, so hatte es doch Methode. Der in Japan nach seiner Rückkehr als Held gefeierte Onoda Hiro schrieb später seine Memoiren und schilderte dort in intelligenter und nachvollziehbarer Weise die Gründe für sein jahrzehntelanges Aushalten. Er war im Herbst 1944 auf die philippinische Insel gekommen, zu einem Zeitpunkt, an dem der Krieg für Japan bereits schlecht lief und der allgemeine Slogan lautete: 100 Millionen Seelen für die Sache. Dies bedeutete, dass die japanische Gesellschaft eine Kapitulation für unmöglich hielt und in einer sich stetig verschlechternden Kriegslage glaubte, dass, wenn der Krieg verloren gehen sollte, alle Japaner sterben und niemand ihn überleben würde. Selbstmord war für japanische Soldaten der Ausweg aus aussichtslosen Kampfsituationen und damit das sachliche Pendant zur Kapitulation in anderen Armeen. Gerade kampfesmüde und desillusionierte Soldaten redeten, so berichtete Onoda, viel vom Selbstmord als Ausweg aus einer zunehmend als quälend und hoffnungslos empfundenen Lage. Auf seiner Insel glaubte er, als er das Japanisch der Suchkommandos hörte, dass dies ein Täuschungsmanöver sein musste; denn hätte Japan tatsächlich den Krieg verloren, würden keine Japaner mehr leben. Der Gedankengang scheint weltfremd, doch soll hier daran erinnert werden, dass in der Antike auch in Europa ganze Städte im Fall der Niederlage kollektiven Selbstmord begangen hatten. Warum sollte Japan nicht wie ein modernes Abdera sein?

Dies waren die beiden denkbaren und im Einzelfall tatsächlich vorkommenden Extreme – einerseits die frühzeitige massenhafte Aufgabe und die mangelnde Bereitschaft, sein Leben für eine ungeliebte oder als schädlich empfundene Sache einzusetzen; andererseits das überlange Aushalten und die Erwartung, dass der Kampf nur mit dem Sieg oder dem Tod enden könne. Die tatsächliche Entwicklung im Zeitalter der Wehrpflichtkriege bewegte sich ziemlich genau zwischen diesen Extremen, wie die Kriege des 19. und 20. Jahrhunderts zeigen werden.

2. «Merde!» – die Kapitulationen in europäischen Kriegen von Napoleon bis Bismarck

Clausewitz hatte in «Vom Kriege» festgestellt, dass sich die Revolutionskriege, weil sie eine «Sache des Volkes geworden» waren, und auch wegen des «furchtbaren Bonaparte», dem Ideal des «absoluten» Krieges sehr genähert hatten.[23] Sie endeten mit einem Vorfall, der an Leonidas und die Thermopylen erinnert: Ein Teil der kaiserlichen Garde bei Waterloo verweigerte, obwohl auf dem Schlachtfeld umzingelt, die Kapitulation mit den stolzen Worten: «Die Garde stirbt, aber die Garde ergibt sich nicht!» Soweit die Legende. In Wahrheit war es wohl so, dass einer von etwa 100 Garde-Grenadieren Napoleons auf die Aufforderung, sich in der hoffnungslosen Lage zu ergeben, nicht etwa «La Garde meurt ...», sondern schlicht «Merde!» gebrüllt hat – und das auf diese Weigerung folgende Gemetzel sogar noch als Verwundeter überlebt haben soll.[24]

Mit Napoleons Niederlage bei Waterloo kam fast ein Vierteljahrhundert voller Krieg in Europa endlich zum Abschluss. Die Napoleonischen Kriege werden bisweilen als der erste «totale Krieg» angesehen, als «katastrophale Intensivierung des Kampfes», als eine Auseinandersetzung, die als «abschließender, reinigender Gewaltanfall» verstanden wurde.[25] So war der Russlandfeldzug 1812 eine Orgie brutalster Gewalt, wie sie viel schlimmer nicht hätte sein können.[26] Und doch werden die Napoleonischen Kriege in der Forschung mehrheitlich anders interpretiert, nämlich als evolutionäre Weiterentwicklung der frühneuzeitlichen Kriegführung.[27] Sie standen in vielfacher Hinsicht in der militärischen Tradition des 18. Jahrhunderts. Die Fakten verbieten eine zu einseitige Interpretation dieser Kriege als kompromissloses Ringen bis zum Sieg, und dies kann gerade an der Frage, wie diese Kämpfe endeten, aufgezeigt werden. Zwischen 1792 und 1815 kämpften sieben verschiedene Koalitionen gegen Frankreich und es handelte sich bei den französischen Revolutionskriegen nicht um ununterbrochene

Kampfhandlungen. Die Mächte suchten nach Verhandlungslösungen und oftmals gelang auch der Friedensschluss; so herrschte beispielsweise zwischen 1801 und 1805 Frieden in Europa. Zwar waren diese Perioden des Friedens eher ein unkomfortabler Waffenstillstand und der Krieg war endemisch, bis schließlich Napoleon bei Waterloo unterlag. Der Korse setzte immer wieder auf Krieg, aber überall in Europa, und auch in Frankreich, existierten Kräfte, die an politische Kompromisse dachten und im Fall der Niederlage bereit waren aufzugeben. Napoleon wiederum war ein großes militärisches Talent, aber, nach einem Wort von Paul Schroeder, ansonsten ein «great capo mafioso»,[28] eine gangsterhafte Persönlichkeit, die unfähig war, Frieden zu halten, und die nach Gangsterart die Gewalt als Mittel gegen alle außenpolitischen Schwierigkeiten und zur kontinuierlichen und im Prinzip keine Grenzen akzeptierenden Erweiterung seiner persönlichen Macht nutzte. Napoleon selbst gab später zu, dass er unfähig gewesen sei, irgendwann aufzuhören. Dies weist auf einen selbstverständlichen, trotzdem hier zu erwähnenden Punkt hin: In einem modernen, bürokratisch organisierten Staat war die Frage des Aufhörens im Kampf eine Entscheidung der Staatsspitze. Wenn zumindest eine der Krieg führenden Parteien nicht aufhören wollte, ging der Krieg so lange weiter, bis er schließlich durch die vollständige militärische Niederlage einer Seite sein Ende fand, die Führung einer Seite ihre innenpolitische Basis verlor und zum Frieden gezwungen oder durch Staatsstreich oder Revolution beseitigt wurde; so war es 1814 letztlich auch Napoleon ergangen.

Während der Napoleonischen Kriege dachten alle kontinentalen Mächte mehr als einmal an einen Kompromissfrieden, und das stimmte sogar noch nach Napoleons Desaster in Russland. Denn auch in diesem angeblich «totalen Krieg» dominierte die Idee, im Fall der Niederlage zu kapitulieren, und diese Haltung wurde von den Zeitgenossen als selbstverständliche, als «zivilisierte, rationale Handlung» angesehen.[29] Auch endeten von den Napoleonischen Kriegen nur drei mit einem eindeutigen Sieg: Austerlitz 1805, Wagram 1809 und Waterloo 1815; die anderen verliefen sehr viel ambivalenter. Kämpfe konnten auch mit einem gut durchgeführten Rückzug enden, wie bei Eylau. Die Napoleonischen Kriege wurden außerdem und wohl hauptsächlich durch Ermattung entschieden, durch Kriegsmüdigkeit, durch Unwillen der Soldaten und der Bevölkerung weiterzukämpfen – was 1814 und 1815 überdeutlich wurde. Belagerungen wie Mainz oder Cintra 1808 endeten durch Verträge, die so großzügig waren, dass die britischen Befehlshaber hinterher vor einem Untersuchungsaussschuss landeten.

Die Bereitschaft der Staatsführung, einen Krieg aufzugeben und nach einem Kompromiss zu suchen, war zwar ein zentrales, aber eher ein Element der politischen Geschichte. Was war mit der Kapitulation? Waren Soldaten, waren Bevölkerungen im Zeitalter des Volkskrieges bereit, die Niederlage einzugestehen und zu kapitulieren? Die Antwort ist einfach: Sie waren es, vor allem wenn sie in der Niederlage eine Möglichkeit erkennen konnten, ihren Wohlstand zu retten, statt eben diesen im Kampf für einen unwahrscheinlich gewordenen Sieg ruinieren zu lassen. Dies stimmte auch für die Franzosen unter Napoleon. Sie verstanden sich als rationale Nation und waren beispielsweise von dem fanatischen Widerstandswillen der Preußen, Spanier und Russen überrascht. Das galt nicht nur für andere, sondern auch für sie selbst: Am Ende gaben die Franzosen auf und kapitulierten. Sie waren der Ansicht, dass zivilisierte Nationen wissen mussten, wann die Kosten des Krieges die Zivilisation selbst zu gefährden begannen.[30] Wohlfahrt und soziale Ordnung mussten bewahrt werden, und dies war die Grenze des sinnvollen Widerstands. Es war ihre Pflicht, für den Ruhm und das Vaterland zu kämpfen, aber sie fühlten sich nicht durch einen Eid an einen Mann gebunden, der die Nation in den Ruin zu führen drohte. Die Kultur der ehrenvollen Kapitulation funktionierte aber nur, weil beide Seiten überzeugt davon waren, dass Sieger wie Besiegte zivilisierte Völker waren, die dieselben Werte teilten. Der Grundkonsensus war, dass der Krieg eingehegt werden müsse und keinesfalls alles vernichten dürfe, nur um des Sieges willen.

Die Kriege des revolutionären und napoleonischen Frankreich sahen nicht nur große Heere der allgemeinen Wehrpflicht, sondern auch Gefangenenzahlen, die jedes vorherige Maß sprengten und die zeigen, welche zentrale, ja kriegsentscheidende Bedeutung die Kapitulation für die Soldaten als Mittel, die Kämpfe zu beenden, inzwischen besaß. Allein in Großbritannien wurden ca. 500 000 französische Kriegsgefangene festgehalten, während Frankreich im Jahre 1813 21 500 Briten gefangen hielt.[31] Und nach den Niederlagen von Jena und Auerstedt waren 5179 Offiziere und 123 000 Unteroffiziere und Soldaten der preußischen Armee in französische Kriegsgefangenschaft geraten.[32] Diese Zahlen sagen etwas über den zivilisatorischen Fortschritt der Verrechtlichung des Krieges aus, der eben die Kriegsgefangenschaft regulierte. Die Gefangenenzahlen wurden zum Gradmesser des Sieges. Sie waren meist das Resultat eines Erfolges auf dem Schlachtfeld, konnten bisweilen auch auf die sinkende Moral der Verlierer und das Auseinanderlaufen einer Armee hindeuten. Es war in den Napoleonischen wie auch später in den Weltkriegen aber äußerst schwierig, die Moral der Soldaten zu brechen. Ob «forced» oder «unforced surrender», die Zahlen rechtfertigen es, Dennis Showalter zuzustimmen, der die letzten fünzig Jahre vor dem Ausbruch des Ersten Weltkriegs als «Zeitalter der Kapitulation» bezeichnet hat.[33]

Die Kriege des revolutionären Frankreich waren lang und kostspielig gewesen. Sie endeten mit dem französischen Eingeständnis der Niederlage, mit allgemeiner Erschöpfung, mit dem Wunsch aller Seiten, einen Kontinentalkrieg, ja jeden Krieg, künftig nach Möglichkeit zu vermeiden, und leiteten über zu einem Jahrhundert ohne europaweiten Krieg. Die Auseinandersetzungen, die es im Europa des 19. Jahrhunderts trotzdem gab, waren begrenzt und vergleichsweise kurz. Sie kamen dem griechischen Ideal der Entscheidung eines Konflikts in einer Entscheidungsschlacht nahe. Der Krimkrieg beschränkte sich im Wesentlichen auf ein einziges Schlachtfeld. Die Kriege von 1859, 1864, 1866 und 1870 wurden durch schnelle Feldzüge und durch ein oder zwei größere Schlachten entschieden; dies galt selbst für den Deutsch-Französischen Krieg, der nach dem deutschen Sieg bei Sedan noch Monate weiterging, ohne dass die Franzosen am Resultat etwas ändern konnten.

Zwar wurde der Kampf der Franctireurs später zum wirkmächtigen Mythos, aber, in Zahlen gefasst, hatte dieser Partisanenkrieg eine nur begrenzte Bedeutung: Die deutsche Armee verlor 134 000 Mann in den Schlachten, aber nur 1000 Mann durch Franctireurs, die wiederum, trotz der Aufforderung Bismarcks, nur gelegentlich, keinesfalls grundsätzlich bei Ergreifung erschossen wurden.[34] Der reguläre Krieg war einer der großen Gefangenenzahlen. Im Februar 1871 hatte die deutsche Arme mehr als 380 000 Kriegsgefangene gemacht, und Moltke kommentierte: «Seit der babylonischen Gefangenschaft hat die Welt nichts derart erlebt.»[35] Die Größenordnung zeigt erneut, wie zentral die geregelte Kapitulation geworden war und wie groß das Desaster gewesen wäre, wenn regelnde Mechanismen für Kapitulation und Kriegsgefangenschaft gefehlt hätten. Die Zahlen sollten im 20. Jahrhundert noch deutlich übertroffen werden.

3. Die Kapitulation in «außersystemischen Kriegen» des 19. Jahrhunderts

Ein Sonderfall sind die Kolonialkriege des 19. Jahrhunderts. Vor kurzem hat Jürgen Osterhammel dafür plädiert, diese eher unter dem Label der «‹außersystemischen Kriege› außerhalb des europäischen Staatensystems» zu führen[36] – eine Struktur, die sehr an das aus dem Mittelalter bekannte Schema des *bellum romanum* erinnert. In diesen Kriegen galten die Regeln «zivilisierter» Nationen nicht. Verschiedentlich wurden die «außersystemischen» Kriege des 19. und frühen 20. Jahrhunderts mit großer Grausamkeit geführt und die europäischen Mächte missachteten Mechanismen, die sie in Europa befolgten. Rassistisches Denken erklärt dies zum Teil, aber nicht vollständig.[37] Es handelte sich um die Folgen von kultureller Unterschiedlichkeit und ein daraus resultierendes Fehlen an Empathie, vor allem aber um Machtungleichgewichte, bei denen die «unsichtbare Hand des Krieges» nicht wirken konnte. Der Sieger glaubte, von Milde gegenüber dem Verlierer wenige

Vorteile zu haben, und neigte deshalb zur Unbarmherzigkeit. Diese wirkte sich umso drastischer aus, da bei diesen «außersystemischen Kriegen» nicht zwischen Soldaten und Nichtkombattanten unterschieden wurde. Das galt nicht nur für die Kämpfe von Kolonialmächten gegen Nichteuropäer, sondern auch für die Peripheriekriege, bei denen Weiße gegen Weiße standen. Der Burenkrieg und die Kämpfe der Spanier auf Kuba – in beiden Fällen wurden Zehntausende in Konzentrationslagern festgesetzt, auf Kuba starben dort über 100 000 Personen – können als Beispiele dienen.[38]

Ein Grund für diese Grausamkeit war mitunter die schlichte Überforderung relativ kleiner Kolonialarmeen, die in großen Räumen operieren mussten und die, wenn sie ihren Gegner zu fassen bekamen, ihn nicht wieder laufen lassen wollten und ihre waffentechnische Überlegenheit gnadenlos ausnutzten.[39] Hier spielte die Logik des Partisanenkrieges eine Rolle, Grausamkeiten beider Seiten schaukelten sich hoch. Oft war der Sieger unbarmherzig und wollte den Verlierer gar nicht gefangen nehmen, sondern ihn töten oder misshandeln. Dies soll hier an zwei Beispielen kurz verdeutlicht werden.

Der Hererokrieg, den die deutsche Kolonialmacht 1904 gegen einen Aufstand in Deutsch-Südwestafrika führte, kann als Beispiel für den Vernichtungswillen des europäischen Siegers gelten. Die Schlüsselfigur der deutschen Haltung war der Befehlshaber der Schutztruppe, General von Trotha. Er glaubte, im Hererokrieg den Vorboten eines gesamtafrikanischen Aufstands erkennen zu können, den es mit äußerster Härte niederzuschlagen gelte. Er schrieb: «Gewalt mit krassem Terrorismus und selbst mit Grausamkeit auszuüben war und ist meine Politik. Ich vernichte die afrikanischen Stämme mit Strömen von Blut und Strömen von Geld. Nur auf dieser Aussaat kann etwas neues entstehen, was Bestand hat.»[40] Er erklärte sogar offen, dass er es für notwendig halte, «daß die Nation [der Hereros] in sich untergeht».[41] Die Hereros waren nach der Schlacht am Waterberg mit Frauen, Kindern und Vieh in die Omahekewüste geflohen, die von Trotha abriegeln ließ. Am 2. Oktober 1904 drohte er in einem Befehl den Hereros mit der Erschießung, sollten sie sich aus der Omaheke wieder heraustrauen. Der militärische Sinn des Befehls war klar: Er wollte verhindern, dass sich die Hereros im Land zerstreuten und einen Guerillakrieg begannen. Doch stieß dieses Vorgehen in Berlin auf Widerstand. Die Worte von Trothas Erlass, der auch eine Passage mit der Aufforderung enthielt, «keine Gefangenen zu machen», erinnerten die Zeitgenossen an eine Neuauflage der seinerzeit vieldiskutierten Hunnenrede Wilhelms II. von 1900. Reichskanzler von Bülow protestierte beim Kaiser gegen den geplanten Völkermord mit Hinweis auf die christlichen Grundsätze. Trotha musste die Proklamation am 8. Dezember 1904 zurücknehmen; hinterher distanzierte sich die Kolonialverwaltung noch deutlicher von ihm und seinen Methoden.

Allerdings waren die Befehle von Trothas, der das Leben seiner Soldaten am Waterberg teilte, ganz aus dem Geist der die Hereros verfolgenden Schutztruppe erfolgt. Die Erinnerungen der Schutztruppensoldaten zeigen nicht einen kühl geplanten Völkermord als vielmehr die maßlose Erschöpfung der verfolgenden, ihrerseits unter Wassermangel und Krankheiten wie Typhus, Ruhr und Malaria leidenden Truppe, die von ihrem Gegner nichts wusste und von der Angst getrieben wurde, die Hereros könnten die dünne deutsche Umfassung durchbrechen oder, schlimmer noch, sich einfach zerstreuen und dann in dem riesigen Gebiet einen endlosen, von den deutschen Truppen niemals zu gewinnenden Guerillakrieg beginnen. Genau dies suchte Trotha, der in rein militärischen Begriffen dachte, zu verhindern; er wollte den Gegner «vernichten», ein für allemal unschädlich machen. Deshalb wurde die Verfolgung rücksichtslos durchgeführt und der Rand der Omahekewüste bis zum Einbruch der Regenzeit streng bewacht. Mehrere Zehntausend Herero verloren dadurch ihr Leben. Hier schlug eine Kombination von Rassismus sowie physischer und emotionaler Überforderung in Vernichtungswillen um. Dass der Gegner sich zuvor mehrfach die Verstümmelung deutscher Soldaten hatte zuschulden kommen lassen, vergrößerte die Erbitterung von Oberbefehlshaber wie Soldaten und führte zur Brutalisierung der Kriegführung, ja zur «Vernichtungsabsicht» der Schutztruppenführung.[42]

Hier zeigt sich, wie sich militärische Logik ins Unmenschliche steigern[43] und wie Krieg ohne die inzwischen in Europa fest installierten Regeln ablaufen konnte. Die Strukturen des *bellum romanum*, mit der absoluten Entrechtung des Verlierers, waren im 19. und zu Beginn des 20. Jahrhunderts noch (bisweilen) anzutreffen. Es ist aber charakteristisch, dass diese Methoden in den Mutterländern selbst zunehmend kritisiert wurden; dieser Trend, zweifache Standards in der Kriegführung nicht mehr zu akzeptieren, hat sich in der zweiten Hälfte des 20. Jahrhunderts fortgesetzt und gewaltig verstärkt.[44]

Doch wurden Grausamkeiten in diesen Kriegen auch von indigener Seite begangen, wie das Beispiel des italienischen Krieges gegen Äthiopien zeigt. Dieser Krieg war für Italien von Anfang an mit schweren Rückschlägen verbunden. Italienische Truppen – fast 500 Mann – waren bei Dogali 1887 komplett niedergemetzelt worden; bei Amba Alagi fielen 2500 Soldaten. Andererseits wurde Ende 1895 das italienische Fort Makallé mit 1200 Mann Besatzung eingeschlossen; knappe Wasserreserven machten längeren Widerstand aussichtslos. Der äthiopische Kaiser Menelik zeigte sich aber großzügig und ließ die Besatzung mit Waffen abrücken. Die Großzügigkeit hatte einen Grund: Auch die Äthiopier hatten viel zu verlieren und Menelik, der seine ungesicherte inneräthiophische Stellung im Blick halten musste, wollte sich die Möglichkeit auf eine politische Einigung mit den Italienern nicht verbauen. Als es trotzdem drei Monate später zur Schlacht bei Adua kam, war von Milde gegenüber dem italienischen Verlierer nichts mehr zu spüren. Das italienische Heer von 16 000 Mann wurde vernichtet und mehr Italiener getötet als in allen italienischen Einigungskriegen zusammengenommen. Mancher gefangene Italiener wurde entmannt, andere enthauptet und ihre Köpfe dann auf Felsen aufgesteckt, die italienischen Gefallenen brutal verstümmelt. Besonders hart traf es die etwa 800 gefangenen Askari-Soldaten, die als «Verräter» verurteilt wurden. Ihnen wurden der linke Fuß und die rechte Hand abgeschlagen, der Stumpf dann in kochendes Fett gehalten und aus den abgeschlagenen Gliedmaßen ein makabrer Berg gebildet. Insgesamt waren 5000 Italiener und 1000 Askaris gefallen, 500 hatten sich verwundet gerettet, 1700 wurden gefangen genommen. Die Behandlung der Besiegten erinnert an die Kriegsbräuche im Alten Ägypten; insofern hatte dieser «nichtsystemische Krieg» ein deutlich anachronistisches Element. Clausewitz hatte geschrieben, dass Kriege ‹unzivilisierter› Nationen sehr viel brutaler und gewalttätiger abliefen;[45] die Berichte von dieser Schlacht könnten als Beleg dienen, wenn nicht das 20. Jahrhundert zu viele Gegenbeispiele neuer Grausamkeit liefern würde.

4. «Unconditional surrender?» Die Kapitulation im amerikanischen Bürgerkrieg

In Europa selbst kam es in den Kriegen des 19. und frühen 20. Jahrhunderts immer wieder zu gnadenlosem Umgang mit den Unterlegenen, so etwa während der Kriege auf dem Balkan, und doch herrschten hier insgesamt geregeltere Verhältnisse. Die Verlierer kämpften in diesen Kriegen des 19. Jahrhunderts nicht bis zu ihrer völligen Vernichtung und die Sieger hatten letztlich begrenzte Ziele. Daher wurden diese Kriege auch nicht endlos fortgesetzt und endeten nicht mit der totalen militärischen Niederlage einer Seite, sondern mit dem Einlenken und einem Kompromiss. Die *debellatio* – die vollständige militärische Niederlage und politische Vernichtung des Unterlegenen – konnte hingegen in Amerika beobachtet werden. Weitgehend unbekannt ist der Krieg Paraguays gegen Brasilien, Argentinien und Uruguay zwischen 1864 und 1870, in dessen Verlauf mehr als die Häfte der Einwohner Paraguays starben. Die Ursache des überlangen Aushaltens war der paraguayische Präsident Franzisco Solana López, der am Ende sogar 13-jährige Kinder und alte Männer eingezogen hatte, um die gewaltigen, in die Huntertausende gehenden Verluste ausgleichen und dem deutlich überlegenen Gegner weiter Widerstand leisten zu können. Die männliche Bevölkerung Paraguays wurde in diesem Kampf fast ausgelöscht. López, der jede Opposition gegen den

Krieg rücksichtslos unterdrückt hatte und alle Kräfte seines Landes für diesen zu mobilisieren verstand, verlor die Hauptstadt und fiel schließlich in der letzten Schlacht. Er hatte, obwohl verwundet, die Aufforderung brasilianischer Truppen zur Kapitulation abgelehnt. Er wurde in Paraguay später entweder als Kriegsverbrecher oder als Nationalheld gehandelt.

Dieser katastrophal verlorene und verlustreiche Krieg war hauptsächlich auf die Figur des fanatisch entschlossenen Führers dieses Landes zurückzuführen. Auch in dem fast zeitgleich tobenden Amerikanischen Bürgerkrieg kam es zu einer Radikalisierung, die in den unvereinbaren politischen Zielen der beiden Krieg führenden Parteien begründet war. Abraham Lincoln zeigte sich nicht bereit, auf die Union zu verzichten, der Süden hingegen wollte seine politische Unabhängigkeit erkämpfen. Angesichts dieser Kriegsziele konnte der Krieg nur zwei Ausgänge haben: eine schwere, nicht mehr auszugleichende militärische Niederlage des Nordens, die seinen Kriegswillen dauerhaft unterminiert und zur Anerkennung des Südens geführt hätte, oder eine vollständige Niederlage des Südens und die Wiederherstellung der Union.

Selbst in diesem Krieg, in dem es politisch um «Sein oder Nichtsein» ging, lassen sich zahlreiche Elemente der Mäßigung nachweisen. Beispielsweise wurde ein möglicher Eskalationsschritt nicht vollzogen: Die Soldaten des Südens wurden nicht als Rebellen, sondern als Kriegsgefangene behandelt, und die Gefangenen des Nordens ebenfalls als solche und nicht als Anstifter von Insurrektion und Sklavenrevolte. Dies widersprach eigentlich den politischen Ideologien des Nordens und des Südens; aber im entgegengesetzten Fall hätte eventuellen Kapitulationen «eine Serie von Prozessen und Hinrichtungen» folgen müssen.[46] Massenhinrichtungen von Gefangenen blieben aber aus.[47] Ein Grenzfall waren weiße Offiziere des Nordens, die schwarze Soldaten befehligten, und nichtweiße Soldaten der Union; die Hardliner des Südens wollten diese hinrichten, nicht gefangennehmen.[48] Aber auch hier setzte sich eine weniger radikale Linie durch; schwarze Soldaten des Nordens wurden im Fall ihrer Gefangennahme zu Schwerstarbeit herangezogen[49] – was in die Zukunft der Weltkriege weist, in denen die Ausbeutung der Arbeitskraft der Kriegsgefangenen zur Norm wurde. Von diesen Fällen abgesehen, wurden kapitulierende Soldaten beider Seiten gefangen genommen. Anfänglich gab es sogar ein Austauschsystem, das aber nicht wirklich gut funktionierte[50] und durch ein System der Inhaftierung der gefangenen Soldaten ersetzt wurde. Während des Krieges gerieten 195 000 Soldaten der Union und 215 000 Soldaten der Konföderation in Kriegsgefangenschaft, in der ca. 56 000 starben – also etwa 14 Prozent.[51] Die oftmals katastrophalen Zustände in den Gefangenenlagern waren Gegenstand von politischen Skandalen und wechselseitigen massiven Vorwürfen der kämpfenden Parteien; tatsächlich starben 15,5 Prozent in der Gefangenschaft des Südens und 12 Prozent in der des Nordens.[52] Die Ursachen dieser hohen Sterblichkeitsrate waren Mangel, Desorganisation, Inkompetenz, bisweilen auch Grausamkeit und bewusste Repressalien.[53] Nach dem Krieg wurde der Südstaatenmajor Henry Wirz, der Kommandant des Gefangenenlagers Andersonville in Georgia, in dem es eine besonders hohe Todesrate gegeben hatte, als Kriegsverbrecher in einem umstrittenen Prozess zum Tode verurteilt und hingerichtet.[54] Im Amerikanischen Bürgerkrieg waren sich beide Seiten der Bedeutung bewusst, die die Behandlung aufgebender Soldaten für den Kampfeswillen und die Kapitulationsbereitschaft des Gegners haben musste.

Während der Krieg im Individuellen und auch auf der taktischen Ebene die Kapitulation kannte, zuließ und bisweilen sogar förderte, war er im Großen ein Kampf um die Existenz. Wegen des starken bevölkerungsmäßigen wie industriellen Übergewichts des Nordens war es von Anfang an klar, dass sich der Süden im Nachteil befand. Die Ausgangslage prägte die jeweilige Strategie. Der Süden versuchte von Anbeginn, den Norden durch begrenzte militärische Schläge zu zermürben und kompromisswillig zu machen, da er keine Chance auf einen vollständigen Sieg hatte. Aber Abnutzung war das Problem, mit dem sich der Süden bei zunehmender Kriegsdauer selbst konfrontiert sah. Seine Soldaten wurden anfänglich durch «mächtige Vorstellungen von Männlichkeit, Integrität, Unabhängigkeit, Tapferkeit» beseelt;[55] Mark Twain machte sogar die viel gelesenen Romane von Walter Scott wegen ihrer romantischen Verklärung des Rittertums für diesen Krieg mitverantwortlich.[56] Doch dieser Idealismus und die hohe Moral wurden durch die blutigen Verluste nachhaltig beeinträchtigt – ein wichtiger Grund, der schließlich zur Kapitulation führen sollte, aber nicht der einzige. Der Süden wurde praktisch auf allen Feldern niedergerungen; dem militärischen, aber auch dem wirtschaftlichen und sozialen. Seine Eisenbahnen waren nach Jahren des Krieges verbraucht und nicht mehr leistungsfähig; er litt an Lebensmittelmangel und die Yankees scherzten darüber, dass die Konföderierten einen neuen General hätten: «General Starvation», General Hunger. Die Konföderierten hatten weder genug Uniformen noch Schuhe und begannen aus Not, auf dem Schlachtfeld zu plündern. Sie hatten nicht mehr genug Zugtiere und verloren ihre Mobilität, was sowohl ihre Versorgung als auch ihre Kampfkraft in Mitleidenschaft zog. Die Soldaten erhielten schließlich nur noch 900–1200 Kalorien pro Tag. All das führte zu einem dramatischen Verlust an Kampfmoral, was selbst in dem Eliteverband der von General Lee geführten Army of Northern Virginia zu einem dramatischen Problem mit Desertionen führte – und dies ist eine erste Antwort auf die Frage, wie solche Kämpfe endeten: Die Hoffnung auf einen guten Ausgang sank und damit auch die individuelle Bereitschaft weiterzukämpfen. Dies hatte weniger mit persönlicher Gefahr zu tun – der siegreiche Angreifer hatte in vielen Fällen höhere Verluste als der in die Verteidigung zurückgeworfene Verlierer – wohl aber mit den generellen Aussichten des Krieges, deren Verschlechterung sich in zunehmendem Mangel an Lebensmitteln und Ausrüstung sowie in deutlich sichtbaren militärischen Rückschlägen niederschlug. Auch schlichte Erschöpfung – durch Mangel an Nahrung und Ruhe – führte zu einem Zustand der Schwäche und Apathie, der am Ende den Soldaten alles egal sein ließ. Hier wird deutlich, warum die einfachen Soldaten aufhörten zu kämpfen und wie sie dies taten. Sie sahen, dass die Konföderation sie weder ernähren noch ausrüsten konnte – und, schlimmer noch, sie konnte auch ihre Familien nicht schützen, die furchtbar unter dem Zerstörungsmarsch General Shermans durch Georgia litten. Dieser Akt des Terrorismus erwies sich für den Norden als sehr erfolgreich. Besorgt um das Schicksal ihrer Familien, verloren viele Soldaten jedes Vertrauen in ihre Führung und in einen erträglichen Kriegsausgang. Die Unabhängigkeit des Südens, für die sie jahrelang ihr Leben eingesetzt hatten, verlor damit sowohl an Stellenwert als auch an Legitimität. Ihr Weiterkämpfen drohte nicht nur nutzlos, sondern sogar schädlich für ihre Gesellschaft zu werden. Sie beendeten die Kämpfe mit dem einzigen Mittel, das ihnen zur Verfügung stand: der Desertion. Die Soldaten mussten sich zwischen ihren Familien und der Konföderation entscheiden, und eine stets wachsende Zahl wählte die Familien. Besonders die ärmeren Soldaten desertierten. Die Desertion wurde, so argumentiert der amerikanische Historiker Joseph Glatthaar, eine «Form der Kapitulation»,[57] die die offizielle Kapitulation General Lees in Appomattox vorwegnahm – und erwang. Im Frühjahr 1865 verlor die Army of Northern Virginia jeden Tag 120 Mann durch Desertion; das bedeutete, dass sie zunehmend zerbröckelte. Der Konsens in der Gesellschaft des Südens brach und die Desertion war nun nicht mehr mit dem Stigma der Unehrenhaftigkeit und Feigheit behaftet. Kampfmüdigkeit und fehlende Ruhe spielten eine zentrale Rolle; einige Soldaten, selbst sehr tapfere, desertierten auch, weil sie die psychische Belastung der Schlacht nicht mehr aushielten. Die Desertion und das Leiden der Zivilisten mündeten in einer Abwärtsspirale; je schwächer die Armee wurde, desto weniger war sie in der Lage, die Zivilisten zu schützen, desto weniger Nachschub bekam sie, und dies verstärkte wiederum das Problem der Desertion.

Dies führte schließlich zur Kapitulation Lees in Appomattox. Die Szene ist berühmt: Der Verlierer, General Lee, in prächtiger Galauniform; der Sieger, General Grant, in lehmverschmierter Kleidung. Doch das Wichtige dieser Kapitulation sind nicht die Äußerlichkeiten, sondern der Inhalt. Grant gewährte den Soldaten der Konföderation schonende und ehrenvolle Bedingungen; sie wurden nicht inhaftiert, sondern durften nach Hause zurückkehren und die Offiziere sogar ihre Pferde behalten. Auch Abraham Lincoln war der Ansicht, dass, nachdem der Sieg errungen war, nicht die Bestrafung des Verlierers auf dem Programm stehen solle. Er schrieb: «Lasst sie alle gehen, Offiziere und Soldaten; ich will ihre Unterwerfung und kein weiteres Blutvergießen. Ich will nicht einen einzigen bestrafen; behandelt sie großzügig. Wir wollen, dass diese Leute wieder loyale Bürger der Union werden und sich den Gesetzen unterwerfen.»[58]

Der Großmut des Siegers war wohlüberlegt und korrespondierte mit den Erwägungen des Verlierers, nämlich General Lees. Beide Seiten wollten nach jahrelangen verlustreichen Kämpfen nun den Schaden begrenzen. Lee hatte nämlich mit seinen Offizieren die Möglichkeit des Guerillakrieges diskutiert; etwa dergestalt, dass er seine, sich in aussichtsloser Lage befindende Armee einfach auflöste und seinen Soldaten den Auftrag gab, nicht etwa zu kapitulieren und sich gefangen zu geben oder nach Hause zurückzukehren, sondern sich im Land zu verteilen, den Krieg individuell fortzusetzen oder sich später zu einem neuen Heer zusammenzufinden. All dies hätte, wie Lee ausführte, dem Land zusätzliches enormes Leid gebracht, zu einer unkontrollierbaren Eskalation der Gewalt geführt und jeden Neuanfang um Jahre verzögert. Stattdessen akzeptierte er, dass der Krieg vorbei und verloren war.[59] Somit sehen wir, dass selbst in diesem Krieg, in dem über 600 000 amerikanische Soldaten starben – mehr als die USA in beiden Weltkriegen zusammen verloren –, am Ende das Gesetz der Mäßigung griff.

Lees Kapitulation nahm die der verbliebenen Truppen des Südens und der Konföderation vorweg. Die Entscheidung, die Kämpfe zu beenden, erfolgte auf verschiedenen, jedoch miteinander verzahnten Ebenen. Die einfachen Soldaten desertierten. Auf der Ebene der Staatsführung hielt Jefferson Davis aus, bis die Lage nach der Kapitulation Lees in Appomattox vollständig hoffnungslos und weiterer militärischer Widerstand unmöglich war. Auf der taktischen Ebene sehen wir in diesem Krieg ein gemischtes Bild. Ikonisch ist die berühmte Formel von Ulysses S. Grant, der in der Schlacht von Fort Donelson von seinem Gegner und ehemaligen Kriegsschulkameraden, dem konföderierten General Simon Bolivar Buckner, «keine Bedingungen außer der bedingungslosen und sofortigen Kapitulation» akzeptierte. Daraus resultierte die Interpretation seiner Initialen U. S. Grant als «Unconditional Surrender». Doch war dies ein Beweis für die Totalität dieses Krieges? Ja und nein: Einerseits handelte es sich um einen Begriff, der in der militärischen Terminologie der Zeit fest verankert war, und außerdem wurden viele andere Kapitulationen des Amerikanischen Bürgerkrieges an vorher ausgehandelte Bedingungen geknüpft. Beides, die «unconditional surrender» und die ehrenvollen Kapitulationen, wie in Appomattox, knüpften an die Formensprache und Regeln der Kapitulation in der frühen Neuzeit an, waren also kein Zeichen für den «totalen Krieg». Andererseits war die Formel der «unconditional surrender» typisch für den Amerikanischen Bürgerkrieg. Der Norden trat, im Bewusstsein seiner ungeheuren Überlegenheit, als Macht auf, die eine Niederlage nicht akzeptierte; hier drängt sich ein Vergleich an das antike Rom und die *deditio* auf. Der Vergleich ist insofern berechtigt, als die USA in diesem Krieg, wie auch in den Weltkriegen, letztlich nur ein Kriegsende akzeptierten: die bedingungslose Unterwerfung des Gegners unter ihren Willen.

Der Amerikanische Bürgerkrieg zeigt, wie Oben und Unten im Kriege nicht voneinander zu trennen waren, wenn es um die Frage geht, wie Kämpfe endeten. Die einzelnen Soldaten desertierten, die Armeen zerbröckelten und beraubten die Führung ihres militärischen Instruments; dies verschlimmerte die Notlage, dadurch sank die Kampfkraft weiter und am Ende erzwang die militärische Wehrlosigkeit die politische Kapitulation. Die Mechanismen, die schließlich die Kämpfe des amerikanischen Bürgerkriegs beendeten, haben Parallelen zu den Ausgängen des Ersten Weltkriegs.

Während der amerikanische Bürgerkrieg tobte, wurden Regulierungen für das *ius in bello* erlassen. Da es nicht gelungen war und auch für die absehbare Zukunft nicht gelingen sollte, den Krieg abzuschaffen, also den Krieg als Mittel der Politik, das *ius ad bellum*, zu ächten, so sollten doch eine ganze Reihe von Bestimmungen das Los der Unterlegenen, der Kriegsgefangenen, der Verwundeten und Nichtkombattanten verbessern. Hier zu erwähnen sind der von dem amerikanischen Juristen Francis Lieber ausgearbeitete «Lieber Code» (Instructions for the Government of Armies of the United States in the Field), vom 24. April 1863.[60] Er regulierte die Bestimmungen des *ius in bello*, gestattete beispielsweise die Bestimmung des «no quarter», «Kein Pardon geben», nur noch in Ausnahmefällen und als Repressalie und enthielt eine ganze Reihe von Bestimmungen zum Schutz der Nichtkombattanten. Das Töten wehrloser Gefangener wurde unter Todesstrafe gestellt; die unnötige oder aus Rache erfolgende Tötung von Menschen für ungesetzlich erklärt. Charakteristisch für den Geist dieser Bestimmungen ist Artikel 68: «Moderne Kriege sind keine mörderischen Kriege, in denen das Töten des Feindes das Ziel ist. Die Vernichtung des Feindes in modernen Kriegen, und, tatsächlich, der moderne Krieg selbst sind Zwecke, um das Ziel des Kriegführenden zu erreichen, das jenseits des Krieges liegt.»[61] Unabhängig davon, aber im selben Geist, erfolgte die von Henri Dunant initiierte Gründung des Roten Kreuzes und die Bestimmungen der Genfer Konvention, die ab 1864 von einer ganzen Reihe von Staaten ratifiziert wurde. Hier, ebenso wie in der Konferenz von Brüssel von 1874 und den Haager Konventionen von 1899 und 1907, wurden Mindeststandards für die Behandlung von Nichtkombattanten und Kriegsgefangenen international verbindlich festgeschrieben.[62] Damit hatte die Kodifizierung von Schutzbestimmungen, die in der frühen Neuzeit begonnen und in der Französischen Revolution einen ersten Höhepunkt erreicht hatte, nun einen weiteren Schritt vorwärts getan in dem Bemühen, Gewalt im Krieg einzudämmen – vor allem Gewalt gegenüber Unterlegenen, Wehrlosen, Verwundeten und Zivilisten.

5. «Dulce et decorum est pro patria mori» – Wie das Kämpfen im Ersten Weltkrieg endete

Die neuen Regelungen führten aber nicht dazu, dass die rechtlich nun besser denn je abgesicherten Soldaten des Ersten Weltkriegs die Chance nutzten, um früh und massenhaft zu kapitulieren. In Wahrheit erwies sich der Durchhaltewillen im Ersten Weltkrieg als sehr hoch und brach nur unter außergewöhnlichen Belastungen. Eine Rolle dürfte, zumindest in den Mittel- und Oberschichten, ein bestimmtes Verständnis von Patriotismus, männlichem Heroismus und Pflichterfüllung gespielt haben, wie zahlreiche Briefe bezeugen. So schrieb W. J. Palk am 12. Juli 1916 – da war die Sommeschlacht schon in vollem Gange – seinen Eltern, dass er froh sei, «endlich die Gelegenheit zu haben, für König und Vaterland kämpfen zu können. Ich hoffe bloß, dass ich furchtlos sein möge und in einer Weise kämpfen werde, dass Ihr auf Euren Sohn stolz sein werdet.»[63]

Obwohl viele Historiker in den letzten Jahrzehnten mit guten Gründen die Idee universeller Kriegsbegeisterung im Sommer 1914 in Frage gestellt haben,[64] ist eines offensichtlich: Es gab einen Einsatz- und Opferwillen unter den europäischen Nationen, der einen absoluten Höhepunkt in der europäischen Kriegsgeschichte darstellt. Und nicht ohne Grund richteten sich die Wut und Enttäuschung der «verlorenen Generation» der Frontsoldaten nach dem Krieg gegen die klassischen griechisch-römischen Bildungsideale und die Idee vom Tod fürs Vaterland, die ihnen in der Schule vermittelt worden waren, und die diesem Ideal hohnsprechende soldatische Erfahrung des Ersten Weltkriegs. Schriftsteller wie Erich Maria Remarque, Robert Ranke Graves, Siegfried Sassoon oder Wilfried Owen richteten ihre kalte Wut gegen eine Erziehung, die Heranwachsende zum Opfertod für das Vaterland aufforderte. Owen beschrieb in einem berühmten Gedicht den erbärmlichen Todeskampf eines Soldat nach einem Giftgasangriff; wer mitansehen musste, wie dieser junge Mann sich sein Leben aus dem Leib kotzte, könne nicht «mit so großem Eifer Kindern, die nach verzweifeltem Ruhm dürsten, die alte Lüge erzählen: Dulce et decorum est pro patria mori.»[65]

Aber gerade der enttäuschte Idealismus zeugte davon, wie sehr diese Ideale vor dem Krieg geglaubt und verinnerlicht worden waren. Hunderttausende hatten sich zu Beginn freiwillig gemeldet; sie glaubten ihr Vaterland in Gefahr durch einen Überfall und meinten, einen legitimen Verteidigungskrieg zu führen. Dieser Enthusiasmus nutzte sich während des Krieges ab und damit auch der Einsatzwille; er blieb aber so hoch, dass die große Frage des Ersten Weltkriegs nicht ist, warum die Soldaten schließlich aufhörten zu kämpfen, sondern warum sie so lange unter erschreckenden Bedingungen durchhielten. Ernst Jünger, ein kaltblütiger und hochdekorierter Offizier, dem es nichts ausmachte, im Kampf die Gegner mit Handgranaten reihenweise umzubringen, notierte am 25. Juni 1916 in seinem Tagebuch: «Überhaupt kann ich die Todesverachtung meiner Leute gar nicht genug betonen.»[66] Ähnliche Kommentare lassen sich, für die Soldaten aller Seiten, zuhauf finden.

Eine wichtige und komplexe Rolle für diese Leidensbereitschaft spielte die Religiosität; der Glaube an Gott und an höhere Fügung ließ viele Soldaten große Härten erdulden. Untersuchungen haben ergeben, dass dieser Faktor wahrscheinlich wichtiger war als Patriotismus oder Kameradschaft.[67] Die Interpretation des Krieges als göttliche Fügung und Prüfung machte das Leiden erträglicher als die Überzeugung, all dies sein ein «sinnloses Schlachten» («inutile strage», Papst Benedikt XV. in seiner Friedensnote vom 1. August 1917). Hier mag General von Lyncker, der Generaladjutant Wilhelms II., als Beispiel dienen. Er hatte im September 1914 einen Sohn verloren und kam mit dem Verlust nicht zurecht. Er schrieb im November 1914: «Ich bin an mir selbst schon oft erschrocken, daß auch der Gedanke, daß Niklas für ein Großes und für das Vaterland sein Leben ließ, mir gar keinen Trost gewährt.»[68] Er setzte seiner Verzweiflung den Glauben an göttliche Fügung entgegen und interpretierte seinen Verlust nicht als Folge eines politischen Vorgangs, des Krieges, sondern als Strafe Gottes, vielleicht für seine

Hybris. Er schrieb am 18. Juni 1917: «Wer sich dazu durchgerungen hat, daß Gott straft, aber unser Vater ist, der mag wohl gerettet sein aus aller Noth, Pein und Zweifel. Ich bins noch nicht. Das Herz ist verzagt und trotzig.»[69] Und doch sah er in dieser Interpretation des Krieges als Strafe Gottes den einzigen Halt; er schrieb am 25. April 1917: «Wenn man nicht in Allem, auch in dem Schwersten Gottes Hand erkennen will, ist man verloren.»[70] Es ist offensichtlich, dass eine solche religiöse Interpretation von Krieg, Gewalt und Verlust einen gewaltigen, aber äußerst schwer zu beziffernden Einfluss auf die Bereitschaft, den Kampf aufzugeben, hatte.

Es gab Unterschiede im Durchhaltewillen: Die deutschen, französischen und britischen Armeen kämpften härter und ausdauernder als die der anderen Staaten. Dies lag einerseits an ihrer besseren Ausrüstung, Ausbildung und Organisation; es hatte aber auch mit dem gesellschaftlichen Hintergrund und dem bürgerlichen Leistungs- und Verantwortungsethos zu tun. Der italienische Politiker Giovanni Giolitti führte beispielsweise die begrenzte Leistungsfähigkeit seiner Armee auch darauf zurück, dass die italienische Landbevölkerung, anders als die Westeuropäer, noch keinen patriotischen Bürgersinn habe.[71] Dieses Argument kann durch Zahlen gestützt werden, nämlich durch die Aufschlüsselung der militärischen Verluste der einzelnen Armeen. Die Verlustlisten addierten die Gefallenen, die Verwundeten und die Vermissten (Kriegsgefangenen). Je größer der Anteil der Toten bei den Verlusten war, desto härter kämpften die Soldaten; so interpretierten dies zumindest die Zeitgenossen.[72] Die russische, die italienische und die österreichisch-ungarische Armee verloren deutlich mehr Soldaten durch Gefangenname als durch Tod und Verwundung als die deutsche, britische und französische: 51,8 Prozent aller russischen, 31,8 Prozent aller österreichisch-ungarischen und 25,8 Prozent aller italienischen Verluste waren Kriegsgefangene. Hingegen waren die britischen und deutschen Zahlen deutlich niedriger: Nur 6,7 bzw. 9 Prozent ihrer Soldaten wurden Kriegsgefangene.[73] Daraus kann auf die bessere Führung und die größeren militärischen Erfolge der britischen, französischen und deutschen Armeen geschlossen werden, aber auch auf einen ans Selbstmörderische grenzenden Einsatzwillen. Diese Soldaten hatten nur eine geringe Bereitschaft, den Kampf aufzugeben und zu kapitulieren.

Im Folgenden soll es aber nicht darum gehen, die einzelnen nationalen Armeen im Kampfwert miteinander zu vergleichen. Stattdessen soll, generalisierend und damit natürlich auch vereinfachend, der Frage nachgegangen werden, wann und unter welchen Umständen Soldaten im Ersten Weltkrieg kapitulierten oder welche anderen Wege sie fanden, die Kämpfe zu beenden.[74] Zunächst ist hier ein Blick auf die Zahlen notwendig. Im Ersten Weltkrieg wurden insgesamt etwa 66 Millionen Soldaten eingesetzt.[75] Von diesen starben etwa 8,8 Millionen (hinzu kamen noch knapp 6 Millionen Zivilisten).[76] Etwa 6,6–8 Millionen Soldaten wurden gefangen genommen; das entspricht etwa 10 Prozent aller Mobilisierten.[77]

Die Frage, wie Kämpfe endeten, kann demnach von den Zahlen her so beantwortet werden: Der Erste Weltkrieg endete für ca. 13 Prozent aller eingezogenen Soldaten mit dem Tod, wobei ein großer Teil von ihnen noch auf dem Schlachtfeld starb. Für eine sehr große Zahl von Soldaten endeten die Kämpfe durch Verwundung oder Erkrankung; allein im deutschen Heer (Feldheer und Besatzungsheer, insgesamt 13,2 Millionen Mann) wurden während des Krieges ca. 4,8 Millionen Soldaten verwundet, ca. 14,6 Millionen erkrankten;[78] das heißt, dass, statistisch gesehen, jeder dritte deutsche Soldat (36,36 Prozent) während des Krieges verwundet wurde und jeder Soldat mindestens einmal ernstlich erkrankte. Für die weniger schwer Verwundeten oder Erkrankten war diese Unterbrechung aber nur vorübergehend und sie kehrten nach der Genesung in den Einsatz zurück.

Von der Statistik zur Geschichte: Der Grund, weshalb Soldaten aufgaben, war derselbe wie immer in der Kriegsgeschichte; es waren die Auswirkungen militärischer Niederlagen. Clausewitz hatte festgestellt, dass die «Vernichtung der Streitkräfte [...] hauptsächlich nur im Gefecht» stattfindet.[79] Deshalb führt, wenn es um die Frage von Aufgeben und Kapitulation geht, kein Weg an der Operationsgeschichte vorbei, an Sieg und Niederlage auf dem Schlachtfeld. Kapitulation und Gefangenschaft spielten eine wichtige Rolle als Indikator des Sieges, denn der Verlierer ergab sich gelegentlich auf dem Schlachtfeld, weit häufiger aber auf der Flucht, denn das Aufgeben während des Kampfes war riskant. Moltke der Jüngere, der erste deutsche Generalstabschef dieses Krieges, stellte am 4. September 1914 nach dem stürmischen Vormarsch der deutschen Armeen in Belgien und Nordfrankreich fest: «Wir haben Erfolge gehabt, aber wir haben noch nicht gesiegt. Sieg heißt Vernichtung der Widerstandskraft des Feindes. Wenn sich Millionenheere gegenüberstehen, dann hat der Sieger Gefangene. Wo sind unsere Gefangenen?»[80]

Sterben und Töten: «kein Pardon» in der Schlacht?

Doch die Kapitulation war nur ein mögliches Ende der Kämpfe. Für etwa jeden achten Soldaten des Ersten Weltkriegs endete der Krieg, wie oben erwähnt, mit dem Tod. Dieser erfolgte in den meisten Fällen zwar nicht im Kampf Mann gegen Mann, sondern sehr viel anonymer durch Artilleriefeuer, durch Maschinengewehre und Handgranaten.[81] Geradezu typisch dafür sind die Tagebücher von Ernst Jünger, die plastisch beschreiben, wie willkürlich der Einzelne zum Opfer von Artilleriefeuer wurde. Ein Beispiel: «Im selben Moment pfiff es wieder in der Luft, jeder hatte das Empfinden: Die kommt hierher, dann gab es einen furchtbaren Knall. Die Granate war mitten zwischen uns geschlagen. Ein furchtbares, nicht mehr menschliches Gebrüll erscholl aus vielen Kehlen. Das unsägliche Grauen der Scene wurde noch durch ein intensives rosa Licht erhöht, das von der Maschinen-Gewehr-Munition herrührte, in welche die Granate eingeschlagen war. Dieses Licht zeigte den schwelenden Qualm des Einschlages und eine Reihe sich wälzender Körper, außerdem die nach allen Seiten auseinanderstiebenden Überlebenden. [...] Der Platz sah schaurig aus. Um die Einschlagstelle der Granate herum lagen über 20 Leichen, fast alle bis zur Unkenntlichkeit zerfetzt.»[82] Es gab nicht viele Möglichkeiten, sich zu ergeben in einer Situation, in der einen der Tod derart willkürlich und plötzlich ereilte. Von Granaten oder von Maschinengewehrfeuer getroffen zu werden, war die vorherrschende Form des Schlachtentodes. Doch konnte es auch zum Kampf Mann gegen Mann kommen, in dem das Töten physische Arbeit wurde; in dem sich Soldaten mit Handfeuerwaffen, Bajonetten und sogar mit Spaten ähnlich brutal töteten, wie dies bei Cannae oder Agincourt der Fall gewesen war.

Der im Handgemenge Unterliegende hatte natürlich die Möglichkeit, sich zu ergeben. Viele Soldaten gaben sich aber während der Schlacht nicht viel Mühe, das Leben der Gegner zu schonen. Jüngere Studien zum Thema haben übereinstimmend herausgearbeitet, dass der Versuch von Soldaten, sich während des Kampfes zu ergeben, lebensgefährlich war.[83] Ihre Gegner empfanden die Gefangenen als Bürde und Gefahr, befürchteten einen Hinterhalt oder waren einfach nur verängstigt oder wütend; ihrerseits unter dem Eindruck von Tod, Verwüstung und andauernder Lebensgefahr, waren sie nicht übermäßig besorgt um das Leben des Besiegten. Gefangene Soldaten wurden, dem Völkerrecht widersprechend, in vielen Fällen einfach umgebracht, wie etwa folgendes Beispiel aus dem Tagebuch eines britischen Soldaten vom 16. Juni 1915 zeigt: «Da sah ich einen Hunnen, einen ziemlich jungen Mann. Er rannte den Schützengraben hinunter, hatte die Hände in der Luft; er sah verängstigt aus und winselte um Gnade. Ich erschoss ihn sofort. Es war himmlisch, ihn vorwärts fallen zu sehen. Ein Offizier des Lincoln-Regiments war sehr ärgerlich mit mir, aber unsere Erfolge gleichen alles andere aus.»[84] Ein bayerischer Stabsarzt fiel am 15. September 1916 in britische Hände und berichtete später: «Gleich nach der Gefangennahme wurde den unverwundeten und leichtverwundeten Offizieren und Mannschaften durch Winken die Richtung angegeben, in der sie sich in Marsch setzen mußten. Trotzdem sich niemand widersetzte, schossen die Neuseeländer aus Mutwillen oder Mordlust auf die einzeln oder gruppenweise zurückgehenden Gefangenen und Verwundeten und töteten viele. [...] Ein Krankenträger vom 5. Infanterieregiment, der nach der

Einnahme von Flers mit Stabsarzt Kliensberger aus dem dortigen Verbandsplatz herauskam, um sich gefangen zu geben, wurde trotz seiner deutlich sichtbaren Genfer Binde durch Kopfschuß niedergestreckt.»[85] Eine wichtige Rolle spielten auch Erwartungshaltung, Gerüchte und Reziprozität. Ein Soldat des Reserveinfanterieregiments 110 berichtete während der Sommeschlacht im Juli 1916, dass die Engländer «die Deutschen, die die Hände hochhielten, erschossen, und dann hätten sie es auch so gemacht und einmal 1200 eingeschlossene Engländer zusammengeschossen.»[86]

Dies zeigt deutlich den Mechanismus: Es handelte sich um eine Antwort auf vorangegangene – tatsächliche oder vermeintliche – Übergriffe des Gegners, also einen reziproken Akt. De facto setzte sich im Ersten Weltkrieg unter Schlachtbedingungen die alte Praxis des «Pardon wird nicht gegeben», des «no quarter», fort. Dies war infolge der Haager Konvention inzwischen illegal, wurde bisweilen aber sogar als Befehl ausgegeben.[87] Besonders gefährlich wurde es für Kapitulationswillige, wenn die Gefangennehmenden gerade Verluste erlitten hatten, wenn Kameraden oder sogar Freunde gefallen waren. In einem Umfeld wie den Schlachtfeldern des Ersten Weltkriegs, auf denen Menschenleben erkennbar nicht viel Wert hatten, gewann Rachedurst oft die Oberhand. Ein britischer Bildhauer schrieb im Mai 1915 an Ezra Pound: «Wir hatten auch eine Handvoll Gefangener – 10 – und als wir gerade vom Untergang der Lusitania erfuhren, wurden sie hingerichtet mit Gewehrkolben, nach einer zehnminütigen Diskussion zwischen den Unteroffizieren und den Mannschaften.»[88]

Auf der anderen Seite ist es unzulässig, aus solchen Vorfällen auf eine generelle Praxis zu schließen. Ein Gegenbeispiel findet sich wieder in den lesenswerten Kriegstagebüchern Ernst Jüngers. Seine Kompanie musste am 1. Dezember 1917 einen Graben stürmen. Er notierte nach dem Gefecht in seinem Tagebuch: «Plötzlich stockte es vorn. Ein im Graben stehender Engländer war gesichtet und ausgerissen. Weiter vorn klangen Stimmen. Es ging weiter. Handgranaten wurden von den ersten Leuten vorgeworfen. Nach kurzer Handgranatenwerferei wurde es still. Die Engländer ergaben sich durch Zurufe. Mit hocherhobenen Händen kamen sie einer nach dem andern durch den Graben. Es waren stramme Kerle in guten Uniformen. Der Zug wollte gar kein Ende nehmen. Merkwürdig war der Umschwung der Stimmung. Eben noch waren vernichtende Wurfgeschosse gewechselt, jetzt lachte und scherzte Alles friedlich miteinander. Unsere Leute gingen sehr rücksichtsvoll mit den Gefangenen um, es wurden ihnen nur die Waffen abgenommen. Einen Leutnant hielt ich an und ließ mir von ihm den Verlauf der Stellung erzählen. [...] Er führte mich zu dem Hauptmann, der am Bein verwundet war. Er war ein Mann von ungefähr 30 Jahren mit scharfgeschnittenem intelligentem Gesicht. Ich stellte mich vor, auch er nannte seinen Namen und übergab mir seine Pistole. [...] Dann ging ich wieder in den Graben, nachdem ich mit dem Kapitän noch einen Händedruck gewechselt hatte.»[89]

So gibt es Beispiele für beides: für das Töten von Gefangenen und auch für die regelkonforme, ja ritterliche Behandlung der Unterlegenen. Die gelegentlichen Exzesse machten eine Kapitulation jedenfalls nicht unmöglich. Dies zeigen die Zahlen, denn, wie oben bereits gesagt, gerieten etwa 10 Prozent aller Soldaten in Gefangenschaft.

Eine Kapitulation war aber dann praktisch ausgeschlossen, wenn es an einem Frontabschnitt zum Großangriff kam. Dieser wurde normalerweise durch heftiges Artilleriefeuer eingeleitet. So wurden während der Sommeschlacht die deutschen Stellungen zunächst von Tausenden von Geschützen unter Dauerfeuer genommen. Die britischen und französischen Artilleristen verschossen Millionen von Granaten aller Kaliber, die über Monate an die Front geschafft worden waren. Nach einer Woche Dauerbeschuss schwiegen die Kanonen und die Infanterie trat zum Sturm an. Die deutschen Grabenbesatzungen hatten in tiefen Unterständen auf diesen Moment gewartet; sie wussten, dass, sobald die Artillerie schwieg, der Sturmangriff kommen würde. Die alliierten Planer hatten gehofft, die deutschen Verteidiger durch das Artilleriefeuer hinreichend dezimiert zu haben, doch das war nicht der Fall. Zwischen Angreifer und Verteidiger kam es zu einem Rennen ums Überleben: Für die deutschen Grabenbesatzungen hieß es, aus den Unterständen herauszukommen und die Maschinengewehre zu besetzen, bevor die stürmenden Engländer das Niemandsland überquert und die deutschen Gräben erreicht haben würden. Dies gelang ihnen; am 1. Juli 1916 verlor die britische Armee 57 000 Mann; es war der verlustreichste Tag der britischen Militärgeschichte.[90] Die Schlacht ging dennoch Monate weiter, bis in den November hinein, und wurde beiderseits mit ungeheurer Erbitterung geführt. In diesem Umfeld von Tod und Zerstörung hatten Empathie und Mitleid mit dem Gegner und damit die Kapitulation keinen Platz. Ernst Jünger berichtete am 27. August 1916: «Vorm […] ersten Zuge, erzählte mir Wetje, erschienen heute 2 Engländer, die sich anscheinend verirrt hatten. Alle beide wurden niedergeschossen, der eine 8 m vorm Graben.»[91] Und einen Tag später schrieb er: «Das Verirren ist eine der größten Gefahren der Sommeschlacht. Kommt die Abteilung ab, ist sie meist verloren, denn wie oft kann sie durch die vielen Lücken den Engländern in die Arme laufen, ganz abgesehen von den beständig einschlagenden Geschossen. Und wenn man dem Feind in die Hände fällt, ist auf Pardon nicht zu rechnen. Hier weiß jeder, daß es um die Wurst geht und die Erbitterung ist eine enorme. Wozu auch Gefangene machen, die man nur durch das Sperrfeuer mühsam nach hinten schaffen muß. Noch viel unbequemer […] wird der verwundete Feind. Schon der eigene Verwundete kann nur mit größter Schwierigkeit nach hinten gebracht werden …»[92]

Da Ernst Jünger in seinen Tagebüchern vollkommen unterschiedliche Behandlungen von kapitulierenden Gegnern beschrieb, hing der Umgang mit ihnen offensichtlich hochgradig von der jeweiligen Situation ab. Die britischen Historiker Niall Ferguson und Alexander Watson haben behauptet, dass das Töten von kapitulierenden Soldaten eine Entwicklung ausgelöst hatte, die schließlich die Kapitulation ungeheuer erschwerte. Das stimmt für die Schlacht; allerdings ist zu vermuten, dass auch die rigideste Kontrolle am Gesamtbild nicht viel verändert hätte. Die Tötung war regelwidrig, aber Exzesse waren im Kampfgeschehen schwer zu verhindern. Selbst wenn das anders gewesen wäre, hätte sich die Kapitulationsbereitschaft dadurch nicht wesentlich erhöht.

Erfolgreiche Kapitulationen vollzogen sich daher nicht individuell, sondern meist einheitenweise und wurden in vielen Fällen von Offizieren für ihre Soldaten vorgenommen. Sie erfolgten meist nicht während eines laufenden Angriffs, sondern in einer späteren Phase oder sogar erst nach der Schlacht. Nur wenn die Front in Bewegung geriet, bei Vorstößen einer, bei dem Zurückgehen der anderen Seite, konnten Soldaten in die Lage geraten, zu kapitulieren. Wenn sie von gegnerischen Vorstößen überrascht wurden, ergaben sie sich – und das war, selbst wenn ein einzelner bewaffneter Offizier Dutzende von Gefangenen machen konnte, immer noch ein Akt der «erzwungenen Kapitulation». Die Soldaten ergaben sich, weil ihnen jemand, symbolisch, aber meistens buchstäblich, eine geladene Waffe entgegenhielt. Das galt für die Besatzung von Lüttich, die kapitulierte, als Ludendorff an die Festungstür pochte;[93] dies galt auch für einzelne Soldaten, die mit einer Pistole oder Handgranate in der Hand Dutzende von Gefangenen machen konnten.

Zwar sank die Kampfmoral während des Krieges generell ab und ein erdrückendes Gefühl, es sei mehr als genug, gewann immer deutlicher die Oberhand, je länger der Krieg dauerte, und zwar quer durch alle Ränge der Armeen. Aber bis zum Kriegsende blieben Kapitulationen praktisch immer das Resultat verlorener Schlachten, wie Tannenberg 1914, Gorlice Tarnow 1915 oder Caporetto 1917 zeigten. Letztlich handelte es sich um «erzwungene Kapitulationen», selbst wenn die Soldaten noch bewaffnet und unverwundet waren; denn wo war die Handlungsalternative für einen einzelnen Soldaten oder einen Trupp, der vom Gegner überrannt worden war und, abgeschnitten von den eigenen Linien, nun vor der Frage des sinnlosen Endkampfes stand? Nicht einmal in der Antike, wo die Alternative aus Sieg, Tod oder Sklaverei bestand, war bis zum Tod weitergekämpft worden; im Ersten Weltkrieg war die Alternative Tod oder Gefangenschaft – fast sieben Millionen Soldaten entschieden sich für letztere. Die großen militärischen Niederlagen des Krieges erklären die Millionenzahlen an Gefangenen.

Die Kapitulation war aber nur der allerletzte Ausweg und die Hemmschwelle mindestens so hoch wie die, im Zivilleben ins Gefängnis zu gehen. Die Soldaten wählten Kapitulation und Kriegsgefangenschaft nur in diesen aussichtslosen Situationen, und hinterher plagte sie oft sogar noch das schlechte Gewissen.[94] Das lag nicht nur am Ehr- und Verantwortungsgefühl, am Patriotismus oder Zusammenhalt der soldatischen Kleingruppe, sondern auch an dem Faktum, dass niemand sich gerne der Willkür des Siegers auslieferte. Diese konnte sich nicht nur, wie erwähnt, in wahllosen Erschießungen äußern;[95] es hatte sich auch herumgesprochen, dass Kriegsgefangene als Zwangsarbeiter eingesetzt wurden, oft in frontnahen Gebieten, und manchmal sogar in Zonen, die unter Beschuss standen.[96] Die Kriegsgefangenschaft war, ob sie nun unter moralischen, pragmatischen oder soldatischen Ehrgesichtspunkten betrachtet wurde, für den Einzelnen immer eine schlechte Option.

Wenn die Kapitulation aber nur als letzter Ausweg aus einer unerträglichen Zwangslage angesehen wurde, stellt sich die Frage, wie und ob die Soldaten dem auf ihnen lastenden ungeheuren Druck des Krieges auf andere Weise ausweichen konnten. Tatsächlich hatten sie Optionen, sich mit dem Krieg zu arrangieren, die Todesgefahr kontrollierbar zu machen und zu minimieren; in Steigerung dessen konnten sie sich dem Krieg sogar gänzlich entziehen, etwa durch Selbstverstümmelung.[97] Die Dynamik dieser individuellen Überlebensstrategien macht es verständlich, wann es zur Kapitulation kam – nämlich dann, wenn diese Alternativen versagten.

Desertion: Die Flucht nach vorn oder nach hinten

Die Kapitulation des Einzelnen bedeutete, sich gefangen zu geben, also zum Gegner zu desertieren. Dies war jedoch, unter den Bedingungen des Schützengrabenkriegs, eine lebensgefährliche Option. Denn dazu musste zuerst das Niemandsland überquert werden mit der Gefahr, von eigenen oder gegnerischen Kugeln getötet zu werden. Dann war unklar, ob der Gegner die Kapitulation akzeptieren würde, was längst nicht immer der Fall war, wie oben gezeigt wurde. Deshalb erfolgte die Desertion fast immer nach hinten. Die Zahlen der italienischen Armee verdeutlichen die Größenordnung: 162 563 italienische Soldaten desertierten während des Krieges, davon aber nur 2662, das waren 1,6 Prozent, zum Feind. Die anderen 98,4 Prozent der Deserteure verschwanden ins Landesinnere,[98] obwohl sie dort dem Zugriff einer erbarmungslosen Militärpolizei ausgesetzt waren.

Die Desertion spielte aber, aus den genannten Gründen, im westeuropäischen Fall zahlenmäßig keine große Rolle: In der deutschen Armee dienten im Ersten Weltkrieg über 13 Millionen Mann; aber im gesamten Krieg gab es nur ca. 50 000 Fälle von Desertion/unerlaubtem Fernbleiben, es desertierten also weniger als 0,4 Prozent aller Soldaten.[99] In anderen Armeen, etwa der osmanischen, war das Problem jedoch sehr viel gravierender. Elitedivisionen, die auf der Verlegung von Konstantinopel nach Aleppo 1917 die anatolischen Heimatgebiete ihrer Soldaten durchqueren mussten, büßten unterwegs ein Drittel ihrer Sollstärke durch Desertion ein.[100]

Die Gefahr kontrollieren? Das Prinzip des «Leben und leben lassen»

Desertionen (sowie das sachlich davon kaum zu trennende «unerlaubte Fernbleiben» von der Truppe) waren eine offene und gefährliche Form des Widerstands – und sehr viel seltener als andere, indirektere Formen der Kampfvermeidung. Hier ist es notwendig, sich den Frontalltag des Ersten Weltkriegs vor Augen zu halten. Die Soldaten hatten in den viereinhalb Jahres des Krieges in den langen, eintönigen Phasen zwischen den Schlachten ein breites Arsenal von Vermeidungsstrategien entwickelt, um die Gefahren des Krieges kontrollierbarer zu machen. Unter diesen muss zuerst das von dem britischen Historiker Tony Ashworth sogenannte Prinzip des «Leben und leben lassen» erwähnt werden.[101] Hierbei handelte es sich um den Versuch, das Leben in den Schützengräben erträglicher zu machen. An ruhigen Frontabschnitten der Westfront suchten sich die Soldaten zu arrangieren, die Kampfhandlungen zu begrenzen, den Gegner nicht zu reizen, um von diesem wiederum in Ruhe gelassen zu werden. Hierbei kam es zu einem System von konsensualem, aber oft nicht abgesprochenem Verhalten, das beispielsweise so aussehen konnte, dass der Beschuss immer um eine bestimmte, voraussehbare Uhrzeit erfolgte, damit der Gegner sich darauf einstellen konnte (und seinerseits zu festen Zeiten feuerte). Wie man sich das in der Praxis vorstellen konnte, zeigt folgender Kommentar eines britischen Offiziers, der in einem Schützengraben plötzlich einsetzendes britisches Artilleriefeuer mit dem Seufzer kommentierte: «Warum können sie die nicht in Ruhe lassen?» und ein anderer hinzufügte, dass die Deutschen nun reagieren würden, da die Briten normalerweise nicht um diese Uhrzeit des Nachmittags feuern würden. Und tatsächlich, «fünf Minuten später rächten sich die Deutschen für die Unterbrechung ihrer Nachmittagssiesta».[102] Dieses Phänomen des «Leben und leben lassen», ist nicht das Aufhören, aber ein Verlangsamen des Krieges, ein Kontrollierbarmachen der Gefahr und gleichzeitig ein gutes Beispiel für das Wirken der «unsichtbaren Hand des Krieges», bei dem aus beidseitigem Egoismus ein Mechanismus der Schadensminimierung resultierte.

Dies konnte einen Schritt weiter gehen und zur offenen Kontaktaufnahme mit dem Gegner führen, mit dem Vorräte getauscht wurden. Dies erreichte seinen Höhepunkt im berühmten «christmas truce» zu Weihnachten 1914, als die Truppen aus den Schützengräben kletterten und sich unterhielten, angeblich sogar im Niemandsland mit Blechbüchsen Fußball spielten.[103] Dies war natürlich für die Oberkommandos ein Schrecken, da sie den Zusammenbruch der Kampfkraft fürchteten, und sie versuchten, solche Fraternisierungen drakonisch zu unterbinden.

Weite Teile der Fronten lebten demnach in den Ruhephasen in einer Art des unerklärten und brüchigen Konsensus der Gewaltminimierung. Dieser endete bei Angriffen oder wenn in einem Frontabschnitt plötzlich ein draufgängerischer Offizier das Kommando übernahm. Das «Leben und leben lassen» war ein wesentlicher Faktor des langen Durchhaltens und muss deshalb in die Rechnung mitaufgenommen werden. Nur diese kleinen Erleichterungen machten den Krieg erträglich. Wenn Truppen aber im Angriffs- oder Verteidigungsgeschehen waren, unter Beschuss und ohne Ausweichmöglichkeit, dann war ihre Widerstandskraft beschränkt. Militärpsychologen haben durch Tests herausgefunden, wie viele Kampftage ein Mensch ertragen kann; die Zahl ist begrenzt (200)[104] und irgendwann bricht auch der härteste Soldat. Was also geschah, wenn Soldaten sich diesem unerträglichen Moment der vollkommenen Überforderung gegenübersahen?

Die Überforderung: Shell shock und Selbstverstümmelung

Manche hielten es psychisch einfach nicht mehr aus. Der Erste Weltkrieg ist der erste Krieg, in dem das Auftreten von «shellshock» notorisch wurde – obwohl das Phänomen eines in der Schlacht ohne Verwundung erblindeten Soldaten bereits von Herodot berichtet wurde.[105] Solche Phänomene können, bei sehr genauem Hinsehen, in der gesamten Kriegsgeschichte beobachtet werden; aber erst im Amerikanischen Bürgerkrieg und auch im Russisch-Japanischen Krieg wurden sie medizinisch vermerkt.[106] Die emotionale Überforderung, unter Todesgefahr seinen Mann stehen zu müssen, führte zu komplexen neurologischen Phänomenen, die anfangs als «Hysterie» oder «Kriegszitterer» bezeichnet wurden. Die organische Ursache war nicht erkennbar – zuerst wurde vermutet, dass Granateinschläge oder Druckwirkung organische Schäden verursacht hätten – daher auch der Name «shell shock» –, da besonders Artilleriebeschuss und Verschüttung diese Phänomene auslösten, also Situationen, in denen die Soldaten weder kämpfen noch fliehen konnten und trotzdem in Todesgefahr waren. Hunderttausende tapferer Soldaten mussten in diesem Krieg von Militärpsychiatern behandelt werden; diese gingen oft mit dem Ansatz ans Werk, dass die hysterischen Phänomene unterdrückt und die Männer so schnell wie möglich wieder frontfertig gemacht werden sollten.[107] Die Methoden, die dabei angewendet wurden, wie etwa Elektroschocks, waren oft wirkungslos, manchmal schlimmer als das, nämlich brutale Quälereien. Die Sensibilität für die Grenzen psychischer Belastbarkeit hat während des 20. Jahrhunderts zugenommen – General Patton, der 1943 einen wegen psychischer Probleme kampfunfähigen Soldaten in einem Lazarett geohrfeigt und als Feigling beschimpft hatte, musste einen vorübergehenden Karriereknick erdulden – und schließlich zur Diskussion um Post Traumatic Stress Disorder (PTSD) geführt, die seit dem Vietnamkrieg die Debatte um Kriegseinsätze dominiert. Im Ersten Weltkrieg waren «Kriegszitterer» noch mit einem Makel behaftet.

Fast eine Form des Wahns waren Selbstverstümmelungen, um ins Lazarett zu kommen;[108] neben der absichtlichen Verletzung der linken Hand oder des Fußes kam es in extremen Fällen sogar zur Selbstvergiftung mit Giftgas.[109] Beides – shell shock und Selbstverstümmelung – kann als Abwehrreaktion von Körper und Geist gegen eine unerträgliche Überlastung interpretiert werden, gegen den eigenen Kontrollwillen der Soldaten, der versuchte, dem etablierten soldatischen Männlichkeitsideal gerecht zu werden, oder der nicht wusste, wie er einer Zwangssituation anders entrinnen könnte.

Militärstreik und Meuterei

Ein aktiv handelnder und rationaler Ausweg, einer unerträglich werdenden Kampfsituation zu entkommen, war die logische Steigerung des «Leben und leben lassen»-Prinzips. Dieses bestand aus der passiven Vermeidung von Kampfsituationen und war, obwohl es gegen den Geist der Armeen verstieß, noch systemkonform. Hingegen mussten die nächsten Schritte der Soldaten, nämlich Streik und Meuterei, aktiv die Schlagkraft der eigenen Armee beeinträchtigen. Zu einem Militärstreik kam es beispielsweise in der französischen Armee im Frühjahr 1917. Nach dem Zusammenbruch der Nivelle-Offensiven weigerte sich ein immer größer werdender Teil des französischen Heeres, die befohlenen Angriffsoperationen durchzuführen. Die Soldaten nahmen, vollkommen zu Recht, an, dass Nivelles Pläne für viele von ihnen den Tod bedeuten würden und trotzdem keine Aussicht auf Erfolg hatten. Das bemerkenswerte an diesem Militärstreik war, wie rasch er auf große Teile der Armee übergriff und dass Soldaten aus allen Regionen Frankreichs, unterschiedlichen Alters und verschiedener Zivilberufe an ihm teilnahmen; sie alle verband nichts außer der Ablehnung weiterer verlustreicher Angriffe.[110] Der Streik zeigt, wie sehr sich der Konsensus in der französischen Gesellschaft gedreht hatte; fast die Hälfte der gesamten Armee wurde von ihm erfasst. Es handelte sich aber nur um eine partielle und begrenzte Meuterei. Die Soldaten weigerten sich zwar anzugreifen, waren aber weiterhin zur Verteidigung bereit. General Pétain, der Sieger von Verdun, wurde berufen, die Situation zu bereinigen; in einer wohldosierten Mischung aus Härte und Nachgiebigkeit vermochte er es, die für die französische Kriegführung gefährliche Situation zu entschärfen. Er erleichterte die Situation der Soldaten, indem er auf weitere große Durchbruchsschlachten verzichtete und bessere Verpflegung, längere Ruhephasen, mehr Heimaturlaub und bessere Zugverbindungen für die Armee organisieren ließ.[111] Es wurden zwar etwa 3000 Meuterer verurteilt und 629 zum Tode verurteilt, aber nur 43 Todesurteile tatsächlich vollstreckt.[112]

Noch stärker überfordert wurden die russischen Soldaten. Russische Politiker und Generäle hielten unerbittlich am Krieg fest, während die sofortige Kriegsbeendigung für die Soldaten ihrer Armee zum immer dringenderen und schließlich allein dominierenden Anliegen wurde. Noch der starke Mann der liberalen nachzaristischen Revolutionsregierung, Alexander Kerenski, hielt den politischen Schaden, aus der Kriegskoalition gegen Deutschland ausscheiden zu müssen, für nachteiliger als die Gefahr durch Soldatenmeutereien.[113] Über dieser grotesken Fehlsetzung politischer Prioritäten fiel die Regierung und Lenin kam an die Macht, der seinen Erfolg vollständig der Tatsache zu verdanken hatte, dass er bereit war, den Krieg zu beenden, gleich unter welchen Konditionen.

Die deutsche Regierung hatte im Oktober und November 1918 die Befürchtung, dass es in Deutschland zu einer ähnlichen Bewegung kommen könnte – dass kampfmüde Soldaten zu offener Revolution gegen ihre eigene Regierung antreten würden, um den Frieden zu erzwingen. Doch dies stand am Ende einer militärischen Entwicklung, die nun kurz dargestellt werden soll, da es im deutschen Fall mehrere, sich aber nicht ausschließende Theorien gibt, wie die Soldaten den Friedensschluss erzwangen.

Die deutsche Niederlage 1918

Das Jahr 1918 hatte mit dem deutschen Versuch begonnen, die in Russland freigewordenen Truppen in den Westen zu bringen und dort, unter Nutzung einer leichten zahlenmäßigen Überlegenheit, die Entscheidung zu erzwingen, bevor die Amerikaner massiv eingreifen konnten. Die deutschen Truppen hatten die Vorbereitungen für diese Entscheidungsoffensive des Frühjahrs 1918 mit einem gewaltigen Wiederaufleben des Enthusiasmus begrüßt. Als der Angriff taktische, mit hohen Verlusten erkaufte Erfolge hatte, aber strategisch scheiterte, gingen im Juli 1918 im Gegenzug Briten und Franzosen zum Angriff über. Vor allem die britische Armee hatte inzwischen ihre Kampfpraktiken sehr verbessert[114] und es gelang den Alliierten, die deutschen Frontlinien zurückzudrängen und das Westheer fortwährend unter Druck zu halten. Inzwischen strömten Hunderttausende von amerikanischen Soldaten nach Frankreich und machten, obwohl sie erst ab September 1918 massiv in die Kämpfe eingreifen konnten, jede Hoffnung auf ein baldiges Nachlassen des Drucks zunichte. Das zahlenmäßige Verhältnis verschlechterte sich zusehends: Im November 1918 standen 3 527 000 deutsche (und einige wenige österreichisch-ungarische) Soldaten an der Westfront 6 432 000 alliierten Soldaten gegenüber – einer nunmehr fast doppelten Übermacht.[115]

Durch diese Belastung wurde die Kampfkraft des deutschen Westheers ab Sommer 1918 einem gefährlichen Erosionsprozess ausgesetzt. Das zunehmend ratlose Oberkommando konnte den

Truppen nicht das Minimum an Ruhe geben, das die Soldaten brauchten, um auf Dauer effektiv kämpfen zu können. Dies ist ein wichtiger Punkt, um zu verstehen, wie Kämpfe endeten; nämlich dann, wenn die Soldaten physisch einfach nicht mehr konnten, an dem sie völlig erschöpft ihren «breaking point» erreichten und, apathisch, nicht mehr die Kraft aufbrachten, weiterzumachen. Denn Kampf war immer auch Improvisation; eine hinreichend ausgeruhte, motivierte und kampfstarke Truppe war zu erstaunlichen Improvisationen in der Lage, eine ausgelaugte und apathische hingegen nicht. Während der Sommeschlacht kämpften – auch damals schon tödlich erschöpfte – deutsche Einheiten weiter, selbst als die Munition zur Neige ging. Ein Soldat schrieb beispielsweise: «... außerdem fehlt uns Munition; in meinem ganzen Zugabschnitt ist keine einzige Handgranate mehr.»[116] Eine Truppe mit geringerem Durchhaltewillen sah in solchen Umständen einen guten Grund zu kapitulieren und konnte sich darauf berufen, dass es sich um eine «erzwungene» Kapitulation handelte.

Im Jahre 1918, nach vier Jahren Krieg, war der Durchhaltewille des deutschen Heeres und der deutschen Gesellschaft geschwächt – ein Resultat der jahrelangen verlustreichen Kämpfe und auch der Blockade. Außerdem waren die Mittelmächte von Anfang an in einer zahlenmäßig und kriegswirtschaftlich weit prekäreren Situation als die Entente. Der amerikanische Historiker Jay Winter geht so weit festzustellen, dass nicht die schließliche Kapitulation 1918, sondern das lange deutsche Durchhalten das wirklich erklärungsbedürftige Phänomen dieses Krieges sei.[117]

Die deutsche Führung hatte auch nicht mehr die Reserven, um die wankenden Nebenfronten zu stützen, und dies führte im September 1918 zum Zusammenbruch der Balkanfront. Bulgarien schied aus dem Krieg aus, das Osmanische Reich folgte und Österreich-Ungarns Armeen fielen auf dem italienischen Schlachtfeld genauso auseinander wie der Gesamtstaat. Die Lage wurde zunehmend hoffnungsloser, obwohl sich das deutsche Heer noch immer auf belgischem und französischem Boden behaupten konnte. Die deutsche Führung, vor allem General Ludendorff, sah die Lage aber als so kritisch an, dass er Ende September 1918 einen Waffenstillstand forderte und damit die Entwicklung in Gang setzte, die schließlich zum Kriegsende führen sollte.

Ein deutlich sichtbares Zeichen des abnehmenden deutschen Kampfgeistes waren die ansteigenden Gefangenenzahlen. Zwischen dem 18. Juli und dem 11. November 1918 gingen etwa 340 000 deutsche Soldaten in britische, französische und belgische Gefangenschaft; die Mehrzahl, etwa 230 000, hatte noch vor dem Einsetzen der Waffenstillstandsverhandlungen Anfang Oktober 1918 kapituliert.[118] Das waren immerhin fast 10 Prozent des deutschen Westheeres des Juli 1918 (3 582 000 Mann),[119] aber eine deutlich kleinere Zahl als die Verluste der vorangegangenen deutschen Offensive in Höhe von fast einer Million Mann (977 555).[120] Die Gefangenenzahlen waren ein beunruhigendes Symptom. Zwar kämpften die Maschinengewehreinheiten nach wie vor, aber englische Einheiten berichteten, dass erschöpfte deutsche Soldaten in ihren Unterständen darauf warteten, sich dem Gegner gefangen zu geben.[121] Militärische Führer wie Ludendorff oder der Oberbefehlshaber der 3. Armee, Generaloberst von Einem, stellten fest, dass mit Soldaten, die den Kampf aufgaben, kein Krieg mehr geführt werden könne und dass die Truppe am Ende ihrer Kraft sei. Die britischen Historiker Niall Ferguson und Alexander Watson schließen daraus, dass der Kampfgeist des deutschen Heeres gebrochen war, dass sich die Soldaten, oft unter Führung ihrer Offiziere, ergaben, und die Führung mit dem Waffenstillstandsersuchen schließlich die Flucht nach vorn antrat.

Hingegen vertrat der Freiburger Historiker Wilhelm Deist die These, dass die Flucht des Heeres nach innen erfolgt sei. Deist prägte die Formel vom «verdeckten Militärstreik»; 700 000, vielleicht sogar eine Million deutscher Soldaten sollen sich im Herbst 1918 im Hinterland der Front und auf Bahnhöfen herumgedrückt haben, auf der Suche nach Möglichkeiten, sich in die Heimat abzusetzen, und mit der allgegenwärtigen Entschuldigung, sie seien versprengt und könnten ihre Einheit nicht finden.[122] Die Quellen sprechen übereinstimmend von dem hastigen Hin- und Herverlegen von Einheiten, um gegenüber dem zahlenmäßig drückend überlegenen Feind die Löcher da zu stopfen, wo sie aufrissen. Zu weiterer Verunsicherung und Panik führte der Masseneinsatz von Panzern, dem die Deutschen nichts entgegenzusetzen hatten. Die Truppen hatten keine Ruhephasen mehr und waren schließlich maßlos erschöpft. Nachdem die Oberste Heeresleitung Waffenstillstandsverhandlungen mit dem Feind aufgenommen hatte, ließ die Disziplin endgültig nach.[123] Einem schrieb am 15. Oktober 1918: «Unsere Gefechtsstärken schmelzen dahin, und die Truppe hat durch Mitteilung über den nahen Frieden stark in ihrer Moral gelitten. Es will keiner mehr sterben, sondern sie wollen ihre Kräfte für den Frieden erhalten. Dadurch ist es unendlich schwer, den Kampf mit Energie zu führen.»[124] Verständlicherweise wollte niemand der letzte gefallene Soldat eines verlorenen Krieges sein.

Im Übrigen müssen sich die Erklärungen nicht ausschließen, im Gegenteil. Die vollkommene Erschöpfung der Armee, die Kapitulationen und auch die Flucht der Soldaten nach hinten wirkten parallel und bedingten sich wechselseitig. Kronprinz Rupprecht, Führer einer Armeegruppe an der Westfront, klagte in einem Brief vom 18. Oktober 1918: «Unsere Truppen sind übermüdet und in erschreckender Weise zusammengeschmolzen. [...] Die Stimmung der Truppe hat sehr gelitten, und ihre Widerstandskraft verringert sich ständig, die Leute ergeben sich scharenweise bei feindlichen Angriffen, und Tausende von Marodeuren treiben sich im Etappengebiet umher.»[125] Der Entschluss zum Waffenstillstandsersuchen war ein Dammbruch und dieser wiederum von Ludendorff initiiert; allerdings hatte nicht nur er, sondern auch die Armeeführer der Westfront, wie Kronprinz Rupprecht, einen feindlichen Durchbruch Ende September täglich, ja stündlich erwartet. Der Spezialist der OHL für Abwehrschlachten, General von Lossberg, genannt «der Abwehrbulle», wusste am 29. September 1918 nicht mehr, wie er den Feind noch zum Stehen bringen könnte. Kronprinz Rupprecht notierte: «Sehr unangenehm ist der feindliche Einbruch in die Siegfried Stellung bei Bellicourt. General von Lossberg, der Stabschef der Heeresgruppe Boehn, sagte, diese stehe am Ende ihrer Kräfte, es fehle an Reseven und er wisse kein Mittel mehr! Dies sagte Lossberg, der mit den eisernen Nerven! – Wir müssen unbedingt Frieden schliessen, es ist nichts mehr zu machen!»[126] Dies zeigt, dass die Führung den Kampf, der in ein kritisches und strategisch hoffnungsloses Stadium getreten war, gleichzeitig mit oder vielleicht sogar noch vor der Truppe verloren gegeben hatte. Niemand hat diese militärische Situation knapper und zutreffender beschrieben als Oberst Heye, damals Chef der Operationsabteilung des Generalstabs, der Ende September 1918 auf die Frage, ob die militärische Lage denn tatsächlich so verzweifelt sei, entgegnete: «Nein, aber aussichtslos.»[127]

Die Vorgänge des Jahres 1918 zeigen, dass Soldaten aller Seiten hart kämpften, aber doch, wenn die Lage aussichtslos wurde, kapitulierten – und zwar zu Hundertausenden. Kapitulation und Kriegsgefangenschaft waren der letzte Schritt, der nur in absoluten Zwangslagen erwogen wurde – auch wenn sich hinterher in vielen Fällen Erleichterung breitgemacht haben dürfte.[128] Ist es deshalb berechtigt, die Kapitulation, die Kampfaufgabe der Soldaten als kriegsentscheidend zu bezeichnen? Sie war sicher bedeutend. Für den einzelnen Soldaten spielten die Gefechtssituation, fehlende Ruhe, Apathie und völlige Erschöpfung eine Rolle bei seinem Entschluss zu kapitulieren; beim Oberkommando – bei Wilhelm II., Hindenburg und Ludendorff – wuchs die Angst vor einem völligen Zusammenbruch der Armee nach russischem Vorbild, ja vor der Revolution. Sie hatten spätestens im August 1918 erkannt, dass der Krieg nicht zu gewinnen war. Clausewitz hatte als Ziel des Kampfes gefordert, den Feind «in eine Lage [zu] versetzen, die nachteiliger ist als das Opfer, welches wir von ihm fordern.»[129] Die deutsche Führung hatte, anders als die russische, erkannt, dass dieser Clausewitzsche Moment gekommen war, und gab auf.[130]

Was die Moral der Soldaten angeht, so war diese, über weite Teile des Krieges, erstaunlich hoch gewesen. Sie kämpften, weil sie von Gehorsam, Furcht, Loyalität und Stolz zusammengehalten wurden.[131] Die Soldaten des Ersten Weltkriegs hatten einen bemerkenswerten Durchhaltewillen und wollten nicht kapitulieren. Über fünfzig Millionen Soldaten ertrugen große Härten, über Jahre hinweg, bevor sie schließlich ans Aufgeben dachten. Neben hoher Moral und gesellschaftlichen Zwängen war daran auch die geschilderte militärische Situation schuld; in einer Situation des Patts bot sich dem Einzelnen kaum eine Chance zum Kapitulieren. Außerdem bevorzugten die Soldaten, der Gefahr und dem Druck durch das beschriebene System von Kampfvermeidungsstrategien zu entgehen. In Letzteren, die im Grunde eine sachliche Alternative zur Kapitulation darstellten, sehe ich auch den Grund dafür, warum, anders als beispielsweise von Ferguson und anderen unterstellt, selbst großzügige Kapitulationsangebote den Kampfwillen der Soldaten nicht nachhaltig hätten unterminieren können. Die Soldaten zogen es vor, die Situation unter Kontrolle zu haben, statt sich dem Gegner auszuliefern und damit jede Kontrolle zu verlieren. Die Kapitulation war, wenn sie erfolgte, praktisch immer eine Begleiterscheinung der militärischen Niederlage.

Die weitaus größte Gruppe – ca. 50 Millionen und damit ca. 80 Prozent aller Soldaten – überlebte den Kriegseinsatz, ohne zu kapitulieren und ohne in Kriegsgefangenschaft zu gehen. Der Krieg war zum Halten gekommen, bevor es zur *debellatio*, zur vollständigen Vernichtung, Tötung oder Gefangennahme der Heere einer der beiden Krieg führenden Parteien gekommen war. Dies sollte im Zweiten Weltkrieg anders sein.

6. Die Kapitulation als Obsession – Der Zweite Weltkrieg

Im Ersten Weltkrieg hatte die Kapitulation eine wichtige Rolle gespielt. Millionen waren in Kriegsgefangenschaft gegangen, und der nachlassende Kampfwille der Soldaten wie der Heimat hatte Regierungen teils gestürzt, wie in Russland, teils zum Aufgeben gezwungen, wie in Deutschland. Im Zweiten Weltkrieg spielte die Ablehnung der Kapitulation deshalb von Anbeginn eine zentrale Rolle in der politischen Rhetorik und wurde zur ungeheure Opfer kostenden Obsession. Beide Seiten beteuerten von Anfang an, den Gegner vollständig besiegen und niemals kapitulieren zu wollen. Doch wenn ein politischer Kompromiss ausgeschlossen war und niemand kapitulieren wollte, musste der Konflikt zum absoluten Krieg werden, der nur mit der vollständigen militärischen Vernichtung einer der beiden Seiten enden konnte. Insofern war die Frage, die manche russische Soldaten den Deutschen bei Kriegsende stellten: «Potschemu?» – «Warum habt ihr solange gekämpft?»[132], zwar verständlich und berechtigt vor dem Hintergrund der etablierten Spielregeln des Krieges; andererseits berücksichtigte sie nicht die bei Kriegsbeginn sofort einsetzende und sich zunehmend radikalisierende Dynamik dieses Konflikts.

Die Reden der Verantwortlichen zeigten schon bei Kriegsausbruch, wohin dieser Krieg führen würde. Chamberlain teilte am 3. September 1939 dem britischen Unterhaus die Kriegserklärung an Deutschland mit und sagte: «Dies ist ein trauriger Tag für uns alle, und für niemanden ist er trauriger als für mich. Alles wofür ich arbeitete, alles was ich erhoffte, alles an das ich in meinem politischen Leben glaubte, ist zerstört. [...] Ich vertraue darauf, dass ich den Tag erleben werde, an dem der Hitlerismus zerstört und ein befreites Europa wiederhergestellt ist.»[133] Damit hatte sich Chamberlain schon am ersten Tag des Krieges auf einen Regimewechsel in Deutschland festgelegt, der aber nur nach einem vollständigen alliierten Sieg und einer vernichtenden Niederlage des Deutschen Reiches zu erwarten war.

Die nationalsozialistische Führung wusste, worauf sie sich eingelassen hatte. Hermann Göring, der den Kriegsausbruch zu verhindern oder zu verschieben gesucht hatte, soll am 1. September 1939 gesagt haben: «Wenn wir diesen Krieg verlieren, dann Gnade uns Gott.»[134] Ähnlich düster äußerte sich Hitler in seiner Rede vor dem Reichstag am 1. September 1939. Er sprach hier weniger über den Sieg als über das Durchhalten, über Siegen oder Sterben und seine Weigerung, jemals zu kapitulieren. Unter anderem sagte er: «Ich werde diesen Kampf, ganz gleich, gegen wen, so lange führen, bis die Sicherheit des Reiches und bis seine Rechte gewährleistet sind. [...] Ich habe damit wieder jenen Rock angezogen, der mir einst selbst der heiligste und teuerste war. Ich werde ihn nur ausziehen nach dem Sieg, oder ich werde dieses Ende nicht erleben!» Er kam in auffallender Weise mehrfach auf das Thema Kapitulation zurück: «Ein Wort habe ich nie kennen gelernt, es heißt: Kapitulation. [...] Und ich möchte daher jetzt der ganzen Umwelt gleich versichern: Ein November 1918 wird sich niemals mehr in der deutschen Geschichte wiederholen!» Gleichzeitig vertrat er Ansichten, die schon stark in Richtung des alten «Siegen oder Sterben» gingen: «Wir alle bekennen uns damit nur zu unserem alten Grundsatz: Es ist gänzlich unwichtig, ob wir leben, aber notwendig ist es, daß unser Volk lebt, daß Deutschland lebt.»[135]

Regelkonformer Krieg und Kapitulation in Westeuropa

Obwohl es in der politischen Rhetorik von Anfang an eine starke Tendenz in Richtung des «absoluten Krieges» gab, der keinen anderen Kriegsausgang als Sieg oder Niederlage kannte, setzte dies nicht alle etablierten Gesetze des Krieges außer Kraft. Tatsächlich gab es während des Zweiten Weltkriegs eine große Zahl regelkonformer Kapitulationen. Insgesamt wurden von allen Seiten etwa 96 Millionen Soldaten eingezogen, von denen 35 Millionen irgendwann während oder unmittelbar nach Ende des Krieges in Gefangenschaft gerieten.[136] Das bedeutet, dass die Kapitulation und ihre direkte Folge, die Kriegsgefangenschaft, ein Massenphänomen wurden, das etwa ein Drittel aller Soldaten des Zweiten Weltkriegs am eigenen Leibe erleben sollte.

Dies begann im Polenfeldzug, als mehrere starke, von der Wehrmacht eingekesselte Truppenkontingente der polnischen Armee kapitulierten. Eine polnische Gesamtkapitulation fand aber nicht statt, da die Regierung ins Ausland floh und Exilregierung und Exilarmee von dort den Kampf fortsetzten. Als 1940 die Wehrmacht im Westen angriff, kam es zu einer ganzen Reihe weiterer Kapitulationen, von denen die spektakulärste die Folge des französischen Waffenstillstandsersuchens war. Viel und zu Unrecht wurde die angeblich fehlende Moral der französischen Armee kritisiert, vor allem von englischer Seite. Die französische Armee war jedoch nicht durch den fehlenden Kampfwillen ihrer Soldaten, sondern durch schwere Führungsfehler in diese Lage gebracht worden, in der nichts blieb außer der Kapitulation.[137] Ein Großteil des britisch-französischen Heeres war nach Beginn des deutschen Angriffs im Westen im Mai 1940 hastig in Richtung Belgien vorverlegt worden, um den Deutschen grenznah in Belgien und Holland entgegentreten und möglichst große Teile der belgischen und holländischen Territorien und Streitkräfte vor deutschem Zugriff retten zu können. Den «Sichelschnitt», den überraschenden deutschen Vorstoß durch die Ardennen in ihren Rücken, konnte die französische Führung jedoch nicht stoppen; die alliierten Verbände im Norden wurden von den deutschen Panzerdivisionen, die außerdem noch geschickt durch die Luftwaffe unterstützt wurden, rückwärts abgeschnitten und zum Meer abgedrängt. Ein Großteil dieser Truppen wurde schließlich in Dünkirchen eingeschifft und nach England gebracht; diese Streitkräfte fehlten aber zur Verteidigung Frankreichs. Ein Riesenloch war in der Front zwischen dem westlichen Ende der Maginotlinie und dem Meer aufgerissen; ein Loch, das mit den jetzt noch verfügbaren Truppen des französischen Heeres nicht mehr geschlossen werden konnte. Den französischen Truppen, die von den wendiger geführten deutschen Panzerverbänden umgangen und eingekesselt wurden, blieb am Ende nur noch die Kapitulation, vor allem, als sie ihre Munition verschossen hatten, wie etwa die Einheit unter General Ihler, der zu dem Befehlshaber der 7. Division, Erwin Rommel, sagte, er würde nicht vor ihm stehen und kapitulieren, wenn seine Truppe noch Munition hätte.[138] Typisch war im Frankreich des Jahres 1940, wie bereits im Ersten Weltkrieg, dass die unterlegenen Truppen auszuweichen suchten;[139] Kapitulation und Kriegsgefangenschaft waren und blieben für die Soldaten der letzte Schritt vor dem Tod.

Der Waffenstillstand wurde am 22. Juni 1940 in demselben Eisenbahnwagen unterzeichnet, in dem 1918 Foch die deutsche Waffenstillstandsdelegation in Compiègne empfangen hatte, und war nach dem Modell des Waffenstillstands von 1918 entworfen worden. Der Führer der französischen Delegation, General Huntziger, und Generaloberst Keitel hielten sich an die Formen; Huntziger hob hervor, wie bitter der Moment für Frankreich und ihn sei, und Keitel bat nach der Unterzeichnung die Anwesenden sich zu erheben, um die Gefallenen beider Länder zu ehren.[140] Der Waffenstillstand trat zwei Tage später in Kraft; 90 000 französische Soldaten waren gefallen, 200 000 verwundet und 1,8 Millionen in Kriegsgefangenschaft geraten.[141] Die Mehrheit von ihnen wurde übrigens erst nach dem 24. Juni gefangen genommen; ihre Kapitulation war nicht die Ursache, sondern die Konsequenz der Niederlage.[142] Rommel sprach in einer Schrift vom «Krieg ohne Haß»[143] und tatsächlich erfolgten die meisten Kapitulationen regelkonform; eine Ausnahme bildete die Gefangennahme französischer Kolonialtruppen, bei der es zu Übergriffen kam.[144] Die französische Niederlage von 1940 war und blieb eine schmerzende Wunde des französischen Nationalbewusstseins, und das, obwohl sich die allermeisten französischen Soldaten nichts vorzuwerfen hatten. Etwa eine Million von ihnen hatten Jahre der Kriegsgefangenschaft und des Arbeitseinsatzes in Deutschland vor sich.[145]

Im Frankreichfeldzug hatten sich die Gesetzmäßigkeiten und Strukturen abgezeichnet, die auch sonst für die Kapitulation auf dem westeuropäischen und dem Mittelmeerkriegsschauplatz gelten sollten und die im Großen und Ganzen mit den Kapitulationen im Ersten Weltkrieg verglichen werden können. Die Kapitulation war ein Schritt, für den sich die Soldaten äußerst ungern entschieden und der fast immer nur dann erfolgte, wenn es keine Alternative außer dem sicheren Tod zu geben schien. Es handelte sich also, um den Terminus wieder aufzugreifen, um «erzwungene» Kapitulationen. Ebenso wie im Ersten Weltkrieg kapitulierten militärische Einheiten meist geschlossen,[146] Offiziere kapitulierten für ihre Soldaten und manchmal waren diese sogar der Ansicht, die Kapitulation erfolge verfrüht. Dies war beispielsweise der Fall, als die britische Festung Singapur 1942 vor den Japanern kapitulierte.[147] Weiterhin ist festzustellen, dass sich in Westeuropa beide Seiten im Wesentlichen an die Regeln des Krieges hielten und Kapitulierende nach den geltenden Bestimmungen behandelten.

Im heißen Kampf der Schlacht gab es allerdings, ebenso wie im Ersten Weltkrieg, kein Pardon, und dies wurde bisweilen sogar ausdrücklich befohlen, wie ein Zitat General Pattons zeigt, mit dem er seine Truppen auf die Landung in Sizilien im Jahre 1943 vorbereitete: «Wenn wir landen gegen den Feind [...] dann werden wir ihm keine Gnade zeigen. [...] Wenn Ihr, die Offiziere der Kompanien, Eure Männer gegen den Feind führt und er auf Euch schießt und wenn ihr auf 200 Meter an ihn herankommt, und er kapitulieren will, oh nein! Der Bastard wird sterben! Ihr müsst ihn töten. Stecht ihn zwischen die dritte und vierte Rippe. Das müsst Ihr Euren Männern sagen. Sie müssen den Killerinstinkt haben. Sagt ihnen, sie müssen ihn erstechen. Er kann nichts nützen. Stecht ihm in die Leber!»[148] Auch Generalmajor Raymond Hufft befahl bei der Rheinquerung 1945, «keine Gefangenen» zu machen.[149] Berüchtigt war auch die Kampfgruppe Peiper, die während der Ardennenoffensive auf einem raschen Vormarsch amerikanische Gefangene als Behinderung empfand und in der Nähe von Malmedy etwa achtzig von ihnen einfach tötete;[150] insgesamt sollen etwa 350 amerikanische Kriegsgefangene während dieser Offensive umgebracht worden sein.

Vorfälle wie diese blieben im Westen aber die Ausnahme und in den meisten Fällen kam es selbst nach langen Feuergefechten zu geregelten Kapitulationen. Wie eine solche ablaufen konnte, zeigen die Erinnerungen von Private Francis, einem britischen Soldaten, dessen Einheit im Herbst 1944 im Zusammenhang mit Operation «Market Garden» bei Nimwegen in deutsche Gefangenschaft kam.[151] Zuerst hatte die Einheit, die einen Entlastungsangriff durchführen musste, selbst deutsche Gefangene gemacht. Francis wollte ihnen eine Uhr abnehmen, durchsuchte einen von ihnen, fand keine und nahm ihm stattdessen einen Stift ab. Direkt danach fühlte er aber solche Gewissensbisse, dass er seinem Gefangenen zum Ausgleich «Sharps Caramels» anbot. Die Lage seiner Einheit verschlechterte sich derweil, da nach stundenlangem Kampf die Munition knapp wurde. Schließlich wandte sich der kommandierende Offizier, Oberstleutnant Tilley, an seine Männer und sagte: «Wir müssen das Feuer einstellen, unsere Lage ist aussichtslos. Unser Auftrag war, die Deutschen von den Fallschirmjägern für drei Stunden fernzuhalten. Wir sind hier aber schon sechs Stunden im Kampf und unsere Munition ist praktisch verbraucht. Es gibt keinen Weg zurück, und auch keine Hoffnung auf Entsatz.» Deshalb ordnete er die Kapitulation seiner Einheit an. Francis und seine Kameraden waren erstaunt; sie hatten gedacht, dass die gesamte britische Armee hinter ihnen stand, um ihren Brückenkopf zu verstärken. Nach einem Augenblick des Unwillens machte sich aber Erleichterung breit. «Vielleicht würden wir doch leben, nach all dem hier.»

Nun ist es interessant nachzuverfolgen, wie diese Kapitulation ablief. Der Gefangene, dem Francis den Stift abgenommen hatte, wurde mit dem Kapitulationsangebot zu den gegenüberliegenden deutschen Einheiten geschickt. Die deutschen Soldaten kamen daraufhin aus dem Wald, ihre Schmeisser Maschinenpistolen schwingend, und den britischen Soldaten wurde nun doch bange zumute, als sie sahen, dass es sich um SS-Verbände handelte. Tatsächlich lief die Kapitulation aber glimpflich und sogar gemütlich ab. Es begann mit einer Rauchpause. Die gefangenen englischen Soldaten verteilten Zigaretten der Marke «Woodbine», die den Deutschen offenbar schmeckten. Ein Deutscher gab daraufhin Francis eine von seinen Zigaretten, die dieser aber furchtbar fand. Er fragte, ob sie aus «pferde scheissen» gemacht seien. Dieser abfällige Kommentar erheiterte die deutschen Soldaten sehr und er wurde sofort weitergetragen. Francis kommentierte, dass er seinen Ausruf als gar nicht so witzig empfunden habe, «aber er brach das Eis.» Der Deutsche, dem er den Stift abgenommen hatte, fuhr vorbei, sie winkten sich zu.[152]

Dieser Bericht zeigt erneut einige der bereits bekannten Strukturen der Kapitulation im Zeitalter der Weltkriege auf. Sie erfolgte, wenn es nicht mehr anders ging und sie wurde von dem kommandierenden Offizier angeordnet, um sinnlose Opfer zu vermeiden. Francis, der danach in die Gefangenenlager Stalag XIIA (Limburg (September–Oktober 1944) und Stalag IVB (Mühlberg, Oktober 1944–April 1945) gebracht wurde, berichtete von insgesamt erträglichen Haftbedingungen (wenn er auch feststellte, dass dies absolut nicht für die russischen Gefangenen galt, doch dazu später). Tatsächlich war im Westen die Kriegsgefangenschaft für beide Seiten insgesamt erträglich und regelkonform. Die Sterberate britischer Gefangener in Deutschland betrug 3,5 Prozent; die exzellente Fürsorge der britischen Behörden führte dazu, dass die deutschen Gefangenen in britischem Gewahrsam sogar nur eine Sterberate von einem halben Prozent hatten.[153]

Sieg aus der Luft: Den Gegner kapitulationsreif bomben?

Während auf dem westeuropäischen Kriegsschauplatz in der Frage der Kapitulation im Wesentlichen dieselben Regeln herrschten wie im Ersten Weltkrieg, kam es beim Luftkrieg zu einer anderen Entwicklung. Nach zögerndem Beginn hatten beide Seiten begonnen, nicht nur militärische Einrichtungen, sondern auch Städte zu bombardieren.[154] Dies ist ein Beispiel dafür, wie notwendig klare Regeln für den Krieg gewesen wären, die dies unter Strafe gestellt hätten. Eine Konferenz in Den Haag hatte 1923 mit den Stimmen der Delegierten aller versammelten Staaten ein Abkommen mit «Regeln des Luftkriegs» erarbeitet und verabschiedet; in diesem Abkommen waren unter anderen das Bombardieren ziviler Ziele und reine Terrorangriffe verboten worden (Art. 22 und 24); Luftangriffe sollten sich auf militärische Ziele, Rüstungsfabriken sowie militärisch genutzte Transport- und Kommunikationswege beschränken.[155] Dieses Abkommen wurde aber von keinem einzigen Staat ratifiziert.[156] Stattdessen herrschte in Sachen Luftkriegführung ein rechtliches «Chaos».[157] In der Zwischenkriegszeit, in der die Wirkung der Bomber sehr gefürchtet wurde, waren dann militärische Vorschriften erlassen worden, in denen der Zusammenhang zwischen Bombenangriffen, der Moral des Feindes und der Kapitulation klar herausgearbeitet wurde. Im britischen «Handbook of Military Law» hieß es: «Es gibt keine rechtliche Verpflichtung, dass eine angreifende Macht sich auf die Bombardierung von Befestigungen und verteidigten Grenzen beschränken muss. Im Gegenteil, die Zerstörung von privaten und öffentlichen Gebäuden durch Bombardierung wurde immer, und wird immer noch, als rechtmäßig angesehen, da sie eines der Mittel ist, den lokalen Behörden klarzumachen, dass eine Kapitulation ratsam ist.»[158]

Der Zweite Weltkrieg begann zunächst mit der Selbstverpflichtung von Deutschland, Frankreich und Großbritannien, nur militärische Ziele anzugreifen. Diese Regel wurde dann allmählich aufgeweicht. Der deutschen Bombardierung von Warschau und Rotterdam, um die polnische und holländische Kapitulation zu erzwingen, schloss sich die von London und Coventry an; die Royal Air Force begann praktisch zeitgleich deutsche Städte anzugreifen, und von hier eskalierte der Luftkrieg, der in Deutschland allein 600 000 Tote kosten sollte bei dem britischen Versuch, die Kapitulation aus der Luft zu erzwingen.[159]

Großbritannien baute während des Krieges eine Flotte von viermotorigen Bombern auf, mit denen es deutsche Städte bombardierte. Arthur Harris, seit 1942 Chef des Bomber Command, hoffte, durch die Luftwaffe allein Deutschland bis 1944 zur Kapitulation bomben zu können. Die deutsche Seite hatte mit Bombardierungen wie dem «Blitz» 1940, später den sogenannten Baedeckerangriffen und schließlich ab 1944 dem V-Waffenbeschuss von London Ähnliches versucht, war jedoch zu schwach gewesen, um Entscheidendes erreichen zu können. Die militärischen und technischen wie moralischen Aspekte der Frage können hier nicht diskutiert werden, stattdessen soll nur auf den klaren Zusammenhang zwischen den Luftangriffen und dem dadurch erhofften Zusammenbruch der gegnerischen Moral mit anschließender Kapitulation hingewiesen werden. Tatsächlich war auf allen Seiten die Tendenz erkennbar, den Krieg über die Verlustliste zu gewinnen. Der amerikanische Luftwaffengeneral Curtis LeMay, der später die Bombardierung und Einäscherung japanischer Städte zu rechtfertigen hatte, sah es als Ziel dieser Angriffe und des Krieges insgesamt, «to kill people, and when you've killed enough they stop fighting».[160] Eine derartige Praxis wurde auf alliierter Seite von Einzelnen als barbarischer Akt kritisiert, so etwa von George Bell, Bischof von Chichester; doch erst kurz vor Kriegsende wurde die bis dahin vereinzelte Kritik eine allgemeine. Harris sah vor allem nach der Zerstörung Dresdens im Februar 1945[161] seine Unterstützung schwinden; auch deshalb, weil das Kriegsende erkennbar nahe gerückt war und die Zerstörung feindlicher Städte nun entbehrlich und sogar kontraproduktiv für die Zeit nach dem Sieg schien. Die Amerikaner und auch britische Offiziere, wie Portal, versuchten, von der Bombardierung von Städten abzugehen und sich stattdessen auf die deutschen Hydrierwerke und Transportwege zu konzentrieren.[162] Selbst Churchill begann im Frühjahr 1945 vom Bomber Command abzurücken. Harris ließ sich aber nicht beirren. Seine Argumentation zur Rechtfertigung dieser Angriffe ging in eine sehr ähnliche Richtung wie die Argumente des britischen Kapitäns Hillyars in Valparaiso im Februar 1814, der das amerikanische Kriegsschiff *Essex* dank der überlegenen Reichweite seiner Geschütze aus sicherer Entfernung bombardierte, was sein Leutnant ihm vorwarf und als «vorsätzlichen Mord» bezeichnete.[163] Hillyar wie Harris aber sahen ihre Aufgabe nicht in einem ritterlichen Kampf zu gleichen Bedingungen, sondern darin, die gegnerische Kampfkraft zu zerstören und gleichzeitig die eigenen Verluste klein zu halten. Der nun schwer leidende Gegner könne ja, so muss diese Haltung wohl zusammengefasst werden, jederzeit kapitulieren und dann würde das Bombardement sofort aufhören; die Schuld lag also bei dem Unterliegenden, der den ungleichen Kampf sinnloserweise fortsetzte. Harris fragte außerdem, ob die Alliierten auch gegen Japan auf «area bombing» verzichten wollten – ein berechtigter Einwand, da die massiven (konventionellen wie schließlich atomaren) Luftangriffe gegen Japan fortgesetzt wurden und tatsächlich zur japanischen Kapitulation im August 1945 entscheidend beitragen sollten.[164]

Diese Strategie, den Gegner aus der Luft angreifen und unter begrenzten eigenen Verlusten zur Kapitulation bringen zu wollen, überlebte den Zweiten Weltkrieg. Statt der Idee des Terrorbombardements auf feindliche Städte wurde, durch die Fortentwicklung der Waffentechnik begünstigt, eine Strategie chirurgischer Schläge entwickelt, die den Gegner durch gezielte Angriffe auf Kommandozentren und Infrastruktur lähmen sollte.[165]

«Außersystemische» Krieg in Osteuropa

Während die Kriegführung im Westen von dem radikalen Willen beider Seiten, den Gegner zur absoluten Erfüllung des eigenen Willens zu zwingen, geprägt war, sich aber insgesamt und damit auch bei der Kapitulation an die etablierten Normen hielt, verliefen die Kämpfe in Osteuropa anders. Hier war das Ziel nicht nur die politische oder militärische, sondern die physische «Vernichtung» des Gegners, und hier wurde ein Krieg geführt, der sich nicht an Regeln und Gesetze hielt. Der Krieg im Osten war ein «außersystemischer» Kampf, ein *bellum romanum*, der kein Pardon kannte, und in dem Mord, Plünderungen und Massenvergewaltigungen normal und nicht die Ausnahme waren. All dies sollte die Bereitschaft, den Kampf aufzugeben, stark beeinflussen.

Schon am 4. Oktober 1939 hatte Hitler eine generelle Amnestie für deutsche Übergriffe in Polen erlassen und damit klargemacht, dass er Regelverletzungen, trotz einiger Proteste aus den Reihen der Wehrmachtsführung, nicht zu stoppen, sondern zu begünstigen beabsichtigte.[166] Es gibt unzählige Äußerungen der nationalsozialistischen Führung, die den Krieg im Osten aus ihrer Sicht treffend charakterisieren, und hier muss man nicht einmal auf die rassistischen Ergüsse Himmlers, beispielsweise seine Posener Rede von 1943, zurückgreifen.[167] Hermann Göring etwa sagte im Jahre 1942: «Früher schien mir die Sache doch verhältnismäßig einfacher zu sein. Da nannte man das plündern. Das stand dem Betreffenden zu, das wegzunehmen, was man eroberte. Nun, die Formen sind humaner geworden. Ich gedenke trotzdem zu plündern, und zwar ausgiebig.»[168] Goebbels äußerte sich in einer Rede in Gotenhafen am 21. Oktober 1942 in einem sehr ähnlichen Ton: «Wir kämpfen für Öl und Eisen, für wogende Weizenfelder, das regt unsere Soldaten an, und dafür fallen sie. Glaube doch keiner, daß wir Deutsche plötzlich von einer neuen Moral erfaßt sind. Nein, wir wollen uns erst mal gesundstoßen ...»[169] Das war in der Tat keine «neue Moral», sondern eine sehr alte, archaische; der Ostkrieg war, von der Motivation des Angreifers her, ein simpler Raubmord, denn hier sollte nicht nur geplündert und geraubt, sondern die bisherigen Eigentümer der Länder und Bodenschätze sollten auch getötet oder versklavt werden, wie es beispielsweise der «Generalplan Ost» vorsah.[170]

Das Erschreckende daran ist weniger das Verbrechertum der nationalsozialistischen Führung und die Bereitschaft zum Völkermord, sondern dass es ihr gelang, große Teile des deutschen Volkes und der Wehrmacht zum Mitmachen zu bewegen. Erich Kuby, der selbst als Soldat in Russland diente, hat dies später als «kriminelle Komplizenschaft» bezeichnet.[171] Weite Teile der deutschen Wehrmacht stimmten im Jahre 1941 mit ihrer Führung überein, dass es nun galt, den Osten zu erobern und den Kommunismus auszurotten.[172] Viele Quellen belegen die soldatische Begeisterung der Soldaten des Ostheeres und die rassistische Verachtung für die Ostvölker und den Kommunismus; Skrupel wegen des Angriffs auf ein neutrales Land blieben praktisch unsichtbar, und es gab wenige Hemmungen, das Land zu verwüsten und auszuplündern.[173] Die Kenntnis der begangenen Verbrechen und des Genozids war, wenn auch vielleicht nicht in ihrem vollen Ausmaß, weit verbreitet.[174] Diese erstaunliche Fähigkeit der nationalsozialistischen Politiker, Menschen für ihre Ziele mobilisieren zu können, war schon im Jahre 1932 von Kurt Schumacher im Reichstag pointiert, aber doch zutreffend erklärt worden. Er hatte dort ausgeführt: «Die ganze nationalsozialistische Agitation ist ein dauernder Appell an den inneren Schweinehund im Menschen. [...] Wenn wir irgend etwas beim Nationalsozialismus anerkennen, dann ist es die Tatsache, daß ihm zum erstenmal in der deutschen Politik die restlose Mobilisierung der menschlichen Dummheit gelungen ist.»[175]

Aus der verbrecherischen Motivation der Führung und der Komplizenschaft großer Teile von Volk und Armee heraus[176] erklären sich die Grausamkeit der deutschen Politik, der Kommissarbefehl[177] und dass die anfängliche Kollaborationsbereitschaft nichtrussischer und antibolschewistischer Teile der sowjetischen Bevölkerung nicht wirklich genutzt wurde. Kriegsgefangene wurden an der Ostfront nicht nach den Bestimmungen der Genfer Konvention behandelt. Die Sowjetunion gehörte nicht zu den Unterzeichnerstaaten der Konvention, hatte aber bei Beginn der Feindseligkeiten angeboten, die Bestimmungen trotzdem wechselseitig gelten zu lassen, was von deutscher Seite abgelehnt wurde.[178] In den beiden ersten Jahren des Krieges machte die Wehrmacht an der Ostfront Millionen Gefangene, von denen viele als Zwangsarbeiter in der deutschen Rüstungsindustrie eingesetzt wurden. Mehr als fünfzig Prozent (genau: 57,5 Prozent[179]) starben in deutschem Gewahrsam.[180] Wenn wir das mit der Todesrate von 3,5 Prozent der britischen Gefangenen in deutschem Gewahrsam vergleichen, kann nur auf Vorsatz und kriminelle Missachtung russischen Lebens geschlossen werden. Nach den Gesetzen des Krieges konnte die Reziprozität nicht ausbleiben. Im Sommer 1941 waren vorrückende deutsche Truppen gelegentlich freundlich begrüßt worden,[181] und die Bevölkerung hatte bisweilen den deutschen Truppen sogar gegen die Partisanen geholfen;[182] doch drehte sich dies, als Resultat unmenschlicher deutscher Behandlung von Kriegsgefangenen und Bevölkerung sowie der sich verändernden Kriegslage, sehr bald ins Gegenteil. Die sowjetische Regierung und die Bevölkerung solidarisierten sich, und die Bereitschaft zu kapitulieren nahm auf sowjetischer Seite radikal ab.

An der Ostfront gab es infolge der deutschen Zielsetzung und der zwangsläufigen sowjetischen Reaktion darauf keine Mäßigung der Gewalt. Dies beeinflusste die Bereitschaft zur Kapitulation, und zwar auf dem Level der Führung, der Kommandeure und des einzelnen Soldaten gleichermaßen. In den ersten beiden Jahren des Ostkrieges, 1941 und 1942, betraf das vor allem die sowjetischen Soldaten, die schließlich lieber auf dem Schlachtfeld sterben als in deutsche Gefangenschaft geraten wollten.[183] Ab 1943 waren es die deutschen Soldaten, die sich in dieser Zwangslage sahen; sie versuchten bis zum Kriegsende mit verzweifelter Angst, der sowjetischen Gefangenschaft zu entgehen. Ihre Bereitschaft zu kapitulieren war gering und sie kämpften weiter, solange es überhaupt nur ging. Die Befürchtungen vor schlechter Behandlung in Kriegsgefangenschaft waren berechtigt; 35,8 Prozent der deutschen Gefangenen starben in russischem Gewahrsam.[184]

Weil die Kapitulation eine derart nachteilige Option war, schnellte in den Zahlen für die Gesamtverluste, die sich immer aus Gefallenen, Verwundeten und Vermissten (Gefangenen) zusammensetzten, der Anteil der gefallenen Soldaten gewaltig nach oben. Von 1941 bis 1944 starben täglich 2000 deutsche Soldaten, im Herbst 1944 sogar 5000 Mann.[185] Oberst Finckh, Oberquartiermeister der Heeresgruppe Süd, fragte im Herbst 1943 seinen Oberbefehlshaber, Generalfeldmarschall von Manstein, «wieviel Menschen der Krieg zur Zeit täglich koste. Es seien nach seinen Berechnungen täglich ungefähr dreitausend. Er trage das vor, um die Größenordnung deutlich zu machen, innerhalb derer man sich jetzt bewege. Ungefähr dreitausend Menschen täglich. Unsagbar, sich das vorzustellen.»[186] Manstein reagierte nicht, während Finckh sich später dem Widerstand anschloss. Dies war symptomatisch für die Situation in der deutschen Führung. In ihrer Mehrzahl ignorierten die Generäle die immer katastrophaleren Verluste und die zunehmende strategische Aussichtslosigkeit des Krieges. Nur eine Minderheit entschloss sich zum Widerstand gegen den zu allem entschlossenen Diktator, der die Kapitulation kategorisch ablehnte. Zu den wenigen, die Hitler auf die Aussichtslosigkeit der militärischen Lage hinwiesen und nach Konsequenzen verlangten, gehörten die Feldmarschälle von Kluge und Rommel, der am 15. Juli in seinen «Betrachtungen zur Lage» schrieb, dass «die Truppe allerorts heldenmütig» kämpfe, jedoch der ungleiche Kampf sich dem Ende entgegenneige und es seines Erachtens nötig sei, «die Folgerungen aus dieser Lage zu ziehen».[187] Hitler war jedoch der Ansicht, dass es sich bei diesem Krieg «wirklich um eine Art Hunnenkampf handelt, bei dem man entweder steht oder fällt und stirbt; eins von beiden.»[188]

Eine moderne deditio? Die USA und die Formel der «unconditional surrender»

Diese kompromisslose Haltung wurde auf allen Ebenen von Wehrmacht und Volk zu einem immer größeren Problem, seit der Gesamtkrieg allerspätestens mit dem Kriegseintritt der USA im Dezember 1941 für die Achsenmächte einen ungünstigen Verlauf nahm. Mit den USA war ein weit überlegener Gegenspieler erschienen, der fähig und willens war, die vollständige Unterwerfung der Achsenmächte anzustreben. Diese Absicht fand in der erstmals auf der Konferenz in Casablanca im Januar 1943 von Präsident Roosevelt verwendeten Formel von der «bedingungslosen Kapitulation» ihren Ausdruck.

Roosevelt hatte diese Formel mit Churchill abgesprochen, aber später als persönliche Improvisation ausgegeben:[189] «Wir hatten so große Mühe, diese beiden französischen Generäle [de Gaulle und Giraud] zusammenzubringen, dass ich bei mir dachte, das sei so schwierig wie das Treffen von Grant und Lee zu arrangieren – und plötzlich begann die Pressekonferenz und Winston [Churchill] und ich hatten keine Zeit, uns auf sie vorzubereiten, und der Gedanke kam mir in den Sinn, dass sie Grant ‹Old Unconditional Surrender› nannten, und das nächste was geschah war, dass ich es sagte.»[190]

Tatsächlich war die Formel von der «bedingungslosen Kapitulation» der militärischen Terminologie der frühen Neuzeit entlehnt. Es handelte sich aber um einen Begriff, der bis dahin nur für militärische Einheiten oder Festungen gegolten hatte.[191] Dass nun ganze Staaten «bedingungslos kapitulieren» sollten, war neu.[192] Tatsächlich begann bald ein Rätselraten, was mit der «unconditional surrender» gemeint sein könnte.[193] Churchill erklärte den Begriff später wie folgt: «Die Formel von der ‹bedingungslosen Kapitulation› bedeutet nicht, dass das deutsche Volk versklavt oder vernichtet wird. Sie bedeutet aber, dass die Alliierten den Deutschen gegenüber im Augenblick der Kapitulation durch keinen Pakt und durch kein Abkommen gebunden sind. Es wird beispielsweise keine

Frage geben, ob die Atlantikcharta auf Deutschland angewendet wird im Sinne eines Rechts, auf das sich berufen werden kann und das territoriale Verschiebungen und Anpassungen in feindlichen Ländern verhindern könne. [...] Wenn wir gebunden sind, dann durch unsere Verpflichtung der Zivilisation gegenüber. Wir sind aber nicht den Deutschen gegenüber durch irgendwelche Vereinbarungen gebunden. Das ist die Bedeutung von ‹bedingungsloser Kapitulation›.»[194]

Die Formel von der «bedingungslosen Kapitulation» ging letztlich darauf zurück, dass es nicht nur auf deutscher, sondern auch auf alliierter und vor allem amerikanischer Seite ein Trauma des Kriegsendes 1918 gab.[195] Präsident Roosevelt sah in der Dolchstoßlegende und der Idee der «im Felde unbesiegten» deutschen Armee eine bewusste Lüge und eine Fiktion; dass sie überhaupt entstehen konnte, lag in seinen Augen an Wilsons «Vierzehn Punkten» und der darin enthaltenen Selbstbindung des Siegers. Diesmal sollten die Deutschen keine Gelegenheit bekommen, sich auf Proklamationen des Siegers berufen, sich aus der Niederlage herauslügen und der Welt einen neuen Krieg aufzwingen zu können. Es war für Roosevelt klar, dass sie diesmal eindeutig und vollständig geschlagen werden mussten.[196] Er machte in mehreren öffentlichen Erklärungen deutlich, dass die Nazis Verbrecher seien und hart bestraft würden, dass aber die Alliierten das deutsche Volk nicht vernichten wollten.[197] Er folgte gegenüber Deutschland trotzdem einer härteren Linie als manche Mitglieder seiner Regierung.[198] Zeitweilig favorisierte er auch den Morgenthau-Plan, Deutschland in ein Agrarland zu verwandeln. Dieser Plan, der Anfang Oktober 1944 in der amerikanischen Presse diskutiert wurde, war ein weiteres Argument, das die Nazis begierig aufgriffen, um dem deutschen Volk deutlich zu machen, dass es im Fall der Niederlage seiner Vernichtung entgegengehe.

In der zweiten Hälfte des Jahres 1944, als sich der deutsche Widerstand im Westen wieder versteifte, fragten sich viele Soldaten und auch amerikanische Regierungsmitglieder, ob nicht die alliierte Forderung nach der «bedingungslosen Kapitulation» die deutsche

Bereitschaft zur Aufgabe schwäche und eine flexiblere Haltung erforderlich sei, um den gegnerischen Kampfeswillen zu unterminieren. Vor allem die Einheiten der amerikanischen Armee, die sich mit psychologischer Kriegführung beschäftigten, versuchten die Formel von der «bedingungslosen Kapitulation» zu entschärfen; sie glaubten, dass sie Goebbels und der Nazipropaganda direkt in die Hände arbeite.[199] Roosevelt war aber gegen jedes Aufweichen der Formel und wurde in dieser Haltung unter anderen von Robert Murphy unterstützt, der einer solchen Argumentation entgegenhielt: «Nach den vorliegenden Informationen scheinen für das deutsche Verhalten mindestens fünf Faktoren wichtiger zu sein als dieser vorgebliche ‹Mangel an einer garantierten Lebensform›, nämlich: Angst vor dem Regime, insbesondere vor der Gestapo; simple Unfähigkeit, sich den Befehlen der Nazi-Behörden zu widersetzen; nervliche, emotionale und physische Erschöpfung, was neben anderen Dingen Apathie und Unterwürfigkeit verursacht; natürliche, patriotische Feindseligkeit gegen eine eindringende feindliche Armee; und Furcht vor Tod und Verwüstung, wie sie mit Feindseligkeiten verbunden sind.»[200] Ähnlich äußerte sich auch Churchill im November 1944: «Ich denke nicht, dass die Deutschen große Angst vor der Behandlung haben, die ihnen seitens der britischen und amerikanischen Armeen und Regierungen zuteil werden wird. Was sie fürchten, ist eine russische Besetzung und dass ein großer Teil von ihnen weggebracht wird, um sich in Russland oder, wie sie sagen, in Sibirien zu Tode zu arbeiten. Nichts, was wir sagen können, wird diese tiefsitzende Furcht auslöschen.» Worte spielten seiner Ansicht nach in diesem Stadium des Krieges ohnehin keine Rolle mehr.[201] Die Analyse Murphys und Churchills dürfte zutreffend sein. Die Forderung nach der «bedingungslosen Kapitulation» spielte eine geringere Rolle in der Nazipropaganda, als man denken sollte; sie wurde beispielsweise von Goebbels in seiner Sportpalastrede nicht erwähnt. Er hob dort ganz auf die sowjetische Bedrohung ab und auf die englischen Forderungen nach der Kapitulation – der Name Roosevelts fiel nicht, vielleicht auch deshalb, weil Goebbels und die Naziführung wussten, dass das deutsche Volk den Amerikanern nicht feindselig oder tief verängstigt gegenüberstand.

Hier soll, im historischen Vergleich, eine andere Annäherung an Roosevelts Formel von der «bedingungslosen Kapitulation» versucht werden. Im Wesensgehalt handelte es sich bei der in Casablanca geprägten Formel um das, was die Römer *deditio* genannt hatten. Diese akzeptierten bei der Unterwerfung keine Bedingungen ihrer Gegner; es lag dann ausschließlich in römischem Ermessen, diese zu vernichten oder ungestört weiterleben zu lassen. Die USA waren, angesichts ihres überwältigenden Potentials und im Bündnis mit über vierzig anderen Staaten, darunter starken Mächten wie der Sowjetunion und dem britischen Empire, durchaus in der Lage, die Achsenmächte vollständig niederzuwerfen.

Die vermutete harte Haltung der Sieger spielte in der Durchhalteargumentation der Nazis eine wichtige Rolle. Aus nahe liegenden Gründen hatte die nationalsozialistische Führung immer betont, dass der Feind keinen Unterschied zwischen Gefolgschaft und Gegnern des Regimes machen werde, sondern alle Deutschen unterschiedslos bekämpfen und «sich an allem deutschen Volk rächen» werde.[202] Adolf Hitler änderte in einem Redeentwurf Hermann Essers von Ende Februar 1945, in dem auch die Beschlüsse von Yalta kommentiert wurden, kaum etwas, wandelte aber systematisch die Forderung nach der «Vernichtung des Nationalsozialismus» in «Vernichtung des deutschen Volkes» ab.[203] Auch die militärischen Führer hinterfragten Hitlers Durchhaltebefehle nicht, obwohl die Aussichtslosigkeit des Krieges immer deutlicher wurde. Großadmiral Dönitz meinte noch am 25. April 1945, dass die Entscheidung, ob der Kampf fortgesetzt werden oder aber kapituliert werden solle, ausschließlich der Staatsführung, also Hitler, zustehe, und sagte: «Da die Kapitulation die Vernichtung des deutschen Volkes bedeutet, ist es von diesem Gesichtspunkt aus richtig, den Kampf fortzusetzen.»[204]

Zweierlei Kapitulationsverweigerung: Japan …

Dem Siegeswillen der USA und ihrer Verbündeten standen mit den Achsenmächten demnach Regierungen gegenüber, die eine Niederlage oder Kapitulation als unerträgliche Schmach ansahen. Um bei Japan anzufangen: Es war ein kapitaler Fehler der japanischen Führung, die amerikanische Haltung falsch eingeschätzt und eine Wiederauflage des Russisch-Japanischen Krieges versucht zu haben. Dieser hatte 1904 nach vorangehenden politischen Spannungen mit dem japanischen Überraschungsangriff auf Port Arthur begonnen, dann russische Niederlagen bei Mukden und Tsushima gesehen und schließlich hatte sich Russland zum Frieden bequemt, ohne dass Japan jemals in der Lage gewesen wäre, das Riesenreich vollständig niederzuwerfen. Das war auch nicht nötig; nach einem Jahr Krieg lenkte Russland ein und das war, was Japan politisch durch den Überfall hatte erreichen wollen. Nun zu glauben, dass im Konflikt mit den USA eine ähnliche Strategie verfangen könnte, war allerdings ein kapitaler Irrtum, der den hegemonialen Charakter der amerikanischen Politik sowie das Potential, vor allem aber den Willen der USA falsch einschätzte, obwohl einzelnen japanischen Offizieren mulmig zumute war und sie vor dem Schritt warnten.

Von Anfang an war die japanische Kriegführung im Pazifik grausam und missachtete das Völkerrecht. Kriegsgefangene wurden miserabel behandelt und schikaniert. Dies war ein Traditionsbruch, weil sich die Japaner im Russisch-Japanischen Krieg sehr darum bemüht hatten, sich den etablierten Großmächten als gleichrangig zu erweisen, die geltenden Regeln des Krieges zu beachten und Kriegsgefangene gut zu behandeln.[205] Auch war die japanische Kriegführung entschlossen, aber nicht so fanatisch gewesen, dass es zeitgenössischen Beobachtern aufgefallen wäre. Zwar war es auch in jenem Krieg, infolge des Bushido-Codes und einer gewissen japanischen Tradition, die Niederlage nicht überleben zu wollen, vereinzelt bei erfolglosen Offizieren zu Selbstmorden gekommen. Dies war aber kein Massenphänomen gewesen. Zudem wurden japanische Soldaten, die sich ergeben hatten und in Kriegsgefangenenschaft geraten waren, trotz martialischer und anderslautender Rhetorik, nach dem Krieg problemlos in die Gesellschaft reintegriert.[206] Allerdings war dieser Krieg im Großen wie auch in den einzelnen Schlachten für Japan siegreich verlaufen. Obwohl manche Operationen, wie etwa die Belagerung von Port Arthur, hohe Verluste gekostet hatte, stellte sich das Problem, wie die japanische Armee auf klare Niederlagen reagieren würde, nicht.

In der Zwischenkriegszeit kam es in Japan zu politischen Verhärtungen; das Verhalten der japanischen Armee im Krieg gegen China zeigte die Japaner als grausamen und unbarmherzigen Sieger. Diese Haltung setzte sich nach dem japanischen Überfall auf Pearl Harbour fort und dauerte an, als die Japaner im ersten Jahr des Krieges siegten, aber auch, als sie nach den Schlachten von Guadalcanal und Midway in die Defensive gerieten. Amerikanische und britische Kriegsgefangene wurden grausam behandelt und die Todesquote war hoch. 33 Prozent der amerikanischen und 28,8 Prozent der britischen Kriegsgefangenen starben im japanischen Gewahrsam.[207] Dies führte dazu, dass sich Soldaten beider Seiten nicht mehr gefangen nehmen lassen wollten. Das Verhältnis zwischen Toten und Kriegsgefangenen war bei den Alliierten 4 zu 1; bei den Japanern sogar 40 zu 1.[208] Auch im fernen Osten tobte, wie an der Ostfront in Europa, ein «außersystemischer» Krieg, und dies hatte direkte Auswirkungen auf die Bereitschaft, den Kampf einzustellen.

Die japanischen Soldaten zeigten praktisch bis zum Ende des Krieges keine Neigung zu kapitulieren. Wenn sie in aussichtsloser Lage waren, suchten sie den Tod auf dem Schlachtfeld oder brachten sich um. Die wenigen Gefangenen, die die Amerikaner machten, waren fast alle verwundet und unfähig gewesen, sich das Leben zu nehmen; viele versuchten, dies in der Gefangenschaft nachzuholen. Die Ursache dafür waren nicht drakonische Vorschriften, sondern ein sozialer Code; der kapitulierende Soldat verlor die Achtung seiner Kameraden und damit auch seine Selbstachtung.[209] Propaganda spielte eine weitere wichtige Rolle; den Japanern wurde weisgemacht, dass der Feind sie in jedem Fall umbringen würde, und 84 Prozent aller Japaner glaubten das auch.[210] Um das zu vermeiden, begingen nicht nur Soldaten, sondern auch Zivilisten Massenselbstmorde, wie etwa auf Saipan, um nicht in amerikanische Hände zu fallen.[211] Diese Furcht war übertrieben, wenn auch nicht völlig unberechtigt. Die Amerikaner behandelten die Japaner mit rassistischer Verachtung und erschossen bisweilen Gefangene. Charles Lindbergh schrieb in Neuguinea 1944 in sein Tagebuch: «Es wurde offen darüber gesprochen, dass einige unserer Soldaten japanische Gefangene folterten und so grausam und barbarisch waren wie die Japaner selbst. Unseren Männern machte es nichts aus, einen japanischen Gefangenen oder einen japanischen Soldaten, der kapitulieren wollte, zu erschießen.»[212] Immer wieder wurden japanische Soldaten, die sich ergeben wollten, von ihren amerikanischen Gegnern als Zielscheiben wie bei einem Scheibenschießen benutzt.[213]

1944, während der Schlacht im Golf von Leyte, begannen die japanischen Streitkräfte mit ihren organisierten Selbstmordangriffen.[214] Die Nachricht, dass sich Piloten mit ihren Flugzeugen in gegnerische Schiffe stürzten, wurde von der japanischen Öffentlichkeit nicht etwa mit Entsetzen, sondern mit Stolz und Enthusiasmus aufgenommen.[215] Über 6300 Kamikaze-Piloten flogen mit ihren Flugzeugen in den Tod; sie brachten dabei über 15 000 amerikanische Soldaten um.[216] Die Kamikazeeinsätze hatten, aus der Perspektive der japanischen Führung, eine doppelte Funktion: Einerseits sollten sie dem Gegner die fanatische Entschlossenheit zu verstehen geben, diesen Kampf bis zum Letzten führen zu wollen, und den Gegner damit zum Nachdenken und eventuell zum Kompromiss zwingen. Der Gedanke war nicht gänzlich unlogisch, denn wenn es ab 1943 für das aussichtslos unterlegene Japan noch einen Weg gab, die sichere und vollständige Niederlage zu vermeiden, dann war es dieser. Andererseits war die japanische Führung offenbar auch willens, sollte der Gegner nicht nachgeben und einen erträglichen Kompromiss anbieten, tatsächlich bis zum vollständigen Untergang zu kämpfen. Sie war, so etwa der «Kamikaze-Ideologe» Admiral Ōnishi Takijirō, bereit, viele Millionen Menschenleben zu opfern, statt aufzugeben.[217] Diese Haltung fand die Unterstützung der japanischen Soldaten. Wie oben im Zusammenhang mit Hiro Onoda bereits erwähnt, war der Selbstmord für viele japanische Soldaten ohnehin der Ausweg aus einer hoffnungslosen Kampfsituation. Onoda soll hier nochmals zu Wort kommen: «Als ich 1944 auf den Philippinen ankam, lief der Krieg für Japan schlecht, und zu Hause war das Wort ichioku gyokusai (= Hundert Millionen Seelen sterben für die Ehre) auf jedermanns Lippen. Dieses Wort bedeutete, dass die japanische Bevölkerung wie ein Mann sterben würde, statt zu kapitulieren. Ich nahm das wörtlich und glaube, dass viele junge Japaner meines Alters es ebenfalls wörtlich nahmen. Ich glaubte wirklich daran, dass Japan nicht aufgeben würde, solange noch ein Japaner am Leben war.»[218] «Die Zeitungen der Kriegszeit vertraten diese Ideen alle in der deutlichsten Sprache. ‹Kampf bis zum Ende!› ‹Das Reich muss um jeden Preis beschützt werden!› ‹Hundert Millionen sterben für die Sache.› Ich war mit diesen Gedanken groß geworden.»[219] Die Zahlen zeigen, dass Hiro Onodo in der Tat kein Einzelfall war. Die Insel Iwo Jima wurde von 22 000 japanischen Soldaten verteidigt, von denen nur 216 gefangengenommen wurden; die anderen starben im Kampf oder nahmen sich das Leben. Von 30 000 Soldaten auf Saipan blieben weniger als 1000 am Leben. Und auf Okinawa starben 75 000 Japaner und nur 10 Prozent überlebten die Schlacht.[220] Die Alternative zum Sieg war der Tod; sollte der Gegner nicht nachgeben, würden eben alle Japaner sterben – eine Haltung, die Hiro Onoda tief verinnerlicht hatte und mit ihm viele japanische Soldaten der Kriegsjahre.

Eine dritte Möglichkeit schloss die japanische Führung lange aus: zu kapitulieren. Tatsächlich ging das japanische Kalkül, den Gegner durch fanatischen Kampfwillen zu beeindrucken, teilweise auf, jedoch in einer anderen Form als erwartet. Die amerikanischen Soldaten waren entsetzt, gegen einen Feind kämpfen zu müssen, der alle Regeln des Krieges brach. Statt nachzugeben, radikalisierte sich die amerikanische Haltung ebenfalls und kein Ziel wurde wichtiger, als in diesen Schlachten die eigenen Verluste so gering wie möglich zu halten. Wie stark der Gegner litt, war uninteressant.

Amerikanische Strategen von Armee und Marine, die 1945 die Eroberung des japanischen Mutterlands planten (Operation Downfall, Olympic und Coronet) und die japanische Führung, die die Verteidigung plante (Ketsugo = Entscheidung), rechneten beide mit fanatischem todesbereitem Widerstand der japanischen Armee und Zivilbevölkerung sowie Tausenden von Kamikaze-Angriffen auf die Landungsflotte. Die Amerikaner glaubten, nach den Erfahrungen von Okinawa, dass sie in äußerst harten Kämpfen mehrere Hunderttausend Soldaten verlieren würden; vielleicht sogar Millionen. Beide Seiten, die Angreifer wie die Verteidiger, nahmen an, dass die japanischen Verluste in die Millionen gehen würden. Vor diesem Hintergrund war die amerikanische Führung sofort bereit, die Atombombe einzusetzen, um den japanischen Widerstand zu brechen und die verlustreiche Endschlacht zu vermeiden. Dies, und der sowjetische Kriegseintritt, half den gemäßigten Kräften in der japanischen Führung schließlich, sich gegen die Hardliner, die bis zum Tode kämpfen wollten, durchzusetzen. Kaiser Hirohito verkündete seinen Untertanen im Radio die Kapitulation, die dann feierlich auf der *Missouri* im Golf von Tokio unterzeichnet wurde. Es ist zu vermuten, dass, wenn sich die Hardliner durchgesetzt hätten, Soldaten und Bevölkerung den Kurs selbstmörderischen Widerstands bis zum Ende mitgetragen hätten. Schon so hatte Japan im Zweiten Weltkrieg 1,3 Millionen Soldaten und etwa 500 000 zivile Opfer zu beklagen; dies waren allerdings deutlich weniger, als die Opfer der Deutschen, die genau diesen Endkampf erlebten, der den Japanern erspart blieb.

... und Hitlerdeutschland

Anders als im japanischen Fall gab es in Deutschland keine Tradition, die Niederlage nicht überleben zu wollen. Insofern hatte die nationalsozialistische Führung in der zweiten Kriegshälfte, als sich die Frage des wie und ob deutscher Kapitulationen massiv zu stellen begann, das Problem, dass die Gebräuche der deutschen Armee ihren eigenen Vorstellungen vom «Siegen oder Sterben» diametral entgegenstanden. Von diesem Gegensatz wurde das Geschehen von 1943 bis zum Kriegsende geprägt.

An der Ostfront konnte die nationalsozialistische Führung darauf vertrauen, dass die deutschen Truppen die «Russen» fürchteten und, wenn überhaupt, nur «erzwungene Kapitulationen» den Kampf beendeten. Im Westen war das anders; hier galten die Normen des Krieges, und zwar so sehr, dass Hitler im Jahre 1945 daran dachte, aus der Genfer Konvention auszutreten, um die Kapitulation seiner Soldaten im Westen zu erschweren. Insgesamt stand die nationalsozialistische Kapitulationsverweigerung in unauflöslichem Gegensatz zu dem, was die überwältigende Mehrheit der deutschen Soldaten und auch die Institution Wehrmacht für richtig hielten.

Bisweilen sorgte der Wunsch deutscher Soldaten, zu kapitulieren und gleichzeitig ihr Prestige als unbeugsame Kämpfer zu retten, für groteske Situationen. Ein Beispiel berichtet General Bradley aus Nordafrika im Mai 1943. Nach der Kapitulation des Afrikakorps setzten Einheiten der Hermann Göring Division den Kampf fort. Als es zwei Tage später zu Kapitulationsverhandlungen zwischen einem verwundeten deutschen Oberleutnant und einem amerikanischen Bataillonskommandeur kam, stellte der deutsche Offizier folgende Forderung: «Bevor wir kapitulieren, will ich eine Bescheinigung von der amerikanischen Armee, dass die Hermann Göring Division die letzte war, die an dieser Front die Waffen niedergelegt hat.» Dies stieß aber beim amerikanischen Kommandeur auf wenig Gegenliebe und er entgegnete: «Freundchen, entweder kommt ihr jetzt raus und lasst das Affentheater sein, oder wir werden Euch diese Bescheinigung auf Euren Grabstein meißeln.»[221] So grotesk das wirken mag, bleibt doch festzuhalten, dass auch in früheren Kriegen kapitulierende Offiziere solche Bescheinigungen verlangt hatten; meist waren dabei soldatische Karrieregesichtspunkte ausschlaggebend gewesen.

Einen interessanten Ausweg aus dem Dilemma, den Kampf einstellen zu wollen, ohne kapitulieren zu können, wählte Generalfeldmarschall Model im April 1945 im Ruhrkessel. Die Lage der von ihm befehligten Heeresgruppe B war aussichtslos. Zwar bot das zerstörte Ruhrgebiet gute Kampfmöglichkeiten, aber die Heeresgruppe war abgeschnitten, es fehlte an Waffen, Versorgung und vor allem an einer Perspektive. Der Krieg war hoffnungslos verloren, der Kampfwille gebrochen. In seiner Verlegenheit beschloss Model, seine Soldaten einfach nach Hause zu schicken; ihnen wurden die Entlassungspapiere ausgehändigt.[222] Dieser originelle Versuch, die Kapitulation zu umgehen, ersparte seinen Soldaten allerdings nicht die Kriegsgefangenschaft. Model selbst nahm sich in der Nähe von Hösel das Leben.

In anderen Fällen führte das strikte Kapitulationsverbot zur vollständigen Tragödie und zum Tod von Hunderttausenden. Dies begann mit dem wohl berühmtesten Beispiel, der Einkesselung der 6. Armee in Stalingrad.[223] Die Armee hatte nur in den ersten Tagen nach ihrer Einschließung eine reale Chance auszubrechen; Paulus, der Oberbefehlshaber der 6. Armee, vertraute den Zusagen Hitlers und Mansteins auf baldigen Entsatz. Als dieser ausblieb und die Armee auch nicht hinreichend aus der Luft versorgt werden konnte, wurde die Situation kritisch. Paulus, überfordert und gesundheitlich angeschlagen, überließ de facto die Führung seiner Armee seinem Stabschef Schmidt, einem Scharfmacher. Am 7. Januar 1943 machten die Sowjets ein Kapitulationsangebot, das die Deutschen ablehnten und es wurde sogar befohlen, auf weitere russische Parlamentäre zu schießen.[224]

Doch wo war die Alternative? Die Lage wurde infolge der zur Neige gehenden Vorräte immer dramatischer, und trotzdem wurden mehrfache Bitten von Paulus, so etwa vom 22. Januar 1943, und auch von Manstein, kapitulieren zu dürfen, von Hitler abgelehnt. «Vom Standpunkt der Ehre aus betrachtet, komme eine Kapitulation nicht in Betracht.»[225] Der Kampf ging weiter, bis Paulus in Gefangenschaft ging, und mit ihm über 110 000 Soldaten seiner Armee, die bis dahin überlebt hatten.[226] Doch Paulus hatte nicht kapituliert: Er war bei den Kapitulationsverhandlungen im Erdgeschoss des Kaufhauses Univermag im Nebenraum geblieben und wollte offenbar für sich selbst das Recht der «erzwungenen Kapitulation» geltend machen: Er hörte auf zu kämpfen, weil die Umstände ihm eine Fortsetzung des Kampfes absolut unmöglich machten. Er hatte zwar Hitler enttäuscht, der Paulus kurz vor dem Fall noch zum Generalfeldmarschall befördert hatte in der Hoffnung, dass er sich das Leben nehmen, aber nicht in Gefangenschaft gehen würde. Doch letztlich musste Hitler auf die Frage nach einer Alternative zur Kapitulation die Antwort schuldig bleiben, wohl wissend, dass ein Befehl zum Selbstmord in seiner Armee auf keine Akzeptanz stoßen würde. Sich umzubringen statt zu kapitulieren ging in Deutschland nur auf freiwilliger Basis, und so blieb Hitler nicht viel anderes übrig, als sich über Paulus' «Charakterlosigkeit, Ehrlosigkeit und Feigheit» in kaum zu überbietender Verächtlichkeit auszulassen.[227] Tatsächlich hatte nicht Hitler, wohl aber die Soldaten der 6. Armee sehr viel Grund, sich über ihren passiven Oberbefehlshaber zu beklagen. Die völlig erschöpften Truppen hatten begonnen, auf eigene Faust zu kapitulieren; so hisste der Führer des XIV. Panzerkorps, Generalleutnant Schlömer, auch ohne Paulus Genehmigung auf dem GPU Gefängnis die weiße Fahne. Die in Stalingrad eingekreisten Truppen konnten noch im Radio die Ansprache Görings zum Jahrestag der Machtergreifung hören, in denen er sie mit den Spartanern bei den Thermophylen verglich. Allerdings war von dem Geist eines Leonidas in Stalingrad nichts zu spüren, stattdessen herrschten Ratlosigkeit und Angst. Die Soldaten kapitulierten ungern und wollten nicht in russische Gefangenschaft geraten. Aber nach «Meldung zahlreicher Truppenführer ist die Widerstandskraft ihrer zusammengewürfelten Männer so am Ende, dass sie sich nach dem Verschuss ihrer Munition trotz schärfster Gegenmassnahmen willenlos gefangen geben.»[228] Als General Seydlitz Paulus am 31. Januar aufforderte, nun endlich die Kapitulation einzuleiten, entgegnete dieser nur: «Ich tue nichts.»[229] Die Kapitulation erfolgte viel zu spät. Die völlig entkräfteten Soldaten der Armee waren so schwach, dass sie beim Abtransport durch die Russen nur einen Kilometer in der Stunde laufen konnten.[230] Die wenigsten überlebten die ersten Tage der Gefangenschaft; zudem waren die Russen nicht in der Lage, die restlichen entsprechend zu versorgen. Von den über 100 000 Mann sollten, viele Jahre später, nur 6000 nach Hause zurückkehren.

Die deutschen Soldaten standen lange fest hinter ihrer Führung, wobei das Wissen um die deutschen Verbrechen im Osten und die Furcht vor sowjetischer Rache eine tragende Rolle spielten. Hitler glaubte, dass, wenn jeder Deutsche von demselben Fanatismus beseelt wäre wie er selbst, ein 80-Millionen-Volk doch unüberwindlich sein sollte, denn der Sieger müsste dann jeden einzelnen Deutschen umbringen, um den Sieg zu erringen. Das war eine, wie Hitler hoffte, unmögliche Aufgabe, die den Gegner zum Einlenken bringen musste. Er irrte zweifach. Erstens wären die Sieger des Krieges tatsächlich in der Lage gewesen, jeden einzelnen Deutschen umzubringen, nicht zuletzt durch Fortschritte der Waffentechnik und durch ihre gigantische materielle wie personelle Überlegenheit, und gelegentlich schienen sie dazu Lust zu verspüren. Doch weit gravierender war, dass die Deutschen in ihrer Gesamtheit nicht bereit waren, ihrem Führer in den Untergang zu folgen. Sie wollten zwar den Krieg gewinnen oder zumindest alles tun, damit er nicht verloren ginge; aber, sollte sich das als vollkommen unmöglich erweisen, wollten sie kapitulieren und als Geschlagene weiterleben. Die Frage, zumal in den letzten Kriegsmonaten, als die militärische Lage sich als hoffnungslos darstellte, war, wie dieses Überleben möglich sein würde. Die deutschen Soldaten standen hier zwischen zwei Fronten: einerseits dem Feind, der, vor allem die Rote Armee, mit erbarmungsloser Unerbittlichkeit sich für die zuvor begangenen Greuel zu rächen begann, andererseits der eigenen Führung, die nicht davor zurückschreckte, das Weiterkämpfen durch blanken Terror zu erzwingen. Über 15 000 deutsche Soldaten wurden im Zweiten Weltkrieg als Deserteure hingerichtet, nach dem Motto «Wer den Tod in Ehren fürchtet, stirbt ihn in Schande.»[231] Wie also den Kampf einstellen? An der Ostfront kämpften die deutschen Soldaten, solange sie konnten; die Lage der Zivilbevölkerung verpflichtete sie dazu, da die Rote Armee sich hemmungslos an ihr rächte und beispielsweise Frauen massenhaft vergewaltigte. An der Westfront war es anders. Auch hier war der Widerstand hart, aber nur bis zu einem bestimmten Punkt: Als die Alliierten über den Rhein setzten und damit die letzte geordnete Widerstandslinie genommen war, zerfiel die Kampfmoral, die schon vorher Risse gezeigt hatte, sehr rasch. Im Grunde war dies die Anerkennung der Schlachtentscheidung und stand damit in der Tradition europäischer Kriegführung.[232] Da die Führung nicht aufgab, griff die Truppe zur Selbsthilfe. Allerdings war selbst jetzt die Kapitulation das letzte Mittel. Atavistische Formen des Krieges wurden wiederbelebt. Die hunderttausendfache Flucht einer sich auflösenden Armee; das Zurückweichen vor dem Feind, unter oft nur noch nominellem Widerstand; dann wieder Inseln harter Gegenwehr und schließlich die Flucht des Ostheeres nach Westen in der Hoffnung, in britische oder amerikanische Gefangenschaft zu geraten. Allerdings hatte der deutsche Widerstand sich so lange hingezogen und waren die Verwüstungen und das Chaos derart, dass Briten und Amerikaner daran zu zweifeln begannen, ob es am Ende überhaupt eine reguläre Kapitulation geben werde oder ob sie einseitig das Ende der Kämpfe würden proklamieren müssen.[233]

Für die Alliierten wie für die nationalsozialistische Führung war der plötzliche Zusammenbruch des deutschen Widerstandswillens nach der Rheinquerung eine Überraschung, wie etwa die Reportagen des australischen Kriegsberichterstatters Osmar White zeigen, der Pattons 3. US Armee beigeordnet war. White erwartete, dass die deutsche Bevölkerung irgendwann mit dem Guerillakrieg beginnen würde; dass er an einem schönen Frühlingsmorgen plötzlich mit einem Maschinengewehr beschossen oder dass jemand aus einem Dachgeschoss eine Handgranate auf ihn werfen würde; dass irgendwo ein massives Kabel über die Straße gespannt oder auf Kreuzungen Minen verlegt würden. Doch nichts dergleichen geschah; die deutsche Bevölkerung blieb ruhig und unterwürfig. White war erstaunt über den Kontrast: Zuerst hatten die Deutschen militärische Wunder vollbracht und auch dem erbarmungslosen Bombenkrieg jahrelang standgehalten, doch nun, nachdem der Feind den Rhein überschritten hatte und ins Innere des Reiches vorstieß, «brach die Moral der Bevölkerung total zusammen».[234]

White verstand noch die Haltung der schwer geprüften Bevölkerung in den zerbombten Industriegebieten, doch nicht die der weitgehend verschont gebliebenen ländlichen Gebiete, der kleinen Städte und Dörfer. Die Bevölkerung «unterwarf sich der Autorität von uns Invasoren ohne Frage oder Protest – sie krochen vor uns ohne jede Scham». White war auch angewidert über den Eifer, mit dem sich die Leute von Hitler distanzierten. «Loyalität – selbst Loyalität zu einem offensichtlich schlechten Regime – kann eine Eigenschaft sein, die Respekt verdient; aber da war keinerlei Loyalität in der Haltung der deutschen Zivilisten zu entdecken, nachdem ihre Armeen besiegt und die Autorität der Nazi-Bürokratie gebrochen waren. Das System des ‹Führers› hatte keine Rasse von Übermenschen entwickelt; stattdessen hatte die Methode, alle Opposition zu vernichten, indem jeder eine Pistole auf jemand anderen richtete, allen wirklichen Mut aus dem Charakter des Volkes entfernt.»[235] Als White einen SS-Offizier nach dem Rekrutierungssystem der SS fragte, klagte dieser weinerlich, dass die SS doch nicht viel anders als die Wehrmacht gewesen sei, zwar anfangs eine Freiwilligenformation gewesen wäre, aber später auf Einziehung basierte; warum sollten jetzt ihre Köpfe rollen? White kommentierte: «Hier war ein Mann, der noch vor einer Woche ohne jeden Zweifel für sein Land gestorben wäre – aber nur auf den direkten Befehl seines Vorgesetzten. Als die Kommandostruktur brach, da gab es keine inneren Kräfte, keinen Stolz, keinen Glauben, die seinen Mut erhalten hätten. Er war wie ein Tier, das trainiert war, automatisch auf bestimmte Anreize zu reagieren. Als die Anreize wegfielen, war er verwirrt und verloren – wie eine konfuse und überforderte Ratte in einem Irrgarten im Labor.»[236]

White hatte das NS-Propagandabild von der Einheit von Partei und Volk wohl zu wörtlich genommen und war außerdem ganz von der Perspektive des Siegers geprägt. Aus der Sicht des Verlierers sah die Situation ziemlich anders aus. Einen sehr guten Eindruck von den chaotischen Umständen des Zusammenbruchs und der Kapitulation findet sich in Ernst von Salomons autobiographischem Roman «Der Fragebogen», in dem er das Kriegsende in dem kleinen Ort Siegsdorf in Oberbayern schildert. Im April 1945 waren die Straßen verstopft mit fliehendem Militär und Zivilisten; zuerst zogen sich Stäbe zurück, dann Kampfeinheiten; Tag und Nacht war dichter Verkehr auf der Autobahn. Die Parteibonzen flohen und es entstand ein Machtvakuum, in dem die Besonnenen versuchten, jeden Endkampf zu vermeiden in der Erkenntnis, dass der Krieg vorbei und verloren war. Ein umsichtiger Hauptmann sabotierte den Plan, Straßensperren zu errichten und den Ort gegen die Amerikaner zu verteidigen, andere hielten einen Feldwebel davon ab, seinen Auftrag durchzuführen und eine Brücke und ein Viadukt zu sprengen. Viele der zurückweichenden Soldaten wollten nicht mehr kämpfen, sondern suchten nur nach Quartier und Proviant. In dem Chaos herrschte ein rüder Ton; Soldaten wie Zivilisten verlangten nach Benzin, Unterkünften und Verpflegung und suchten sich diese knappen Dinge durch massives Auftreten und Drohungen zu verschaffen. Das Chaos und die Aussichtslosigkeit waren total und machen es vollkommen verständlich, dass Wehrmacht und Bevölkerung im Frühjahr 1945 genug vom Krieg hatten und bereit waren zu kapitulieren und sich dem Sieger zu unterwerfen. Ein Infanteriezug aber, angeführt von zwei jungen Leutnanten, lehnte es ab, den Kampf einzustellen; auf Salomons Frage, warum sie in der aussichtslosen Lage nicht ihr Leben retteten, entgegneten sie, sie seien eben «deutsche Infanterie», und zogen weiter in den Kampf, dem hoffnungslos überlegenen Feind entgegen. Die Erfahrungen der letzten Monate des Krieges wurden von einem Zeitzeugen so zusammengefasst: «Wir werden Zeugen der einzigen Alternative zur bedingungslosen Kapitulation – der allmählichen Desintegration und Zerstörung der Wehrmacht.»[237]

Was die alliierten Sieger, wie White, und wohl auch die Naziführung erwartet hatten, war ein fanatischer Widerstandswille der deutschen Bevölkerung. Auch Goebbels, der versucht hatte, im Westen eine Widerstands- und Partisanenorganisation namens «Werwolf» hochzuziehen, wurde überrascht. Am 1. April 1945 kündigte er Aktionen des «Werwolf» im Radio an, doch stieß diese Idee bei der kriegsmüden deutschen Bevölkerung auf Ablehnung.

Ein Stimmungsbericht aus Berlin meldete: «Der Werwolf-Gedanke wird allgemein abgelehnt. Es wird behauptet, daß die Anglo-Amerikaner zu derartigen Repressalien greifen würden, daß nur ein weiteres sinnloses Morden dabei herauskomme. Allgemein wird gesagt, daß es ein Fehler gewesen sei, den Werwolf-Gedanken durch den Rundfunk öffentlich zu propagieren. Gerade dadurch habe man dem Feinde die Möglichkeit gegeben, seine Gegenmaßnahmen vor der Weltöffentlichkeit zu rechtfertigen.»[238]

Die deutschen Verluste waren ungeheuer, wobei vor allem die Endkämpfe sehr hohe Opfer gekostet hatten. Etwa die Hälfte aller Soldaten starb im letzten Kriegsjahr. Bis Ende Juli 1944 waren 2,7 Millionen deutsche Soldaten ums Leben gekommen; als Deutschland kapitulierte, waren 5,3 Millionen deutsche Soldaten in diesem Krieg gefallen.[239] Das waren, bei insgesamt 18,2 Millionen Eingezogenen, fast 30 Prozent, für die der Krieg mit dem Tode endete. Dies war das zweieinhalbfache der deutschen Verluste des Ersten Weltkriegs.

Ganz am Ende des Krieges wurde in Deutschland der verständliche, ohnehin reichlich spät einsetzende Wunsch nach Schadensminimierung sichtbar; er ging einher mit der Akzeptanz der Schlachtentscheidung und der Weigerung, den Widerstand nach der militärischen Niederlage fortzusetzen. Das waren dieselben Argumente, die das kriegsmüde Frankreich 1814 und 1815 zum Frieden bewegt hatten; die Fortsetzung des Krieges würde nur die Grundlagen der Zivilisation zerstören, aber am Ausgang nichts ändern.[240] Die deutsche Bevölkerung lehnte es ab, den Krieg durch eine Partisanenbewegung zu verlängern; ebenso wie 1865 Lee in Appomattox diesen Gedanken erwogen und abgelehnt hatte. Die Vernunft hatte endlich, wenn auch viel zu spät, die Oberhand gewonnen. Als die Regierung Dönitz am 8. Mai 1945 schließlich kapitulierte, war die Mehrheit der Deutschen nach einer amerikanischen Befragung der Ansicht, der Schritt sei unumgänglich gewesen; sie akzeptierten die Kapitulation, nur 11 Prozent lehnten sie ab.[241]

Zeremonien der Niederlage: Die Kapitulationen des Jahres 1945

An dieser Stelle soll kurz auf den äußeren Ablauf der Kapitulationen von 1945 eingegangen werden, die streng formalisiert waren und darin in der Tradition solcher Zeremonien seit der frühen Neuzeit standen. Gleichzeitig waren sie der römischen *deditio* – als einem klar definierten Frage- und Antwortspiel, in dem jedes Wort vorgegeben war – nicht unähnlich.[242] Die Abläufe der großen und zentralen Kapitulationen, so etwa die von Jodl unterzeichnete in Reims und die von Keitel in Karlshorst, oder die Kapitulation der Japaner auf dem Schlachtschiff *Missouri*, sind relativ bekannt. Daher sollen hier einige der anderen Kapitulationen beleuchtet werden.

Interessant und spektakulär war beispielsweise die Kapitulation der Heeresgruppe C in Italien, die einige Tage früher als die deutsche Gesamtkapitulation in Kraft trat. Sie ist deshalb von Interesse, weil ihr monatelange konspirative Verhandlungen zwischen den Verantwortlichen auf deutscher und alliierter Seite vorangingen, sogar unter Einbeziehung neutraler Vermittler. Involviert waren der Gruppenführer Wolff, der für die SS-Verbände in Italien einstand, und Generaloberst von Vietinghoff, der Befehlshaber der Heeresgruppe C. Auf alliierter Seite spielte der amerikanische Gesandte in Bern, Dulles, eine Hauptrolle. Hinzu kamen noch italienische Vermittler, die ihrem geschundenen Land, das schon seit Jahren das Schlachtfeld abgab, den Endkampf ersparen wollten, und der Schweizer Offizier Waibel. Hier zeigten sich auf beiden Seiten, bei Siegern wie Besiegten, die ideologischen wie praktischen Hindernisse, die sich jeder vorzeitigen Kriegsbeendigung entgegenstellten. Die deutschen Stellen beargwöhnten sich gegenseitig, denn es war lebensgefährlich, hinter Hitlers Rücken mit dem Feind zu verhandeln. Die Alliierten wiederum wollten von der bedingungslosen Kapitulation nicht abgehen und kamen nicht einmal kleinen Forderungen der deutschen Seite entgegen. Hierbei ging es im Wesentlichen um Symbole der soldatischen Ehre. So wollte Vietinghoff beispielsweise erreichen, dass die Waffenniederlegung «in feierlicher, soldatischer Form geschehen und den Charakter einer militärischen, ehrenvollen Übergabe tragen» müsse; dass Offizieren und Soldaten die Koppel und Seitenwaffe belassen würden und die Soldaten der Heeresgruppe C «in Gefangenschaft in Italien mit nützlichen Wiederaufbauarbeiten beschäftigt werden» sollten.[243] Immerhin hatte Vietinghoff im Gegenzug auch etwas zu bieten. Der Krieg war zwar, wie auch Wolff anerkannt hatte, unrettbar verloren, aber immerhin standen zu diesem Zeitpunkt noch etwa 600 000 deutsche Soldaten in Italien und Österreich. Die ihnen gegenüberstehenden alliierten Truppen waren materiell weit überlegen, zahlenmäßig jedoch nicht. Am 23. April erklärte sich Vietinghoff bereit, die Kapitulation zu unterzeichnen,[244] während Dulles die Order bekommen hatte, die Verhandlungen abzubrechen. Damit war die paradoxe Situation entstanden, dass die unter beträchtlichem Druck stehenden deutschen Konspirateure – Wolff erhielt beispielsweise von Himmler einen direkten Befehl, Italien zu halten,[245] und wurde von Kaltenbrunner, dem Chef des Reichssicherheitshauptamts, kritisch überwacht – sowie die Schweizer und italienischen Mittelsmänner die Alliierten praktisch darum anbetteln mussten, im Bereich des OB Südwest kapitulieren zu dürfen. Schließlich wurde erwogen, den deutschen Truppen die einseitige Einstellung der Kampfhandlungen zu befehlen.[246] Am Ende kam es doch noch zur vorzeitigen Kapitulation. Sie erfolgte am 29. April 1945 im Schloss in Caserta. Zwei deutsche Offiziere in Zivil waren erschienen. Oberstleutnant i. G. Viktor von Schweinitz handelte im Auftrag des Oberbefehlshabers Südwest, General Vietinghoff, und Sturmbannführer Wenner im Auftrag von SS-Gruppenführer Wolff. Vor der Zeremonie im Schloss war allerdings bereits zwischen den beiden deutschen Offizieren und General W. D. Morgan, dem Stabschef von Feldmarschall Alexander, verhandelt worden.[247]

Die Zeremonie, unter Beteiligung der Presse, verlief wie folgt: General Morgan trat einen kurzen Schritt vor und sagte auf Englisch: «Ich verstehe, dass Sie, Oberstleutnant Schweinitz, bereit und bevollmächtigt sind, die Kapitulationsurkunde im Namen des Generals von Vietinghoff zu unterzeichnen. Und Sie, Major Wenner, sind ermächtigt, sie im Namen von General Wolff zu unterzeichnen. Ist das richtig?»

Schweinitz antwortete mit einer spitzen Verbeugung: «Ja!»

Und nachdem die Frage ins Deutsche übersetzt worden war, antwortete der Sturmbannführer: «Jawohl!»

Morgan sagte dann: «Ich bin durch Feldmarschall Alexander ermächtigt, diese Vereinbarung im Namen des Oberkommandos zu unterzeichnen. Das Instrument tritt um 12 Uhr mittags, Greenwich time, am 2. Mai 1945 in Kraft. Ich bitte Sie nun, die Dokumente zu unterzeichnen, und werde sie nach Ihnen ebenfalls unterzeichnen.»[248]

Oberstleutnant von Schweinitz machte noch – wie in den Vorbesprechungen vereinbart – einen Einwand; er glaubte, seine Vollmachten leicht überschritten zu haben, aber doch auf das Einverständnis seines Oberbefehlshabers rechnen zu können. Morgan akzeptierte die Einschränkung.[249] Fünf Kopien – vier auf Englisch, eine auf Deutsch – wurden von beiden Seiten unterzeichnet, dann bat Morgen die deutschen Unterhändler, den Raum zu verlassen.

Mit dieser Zeremonie kamen die Kämpfe in Italien zum Ende; sie waren zwar für die deutsche Seite längst hoffnungslos, doch galt diese Kapitulation für die 600 000 Mann auf dem italienischen Kriegsschauplatz und mit den Truppen auf dem angrenzenden österreichischen Gebiet insgesamt für fast eine Million deutsche Soldaten.[250] Für sie war der Krieg nun vorbei. Und obwohl Hitler schon tot war, als die Kapitulation in Kraft trat, war sie, ebenso wie die ihnen vorangehenden monatelangen konspirativen Verhandlungen, für die deutschen Beteiligten nicht ungefährlich. Der Gauleiter von Tirol, Hofer, und Ernst Kaltenbrunner wollten Schweinitz und Wenner aufhängen lassen;[251] und Kesselring sprach davon, Vietinghoff und dessen Stabschef Hans Röttiger erschießen zu lassen. Churchill wertete die Vorgänge in Caserta als sehr bedeutsam und schrieb: «In der Geschichte des Krieges steht diese Kapitulation einzig da, durch die neben einer riesigen Armee, die aus dem Feldzuge ausscheidet, ein ausserordentlich weites und höchst wichtiges Gebiet befreit wird.»[252]

Anfang Mai 1945 gab es, als Folge der deutschen Gesamtkapitulation, eine ganze Reihe von lokalen Kapitulationen, die ebenfalls alle formalisiert und ritualisiert abliefen. Wie sehr hierbei jedes Wort eine Rolle spielte und damit erneut an das Zeremoniell der *deditio* erinnert, zeigt beispielsweise die Kapitulation von Vizeadmiral Friedrich Friesius in Dünkirchen. Die Festung war seit vielen Monaten isoliert, hatte aber bis zum Schluss ausgehalten. Am 8. Mai 1945 kam es zwischen dem Admiral und zwei alliierten Offizieren, Major Pollak und Major Sissons, zu folgendem Wortwechsel:

Die alliierten Offiziere sagten: «Ich bin durch das Oberkommando der Dunkirchen Streitkräfte beauftragt, Sie zu fragen, ob sie bereit sind, unverzüglich bedingungslos zu kapitulieren.»

Frisius antwortete: «Ich bin nicht dazu bereit, aber es wurde mir befohlen.»

Pollak entgegnete: «Die Frage, die ich beauftragt wurde, Ihnen zu stellen, ist einfach: ‹Sind Sie bereit, zu kapitulieren›, und ich bin nicht bevollmächtigt die Gründe zu diskutieren. Wollen Sie daher bitte die Frage direkt beantworten.»

Frisius: «Ich war nicht bereit, zu kapitulieren, aber es wurde mir befohlen.»

Pollak: «Bedeutet das, daß Sie kapitulieren werden?»

Frisius: «Ja.»

Dieser Wortwechsel zeigt den Trotz und hochmütigen Stolz des Verlierers – dies war eine typische Haltung; Journalisten hatten die steife Haltung Keitels in Karlshorst, Thomas Mann in seinem Tagebuch die Worte Jodls in Reims kritisiert – und gleichzeitig das Zeremoniell der Niederlage, das in dieser Form seit der frühen Neuzeit Brauch war. Die Klauseln der Kapitulation untersagten Zerstörungen, umfassten eine Aufstellung der Truppen und der Verwundeten und klärten auch die Frage der Verpflegung für sieben Tage.[253] Man könnte die Bedingungen mit denen bei der Kapitulation Bristols im Jahre 1645 vergleichen und würde viele Gemeinsamkeiten finden.[254]

Erst nach der Gesamtkapitulation ging die Hauptmasse der Wehrmachtsoldaten in Gefangenschaft. Nach Schätzungen befanden sich bis Mai 1945 bereits etwa 2–3 Millionen Mann in gegnerischem Gewahrsam; nun folgten weitere Millionen.[255] Es war aber, wie Präsident Truman am 2. Mai 1945 zu Recht feststellte, offensichtlich, dass die Wehrmacht zu diesem Zeitpunkt nur noch eine Wahl hatte: die zwischen der Kapitulation und der Vernichtung.[256]

Wenn ich einen dieser Bastarde vor die Flinte kriege, dann feuere ich erst und frage später ...

Tom Smith, 31. Januar 1991

X. Ein «postheroisches» Zeitalter? Die Kunst der Niederlage im Krieg der Gegenwart

Beide Weltkriege hatten gewaltige Auswirkungen auf die europäische Kultur des Krieges. Schon im Ersten Weltkrieg war der patriotische Konsensus, der das europäische Bürgertum im 19. Jahrhundert beseelt hatte, schwer beschädigt worden. Den Zweiten Weltkrieg überlebte er nur in einer sehr reduzierten Form. Den Krieg führenden Nationen war eine Überdosis an Opferwillen abverlangt worden und das unausweichliche Resultat war tiefe Ernüchterung, ja Ablehnung von Militär und Krieg. Ein letztes Mal in diesem Buch soll die Frage gestellt werden, wie es um das kämpferische Ideal der nun zu behandelnden Epoche – also dem Zeitraum von 1945 bis in die Gegenwart – steht, unter welchen Umständen es dem Soldaten gestattet zu kapitulieren und, gravierender noch, welche Beschränkungen es dem Sieger auferlegt. Die Antwort scheint einfach und ist doch komplex, vielleicht auch, weil die Grundstrukturen und Entwicklungslinien der Gegenwart sehr viel weniger gut zu erkennen sind als die der Vergangenheit. Nach 1945 gab es jedenfalls mehrere starke Trends, die auf die Einstellung zum Krieg und zum Kampf und damit auch auf die «Kunst der Niederlage» einwirkten – aber aus verschiedenen Richtungen.

Der erste Trend ist der gewaltige Widerwille gegen den Krieg an sich, der sich in allen Nationen, die an den Weltkriegen teilgenommen hatten, beobachten lässt. Dieser Trend, der schon nach dem

Ersten Weltkrieg sichtbar wurde, hat seit 1945 deutlich zugenommen. Es ist nicht überraschend, dass diese «postheroische» Tendenz[1] besonders stark in den Staaten zu spüren ist, die den Zweiten Weltkrieg verloren hatten, vor allem in Deutschland und Japan. Dort dominiert eine stark kriegsablehnende, fast pazifistische Gesinnung. Schon direkt nach dem Krieg und auch in den Jahren der Wiederbewaffnung gab es in Deutschland die «Ohne mich»-Stimmung; sie wurde übermächtig in der deutschen Gegenwart.[2] Auch international ging die Bereitschaft, dem Militär einen Platz im eigenen Leben einzuräumen, stark zurück; dies nahm vor allem nach dem Ende des Kalten Krieges sprunghaft zu. Inzwischen ist die Wehrpflicht in fast allen Staaten, einschließlich in ihrem Ursprungsland Frankreich, ausgesetzt worden, was einer Demilitarisierung der Gesellschaften gleichkommt. Die Armeestärken fallen seit Jahren und ein Ende ist nicht in Sicht.

Ein zweiter Trend deutet in eine andere Richtung. Es war schließlich nur mit bewaffneter Gewalt und unter ungeheuren Opfern gelungen, die deutsche und japanische Führung bei der Umsetzung ihrer ausufernden Eroberungspläne zu stoppen. In den Staaten, die den Zweiten Weltkrieg gegen die Achsenmächte gewonnen hatten, wurde daraus der Schluss gezogen, dass von nun an Aggressoren und Völkermördern möglichst frühzeitig und massiv entgegengetreten werden müsse. In dieser Sicht ist Krieg ein bedauerliches, aber notwendiges und in bestimmten Fällen sogar moralisch gebotenes Mittel, um Aggressoren zu stoppen und Völkermorde und Massaker zu verhindern. Der Krieg galt auch als legitimes Mittel für Emanzipations- und Befreiungsbewegungen nach 1945; doch war dies kein neuer, sondern ein bereits fest etablierter Trend, der sich lediglich fortsetzte.

Diese Trends – der Widerwille gegen den Krieg einerseits, die Idee des gerechten und notwendigen Krieges zur Ahndung von Aggression und Völkermord und schließlich auch die alte Idee des bewaffneten Freiheitskampfes – haben gemeinsam, dass sie den Krieg grundsätzlich als Übel werten; sie differieren in der Frage, ob er ein notwendiges und legitimes Mittel sei. Noch ein vierter Trend ist hier zu erwähnen, da er Kriege und auch das Aufhören im Kriege beeinflusste, und dies war der Einfluss und die Teilnahme der weltweiten Öffentlichkeit. Die Wahrnehmung der Kriege wurde zunehmend global, und dies galt besonders für die Konflikte, in die westliche Mächte verwickelt waren.[3] Hierbei handelt es sich streng genommen nicht um eine neue Entwicklung, sondern um die, wenn auch mächtige, Verstärkung eines Trends, der im 18. Jahrhundert eingesetzt hatte. Die Öffentlichkeit der fortgeschrittenen Gesellschaften, die zuerst durch Zeitungen und heute über Fernsehen, Radio und eine Vielzahl elektronischer Medien praktisch in Echtzeit über die Weltgeschehnisse unterrichtet wurden, war immer weniger bereit, Gewalttätigkeiten in anderen Weltgegenden zu tolerieren. Dies begann mit der britischen Opposition gegen die Sklaverei Ende des 18. Jahrhunderts und setzte sich im 19. Jahrhundert fort, als beispielsweise Gladstone, damals Oppositionsführer, von seiner Regierung verlangte, die Osmanen wegen der von ihnen begangenen Greuel auf dem Balkan (the *Bulgarian horrors*) die bisher gewährte politische Unterstützung zu entziehen. Das Deutsche Reich hatte den Ersten Weltkrieg auch und gerade in der amerikanischen Öffentlichkeit verloren, wo die deutsche Politik durch Übergriffe gegen belgische Zivilisten (*Belgian atrocities*)[4] und die Versenkung von Passagierdampfern wie der *Lusitania* durch U-Boote stark in die Kritik geraten war; dies waren notwendige Grundvoraussetzungen für einen Stimmungswandel in den USA und die darauf folgende kriegsentscheidende amerikanische Intervention im April 1917. Diese Tendenz setzt sich in die Gegenwart fort und ist stärker denn je. Die Weltöffentlichkeit schaut den handelnden Militärs sehr genau auf die Finger. Die «unsichtbare Hand des Krieges», also die Wechselwirkung der Egoismen von Sieger und Verlierer, wird dadurch mächtig verstärkt. Eine Politik hemmungsloser Gewalt gegenüber dem Unterlegenen ist für den Sieger noch nachteiliger geworden, als sie es früher schon war, da sie nicht nur die fremde, sondern auch die eigene öffentliche Meinung negativ beeinflussen kann. So hat beispielsweise das Massaker in My Lai, bei dem amerikanische Soldaten am 16. März 1968 in einem vietnamesischen Dorf über 500 Zivilisten, darunter Frauen und Kinder, umbrachten, wohl nirgendwo so große Wirkung gehabt wie in der innenpolitischen Auseinandersetzung in den USA während des Vietnamkriegs selbst.[5] Daher kann gesagt werden, dass die Öffentlichkeit und ihre Wertvorstellungen inzwischen eine massive, wenn auch bei weitem nicht fehler- oder lückenlose Kontrolle des Siegers darstellen. Sie erschweren eine der Grundkonstanten der Kriegführung der Vergangenheit, nämlich die Dichotomie zwischen «systemischem» und «außersystemischem» Krieg, indem sie Regelverletzungen ahndet und damit die Staaten, die sich an die Regeln des Krieges gebunden fühlen – und das sind fast alle – unter erheblichen Druck setzt. Nicht ohne Grund erfolgen massive Regelverletzungen im Krieg mehrheitlich durch nichtstaatliche Akteure, wie Terror- und Aufstandsorganisationen.

Diese Regeln für und gegen den Krieg nahmen nach 1945 weiter zu. Es kam zu vielfältigen Bemühungen, die Kriegführung massiven Kontrollen zu unterwerfen. In Nürnberg und Tokio wurden Kriegsverbrecher vor Gericht gestellt und abgeurteilt, und damit waren Bestrebungen, die es bereits nach dem Amerikanischen Bürgerkrieg und auch nach dem Ersten Weltkrieg gegeben hatte, in die Wirklichkeit übersetzt worden.[6] Die Idee, Kriegsverbrecher für ihre Taten wie normale Kriminelle abzuurteilen und Verstöße gegen die Regeln des Krieges gerichtlich zu ahnden, hat einerseits einen kontrollierenden und disziplinierenden, andererseits aber auch einen kriegsverschärfenden Effekt, weil die Aburteilung den vollständigen Sieg einer Seite voraussetzt.

Parallel dazu wurden die Vereinten Nationen gegründet, die über den Frieden der Menschheit wachen sollten und auch einen bewaffneten Arm erhielten; UN-Streitkräfte nahmen an verschiedenen Auseinandersetzungen nach 1945 teil und suchten auch, Konfliktlagen zu entschärfen. Im Jahre 2006 waren 66 086 UN-Soldaten aus 110 Nationen in insgesamt 16 friedenserhaltenden Missionen eingesetzt.[7] Außerdem komplettierten sich die Kodifizierungen des Kriegsvölkerrechts. In den Genfer Abkommen von 1949 wurden einige der Lücken geschlossen, die in den bisherigen

Regelungen offensichtlich geworden waren; sie betrafen das Los der Verwundeten und Kranken der bewaffneten Kräfte zu Lande und zu Wasser, das Los der Schiffbrüchigen sowie die Behandlung von Kriegsgefangenen und Zivilpersonen.[8] All das blieb nicht ohne Auswirkungen auf die «Kunst der Niederlage» in der Gegenwart.

Sieg und Niederlage in systemischen Kriegen nach 1945

Auch in den Kämpfen nach 1945 gilt es, zwischen zwei Kriegsformen zu unterscheiden, zwischen den «systemischen» Kriegen, die sich an die etablierten Normen hielten, und den außersystemischen, die dies nicht taten. Zwischen den Großmächten blieb nach 1945 der Frieden erhalten, was nicht erstaunt vor dem Hintergrund des Potentials wechselseitiger Vernichtung durch die Atombombe, der Stärke der sich gegenüberstehenden Militärblöcke und dem allgemeinen Widerwillen, so etwas wie den Zweiten Weltkrieg, oder Schlimmeres, erneut durchleben zu müssen. In einem solchen Krieg wäre von Sieg oder Niederlage nicht mehr viel zu spüren gewesen; deshalb unterblieb er.

Es gab nach 1945 trotzdem eine Unzahl bewaffneter Auseinandersetzungen. An manchen waren auch die Industrieländer beteiligt, viele ereigneten sich in der sogenannten Dritten Welt; manche verliefen zwischen Nationalstaaten, andere waren Bürgerkriege; manche waren kurz und entscheidend, wie etwa der Falklandkrieg 1982, manche blutige Bürgerkriege, die seit Jahrzehnten andauern, wie etwa in Burma. Um Zahlen zu nennen: Im Jahre 2011 beobachtete das Heidelberger Institut für Internationale Konfliktforschung 388 Konflikte, von denen zwanzig als Kriege und achtzehn als begrenzte Kriege eingestuft wurden; 202 Konflikte verliefen gewaltlos.[9]

Mit guten Gründen warnt Sven Chojnacki nach einem Blick auf die Kriege nach 1945 davor, «alte innerstaatliche Kriege zu vernachlässigen oder zwischenstaatliche Kriege gar als historisches ‹Auslaufmodell› anzusehen».[10] In den zwischenstaatlichen Kriegen nach 1945 galten sehr ähnliche Regeln des Aufgebens wie in den Kriegen zuvor, so etwa im Koreakrieg, in dem Nord- und Südkorea, die Vereinten Nationen sowie die Volksrepublik China kämpften. Dieser Konflikt hatte zwar nicht ausgegriffen, etwa durch die Einbeziehung chinesischen Territoriums in die Kriegshandlungen, war aber auf koreanischem Boden beidseitig mit großer Härte geführt worden. Der amerikanische Luftwaffengeneral Curtis Le May sagte: «Wir haben fast jede Stadt in Nord- und Südkorea niedergebrannt. Wir haben über eine Million koreanischer Zivilisten getötet und mehrere Millionen aus ihren Häusern vertrieben.»[11] Am Ende der Kämpfe waren 900 000 chinesische, je mehr als eine Million nord- und südkoreanische Soldaten und 54 000 Amerikaner gefallen.[12] Vor diesem Hintergrund ist es verständlich, dass die Waffenstillstandszeremonie am 27. Juli 1953 in Panmunjom denkbar frostig verlief; kein Wort wurde gewechselt und es gab keinen Handschlag, während die Dokumente in chinesischer, englischer und koreanischer Sprache unterzeichnet wurden. Hinterher mahnte der Oberkommandierende der UN-Streitkräfte, General Clark, dass der Konflikt nicht vorbei sein werde, bevor die Regierungen eine feste politische Übereinkunft erzielt haben würden, und General Taylor, der Befehlshaber der 8. Armee, unterstrich, dass ein Waffenstillstand «kein Grund zu ungezügelter Freude» sei.[13] Eine Besonderheit dieses Krieges war, dass sich mehrere tausend chinesische und nordkoreanische Kriegsgefangene weigerten, nach Hause zurückzukehren.[14] Der Waffenstillstand dieses unentschiedenen Krieges und die eisige Atmosphäre zwischen den Kontrahenten dauern bis heute an.

Der Falklandkrieg 1982 zwischen Argentinien und Großbritannien war im Vergleich dazu ein begrenzter Konflikt und endete mit einer geradezu klassischen Schlachtentscheidung. Der Kampf fand auf See und auf dünn besiedelten Inseln statt, so dass es sich um einen Kriegsschauplatz fast ohne Zivilisten handelte.[15] Der Kampf war trotzdem für Sieger und Besiegte eine äußerst unangenehme Erfahrung. Britische Soldaten erinnern sich noch Jahrzehnte später an die schrecklichen Wetterbedingungen auf den Falkland-Inseln.[16] Auf ihnen befanden sich nach ersten Schätzungen etwa 12 000 argentinische Soldaten, die sich nach der Kapitulation frei bewegen konnten, sich aber auch irgendwie vor der Kälte schützen mussten.[17] Major Winfield, der den Feldpostservice unter sich hatte und einen lesenswerten Bericht über seine Erlebnisse verfasst hat, schrieb: «Tausende von Kriegsgefangene irren hier herum. Sie waren in einer grauenhaften Verfassung; sie lebten in Hütten, die sie aus Schrottteilen zusammengebaut hatten, oder in stark beschädigten Gebäuden. Eine Menge zerstörter Flugzeuge steht herum, und das ganze hier hat eine unwirkliche Atmosphäre.»[18] Die argentinischen Gefangenen – die gutgekleideten Offiziere, die noch ihre Seitenwaffen hatten, weigerten sich strikt zu arbeiten – hatten die Möglichkeit, über die Schweiz nach Hause zu schreiben, was aber nur 200 von ihnen auch taten.[19] Major Winfield besuchte auch ein Lazarett und dies erschien ihm, in einer für ein zeitgenössisches Kriegserlebnis charakteristischen Assoziation, als eine Mischung zwischen «Dantes Inferno und MASH».[20]

Die Nahostkriege 1948, 1956, 1967, und 1973 sahen rasche und beeindruckende militärische Siege Israels; auch hier verliefen Kapitulationen nach dem gewohnten Muster. Hier ist, im Zusammenhang mit der Frage von Sieg und Niederlage, besonders der Suez-Krieg von 1956 zu erwähnen, weil er zeigt, wie die Sieger, nämlich Großbritannien, Frankreich und Israel, durch die Weltmeinung gezwungen wurden, ihre Vorteile wieder preiszugeben. Die Kampfhandlungen selbst hatten mit einem raschen und eindrucksvollen militärischen Sieg über die Ägypter geendet. Der Widerstand der Supermächte und der Vereinten Nationen zwang die Sieger aber, sich wieder aus der Suezkanalzone zurückzuziehen; General Nasser, als militärischer Verlierer, wurde dadurch nachträglich zum politischen Sieger des Konflikts.

Bemerkenswert wegen seiner Dauer und der Höhe der Verluste war der Krieg des Irak gegen den Iran von 1980–1988. Dieser Konflikt, der viele Beobachter in seinem taktischen Verlauf an die Stellungskriege des Ersten Weltkriegs erinnerte,[21] kostete auf beiden Seiten Hunderttausende von Opfern. Vor allem der Iran, inzwischen eine islamische Republik, kämpfte mit großem Fanatismus.

Er schickte seine Soldaten mit unzureichender Ausbildung in den Kampf und suchte die irakischen Streitkräfte durch seine Überzahl zu erdrücken. Die irakische Führung setzte Giftgas ein, während die Iraner jugendliche Soldaten zusammengebunden durch Minenfelder jagten, um diese für den Einsatz von Panzern zu klären. Der Iran verlor in diesem Krieg etwa 300 000 Menschen und etwa eine halbe Million Iraner wurden verwundet. Der religiöse Fanatismus der Mullahs schreckte nicht davor zurück, die eigenen Soldaten zum Selbstmord zu zwingen. Und doch sollte die Wirksamkeit dieses islamischen Fanatismus nicht überschätzt werden. Der Iran hatte in dieser langen Auseinandersetzung, umgerechnet auf seine Bevölkerung von etwa 60 Millionen Einwohnern, prozentual deutlich geringere Opfer zu beklagen als die kämpfenden europäischen Nationen im Ersten Weltkrieg.[22]

Die Kapitulation in kolonialen Befreiungskriegen nach 1945

Nicht in die Klasse der systemischen Kriege gehören viele der kolonialen Befreiungskriege nach 1945. Die Institution der Kolonialherrschaft galt nicht nur bei den Kolonialvölkern, sondern auch bei den Supermächten, den USA und der Sowjetunion, sowie bei stets wachsenden Teilen der europäischen Öffentlichkeit als überholt und unmoralisch. Die Kolonisierten fochten mit demselben emanzipatorischen Ansatz, den die europäischen Völker für sich schon im 19. Jahrhundert in Anspruch genommen hatten. Die Kolonialmächte mussten deshalb, wenn sie versuchten, an ihren überseeischen Besitzungen festzuhalten, einen Kampf an mehreren Fronten führen, nämlich einen militärischen gegen die Aufständischen sowie einen propagandistischen gegen die eigene Öffentlichkeit und die Weltmeinung. Sie verloren diesen Kampf fast immer. Wir können von dem Dilemma des militärischen Siegers sprechen, der seinen Sieg nicht nutzen kann; denn auf dem Schlachtfeld waren die Kolonialmächte oft siegreich. Die kolonialen Befreiungskriege waren asymmetrisch in den Kräften der kriegführenden Parteien und auch in der jeweiligen Strategie. Die Kolonialmächte, die im 19. Jahrhundert die Kontrolle über riesige Territorien mehr der Kollaboration der Eliten der Kolonialvölker als einem überwältigenden Militäreinsatz zu verdanken gehabt hatten, sahen sich in einer unhaltbaren Situation; sie konnten ihre Herrschaft nicht aufrechterhalten, selbst wenn sie jede einzelne Schlacht gewannen, da sie sich der Situation des permanenten Guerillakriegs gegenübersahen und einen Gegner besiegen mussten, der oft die Regeln des Krieges missachtete, die sie selbst nicht in gleichem Ausmaß verletzen konnten. Mao sprach vom «verlängerten Krieg», dem Partisanenkrieg, der funktioniere, solange die Partisanen Rückhalt im Volk haben und wie «Fische im Wasser schwimmen.»[23] Jede Kolonialmacht erlebte irgendwann ihren Clausewitzschen Moment und entschied, dass nun das Weiterkämpfen nachteiliger war als die Niederlage.

Daraus resultierte die Strategie der Aufständischen: Sie mussten nicht militärisch siegen, sondern nur durchhalten und abwarten, dass die Kolonialmacht irgendwann genug hatte und abzog. Doch bisweilen siegten die Aufständischen auch in offener Feldschlacht. Dies geschah beispielsweise in Indochina, wo sich Frankreich nach 1945 als Kolonialmacht zu behaupten suchte. Der Krieg, in dem Frankreich über 100 000 Mann einsetzte (was in Kolonialkriegen vor 1914 eine riesige Zahl gewesen wäre), zog sich über Jahre hin.[24] In Frankreich nahmen die Proteste zu und die Regierung in Paris war nur durch die erhebliche finanzielle Unterstützung der USA in der Lage, den Krieg überhaupt fortzusetzen. Unter massivem Erfolgsdruck stehend, hofften die militärischen Führer, vor allem General Navarre, die Vietcong zur Feldschlacht zwingen und sie in dieser selbstverständlich besiegen zu können. Sie legten in einem Talkessel zwischen dem Hochland von Tonking und der laotischen Mekong-Ebene eine große Sperrfestung an.[25] Diese, Dien Bien Phu, wurde stark ausgebaut und mit etwa 16 000 Mann verteidigt, darunter 3500 Fremdenlegionäre.[26] Der Kommandeur der Festung war Oberst de Castries, ein Abkömmling einer prominenten Soldatenfamilie. Er wurde beschrieben als «ein herrischer und eleganter

Kommandeur, ewig mit einer Zigarette an der Unterlippe, und als ein Mann gepriesen, der niemals kapitulieren würde».[27] Castries glaubte sich vor dem Vietcong sicher, da dieser keine schweren Waffen habe, mit der er die Festung beschießen könne; außerdem dachte er, dass das unwegsame Gelände auf den umliegenden Bergen es unmöglich mache, schweres Gerät herbeizuschaffen. Beides erwies sich als falsch. Der Vietcong, von General Giap gut geführt, wurde von der Bevölkerung dabei unterstützt, die aus China gelieferten Waffen, die teilweise aus amerikanischer Produktion stammten, in Einzelteile zerlegt in die Stellungen um Dien Bien Phu zu bringen. Als der Vietcong schließlich am 13. März 1954 das Feuer eröffnete, war der Kampf von Anfang an für die Franzosen verloren, zumal die Festung vollkommen von Luftversorgung abhängig war und der Vietcong auch Flakgeschütze hatte. Die Franzosen wehrten sich verzweifelt. Der Kommandeur der Artillerie erschoss sich in seiner Verzweiflung, und Oberst de Castries blieb nach 57 Tagen Belagerung, nachdem 8200 seiner Männer getötet oder vermisst und 1600 desertiert waren, große Teile der Festung bereits verloren waren und auch die Vorräte zur Neige gingen, nichts anderes übrig als aufzugeben. Er ließ weiße Fahnen nähen und kapitulierte am 7. Mai 1954 mit etwa 10 300 Mann, von denen nur ein Drittel, nämlich 3290, die Gefangenschaft überleben sollte. Viele starben an Erschöpfung, an ungewohnter Ernährung, an Amöbenruhr und Malaria.[28] «Der Spiegel» vom 3. November 1954 berichtete: «Nach einer Waffenstillstandsvereinbarung wurde de Castries bereits nach vier Monaten aus der Gefangenschaft entlassen. ‹Die Gefolgschaft Ho Tschi-mins›, so versicherte de Castries den französischen und ausländischen Journalisten, ‹besteht nicht nur aus Kommunisten. Die meisten sind Nationalisten›, und die Vietmin-Soldaten kämpften mit der guten Moral derjenigen, die für die Freiheit und Unabhängigkeit ihres Landes kämpfen.›»[29]

Diese Einschätzung der Vietnamesen wie auch das vollkommene Scheitern der Franzosen in Indochina hätte den Amerikanern eine Warnung sein können; dennoch ließen sie sich in den Konflikt hineinziehen. Der zweite Akt des Vietnamkriegs war, zumindest in amerikanischer Sicht, kein Kolonialkrieg, sondern ein Teil des Kalten Kriegs, und die USA agierten aus Angst vor der Ausbreitung des Kommunismus. Anders als die Franzosen siegten sie auf dem Schlachtfeld immer, auch während der berühmten Tet-Offensive, die für den Vietcong in Hinblick auf Opfer und Erfolge ein komplettes Desaster war.

Der Vietnamkrieg zeigte Phänomene eines beidseitigen Terrorkrieges. Auf der einen Seite setzten die USA ihre technische Überlegenheit brutal ein. Nur 4 Prozent der Einsätze der US-Luftwaffe galten der taktischen Unterstützung kämpfender Bodentruppen.[30] Die USA richteten «Free Fire Zones» ein, wo, nach dem Abwurf von Warnungen, umstandslos auf alles gefeuert wurde, was sich bewegte. Auf diese Weise sollen 300 000 Menschen ums Leben gekommen sein.[31] Amerikanische Flugzeuge warfen über Vietnam, Laos und Kambodscha mehr als 2,8 Millionen Tonnen Bomben ab; das waren 800 000 Tonnen mehr als während des gesamten Zweiten Weltkriegs.[32] Einige, wie beispielsweise George F. Ball, Staatssekretär im Außenministerium, bezweifelten trotz dieses ungeheuren Einsatzes von Zerstörungskraft, dass der Guerillakrieg zu gewinnen sei.[33] Die Hardliner hingegen wollten siegen und sahen die Lösung in Vietnam in «mehr Bomben, mehr Granaten, mehr Napalm [...] bis die andere Seite zusammenbricht und aufgibt.»[34]

Diesem brutalen Einsatz von technischer Überlegenheit stand wiederum die Bereitschaft der Nordvietnamesen gegenüber, für den Sieg jedes Opfer zu bringen und nicht aufzugeben. Die nordvietnamesischen Truppen hatten eine Maximalstärke von ca. 240 000 Mann, erlitten aber im Zeitraum von 1964 bis 1975 Verluste fast in doppelter Höhe von 440 000 Soldaten. Der Historiker Bernd Greiner hat dies auf die jeweilige Bevölkerungsstärke umgerechnet und meint, dies hätte, in der Proportion, einem amerikanischen Verlust von über einer Million Mann entsprochen.[35] Die Nordvietnamesen ertrugen diesen Aderlass und General Giap urteilte, dass der Gegner weder «die psychologischen noch die politischen Mittel für einen in die Länge gezogenen Krieg» habe.[36] Darauf zielte auch kalkulierter nordvietnamesischer Terror gegen Unbewaffnete, in der Hoffnung, amerikanische Gegenreaktionen zu provozieren und die USA vor den Augen derer, die sie zu beschützen angetreten waren, und vor denen der Weltöffentlichkeit zu diskreditieren.[37] Auch die Misshandlung von Kriegsgefangenen, die Verstümmelung, die Häutung und Zurschaustellung gefangener und getöteter GIs diente dem Zweck, den Gegner zu demoralisieren.[38]

Insgesamt verloren Nordvietnam und der Vietcong zwischen 1965 und 1975 444 000 Soldaten, die USA etwas über 56 000 und ihre Alliierten 226 000 Mann, womit insgesamt 726 000 Soldaten getötet wurden. In Nord- und Südvietnam verloren in diesem Zeitraum 627 000 Zivilisten ihr Leben. Insgesamt starben in diesem Konflikt mehr als 1,3 Millionen Menschen.[39] Die amerikanischen Verluste waren sehr viel niedriger als die der Vietcong, und trotzdem gelang es den USA nicht, den Konflikt zu gewinnen, den sie einerseits gegen einen entschlossenen und zu jedem Opfer bereiten Gegner, andererseits auch zu Hause, im Kampf um die schwindende politische Unterstützung ihrer eigenen öffentlichen Meinung, verloren.

In Algerien stand Frankreich vor einem ähnlichen Dilemma eines Kampfes, der nicht zu gewinnen war.[40] Der Krieg von 1954 bis 1962 trug Merkmale eines Kolonial- und auch eines Bürgerkriegs, da Algerien zu einem Teil Frankreichs gemacht worden war und es eine französische Minderheit in Algerien gab. Daher ging ein Riss durch die algerische Bevölkerung; die meisten empfanden die Franzosen als Kolonialmacht, während andere mit ihnen zusammenarbeiteten. Frankreich kämpfte in Algerien mit vollem Einsatz; es zog Wehrpflichtige ein und setzte bis zu einer halben Million Mann gleichzeitig in Algerien ein;[41] insgesamt 1,7 Millionen Franzosen mussten in diesem Krieg kämpfen, 25 000 von ihnen fielen.[42] Die algerische Befreiungsorganisation FLN/ALN war insgesamt nicht sehr schlagkräftig und konnte auf dem Höhepunkt 1958 nur 20 000 Mann mobilisieren.[43] Sie setzte aber massiven Terror ein, auch gegen Algerier, in der Hoffnung auf polarisierenden Gegenterror der Franzosen, der nicht ausblieb. Die französische Armee war ihrerseits nicht weichherzig und setzte beim Verhör gefangener

Gegner Folter ein. Nicht ohne Grund wurde der Algerienkrieg in Frankreich als «schmutziger Krieg» bezeichnet, in dem die Regeln des Krieges stückweise auf der Strecke blieben. Letztlich sah General de Gaulle ein, dass Algerien nicht zu halten war, und gab das Land 1962 auf.

Es wäre möglich, die Erfahrung weiterer Kriege heranzuziehen, in denen sich das Schema wiederholte: Der militärischen Überlegenheit einer Seite steht die fanatische Entschlossenheit der anderen Seite gegenüber, trotzdem weiterzukämpfen und damit das zu machen, was General Lee 1865 und die deutsche Bevölkerung 1945 aus gutem Grund abgelehnt hatten: Die Agonie der Niederlage durch jahrelangen Guerillakrieg zu verlängern in der Hoffnung, die Schlachtentscheidung zu revidieren. Eine solche Strategie war bisweilen erfolgreich, wenn auch keines der Beispiele nachahmenswert ist. Die jüngsten Fälle sind der Irak nach 2003 und Afghanistan, das zuerst von den Sowjets besetzt worden war und diese nach jahrelangem Guerillakrieg zum Rückzug zwang; dasselbe wiederholt sich derzeit (2012) mit den USA und ihren Verbündeten. Die Schlacht selbst hatte in Afghanistan 2001 und im Irak 2003 nur Tage gedauert und der Sieger hatte die Länder innerhalb von Wochen besetzt, doch Teile der Bevölkerung erkannten die Schlachtentscheidung nicht an und ein Guerillakrieg war die Folge, der das Leben für alle, für Besetzer und Besetzte, unerträglich machte, den Sieger zermürbte und schließlich zur Aufgabe zwang.

«Effect based operations» oder die Illusion vom sauberen Sieg

Die Kriegführung der Gegenwart wird durch mehrere, gegenläufige Entwicklungen geprägt. Die erste ist ein typisches Problem der westlichen Welt der Gegenwart, also der USA und ihrer Verbündeten. Nachdem der Schock des Vietnamkriegs überwunden und der Kalte Krieg zu Ende war, ist hier unter dem neuen Namen des «humanitären Interventionismus» die alte Idee des «gerechten Krieges» wiederauferstanden.[44] Die Amerikaner und Europäer wollen einerseits humanitäre Normen durchsetzen und Menschen vor Verfolgung retten, doch wenn das gewaltsam geschieht, ist die Gefahr groß, dass die zu Beschützenden paradoxerweise von dem, der sie retten will, umgebracht werden. Außerdem sind die westlichen Mächte gar nicht in der Lage, verlustreiche Kriege vor ihrer eigenen Öffentlichkeit zu rechtfertigen, dies hatten die Beispiele der Indochinakriege schlagend erwiesen. Den Ausweg aus diesem Dilemma, einen Krieg ohne Opfer führen zu müssen, sehen manche Strategen im Einsatz der Luftwaffe, die den Gegner durch chirurgische Schläge zur Kapitulation bringen soll. Das hat nicht viel mit der grobschlächtigen Variante der Terrorbombardements des Zweiten Weltkriegs oder noch in Vietnam zu tun; hier geht es nicht um die Bombardierung von Zivilisten in der Hoffnung, dass die Moral der Bevölkerung bricht. Bereits gegen Ende des Zweiten Weltkriegs hatten die Luftangriffe eine bedeutende Verfeinerung erfahren; die deutsche Wehrmacht wurde durch gezielte Bombardierung kriegswichtiger Einrichtungen wie Eisenbahnknotenpunkte, Viadukte oder Hydrierwerke zu zunehmender Bewegungs- und Kampfunfähigkeit verurteilt. Diese Strategie ist durch die erheblich verbesserte Technik der Gegenwart, also durch GPS-gesteuerte Cruise Missiles, die punktgenau treffen können, sowie durch für das gegnerische Radar unsichtbare Stealth Bomber sehr verfeinert worden. Die Idee ist, durch chirurgische Luftschläge den Gegner handlungsunfähig zu machen, seine Kommandozentralen von den Streitkräften zu isolieren und ihn damit kapitulationsreif zu schießen. Genau dies ist 1999 versucht worden, als die NATO Serbien durch eine Reihe von Luftschlägen zur Aufgabe des Kosovo zwang.[45] Die Erreichung des Zieles stand aber zeitweise auf Messers Schneide und Insider waren und sind skeptisch, ob die Luftwaffe allein einen Krieg gewinnen kann oder ob nicht der Einsatz von Bodentruppen, oder wie 1999, die Drohung eines solchen Einsatzes, die Aufgabe komplettieren muss. Hinzu kommt, dass diese Strategie, wenn sie wirkungsvoll sein soll, auch massiv sein muss; nicht umsonst wird sie auch «shock and awe», «schockieren und einschüchtern» genannt. Radikalere Strategen verlangen beispielsweise nach Schlägen, die das Leben einer zivilisierten Gesellschaft zusammenbrechen lassen, etwa nach der Bombardierung von Kraftwerken, Brücken, Verkehrseinrichtungen und Pumpanlagen, sodass ganze Städte ohne Strom sind, es kein Licht gibt und keine Straßenbahnen fahren; sodass in stinkenden Kühlhäusern die Lebensmittel verrotten und die Kanalisation überfließt und schließlich der gesamte staatliche Organismus zum Stillstand kommt.[46] An der Wirksamkeit dieser Strategie zweifeln wenige, zumal die USA das militärische Potential dazu haben; das Problem daran ist jedoch, dass sie schwerlich mit einer humanitären Zielsetzung in Einklang zu bringen ist.[47] Außerdem lässt sich bei dieser Kriegführung die angestrebte chirurgische Präzision nicht garantieren; trotz aller Sorgfalt werden immer wieder unbeteiligte Zivilisten getötet. Ein Stromausfall etwa würde auch Krankenhäuser betreffen, Menschen würden sterben.

Dieses Dilemma gilt auch für den Drohnenkrieg, die wohl neueste Entwicklung der Kriegführung.[48] Der Drohnenkrieg verschärft bestimmte Phänomene des modernen Krieges, die zwar ansatzweise schon in der Vergangenheit zu beobachten waren, aber nun eine neue Qualität erreichen. Soldaten steuern von einem Kontrollraum aus die Drohnen, die in Tausenden von Kilometern Entfernung Menschen umbringen. Dies ist eine belastende Aufgabe, die aber einige Charakteristika des Soldatenberufs vermissen lässt, zumindest wenn man diesen Beruf an seinem ritterlichen Ideal misst. Die Überhöhung des Soldatischen hatte immer auch etwas damit zu tun, dass sich der Soldat, um andere zu schützen, in Todesgefahr begibt; dass er, um in dieser Situation zu bestehen, außergewöhnlichen Mut, ja Todesverachtung und große Fertigkeiten braucht. Wer eine Drohne steuert, braucht zwar eine technische Ausbildung. Er oder sie ist aber keiner Todesgefahr ausgesetzt und braucht keinen Mut. Martin van Crefeld hat dies zugespitzt kommentiert: Den Tod zuzufügen, ohne ihn selbst fürchten zu müssen, das ist nicht das Charakteristikum des Soldaten, sondern das des Henkers. Allerdings wäre es eine romantische Übertreibung zu glauben, dass die Soldaten der Vergangenheit immer mannhaft und ritterlich die Gefahr gesucht hätten; die vorigen Kapitel haben gezeigt, dass dies keineswegs der Fall war. Die moderne Kriegstechnik treibt lediglich eine Entwicklung, die durch den Einsatz von Fernwaffen entstanden war, auf die Spitze und verschiebt auch das Thema Kapitulation auf dem Schlachtfeld.

Dort, wo auch heute noch die Infanterie agieren muss, gelten andere Gesetze, die an vergangene Zeiten erinnern. Nach wie vor spielt das Gebot soldatischer Ehre eine nicht zu unterschätzende Rolle, besonders wenn diese in Eliteeinheiten, wie etwa den US Marines, systematisch herangezüchtet wird. Im amerikanischen «Code of Conduct for the Armed Services» hieß es in den 1970er Jahren: «Ich werde niemals aus freien Stücken kapitulieren. Wenn ich kommandiere, werde ich niemals für meine Männer kapitulieren, wenn sie noch die Möglichkeit zum Widerstand haben ...»[49]

Auch in den Kämpfen der Gegenwart zeigt sich das alte Phänomen, dass unter Schlachtbedingungen bei den Soldaten die Bereitschaft, den Gegner zu schonen, radikal abnimmt und die Mentalität des «no quarter» nach wie vor zu finden ist. Diese Stimmung sollen einige Postkarten verdeutlichen, die der britische Soldat Tom Smith während des Zweiten Golfkriegs geschrieben hat. So notierte er am 31. Januar 1991: «Wir hörten gestern Nacht in den Nachrichten von der Schlacht, dass die irakischen Bastarde vorgaben, sich ergeben zu wollen, und dann auf die idiotischen Saudis feuerten, die darauf reingefallen waren. Wenn ich einen dieser Bastarde vor die Flinte kriege, dann feuere ich erst und frage später ...» In einer weiteren Karte schrieb Smith: «Bei dieser Aktion wurde der junge Moult getötet, die Bastarde hatten begonnen, sich zu ergeben, aber als es dunkel wurde, feuerte ihm einer von denen eine RPG 7 (eine in der Sowjetunion produzierte Panzerfaust) in die Brust. Ich finde, dass Coy extreme Selbstbeherrschung zeigte, als er die anderen gefangen nahm und nur den Schützen tötete.» Und am 5. März 1991 folgte seine letzte Karte: «Wir waren alle etwas sauer, als der Waffenstillstand bekannt wurde, weil wir in Stimmung waren und die zurückweichenden Republikanischen Garden verfolgen wollten. Ich war richtig scharf drauf, einige T 72 hops zu nehmen, aber das sollte halt nicht sein.»[50]

Die Postkarten des britischen Soldaten sind in ihrem Geist denen der Soldaten aus dem Ersten Weltkrieg sehr ähnlich. Es wäre naiv, anderes zu erwarten; wenn Soldaten in einem Umfeld sind, in dem rings um sie getötet und gestorben wird, verschieben sich die Maßstäbe. Auch im Krieg der Gegenwart werden die Soldaten, die in der Feuerlinie stehen, sich anders fühlen und verhalten als die Bevölkerung zu Hause, nämlich sehr viel rauher und mitleidloser gegenüber dem Feind. Das kann zu blankem Zynismus entarten; es wurden mitgeschnittene Funksprüche amerikanischer Soldaten veröffentlicht, die zeigen, wie sie Zivilisten mit Raketen jagten und dies höhnisch kommentierten, als ob es sich um ein Videospiel handelte. Und der Schutz des eigenen Lebens überwiegt alle anderen Erwägungen. Die Soldaten im deutschen Basislager in Kunduz standen wie ein Mann hinter der Entscheidung ihres Kommandeurs, Oberst Klein, zwei im Schlamm festsitzende, von den Taliban gekaperte Tanklastzüge von amerikanischen Flugzeugen bombardieren zu lassen, wobei mehr als hundert Zivilisten ums Leben kamen, die dort etwas Benzin für den persönlichen Bedarf hatten abzapfen wollen.

Wie terroristische Kriegführung endet

Die westlichen Staaten, vor allem die USA, sind gegenwärtig ihren potentiellen Gegnern militärisch haushoch überlegen; und sie versuchen, ihre politischen und humanitären Vorstellungen als Hegemonialmacht zum eigenen wie fremden Vorteil durchzusetzen. In den Augen der Unterlegenen begünstigen die Regeln des Krieges die USA, und in ihrer ohnmächtigen Wut sehen sie ihre einzige Chance darin, diese Regeln zu missachten.

Sehen wir im Westen den Traum vom Krieg ohne Opfer, vor allem ohne eigene Opfer, so sehen wir auf der anderen Seite die grimmige Entschlossenheit, die Bedingungen des Siegers nicht zu akzeptieren. Unfähig, sich diesem auf dem Schlachtfeld entgegenzustellen, greift der Unterlegene zu den Mitteln des Guerillakriegs und des Terrors, um dem Feind das Leben zur Hölle zu machen, ihn zu zermürben und zum Nachgeben zu zwingen. Der Unterschied zwischen Guerillakrieg und Terror wird darin gesehen, dass Terroranschläge nicht gegnerische Kombattanten, sondern willkürliche Opfer zum Ziel haben; und ganz besondere Aufmerksamkeit erzielen solche Aktionen, wenn sie von Selbstmordattentätern vorgenommen werden, deren Taten dann manchmal hinterher auf youtube zu sehen sind. Die spektakulärste Tat war der Anschlag auf das World Trade Center am 11. September 2001; er war insofern erfolgreich, als er die Regierung und Bevölkerung der USA tief verunsicherte und zu panischen Abwehrreaktionen veranlasste, die die weltweite Stellung des Landes schwächten, nicht stärkten.[51]

Diese Selbstmordattentäter stellen den erschreckendsten Aspekt des terroristischen Krieges dar. Inzwischen gab es über 2800 Selbstmordanschläge, so während der 2. Intifada, im Irak und in Afghanistan, wobei aber nicht diese Gruppierungen für den Großteil aller Anschläge verantwortlich waren. Dies waren die «Tamilischen Tiger», die zwischen 1987 und 2007 die Hälfte aller Selbstmordanschläge initiierten. Die Tamilischen Tiger kämpften für die Unabhängigkeit der hinduistischen Minderheit auf Sri Lanka. Terroranschläge dieser Gruppe und brutale Gegenmaßnahmen der Regierung schaukelten sich gegenseitig hoch; der Terror wurde immer wieder von Waffenstillständen und Gesprächen unterbrochen, die aber, trotz internationaler Vermittlung, zu nichts führten. Ab 2004 zeigte die Terrororganisation Schwächen; Unterführer spalteten sich ab und sie hatte Probleme, neue Mitglieder zu rekrutieren. Sie musste daher zunehmend auf Frauen und Kinder zurückgreifen. Ein letzter großer Schlag der Regierung endete mit einem Blutbad (je nach Schätzung starben zwischen 40 000 und 80 000 Menschen) und der charismatische Führer der Tamilischen Tiger, Prabhakaran, wurde getötet. Bei solch irregulärer Kriegführung kann nie ausgeschlossen werden, dass eine übrig gebliebene Gruppe den Kampf wiederaufnimmt; im Moment sieht es aber so aus, als sei der Kampf der Tamilischen Tiger vorbei.[52]

Der terroristisch geführte Krieg erregt besondere Abscheu. Dies ist leicht erklärlich: Der Gegner ist nicht fassbar, statt einer Schlachtentscheidung gibt es nur die permanente, lauernde Gefahr, und in den vom Terrorismus heimgesuchten Gesellschaften ist bei jeder Busfahrt, jedem Gang zum Markt oder ins Cafe die Angst der ständige Begleiter. Hierbei sollte aber keinesfalls die Größenordnung unbeachtet bleiben; denn den Tausenden, vielleicht Zehntausenden von Opfern des terroristischen Krieges stehen die Hunderttausenden und Millionen gegenüber, die die konventionellen und «symmetrischen» Konflikte des 20. Jahrhunderts gekostet haben.

Außerdem hören auch diese Kämpfe, die terrorbereite, nichtstaatliche Akteure führen, irgendwann auf.[53] Manchmal enden sie mit dem Sieg der Terroristen; manchmal werden sie unterdrückt, indem ihre Führer gefasst oder getötet werden oder die Organisation zusammenbricht; manchmal eskalieren sie in eine andere Form gewaltsamer Auseinandersetzung und bisweilen – wenn auch selten – enden sie durch Einlenken und Kompromiss, wie bei der IRA und der ETA.[54] Nur den Zeitgenossen scheinen terroristische Kriege wegen der Unfassbarkeit ihrer Akteure und deren fehlender Bereitschaft, irgendwelche Regeln oder Kompromisse zu akzeptieren, endlos; doch auch nichtstaatliche Terrororganisationen verfügen nicht über eine unerschöpfliche Reserve opferbereiter Freiwilliger. Untersuchungen hunderter terroristisch agierender Gruppen haben gezeigt, dass sie meist kurzlebig und fast immer eklatant erfolglos sind; nur 5 Prozent aller terroristischen Gruppen erreichen ihre selbstgesteckten Ziele.[55]

Dies führt hin zu einer weiteren Frage: Geben Selbstmordkommandos auf? Die Frage scheint absurd, da der Selbstmordattentäter, selbst wenn er wollte, oft gar nicht mehr zurück kann. Er agiert fast niemals aus eigenem Antrieb, sondern als Teil eines Netzwerks, das ihn (oder sie) ausbildet. In vielen Fällen wird der Attentäter unter Druck gesetzt, wird während des Einsatzes überwacht, und es liegt gar nicht mehr bei ihm, wann der Sprengsatz hochgeht, da der Detonator vielleicht von jemand anderem bedient wird. Trotzdem haben Selbstmordattentäter bisweilen ihren Plan aufgegeben oder der Sprengmechanismus versagte. Hochinteressante Untersuchungen israelischer Psychiater haben ergeben, dass die Attentäter in der Regel keine starken Persönlichkeiten haben; sie sind religiös, aber nicht ultrareligiös; sie haben oft depressive Tendenzen, sind autoritätshörig und brauchen andere Personen, an die sie sich anlehnen können.[56] Hingegen sind die Organisatoren der Anschläge meist starke Persönlichkeiten mit ausgeprägtem Lebenswillen. Sie wollen nicht sterben. Auf dieser Ebene findet sich ein Ansatzpunkt und gleichzeitig auch eine Chance, ein Terrornetzwerk zu zerschlagen oder zum Einlenken zu bringen. Dass terroristische Gewalt endet, zeigt der Blick in die Vergangenheit. Ein Beispiel dafür mag das um 1900 von Bandenkämpfen zerrissene Makedonien sein, in dem von Bulgarien und Serbien unterstützte Organisationen die türkische Herrschaft durch terroristische Aktionen zu unterminieren suchten. Hitler verwendete 1939 das Schlagwort von den «mazedonischen Zuständen an unserer Ostgrenze», ein Ausdruck, der seiner Generation als Inbegriff terroristischer Übergriffe galt und den heute nur noch der Historiker versteht. Dies mag illustrieren, dass, wie alles im menschlichen Leben, auch der terroristische Kampf irgendwann endet.

You know, I've always felt that
common sense prevails in the long run –
quiet, overnight thinking.

Franklin D. Roosevelt, 1. März 1945

XI. Die Hölle humanisieren? Die Kunst der Niederlage in der europäischen Geschichte

Admiral «Jackie» Fisher, von 1905 bis 1909 und 1914/15 Erster Seelord der Royal Navy, hat einmal festgestellt, dass das Wesen des Krieges Gewaltsamkeit sei und Mäßigung im Krieg daher Dummheit.[1] Im Fall der Niederlage bedeutet der Verzicht auf Mäßigung aber den Tod; der Soldat kann sterben, weil er sich weigert aufzugeben oder weil der Sieger ihm keine Schonung gewährt. Dass der Verlierer aufgibt und am Leben gelassen wird – ein Akt der Mäßigung – war der dritte Weg und das Thema dieses Buches.

Der Moment, in dem der Kampf aufhört, ist der archimedische Punkt des Krieges. Nicht ohne Grund ist dieser Moment, in dem es um Kapitulation oder Tod geht, faszinierend. Dies gilt vor allem für die Fälle, in denen Sieger oder Verlierer weder Vernunft noch Mäßigung bewiesen; in denen Sieger mordeten, vergewaltigten und brandschatzten und Verlierer lieber mit dem Schwert in der Hand und mit wehender Fahne untergehen wollten, statt schmählich zu kapitulieren. Die Standhaftigkeit bis in den Tod findet das Interesse und vielleicht die Bewunderung der Nachwelt und islamische Selbstmordattentäter glauben gar, für ihre Tat ins Paradies zu kommen.[2] Zu kapitulieren ist hingegen nüchtern und glanzlos, aber, wie Fulcher schon im Mittelalter geschrieben hatte, viele bevorzugen, «als ein Schwächling weiterzuleben, denn tot zu sein».[3] Die meisten

Soldaten wollten überleben, egal wie übel ihre Umstände nach der Niederlage auch sein mochten. Jede Niederlage hatte weitreichende und oft sehr negative Konsequenzen auf das weitere Leben des Unterlegenen. Dies beeinflusste den Kampf ganz unmittelbar; Reziprozität war und ist ein zentrales Gesetz des Krieges. Wenn Mäßigung nicht erwartet werden durfte und die Niederlage gleichzeitig die Versklavung oder Tötung des Verlierers bedeutete, wurde sehr lange oder sogar bis zum Tode gekämpft.[4] In der Moderne gibt es wirksame Schutzbestimmungen für den Unterlegenen. Trotzdem geben Soldaten nicht leicht auf. Die Kapitulation ist der Kontrollverlust über die eigene Existenz und damit ein letzter, ja verzweifelter Schritt, um das nackte Leben zu retten.

Sind politische Zielsetzungen entscheidend für das Aufgeben im Kriege? Politische Fragen und Kriegsziele sind selbstverständlich nicht irrelevant, werden aber in den Augen des kämpfenden Soldaten von einem sehr viel elementareren Problem überlagert: Für ihn geht es um Leben und Tod, und zwar von Anfang an und nicht erst in dem Augenblick, in dem die Niederlage seiner Partei offensichtlich ist. Die Sorge um das eigene Leben allein ist auch nicht der Grund, warum der Soldat schließlich aufhört zu kämpfen; wäre dies das einzige oder zentrale Motiv, gäbe es nur Totalverweigerer und keine Kriege mehr. Doch Yossarian, der verzweifelnde Möchtegern-Verweigerer aus Joseph Hellers Kriegsroman «Catch 22» ist umgeben von Soldaten, die kämpfen; nur deshalb wirkt er absurd.

Doch warum kämpfen die anderen? In der Vorzeit mögen Krieger materiellen Gewinn aus ihrem Sieg gezogen haben, der irgendwann militärischen Randfiguren wie Plünderern oder Piraten vorbehalten blieb, in denen das Militärische und das Kriminelle zusammenflossen. Später kämpften sie aus anderen, abstrakteren Gründen; und manchmal bis zum Tod. Im modernen Krieg haben Soldaten nicht viel zu gewinnen außer Ruhm; hier möchte ich erneut an Görings Zitat erinnern, dass der kleine Mann auf nicht viel mehr hoffen dürfe als darauf, mit heilen Knochen aus dem Krieg zurückzukehren.[5] Soldaten gehorchen Normen und Konventionen und einem gesellschaftlichen Konsensus, doch letzten Endes kämpfen sie freiwillig und ohne große Gewinnaussichten. Was sie treibt, ist, so schrieb Clausewitz, der «Seelendurst nach Ruhm und Ehre»; «alle anderen Gefühle, wieviel höher manche auch zu stehen scheinen, Vaterlandsliebe, Ideenfanatismus, Rache, Begeisterung aller Art, sie machen den Ehrgeiz und die Ruhmbegierde nicht entbehrlich».[6] Gerade die Freiwilligkeit zeigt die Natur des Krieges als hobbesianische Falle. Eine schöne und talentierte Frau wie die Sopranistin Anna Netrebko sagte kürzlich: «Als kleines Kind wollte ich als Heldin in einem Krieg sterben, das war mein allererster Traum.»[7] Das ist harmlos, solange es beim Kindertraum bleibt. Der aber ging für Ernst Lindemann in Erfüllung, als er mit seinem Schiff mit wehender Fahne unterging. Von Martyrium und Heldentod träumten nicht nur palästinensische Jugendliche, sondern auch viele Soldaten in der Vergangenheit, für die nichts schlimmer war, als ein «Friedenssoldat» sein zu müssen, der den scharfen Kampf nicht erleben darf.[8] Eines der Probleme mit Kampf, Sieg und Niederlage ist, dass Teile unserer kulturellen Erbschaft auf die Anfänge der Menschheit zurückgehen; dass Jahrtausende unseren Verhaltenskodex und unser Ehrgefühl prägten und dass ein Ehrenkodex, der in einer archaischen Gesellschaft Sinn machte, sich nur langsam umformt und geänderten Umständen anpasst. Kulturrevolutionen pflegen im Desaster zu enden, das zeigt Maos China, das zeigt Pol Pot, das zeigt auch die fernere Vergangenheit. Platon wollte in seinem Idealstaat Homer verbieten, weil dieser den «Bürgern falsche Begriffe von den menschlichen und göttlichen Dingen» vermittle.[9] Wollen wir Homer verbieten, weil er uns ein archaisches und, aus einer strikt pazifistischen Sichtweise heraus, schädliches Heldenideal vermittelt? Mark Twain machte Sir Walter Scott für den Amerikanischen Bürgerkrieg verantwortlich – da seine Romane, in denen er das Ideal des ritterlichen Helden glorifiziert hatte, die Mentalität des Südens geprägt und eine förmliche Sucht nach dem glorreichen Kampf erzeugt hätten.[10]

Krieg, und noch mehr Sieg und Niederlage im Kriege, haben viel mit Ehre zu tun; Ehre und Ruhm sind der Lohn des Soldaten, der den ungeheuren Einsatz rechtfertigen soll, und beides wiederum prägt auch den Charakter des Krieges als eines Spiels mit Spielregeln – in dem es dem Unterlegenen möglich ist, «ehrenvoll» zu kapitulieren, wenn er sein Äußerstes getan hat.

Dies galt zumindest für die Art des Krieges, die in diesem Buch als «systemischer» Krieg bezeichnet wurde. Tatsächlich ist der Krieg ein vielgestaltiges Phänomen und derart schwer in seinen Ausformungen zu beschreiben, dass er von Clausewitz mit gutem Grund als «wahres Chamäleon, weil er in jedem konkreten Fall seine Natur etwas ändert», bezeichnet wurde.[11] Hier wurden nur zwei Arten des Krieges idealtypisch voneinander unterschieden, weil letztlich alle Formen des Krieges darunter einsortiert werden können: Der «systemische» Krieg, der Regeln akzeptiert, und der außersystemische, der dies nicht tut. Die zentrale Regel ist, dass der Verlierer irgendwann aufgibt und der Sieger ihm dies ermöglicht. Der systemische Krieg regelt, wann die Niederlage offensichtlich ist und wann beide Seiten, der Sieger und der Verlierer, dieses Faktum zu akzeptieren haben. Der «unsystemische» Krieg, der *bellum romanum*, verkörpert das Prinzip absoluter Gewaltsamkeit. Er ist einfach nur ein unterschiedsloses Gemetzel, das keine Regeln kennt außer denen des Stärkeren.

Hier zeigt sich die «Kunst der Niederlage», die sich in der europäischen Geschichte allmählich herausgebildet hat. Sie führt vom Raubmord der Vorgeschichte, wo der Gegner aus dem Hinterhalt umgebracht und dann ausgeplündert wurde, zum brutalen Krieg der Antike, wo «vae victis» oder «siegen oder sterben» als Maxime galt. Im Mittelalter entstand eine neue, wenn auch auf die Oberschicht adliger Krieger begrenzte Regelung von Sieg und Niederlage, die dem Sieger ökonomischen Gewinn und dem Besiegten Leben und Gesundheit garantierte. In der frühen Neuzeit kamen diese Regelungen, die bis dahin nur für adlige Ritter gegolten hatten, auf ganze Heere zur Anwendung. In der Französischen Revolution wurden die erreichten Fortschritte kodifiziert und weitreichende Schutzbestimmungen erlassen, die den Verlierer vor der Willkür des Siegers schützen sollten. In den beiden Weltkriegen gingen fortgeschrittene rechtliche Regelungen mit einem gewaltigen patriotischen Opfergeist eine unbequeme Verbindung ein, die im Zweiten Weltkrieg zu, je nach Kriegsschauplatz, unterschiedlichem Verhalten bei der Niederlage führte. Nach 1945 ist schließlich eine weiter fortschreitende Bindung – und auch Selbstbindung – des Siegers, nicht zuletzt durch öffentliche Kontrolle und einen Wandel der Mentalitäten, zu beobachten. Diese Entwicklung gilt sicher für Europa (oder «den Westen»): Dort sieht man, durch die Weltkriege tief ernüchtert, den Krieg als politisches Instrument mit gewaltiger Skepsis.

Dieses Buch hat dargestellt, wie sich die Interaktion zwischen Siegern und Verlierern im Kampf entwickelt hat. Es behauptet, dass das Eigeninteresse der Krieg führenden Parteien Exzesse und Regelverstöße im Krieg normalerweise abstraft (was hier als «unsichtbare Hand des Krieges» bezeichnet wurde) und dass sich, unter dem Einfluss von Normen, Einschränkungen und Verrechtlichungen, allmählich Verbesserungen herausgebildet haben. Diese Argumentation geht in eine Richtung, wie sie Michael Howard für die Kriegsgeschichte und Norbert Elias in einem sehr viel weiteren Rahmen für den Prozess der Zivilisation beschrieben hat.[12] Um beim Thema Gewalt und Krieg zu bleiben: Hier hat Lawrence Keeley in seinem Buch über den «totalen Krieg der Steinzeit» einen doch sehr an Hobbes erinnernden Urzustand der Menschheit beschrieben und gleichzeitig eine deutliche Verbesserung im Laufe der Geschichte konstatiert.[13] Diese Ideen sind kürzlich von Steven Pinker aufgegriffen und ausgeweitet worden. Pinker hat einen weiten Bogen durch die Menschheitsgeschichte geschlagen, um nachzuweisen, dass sich die Rolle der Gewalt in der menschlichen Gesellschaft im steten Rückgang befindet.[14] Die Annahme, dass im Kriege keine Entwicklung zu erkennen sei, da schließlich der Zweite Weltkrieg das schlimmste Gemetzel aller Zeiten gewesen sei,[15] stimmt zwar in den absoluten Zahlen, negiert aber, wie Keeley und Pinker zu Recht anmerken, die Proportionen zwischen den Opferzahlen des Krieges und der Größe der Krieg führenden Bevölkerungen.

Noch einmal möchte ich Admiral Fisher zitieren, der einst sagte: «Den Krieg humanisieren? Dann kann man ja gleich davon sprechen, die Hölle zu humanisieren.» So plausibel sich das anhört, dieses Buch vertritt die gegenteilige These einer, wenn auch gewundenen und von schweren Rückschlägen durchzogenen Wendung zum Besseren im Kriege; eine Entwicklung, die sich gerade im Zusammenspiel von Sieg und Niederlage gut beobachten lässt. Diese Fortschritte bei der Einhegung der Gewalt im Kriege sind umso bedeutsamer, als alle Versuche, den Krieg selbst abzuschaffen, bisher gescheitert sind und Hoffnungen auf baldige Erfolge in dieser Richtung verfrüht erscheinen.

Anmerkungen

I. Die Kunst der Niederlage – eine Geschichte der Kapitulation

1 Van Creveld, Culture of War, S. 149, schreibt zu Beginn des Kapitels: «Ending War», dass Clausewitz in «Vom Kriege» über das Beenden von Kriegen schweigt.

2 Lendon, Soldiers and Ghosts, S. 393.

3 Afflerbach/Strachan, How Fighting Ends, passim.

4 John Lynn arbeitet derzeit (2012) ebenfalls an einer Geschichte der Kapitulation, die im Mittelalter beginnt, einige ihrer Schwerpunkte aber in der amerikanischen Geschichte setzt. Sie wird bei Cambridge University Press (2014?) erscheinen.

5 Adam Smith: An Inquiry into the Nature and Causes of the Wealth of Nations, Book IV, Chapter 2. (S. 364 in der online verfügbaren Version: http://www2.hn. psu.edu/faculty/jmanis/adam-smith/Wealth-Nations. pdf).

6 Clausewitz, Vom Kriege, 1. Teil, 1. Buch, 1. Kapitel, S. 18 («... und nie kann in der Philosophie des Krieges selbst ein Prinzip der Ermäßigung hineingetragen werden, ohne eine Absurdität zu begehen.»)

7 Clausewitz, Vom Kriege, 3. Teil, 8. Buch, 3. Kapitel, S. 649–661.

8 Keegan, Kultur des Krieges; Gat, War in Human Civilization.

9 Siehe dazu Wagner-Pacifici, Art of Surrender, S. 23.

10 Neben Gat, War in Human Civilization, siehe zur – abnehmenden – Rolle der Gewalt in der Geschichte der Menschheit nun auch Pinker, Gewalt.

11 Die Clausewitz-Rezeption Keegans und van Crevelds ist allerdings in vielerlei Hinsicht selektiv. Polemische Kritik daran übt Gantzel, Der unerhörte Clausewitz.

12 Ferguson, Prisoner Taking, S. 154. Übers. H. A.
13 Ebd., passim.

II. Die Kapitulation und ihre Symbolik

1 Wagner-Pacifici, Art of Surrender, S. 17–22.
2 Ebd., S. 21.
3 Clausewitz, Vom Kriege, 1. Teil, 1. Buch, 2. Kapitel, S. 38.
4 Wagner-Pacifici, Art of Surrender, S. 8; Paul Kecskemeti, Strategic Surrender, S. 5.
5 Nach Ohler, Krieg und Frieden im Mittelalter, S. 269, kam der Ausdruck «auf Gnade und Ungnade» im 15. Jahrhundert auf.
6 Zur Rede Wilhelms II: Sösemann, Hunnenrede; Obst, Kaiser Wilhelm II. als politischer Redner; ders.: Die politischen Reden Kaiser Wilhelms II.; zum Effekt auf die deutschen Truppen in China: Afflerbach, Militärische Aspekte der deutschen und italienischen Kolonialgeschichte vor dem Ersten Weltkrieg.
7 Laws and Customs of War on Land (Hague II); July 29, 1899 Article 23.
8 Michael Roberts, The Military Revolution, 1560–1660, in: Rogers, Military Revolution Debate, S. 13–35, S. 28.
9 John Gillingham, Surrender in Medieval Europe – An Indirect Approach, in: Afflerbach/Strachan, How Fighting Ends, S. 55–72, S. 60.
10 Siehe dazu, am Beispiel des Amerikanischen Bürgerkriegs, Daniel Krebs, Ritual Performance: Surrender During the American War of Independence, in: Afflerbach/Strachan, How Fighting Ends, S. 169–183.
11 Wagner-Pacifici, Art of Surrender, S. 62, zitiert Marc Ross («elements of both recognition and degradation.»)
12 Lawrence H. Keeley, Surrenders and Prisoners in Prehistoric and Tribal Societies, in: Afflerbach/Strachan, How Fighting Ends, S. 7–14, S. 9.
13 Thukydides, Geschichte des Peloponnesischen Krieges, Buch IV, 38.
14 Arnulf Nöding, «Min sicherheit si din». Kriegsgefangenschaft im christlichen Mittelalter, in: Overmans, In der Hand des Feindes, S. 99–118, S. 104.
15 Siehe Ash, Waving the White Flag, über römische Legionäre und den Gebrauch der weißen Fahne in den Werken des Tacitus und Titus Livius.
16 Siehe unten, S. 40.
17 Hanson, A War Like No Other, S. 195, mit Beispielen.
18 Der Begriff kommt von der Einteilung von Texten in capitule. Dann gibt es noch die (wortgleichen) Kapitulationen verschiedener europäischer Staaten mit dem Osmanischen Reich, die den Handel und die Gerichts-

barkeit ansässiger Europäer regelten. Die türkische Bezeichnung ist ahdaname, Vertragsbuch, was zusätzlich zeigt, dass Kapitulation ursprünglich nur «Vertrag» hieß.

III. Gnadenlose Kämpfe in vorgeschichtlicher Zeit

1 Roederer, Œuvres, Bd. 3, S. 461.
2 Dazu Gat, War in Human Civilization, passim.
3 Sigmund Freud, ‚Why war?› in Bramson/Goethals, War: Studies from Psychology, Sociology, Anthropology, S. 71–80; Ferrill, Origins of War, S. 14.
4 Ferrill, Origins of War, S. 14; Margaret Mead, Warfare is Only an Invention – Not a Biological Necessity, in: Asia, 1940; wiederabgedruckt in Bramson/Goethals, War, S. 269–274; siehe dazu auch Gat, War in Human Civilization, S. 11 f.
5 Gat, War in Human Civilization, S. 11–35 (Peaceful or War-like: Did Hunter-Gatherers Fight?), mit Zweifeln an der Friedfertigkeit der von der Anthropologie der 1960er Jahre bemühten «friedfertigen» Jäger und Sammler.
6 Keeley: Surrenders and Prisoners, S. 11.
7 Keeley, War before Civilization, passim.
8 Pinker, Gewalt, passim.
9 Neben Gat, War in Human Civilization, S. 1–146, und Keeley, War before Civilization, passim, siehe auch Ferrill, Origins of War, S. 14; William Jones: The Moral Equivalent of War, in: Bransom/Goethals, War, S. 21–31.
10 Ferrill, Origins of War, S. 14 f.
11 Zitiert ebd., S. 15, Übers. H. A.
12 Gat, War in Human Civilization, S. 105–108, zum Kannibalismus, dessen Ursachen er, wenn er vorkam, eher in religiösen (schamanischen) als in «kulinarischen» Praktiken sah. Ähnlich Ferrill, Origins of War, S. 16. Keeley, Surrenders and Prisoners, S. 9, hält Kannibalismus für «sehr selten».
13 Zitiert bei Ferrill, Origins of War, S. 15, Übers. H. A.
14 Keegan, Kultur des Krieges, S. 156–163.
15 Eibl-Eibesfeldt, Biology of Peace and War; Keeley, War before Civilization.
16 Ferrill, Origins of War, S. 14.
17 Gat, War in Human Civilization, S. 114–116.
18 Ebd., S. 114–132.
19 Keeley, War before Civilization, S. 75, Übers. H. A.

20 Ebd., S. 178, mit einer wichtigen Feststellung: Auch im «totalen Krieg» der Steinzeit war der Krieg nicht allumfassend.
21 Ebd., S. 88–94, besonders S. 93.
22 Beatrice Heuser, Misleading Paradigms of War: States and Non-State Actors, Combatants and Non-Combatants, in: War and Society 27 (2008), S. 1–24.
23 Keeley, Surrenders and Prisoners, S. 13.
24 Dazu Keeley, War before Civilization, passim, besonders S. 159–163, und Gat, War in Human Civilisation, S. 36–113, mit einer Art evolutionär-biologistischen Erklärung.
25 Gat, War in Human Civilization, S. 36–113.

IV. Die Anfänge organisierter Kriege – und wie sie für den Verlierer endeten

1 Ebd., S. 157–175; Ferrill, Origins of War, S. 28.
2 Ferrill, Origins of War, S. 11.
3 Michael Howard, Temperamenta belli: Can war be Controlled?, in: ders., Restraints on War, S. 1–15, S. 1.
4 Ferrill, Origins of War, S. 23.
5 Ebd., S. 28.
6 Hanson, A War Like No Other, S. 195, mit den Kosten einer Belagerung, und auf S. 197 mit denen der Belagerung Potidaeas.
7 Kern, Ancient Siege Warfare, S. 83 ff.
8 A Debate on One of the Most Frequently Cited Justifications for the 1991 Persian Gulf War: Did PR Firm Hill & Knowlton Invent the Story of Iraqi Soldiers Pulling Kuwaiti Babies From Incubators? In: http://www.democracynow.org/2003/12/2/a_debate_on_one_of_the. Zugriff am 15. 3. 2010.
9 Ferrill, Origins of War, S. 26.
10 Hanson, The Western Way of War; Lynn, Battle.
11 Einige Quellen sind hier zu finden: Thutmosis III: The Battle of Megiddo, ca. 1482 BC, in: http://www.reshafim.org.il/ad/egypt/megiddobattle.htm.
12 Zu der Opferung von Kriegsgefangenen zu liturgischen Zwecken siehe das aztekische Beispiel: Ross Hassig, How Fighting Ended in the Aztec Empire and Its Surrender to the Europeans, in: Afflerbach/Strachan, How Fighting Ends, S. 113–124.
13 J. De Romilly, zitiert in: Andrea M. Gniers, Ägyptische Militärgeschichte als Kultur- und Sozialgeschichte, in: Gundlach/Vogel, Militärgeschichte des pharaonischen Ägypten, S. 67–141, S. 67.

14 Ferrill, Origins of War, S. 34.
15 Andrea Gnirs u. Antonio Loprieno, Krieg und Literatur, in: Gundlach/Vogel, Militärgeschichte des pharaonischen Ägypten, S. 243–308, besonders S. 256 f.
16 Wolfgang Zwickel, Anmerkungen zu einer Militärgeschichte Palästinas, in: Gundlach/Vogel, Militärgeschichte des pharaonischen Ägypten, S. 389–417, besonders S. 394, zitiert die Annalen von Thutmosis III nach dem Sieg über Megiddo.

V. Auf Gnade und Ungnade – wie Kämpfe in der Antike endeten

1 Paul Cartledge, Surrender in Ancient Greece, in: Afflerbach/Strachan, How Fighting Ends, S. 15–28, zu Griechenland generell: S. 15–19; zum griechischen Machismus: S. 19.
2 Thukydides, Geschichte des Peloponnesischen Krieges, Buch V, 84–116.
3 Hanson, Western Way of War, S. 225, über das Nachwirken des «spirit of Hellenic warfare» in der «history of the West».
4 Ebd., S. 178.
5 Xenophon, Hellenika, Buch 4, Kapitel 8, 38.
6 Hanson, Western Way of War, S. 178; Thukydides, Geschichte des Peloponnesischen Krieges, Buch V, 10, wobei der athenische Widerstand letztlich erfolglos war und nach Thukydides in einer Flucht endete.
7 Kern, Ancient Siege Warfare, S. 193.
8 Keegan, Kultur des Krieges, S. 261.
9 Dazu Lendon, Soldiers and Ghosts, S. 20–38.
10 Ebd., S. 39–57.
11 Lendon, Soldiers and Ghosts, S. 403; Cartledge, Surrender in Ancient Greece (wie Anm. 1), S. 18.
12 Hanson, Warfare and Agriculture in Classical Greece; Gegenargumente bei Lendon, Soldiers and Ghosts, S. 407.
13 Exzellente kommentierte Literaturübersicht bei: Lendon, Soldiers and Ghosts, S. 399–409.
14 Keegan, Kultur des Krieges, S. 359, zitiert Thukydides.
15 Pierre Ducrey, Kriegsgefangenschaft im antiken Griechenland. Forschungsdiskussion 1968–1998, in: Overmans, In der Hand des Feindes, S. 63–82, S. 76 f., zitiert Josiah Obers Thesen über den militärischen «Kriegscode» der Hopliten.
16 Hanson, Western Way of War, S. 178.

17 Jörg Rüpke, Kriegsgefangene in der römischen Antike. Eine Problemskizze, in: Overmans, In der Hand des Feindes, S. 83–98, S. 85.
18 Hanson, Western Way of War, S. 180.
19 Ebd., S. 181.
20 Ebd., S. 209.
21 Verlustzahlen: Thukydides, Geschichte des Peloponnesischen Krieges, Buch V, 11.
22 Hanson, Western Way of War; ihm, mit Reserve, folgend Keegan, Kultur des Krieges, S. 353.
23 Ducrey, Kriegsgefangenschaft im antiken Griechenland (wie Anm. 15), S. 68.
24 Hanson, Western Way of War, S. 210–218.
25 Nach Simonies von Keos soll auf dem Gedenkstein folgender Spruch gestanden haben: «*Wanderer, kommst du nach Sparta, verkündige dorten, du habest Uns hier liegen gesehn, wie das Gesetz es befahl.*» Die Übersetzung ist von Friedrich Schiller.
26 Kampfschilderung bei Thukydides, Geschichte des Peloponnesischen Krieges, Buch IV, 24–41.
27 Ebd., Buch IV, 40.
28 Ebd., Buch IV, 37.
29 Hanson, A War Like No Other, S. 182–184.
30 Thukydides, Geschichte des Peloponnesischen Krieges, Buch VII, 82.
31 Ebd., Buch VII, 85.
32 Ebd., Buch VII, 87.
33 Hanson, A War Like No Other, S. 183.
34 Ebd., S. 163–199.
35 Ebd., S. 191.
36 Karavites, Capitulations and Greek interstate Relations.
37 Hanson, A War Like No Other, S. 197.
38 Cartledge, Surrender in Ancient Greece (wie Anm. 1), S. 20.
39 Dahlheim, Deditio und societas; ders., Struktur und Entwicklung des römischen Völkerrechts.
40 Siehe Loretana de Libero, Surrender in Ancient Rome, in: Afflerbach/Strachan, How Fighting Ends, S. 29–38, S. 31.
41 Polybios, Historia, Buch 27,8.
42 De Libero, Surrender in Ancient Rome (wie Anm. 40), S. 32.
43 Cicero, De officiis, Buch 3, 114.
44 Flavius Josephus, Jüdischer Krieg, Buch 5, 186, 187.
45 Theodor Mommsen, Römische Geschichte, 3. Buch, 5. Kapitel: Der Hannibalische Krieg bis zur Schlacht bei Cannae.
46 Plutarch, Crassus, 30–32.

47 Titus Livius, Ab Urbe Condita IX,VI, 8–9.
48 Horaz, Carmina 3.5; Cicero, De Officiis, 3,99–101; Luther: Zur Regulus-Ode (Horaz, C. 3,5) hebt auf den zeitgenössischen Hintergrund der Horaz-Ode (die Niederlage bei Carrhae) ab.
49 De Libero, Surrender in Ancient Rome (wie Anm. 40), S. 34.
50 Titus Livius, Ab Urbe Condita I, 38,1 f.; de Libero, Surrender in Ancient Rome (wie Anm. 40), S. 34.
51 De Libero, Surrender in Ancient Rome (wie Anm. 40), S. 35 f.
52 Polybios, Historia, Buch XXXVI, 9.
53 De Libero, Surrender in Ancient Rome, S. 37. Siehe auch Ducrey, Kriegsgefangenschaft im antiken Griechenland (wie Anm. 15), S. 80 mit weiteren Beispielen gnadenloser römischer Kriegführung.
54 Polybios, Historia, Buch XX, 9.
55 Ebd., Buch XX, 9–10.
56 Ebd., Buch XXXVI, 4.
57 Lendon, Soldiers and Ghosts, S. 313.
58 Horaz, Oden; siehe oben, Anm. 48.
59 Siehe unten das Kapitel über Kapitulationen im Seekrieg, S. 119.
60 De Libero, Surrender in Ancient Rome, S. 38.
61 Ebd., S. 35 f.
62 Flavius Josephus, Jüdischer Krieg, Buch 5, 201–219.
63 Kern, Ancient Siege Warfare, S. 301.
64 Ebd., S. 302.
65 Ebd., S. 347.
66 Polybios, 16,30 2–3. Kern, Ancient Siege Warfare, S. 347.
67 Kern, Ancient Siege Warfare, S. 349.
68 Ebd., S. 349.
69 Ebd., S. 349.
70 Flavius Josephus, Jüdischer Krieg, Buch VII, 8. und u. 9. Kapitel, 252–406; das Redezitat: 381–382 .

VI. Sterben oder kapitulieren? Wie sich im Mittelalter Regeln für die Kapitulation herausbildeten

1 Oman, Art of War in the Middle Ages, S. VII f.
2 Ebd., S. 73 f.
3 Herbert Kolb, Mittelalterliche Heldendichtung, in: Propyläen Geschichte der Literatur, Bd. 2: Die mittelalterliche Welt, 600–1400, Berlin 1988, S. 446–460, Zitat S. 446.

4 Yvonne Friedman, Jämmerlicher Versager oder romantischer Held? Gefangenschaft während der Kreuzfahrer-Epoche, in: Overmans, In der Hand des Feindes, S. 119–140, S. 121.
5 Ebd., S. 122.
6 Ebd., S. 123.
7 Dazu Stephan, Handwerk des Krieges, S. 99–101; John Gillingham, Surrender in Medieval Europe – An Indirect Approach, in: Afflerbach/Strachan, How Fighting Ends, S. 55–72, S. 59.
8 Catherine Holmes, Basil II the Bulgar-Slayer and the Blinding of 15.000 Bulgarians in 1014: Mutilation and Prisoner of War in the Middle Ages, in: Afflerbach/Strachan, How Fighting Ends, S. 85–95, S. 92.
9 Zitiert bei Lange, Imperium zwischen Morgen und Abend, S. 166. Siehe auch Holmes, Basil II the Bulgar-Slayer (wie Anm. 8).
10 Ebd., S. 94.
11 Ebd., S. 92; Christiansen, The Norsemen in the Viking Age, S. 182–188.
12 Oman, Art of War in the Middle Ages, S. 42 f.
13 Ebd., S. 43.
14 Joseph, Struggle for Empire, S. 103, ist der Ansicht, dass die von Agnellus von Ravenna angeführten Zahlen wahrscheinlich übertrieben sind. Dazu auch Gillingham, Surrender in Medieval Europe (wie Anm. 7), S. 62 f.
15 Ohler, Krieg und Frieden im Mittelalter, S. 291.
16 Angelbertus, Versus e Bella quae fuit acta Fontaneto, in: http://remacle.org/bloodwolf/historiens/angilbert/fontenay.htm [Zugriff am 10. 10. 2012]. Dazu auch Clauss, Kriegsniederlagen, S. 67–79.
17 Flori, Chevaliers et chevalerie au Moyen Âge, S. 64–85.
18 Montgomery, Kriegsgeschichte, S. 547.
19 Siehe Oliver J. Thatcher u. Edgar Holmes McNeal (Hrsg.), A Source Book for Medieval History, New York 1905, S. 412.
20 Matthew J. Strickland, Willing or Clemency, Ransom, Chivalry and Changing Attitues to Defeated Opponents in Britain and Northern France, 7–12th Centuries, in: Kortüm, Krieg im Mittelalter, S. 93–122; Hannelore Zug Tucci, Kriegsgefangenschaft im Mittelalter. Probleme und erste Forschungsergebnisse, in: ebd., S. 123–140; Arnulf Nöding, «Min sicherheit si din». Kriegsgefangenschaft im christlichen Mittelalter, in: Overmans, In der Hand des Feindes, S. 99–118, S. 105.
21 Ebd., S. 116.
22 Siehe dazu Stouffer, The American Soldier, passim.
23 Keen, Laws of War, S. 244.
24 Über Freikauf im Mittelmeerraum siehe den Bericht von Johannes Kameniates während der arabischen Plünerung von Thessaloniki im Jahre 904; siehe dazu Holmes, Basil II the Bulgar-Slayer (wie Anm. 8), S. 89.

25 Friedman, Jämmerlicher Versager oder romantischer Held? (wie Anm. 4), S. 125.

26 Zur Schlacht von Crecy siehe Ayton/Bart, The Battle of Crecy.

27 Gillingham, Surrender in Medieval Europe (wie Anm. 7), S. 57.

28 Hans-Henning Kortüm, Surrender in Medieval Times, in: Afflerbach/Strachan, How Fighting Ends, S. 41–54, hier S. 45–46.

29 Dazu: Hans-Henning Kortüm, Azincourt 1415. Militärische Delegitimierung als Mittel sozialer Disziplinierung, in: Horst Carl u. a. (Hrsg.), Kriegsniederlagen. Erfahrungen und Erinnerungen, Berlin 2004, S. 89–106.

30 Ohler, Krieg und Frieden im Mittelalter, S. 278.

31 Clifford J. Rogers, The Military Revolutions of the Hundred Years War, in: Rogers, Military Revolution Debate, S. 55–94, S. 62, Übers. H. A.

32 Ebd., S. 63; Keegan, Kultur des Krieges, S. 156–163; siehe auch oben, S. 19.

33 Gillingham, Surrender in Medieval Europe (wie Anm. 7), S. 70; Nöding, «Min sicherheit si din», S. 107.

34 Ebd., S. 71.

35 Ohler, Krieg und Frieden im Mittelalter, S. 282.

36 Nöding, «Min sicherheit si din» (wie Anm. 20), S. 107, 117.

37 Rogers, The Military Revolutions of the Hundred Years War, S. 63.

38 Ohler, Krieg und Frieden im Mittelalter, S. 282.

39 Holmes, Basil II the Bulgar-Slayer (wie Anm. 8), S. 91; Ohler, Krieg und Frieden im Mittelalter, S. 273.

40 Friedman, Jämmerlicher Versager oder romantischer Held? (wie Anm. 4), S. 140.

41 Gillingham, Surrender in Medieval Europe (wie Anm. 7), S. 56 f., Übers. H. A.

42 Nöding, «Min sicherheit si din» (wie Anm. 20), S. 104.

43 ‹My Lords, we are yours: you have vanquished us. Act therefore [according] to the laws of arms.› Zitiert bei Afflerbach/Strachan: How Fighting Ends, S. 1 (aus Keen, Laws of War).

44 Gillingham, Surrender in Medieval Europe (wie Anm. 7), S. 69. Zu diesem Thema jetzt das eingängige Buch von Kortüm, Kriege und Krieger, in denen er einem übertrieben romantischen Bild des mittelalterlichen Krieges zu Leibe rückt und die brutalen Seiten hervorhebt.

45 John France, Surrender and Capitulation in the Middle East in the Age of the Crusades, in: Afflerbach/Strachan, How Fighting Ends, S. 73–84, S. 75

46 Nöding, «Min sicherheit si din» (wie Anm. 20), S. 106.

47 So etwa während der Schlacht bei Caen 1346, siehe Kortüm, Surrender in Medieval Times, S. 49. Auch Keegan, Antlitz des Krieges, S. 121, mit dem

Beispiel des Herzogs von Alencon während der Schlacht bei Agincourt 1415.

48 Flori, Chevaliers, S. 169 f.

49 Zitiert bei Kortüm, Surrender in Medieval Times, S. 49. Übersetzung aus dem Lateinischen von H. A.

50 Fuller, Decisive Battles, Bd. 1, S. 466, zitiert Froissart, Bd. 1, S. 166.

51 Oman, Art of War in the Middle Ages, S. 57 ff.

52 Siehe Curry, Agincourt; dies., The Battle of Agincourt; Keegan, Antlitz des Krieges, S. 89–134.

53 Thomas Basin, Histoire de Charles VII, Bd. 1: 1407–1444, hrsg. v. Charles Samaran, 2. Aufl., Paris 1964, S. 40 [Übersetzung aus: Curry, Battle of Agincourt, S. 189].

54 Ebd., S. 112. Curry, Agincourt, S. 237, erwähnt ein anderes Zitat aus der Rede des Königs: «In Erinnerung dessen, dass Gott am Kreuz für uns starb, lass jeden Mann ein Kreuz auf die Erde machen und es küssen, als Zeichen dafür, dass wir lieber sterben wollen auf diesem Boden als fliehen.»

55 Curry, Agincourt, S. 245.

56 Zur Rolle der Pfahlhindernisse siehe ebd., S. 247.

57 Keegan, Antlitz des Krieges, S. 114.

58 Curry, Agincourt, S. 255, zitiert Thomas Walsingham, The St. Albans Chronicle 1406–1420, hrsg. v. V. H. Galbraith, Oxford 1937.

59 Keegan, Antlitz des Krieges, S. 120.

60 Ebd., S. 117.

61 Curry, Agincourt, S. 256.

62 Keegan, Antlitz des Krieges, S. 118.

63 Gesta Henrici Quinti, c. 1417, in: Curry, Battle of Agincourt, S. 22–40, Zitat S. 37. Curry, Agincourt, S. 259, mit interessanter, wenn auch wenig überzeugender Diskussion der Möglichkeiten der Kapitulation auf dem Schlachtfeld von Agincourt. Curry, Agincourt, S. 260, zitiert wieder die Gesta: «niemand wurde gefangengenommen; viele wurden getötet.» Siehe auch Keegan, Antlitz des Krieges, S. 121.

64 France, Surrender and Capitulation in the Middle East, S. 80.

65 Keegan, Antlitz des Krieges, S. 121; Curry, Agincourt, S. 258.

66 Curry, Agincourt, S. 258.

67 Keegan, Antlitz des Krieges, S. 124.

68 Ebd., S. 125 ff. Curry, Agincourt, S. 256–264, mit einem aus den Quellen gearbeiteten, sehr viel komplexeren und unklareren Bild der Ereignisse.

69 Monstrelet in: Curry, Battle of Agincourt, 135–171.

70 Curry, Agincourt, S. 326–333, mit einer Aufstellung der Quellenangaben zu Armeegrößen und Verlusten.

71 Curry, Agincourt, S. 261, 295.

72 Details bei Curry, Agincourt, S. 286–290. Keegan, Antlitz des Krieges, S. 127, mit der Angabe, es seien 1000–2000 Gefangene mit nach England genommen worden. Zeitgenössische Quellen nennen zwischen 700 und 2200. Sicher ist, dass etliche Gefangene bereits in Calais ihr Lösegeld stellen konnten und daher französischen Boden nie verließen. Anne Curry hat nach ihren Quellenstudien insgesamt nur 282 Gefangene nachweisen können, die einen Teil ihrer Gefangenschaft in England verbrachten.

73 Keegan, Antlitz des Krieges, S. 133.

74 Leben in Paris im Hundertjährigen Krieg. Ein Tagebuch, Frankfurt a. M./Leipzig 1992, S. 51.

75 Gillingham, Surrender in Medieval Europe (wie Anm. 7), S. 67; dort weitere Belege.

76 Ebd.

77 Ebd., mit zahlreichen Belegen.

78 Ohler, Krieg und Frieden im Mittelalter, S. 190.

79 Guillaume de Tyre, Chronique, hrsg. v. R. B. C. Huygens, 2 Bde., Corpus Christianorum. Continuatio Mediaevalis, 63A, Tournhoult 1986.

80 Hanson, Carnage and Culture, S. 135–169.

81 Siehe das Urteil von Anna Komnena, zitiert bei Lange, Imperium zwischen Morgen und Abend, S. 217.

82 Siehe Gillingham, Surrender in Medieval Europe (wie Anm. 7), S. 58 f., Übers. H. A.; er zitiert aus: ‚Life of Saint Louis›, in: Chronicles of the Crusades, hrsg. v. M. R. B. Shaw, Joinville u. Villehardouin, Harmondsworth 1963, 243–245.

83 France, Surrender and Capitulation in the Middle East, S. 79.

84 Friedman, Jämmerlicher Versager oder romantischer Held? (wie Anm. 4), S. 129.

85 Ebd., S. 128 f.

86 France, Surrender and Capitulation in the Middle East, S. 78 f.

87 Ebd., S. 79.

88 Ebd., S. 83.

89 Edward Gibbon, The History of The Decline and Fall of The Roman Empire, Bd. IV, New York 1871, S. 406, Übers. H. A.

90 Kortüm, Kriege und Krieger, S. 180–189; Ohler, Krieg und Frieden im Mittelalter, S. 259–263; France, Surrender and Capitulation in the Middle East, S. 80 f.

91 France, Surrender and Capitulation in the Middle East, S. 82.

92 Ebd., S. 81.

93 Ebd., S. 81 f.; Zitat aus den Gesta Francorum.

94 Kortüm, Kriege und Krieger, S. 181, 184.

95 Ebd., S. 183–185; besonders aber ders., Surrender in Medieval Times, S. 52, mit einer kurzen Besprechung der Thesen Gerd Althoffs, Macht der Rituale, und der Bedeutungsänderung der deditio von der Antike zum Mittelalter.

96 Jean-Marie Moeglin, Von der richtigen Art zu kapitulieren: Die sechs Bürger von Calais (1347), in: Kortüm, Krieg im Mittelalter, S. 141–166, vertritt die These, dass Bußrituale nicht außergewöhnlich und auf Calais begrenzt, sondern weit verbreitet waren. Er erwähnt auf S. 160 f. Bußrituale bei folgenden Kapitulationen: Ravenna 1026, Mailand 1158 und 1162, sizilianische Kapitulationen 1258, 1269 Lucera und Cremona, Brescia 1311.

97 Kortüm, Kriege und Krieger, S. 53.

98 Siehe dazu unten, S. 257.

99 Keegan, Kultur des Krieges, S. 472.

VII. Vom Helden zum Soldaten – die Kapitulation in der frühen Neuzeit

1 Siehe dazu Geoffrey Parker, Early Modern Europe, in: Howard/Andreopoulos/Shulman, Laws of War, S. 40–58, S. 41 f.; John Childs, Surrender and the Laws of War in Western Europe, c. 1660–1783, in: Afflerbach/Strachan, How Fighting Ends, S. 153–168, S. 154.

2 Thomas F. Arnold, Fortifications and the Military Revolution: The Gonzaga Experience, 1530–1630, in: Rogers, Military Revolution Debate, S. 201–226, S. 219.

3 Friedrich der Große am 22. Februar 1784 an Myller, der seine Sammlung deutscher Dichtungen des Mittelalters (die unter anderem das Nibelungenlied und Wolframs Parzival enthielt) dem König gewidmet hatte, in: Friedrich der Große: Denkwürdigkeiten seines Lebens nach seinen Schriften, seinem Briefwechsel und den Berichten seiner Zeitgenossen, hrsg. und übersetzt von Franz Eyssenhardt, Berlin 1846, Band 2, S. 354 f.

4 Montaigne, Essais, S. 38–41.

5 Die Einzelheiten dieser bedeutsamen und interessanten Debatte brauchen hier nicht nachgezeichnet zu werden; es sei auf die exzellenten Bücher, Aufsätze und Sammelbände von Michael Roberts, Geoffrey Parker und Clifford J. Rogers vewiesen. Einen guten Überblick verschaffen Rogers, Military Revolution Debate, und Parker, Military Revolution.

6 Zitiert bei Geoffrey Parker, In Defense of The Military Revolution, in: Rogers, Military Revolution Debate, S. 337–365, Zitat S. 341, Übers. H. A.

7 Siehe oben, S. 72.

8 Macchiavelli in: Parker, In Defense of the Military Revolution (wie Anm. 6), S. 346.

9 Ebd., S. 345.

10 John Lynn, Recalculating French Army Growth during the Grand Siecle, 1610–1715, in: Rogers, Military Revolution Debate, S. 117–147, S. 117; Parker, In Defense of the Military Revolution (wie Anm. 6), S. 345–353.

11 Jean de Bueil, Zitiert in Hale, War and Society, S. 61, Übers. H. A.

12 Parker, In Defense of the Military Revolution, S. 343.

13 Ebd., S. 343–344.

14 Hale, War and Society, S. 62 f., mit einer detaillierten Aufstellung von Truppenstärken 1450–1617.

15 David A. Parrott, Strategy and Tactics in the Thirty Years' War: The ‹Military Revolution›, in: Rogers, Military Revolution Debate, S. 227–251, bes. S. 242; dazu auch Parker, In Defense of the Military Revolution, S. 344.

16 Childs, Surrender and the Laws of War, S. 157.

17 Erasmus Rotterodamus, Colloquia Familiaria, VII. Militis Confessio, in: http://www.grexlat.com/biblio/colloquia/colloquia_7_MilConfessio.html [Zugriff am 15. 10. 2012], Übers. H. A.

18 Dazu Hale, War and Society, bes. S. 190.

19 Parker, Military Revolution, S. 62.

20 Hale, War and Society, S. 182.

21 Parker, Military Revolution, S. 62 f.

22 Zitiert bei Hale, War and Society, S. 189, Übers. H. A.

23 Zitiert ebd., S. 179.

24 Ebd., S. 179.

25 Ebd., S. 195.

26 Ebd., S. 196.

27 Ebd., S. 197.

28 Wedgewood, Der Dreißigjährige Krieg, S. 267.

29 Ebd., S. 267.

30 Wilson, Europe's Tragedy, S. 467.

31 Ebd., S. 468.

32 J. Rammelt, Die Frage nach d. Urheber d. Zerstörung Magdeburgs 1631, phil. Diss. Halle 1897; H. Feige, Die Frage nach d. Urheber d. Zerstörung Magdeburgs 1631, = Hall. Abh. z. neueren Gesch. 42, 1904; W. Lahne, Magdeburgs Zerstörung in d. zeitgenöss. Publizistik, 1931.

33 Eigentlicher und Warhaffter Bericht Von der überaus jämmerlichen und erbärmlichen Belager- und Zerstörung der weitberühmten Stadt Magdeburg 1631. Aufgezeichnet von einem in der Belager- und Eroberung gewesenen Patricio, s. l. 1688 [Online verfügbar: http://digitale.biblio-

thek.uni-halle.de/pon/content/titleinfo/661954] [Zugriff am 15.10. 2012], S. 19.

34 Ebd., S. 18.

35 Wilson, Europe's Tragedy, S. 469.

36 Wedgewood, Der Dreißigjährige Krieg, S. 270.

37 Hans Medick, Historisches Ereignis und zeitgenössische Erfahrung. Die Eroberung und Zerstörung Mageburgs 1631, in: Benigna von Krusenstjern/Hans Medick, Zwischen Alltag und Katastrophe. Der Dreißigjährige Krieg aus der Nähe, Göttingen 1999, S. 377–408, S. 386.

38 Wedgewood, Der Dreißigjährige Krieg, S. 271 («Protestantisch Lukrezi»), ebd., S. 268, Tilly, als ältlicher Bräutigam.

39 Wilson, Europe's Tragedy, S. 469. Wedgewood, Der Dreißigjährige Krieg, S. 272, spricht von 30000 Einwohnern, von denen etwa 5000 überlebt hätten, meistens Frauen. Andere Zahlen: Von den ca. 25 000 Einwohnern Magdeburgs seien etwa 20000 ums Leben gekommen; gelegentlich heißt es, es habe nur 4–500 Überlebende gegeben (Patricio: 400, und es handele sich um unsichere und nicht genau zu bestimmende Zahlen, da viele Leichen in den Fluss geworfen worden seien).

40 Wilson, Europe's Tragedy, S. 470.

41 Wegdewood, Der Dreißigjährige Krieg, S. 273.

42 Ebd., S. 282.

43 A Perfect Relation of all the Proceedings Betwixt His Excellency Sir Thomas Fairfax, and His Highnesse Prince Rupert. About the Delivery up of the City, Castle, and all the Forts in and about Bristoll, London 1645; Bedingungen des Kapitulationsvertrags auf S. 13 f.

44 Hale, War and Society, S. 182.

45 Dazu Childs: Surrender and the Laws of War (wie Anm. 1), S. 155.

46 Ebd. Pufendorf schrieb unter anderem: *De Officio Hominis et Civis* (1675) über die Theorie des gerechten Krieges und die *Einleitung zur Historie der vornehmsten Reiche und Staaten: Commentarium de rebus suecicis libri XXVI, ab expeditione Gustavi Adolphi regis in Germaniam ad abdicationem usque Christinä* (Frankfurt, 1682).

47 Hale, War and Society, S. 186, Übers. H. A.

48 Michael Roberts, The Military Revolution, 1560–1660, in: Rogers, Military Revolution Debate, S. 13–35, S. 28.

49 Ebd., S. 27.

50 Ebd., S. 19 f.; Roberts erwähnt aber auch Gegenbeispiele gleichbleibender Truppenzahlen.

51 Fuller, Conduct of War, S. 21.

52 Keegan, Kultur des Krieges, S. 484–486.

53 Lynn, Recalculating French Army Growth (wie Anm. 10), S. 135.

54 Ebd., S. 134.
55 Fuller, Conduct of War, S. 22.
56 Ebd., S. 22.
57 Ebd.
58 Turpin de Crissé u. Lancelot Comte, Versuche über die Kriegskunst, 2. Theil, Potsdam 1757, S. 59, zitiert bei Daniel Hohrath, «In Cartellen wird der Werth eines Gefangenen bestimmet.» Kriegsgefangenschaft als Teil der Kriegspraxis des Ancien Régime, in: Overmans, In der Hand des Feindes, S. 141–170, S. 150.
59 Ebd., S. 148 f.
60 Zu Belagerungen und ihrer Dauer und Vorausberechenbarkeit ausgezeichnet: Childs, Surrender and the Laws of War, S. 157–160, besonders 158 f. über Vauban, der die Dauer einer Belagerung praktisch auf den Tag vorhersagen konnte.
61 Sehr kritisch dazu die Einleitung in: Paul W. Schroeder, The Transformation of European Politics, 1763–1848, Oxford 1999.
62 John F. Guilmartin Jr., The Military Revolution: Origins and First Tests Abroad, in: Rogers, Military Revolution Debate, S. 299–333, S. 308–313.
63 Dazu Ross Hassig, How Fighting Ended in the Aztec Empire and Its Surrender to the Europeans, in: Afflerbach/Strachan, How Fighting Ends, S. 113–123.
64 Guilmartin, The Military Revolution (wie Anm. 62), S. 310 zitiert John H. Elliott, The Spanish Conquest and Settlement of America, in: Cambridge History of Latin America, Bd. 1, Colonial Latin America, Cambrige 1984, S. 175 f.
65 Ebd., S. 317, Übers. H. A.
66 Ebd., S. 313–318.

VIII. Mit wehender Fahne untergehen? Niederlage und Kapitulation im Seekrieg

1 Dieses Thema ist von mir in Teilaspekten bereits andernorts behandelt worden: Holger Afflerbach, Mit wehender Fahne untergehen? Kapitulationsverweigerungen in der deutschen Marine, in: Vierteljahrshefte für Zeitgeschichte 49 (2001), S. 595–612; ders., Going down with Flying Colours? Naval Surrender from Elizabethan to Our Own Times, in: Afflerbach/Strachan, How Fighting Ends, S. 187–210.
2 Zitiert bei Kelly DeVries, God, Leadership, Flemings, and Archery: Contemporary Perceptions of Victory and Defeat at the Battle of Sluys, 1340, in: Rose, Medieval Ships and Warfare, S. 131–150, S. 141.

3 Hanson, War Like No Other, S. 243.
4 Ebd., S. 240.
5 Ebd., S. 237.
6 Ebd., S. 246.
7 John H. Pryor, Byzantium and the Sea: Byzantine Fleets and the History of the Empire in the Age of the Macedonian Emperors, C. 900–1025 CE, in: Hattendorf/Unger, War at Sea in the Middle Ages and the Renaissance, S. 83–104, S. 97.
8 Zum mittelalterlichen Seekrieg siehe Nicholson, Medieval Warfare, S. 144–163, und Rose, Medieval Naval Warfare; Rose, Medieval Sea; Rose, Medieval Ships and Warfare.
9 Rose, Medieval Sea, S. 116.
10 De Vries, God, Leadership, Flemings, and Archery, S. 135.
11 Rose, Medieval Sea, S. 107–110.
12 De Vries, God, Leadership, Flemings, and Archery, S. 141.
13 Ebd., S. 142.
14 Ebd., S. 143.
15 Ebd., S. 150.
16 Rose, Medievel Sea, S. 129 f.
17 Mordal, Twenty-Five Centuries, S. 45.
18 Ebd., S. 41.
19 Rose, Medieval Naval Warfare, S. 90.
20 Robert I. Burns, Piracy as an Islamic-Christian Interface in the Thirteenth Century, in: Rose, Medieval Ships, 253–266, S. 256.
21 Rose, Medieval Sea, S. 106, bezeichnet Piraterie als «a cross-cultural phenomenon, an unceasing form of guerilla warfare [...] a kind of kidnapping or mugging and a routine investment.»
22 Dazu unter anderem Parker, Victory at Sea, in ders., Military Revolution, S. 82–114.
23 Sir Walter Raleigh, A Report on the Truth of the Fight about the Iles of Acores, this last summer, betwixt the Reuenge, one of her Maiesties Shippes, and an Armada of the King of Spaine, London 1591. Übers. H. A.
24 Alfred Lord Tennyson «The Revenge. A Ballad of the Fleet» (1878).
25 David Loades, Grenville, Sir Richard (1542–1591), in: Oxford Dictionary of National Biography, Oxford University Press, Sept 2004; online edn, Jan 2008: http://0-www.oxforddnb.com.wam.leeds.ac.uk/view/article/11493 [Zugriff am 10. April 2009]; George Herbert Bushnell, Sir Richard Grenville, London 1936; A. L. Rowse, Sir Richard Grenville of the Revenge (London, 1937); Peter Earle, The Last Fight of the Revenge, London, 2004; Clowes, Royal Navy, Bd. 1, S. 495 f.; Geoffrey Parker, The Dreadnought Revolution of Tudor England, in: Mariner's Mirror, 82,

S. 269–300; auf S. 273 befindet sich eine Beschreibung der *Revenge* und ihrer Bewaffnung. Rodger, Naval History of Britain, Bd. 1, S. 280, erwähnt, dass die Revenge nicht viel Schießpulver in ihrem letzten Kampf verbraucht hatte. Nur 8 (von 78) Pulverfässern waren benutzt worden.

26 Siehe oben, S. 80.

27 Carl von Clausewitz, Vom Kriege, 1. Teil, 4. Buch, 9. Kapitel, S. 234.

28 Clausewitz, Vom Kriege, 1. Teil, 1. Buch, 2. Kapitel, S. 38.

29 Zur Logik der Ehre; Vogt/Zingerle, Ehre.

30 Alfred Mahan sprach in seinem Buch «The Influence of Sea Power upon History», S. 60 von der «leeren Ehre der Flagge, eines an sich unbedeutenden Anspruchs, außer dass sich die Zwecke einer Regierung mit ihnen verbanden.»

31 Frevert, Ehrenmänner.

32 Sehr informativ dazu: N. A. M. Rodger, The Development of Broadside Gunnery, 1450–1650, in: Mariner's Mirror, 82, S. 301–324.

33 William Henry Dillon mit einer packenden Beschreibung der *Defence* kurz vor dem befürchteten «raking» durch einen französischen Dreidecker während der Schlacht am Glorious First of June. In: King/Hattendorf, Every Man Will Do His Duty, S. 25.

34 Siehe Samuel Leech, A Voice from the Main Deck: Being a Record of the Thirty Years' Adventures of Samuel Leech, Naval Institute Press, 1999. Teile des Tagebuchs sind online: http://www.nelsonsnavy.co.uk/engagement.html [Zugriff am 7. 4. 2009].

35 Potter/Nimitz, Seemacht, S. 55–59. Karl Taegert, Das Kriegsgerichtsverfahren gegen Admiral Byng und seine Vorgeschichte, in: Marine-Rundschau 38 (1933), H. 2, S. 68–73. Auch Admiral Calder wurde für die Schlacht von Ferrol im Jahre 1805 vor Gericht gestellt, dazu Potter/Nimitz, Seemacht, S. 134.

36 Voltaire, Candide ou l'optimisme. Traduit de l'Allemand de Mr. le Dr. Ralph, Geneve 1759: «Dans ce pays-ci, il est bon de tuer de temps en temps un amiral pour encourager les autres.»

37 Clowes, Royal Navy, Bd. 3, S. 278 f. Clowes erwähnt auf S. 274 f., dass nach der Kapitulation der *Northumberland* (der Kapitän und der second in command, Watson, fielen im Kampf) der verantwortliche Offizier, Master Dixon, vor Gericht gestellt und zu lebenslanger Haft verurteilt wurde.

38 Potter/Nimitz, Seemacht, S. 59.

39 Rodger, Naval History, Bd. 2, S. 272.

40 Ein russischer Unterleutnant namens Karpov sagte während der Schlacht von Tsushima: «Warum haben wir unsere Schiffe nicht versenkt? Wir haben uns ergeben wie die Spanier. Weiterleben hat keinen Sinn.» Zitiert bei: Plaschka, Matrosen, Offiziere, Rebellen, Bd. 1, S. 276.

41 Dictionnaire de La Conversation et de la Lecture, Lemma «Vengeur»; Jones, Naval History of Great Britain, Bd. 1, S. 180–187; Clowes, Royal Navy, Bd. 4, S. 235 f. Siehe auch Potter/Nimitz, Seemacht, S. 97.

42 Beispiele dafür, siehe unten Lindemann, S. 152, islamische Selbstmordattentäter, S. 261 f., und Netrebko, S. 265. Siehe auch zur Idee des Selbstopfers in der westlichen Militärtradition: Frantzen, Bloody Good. Chivalry, Sacrifice, and the Great War.

43 Clowes, Royal Navy, passim, gibt Zahlen für Hunderte von versenkten Schiffen der britischen, französischen und spanischen Marine und auch der Schiffe, die kapituliert haben. Die Angaben sind in Tabellenform zusammengefasst bei Afflerbach, Going down with Flying Colours (wie Anm. 1), S. 209 f.

44 Rodger, Naval History, Bd. 2, S. 567.

45 Lambert, War at Sea, S. 197.

46 Teile des Tagebuchs von Samuel Leech sind online verfügbar: www.nelsonsnavy.co.uk/engagement.html (Zugriff am 7. April 2009).

47 Ebd.

48 Julian S. Corbett, Fighting Instructions, 1530–1816, London 1905, S. 16: Audley's Fleet Order, ca. 1530; ebd, S. 161: Instruktion 22 (Duke of York, 1673); ebd., S. 246: Befehl Howes (1782). Vgl. auch Julian Corbett: Die Seekriegsführung Groß-Britanniens, Berlin 1939, S. 140.

49 Pierre Bourdieu, Ökonomisches Kapital – Kulturelles Kapital – Soziales Kapital, in: Kreckel, Reinhard, Soziale Ungleichheiten, Göttingen 1983, S. 183–198.

50 Potter/Nimitz, Seemacht, S. 140.

51 A. F. Fremantle, Trafalgar, Manchester 1933; Peter Warwick, Voices from the Battle of Trafalgar, Devon 2005; Edward Fraser, The Sailors Whom Nelson Led. Their Doings Described by Themselves, London 1913.

52 Die *Redoutable* hatte eine Besatzung von 643 Mann. 300 wurden getötet, 222 verwundet; die Verluste betrugen also 522 Mann oder 81%.

53 Rubinstein, Trafalgar Captain, S. 187.

54 *L'Aigle*, ein Schiff mit 74 Kanonen, hatte eine Besatzung von 755 Mann. 70 wuren getötet, 100 verwundet. Der Verlust von 170 Mann machte 22% der Besatzung aus.

55 Siehe Afflerbach, Going Down with Flying Colours (wie Anm. 1), S. 209.

56 James, Naval History of Great Britain, Bd. 6, S. 482.

57 Anweisung für den Kriegsfall, erlassen von Kaiser Wilhelm I. am 17. März 1885 für die Kommandanten der Auslandsschiffe. In: Marine-Archiv, Der Krieg zur See 1914–1918. Kreuzerkrieg, Bd. 1, geschrieben von Erich Raeder, Berlin 1922, S. 33–36. Das ist sehr nahe an den britischen Befehlen. Die «instructions of 1816» sagen: «If there should be a captain so lost to all

sense of honour and the great duty he owes his country as not to exert himself to the untmost to get into action with the enemy, or to tase or destroy them when engaged, the commando … or the nearest flag officer is to suspend him from the comando …» In: Instruction of 1816, zitiert bei: Corbett, Fighting Instructions, S. 374.

58 Siehe Hans-Otto Rieve, Admiral Nebogatov – Schuld oder Schicksal, in: Marine-Rundschau (1964), H. 1, S. 1–11. Der Artikel enthält auf S. 4–7 eine kurze Aufstellung deutscher und russischer Befehle über die Kapitulation.

59 Bericht von Captain Semmes, C. S. Navy, Kommandant von *C.S. S. Alabama*, verfasst in Southampton, 21. Juni 1864. Quelle in: Official Records of the Union and Confederate Navies in the War of the Rebellion. Series 1, vol. 3, Washington 1896, S. 649–651.

60 Nur in Ausnahmefällen konnten während der beiden Weltkriege feindliche Schiffe geentert werden. Ein Beispiel ist der schwere italienische Kreuzer *Pola*, der durch einen Torpedotreffer während der Seeschlacht bei Kap Matapan im März 1941 manövrierunfähig geworden war. Das Schiff wurde von der Besatzung verlassen, aber ein Teil von ihnen kehrte an Bord zurück, als sie sahen, dass das Schiff nicht angegriffen wurde und auch nicht sank. Das wehrlose Schiff wurde dann durch britische Einheiten entdeckt und ein Kommando von HMS Jervis enterte das Schiff.

61 Afflerbach, Fahne, S. 611 f.

62 Mit ähnlichen, aber nicht identischen Zitaten: Plaschka, Matrosen, Bd. 1, S. 275, und Potter/Nimitz, Seemacht, S. 275.

63 Novikow-Proboy, Tsushima. London 1936. Zweifel in Warner, Tide at Sunrise, S. 516.

64 Plaschka, Matrosen, Bd. 1, S. 281–286.

65 Ebd., S. 283.

66 Generalmajor a. D. C. von Zepelin, Die Kapitulation des *Bjödowy* und der Schiffe Nebogatows vor dem Kriegsgericht, 2. Der Prozeß Nebogatow, in: Marine-Rundschau (Februar 1907), S. 186–196, S. 189.

67 Plaschka, Matrosen, Bd. 1, S. 284.

68 Ebd, S. 273. Warner, Tide at Sunrise, S. 518.

69 Ebd., S. 519.

70 Admiral Sir J. O. Hopkins, Comments on Tsushima, in: Fred T. Jane, Fighting Ships, London 1906.

71 Zepelin, Kapitulation, Zitat auf S. 196.

72 Meurer, Seekriegsgeschichte in Umrissen, S. 403. Meurer war ein pensionierter Admiral.

73 The Times, 26 December 1906, S. 3: The battle of Tsu Shima. Admiral Nebogatoff condemned to death.

74 Sturdee wurde durch die argentinische Zeitung «La Nacion», 21. 12. 1914, wie folgt zitiert: «In former times ships surrendered; now they prefer to go down.» In: BA/MA, RM 38/162.

75 Middlebrook/Mahoney, The Sinking of the Prince of Wales and Repulse.

76 NA, ADM 205/49: First Sea Lords Records 1939–1945.

77 U 570, Kapitänleutnant Hans-Joachim Rahmlow, siehe http://www.oca.269squadron.btinternet.co.uk/history/squadron_history/appendices/D_U_570/u570 [Zugriff am 1. 4. 2010].

78 Plaschka, Matrosen, Bd. 1, S. 328.

79 Das Zitat ist nicht von Patton, sondern aus dem Film «Patton» von 1970.

80 Fregattenkapitän Pochhammer schrieb am 12. 9. 1918 (in: BA/MA, RM 92/2499): «Ich bemerkte hierzu: Es war schon verschiedentlich gesagt worden, wir führten hier ganz neue Sitten ein, warum wir denn die Schiffe nicht übergeben hätten, als wir niedergekämpft waren. Es ist ja auch, wie ich glaube, in früheren Seekriegen die Übergabe eines Schiffes in solchem Falle nicht als Schande betrachtet worden. Unser Verhalten begründeten wir eben damit, wir täten das eben nicht.»

81 Ein schlagendes Beispiel: Marine-Archiv, Der Krieg zur See 1914–1918. Kreuzerkrieg, Bd. 1, geschrieben von Erich Raeder, Berlin 1922.

82 Plaschka, Matrosen, Bd. 1, S. 331, zitiert weitere britische Komplimente für den Kampf der deutschen Seeleute.

83 Holger Afflerbach, «Der letzte Mann», in: DIE ZEIT Nr. 51, 17. 12. 1993.

84 Van der Vat, Last Corsair, S. 256–257.

85 Zitiert nach: Fritz Klein, Deutschland im Ersten Weltkrieg, Bd. 3, Berlin 1969, S. 502.

86 Millington-Drake, The Drama of Graf Spee, S. 312, mit den Erinnerungen von Hans Götz.

87 Ebd., S. 327; Woodman, Battle of the River Plate.

88 Das Deutsche Reich und der Zweite Weltkrieg, Bd. 2, Stuttgart 1979, S. 174; Burkard Freiherr von Müllenheim-Rechberg, Schlachtschiff Bismarck. Ein Überlebender in seiner Zeit, 2. Aufl., Frankfurt a. M. 1993, S. 278. Raeder erwähnt in seinen Erinnerungen (Erich Raeder: Mein Leben, Bd. 2: Von 1935–1955, Tübingen 1957) auf S. 183–187 die Schlacht auf dem Rio de La Plata und die Selbstvernichtung der *Graf Spee*, aber nicht seinen Befehl vom 22. 12. 1939.

89 Stephen Cashmore u. David Bews, Against All Odds – *HMS RAWALPINDI*, in: http://www.iprom.co.uk/archives/caithness/rawalpindi.htm [Zugriff am 15. 4. 2009].

90 Kemp, Admirality, passim.

91 Aus den britischen Gefangenenbefragungen (NA, Adm. 186/806).

92 Müllenheim-Rechberg, Schlachtschiff Bismarck, S. 254.

93 Die Überlebenden berichteten von dramatischen Szeneen, von Offizieren, die Selbstmord begingen, Offizieren, die auf nicht gehorchende Besatzungsmitglieder schossen (NA, Adm. 186/806).

94 Fernschreiben (Despatch) Admiral Sir John C. Toveys an die Lords Commissioners of the Admiralty vom 5.7.1941. Veröffentlicht in: The London Gazette, Tuesday, the 14th of October, 1947. Abgedruckt auch bei: J.B. Hattendorf u.a., British Naval Documents 1204–1960, Aldershot 1993, S. 843 f. Siehe auch Müllenheim-Rechberg, Bismarck, S. 277.

95 Siehe unten, S. 227–236.

96 In: Percy Ernst Schramm (Hrsg.): Kriegstagebuch des Oberkommandos der Wehrmacht (Wehrmachtsführungsstab) 1940–1945. Band 8: 1. Januar 1944–22. Mai 1945, Herrsching 1982, S. 1666–1669.

97 Afflerbach, Fahne, S. 611.

98 Rear Admiral Troubridge wurde vor ein Kriegsgericht gestellt, weil er nicht verhindert hatte, dass die deutschen Schiffe *Goeben* und *Breslau* im August 1914 nach Konstantinopel entkommen konnten.

99 Stouffer, American Soldier, passim.

100 Britische Gefangenenbefragung deutscher Überlebender der Bismarck, 1941, in: NA, Adm. 186/806.

101 Dazu Mordecai G. Sheftall, Kamikaze Warfare in Imperial Japan's Existential Crisis, 1944–5, in: Afflerbach/Strachan, How Fighting Ends, S. 383–394; Audrey Kurth Cronin, How Fighting Ends: Asymmetric Wars, Terrorism, and Suicide Bombing, in: ebd., S. 417–434.

IX. Verbriefte Rechte des Verlierers versus totaler Krieg: Die Kapitulation in Kriegen des 19. und 20. Jahrhunderts

1 Dazu die Beiträge in dem Sammelband von Foerster, Wehrpflicht.

2 Dazu Fuller: The Conduct of War.

3 Wild v. Hohenborn an seine Frau, 5.8. 1915, in: ders., Briefe und Tagebuchaufzeichnungen, S. 79.

4 Hirschfeld/Krumeich/Renz, Die Deutschen an der Somme, S. 7; siehe auch Ferguson, Pity of War, S. 318–338, der ein ganzes Kapitel über Kriegsfinanzierung so betitelt hat.

5 Dazu die von Stig Förster und Roger Chickering herausgegebene Reihe über «Total War» von der Französischen Revolution bis 1945.

6 Goebbels, 18. 2. 1943. Text in: http://www.nationalsozialismus.de/dokumente/texte/joseph-goebbels-rede-ueber-den-totalen-krieg-im-berliner-sportpalast-vom-18-02-1943-volltext.html [Zugriff am 15. 10. 2012].

7 The Churchill War Papers, Bd. 2: Never Surrender, London 1994, S. 22, Übers. H. A.

8 Förster/Chickering, Total War.

9 Ferguson, Prisoner Taking, S. 151, zitiert Napoleon.

10 Erich Pelzer, «Il ne sera fait aucun prisonnier anglais ou hanovrien». Zur Problematik der Kriegsgefangenen während der Revolutions- und Empirekriege (1792–1815), in: Overmans, In der Hand des Feindes, S. 189–210, S. 201.

11 Ebd., S. 202; zum Gefangenenaustausch während der Revolutionskriege S. 204 f.

12 Ferguson, Prisoner Taking, passim, besonders aber S. 191 f.

13 Hew Strachan, Surrender in Modern Warfare Since the French Revolution, in: Afflerbach/Strachan, How Fighting Ends, S. 213–225, Zitat S. 225.

14 Zit. nach Gilbert, Nürnberger Tagebuch, S. 270.

15 Siehe dazu Stouffer, American Soldier.

16 Siehe dazu Jahr, Gewöhnliche Soldaten; Bröckling/Sikora, Armeen und ihre Deserteure; Browning, Ganz normale Männer.

17 Siehe dazu auch Dennis Showalter, By the Book. Commanders Surrendering in World War I, in: Afflerbach/Strachan, How Fighting Ends, S. 279–297, S. 283.

18 Richard Lein, Pflichterfüllung oder Hochverrat; Österreich-Ungarns letzter Krieg, 1914–1918, Bd. III, Wien 1930.

19 Zu den Umständen in der russischen Kriegsgefangenschaft siehe Rachaminov, POWs and the Great War, passim.

20 Ferguson, Pity of War, S. 372.

21 Franz Josef, Armeebefehl vom 11.4. 1915, in: KA Wien, MkSM 1915, 69/6/13–69/9.

22 Clausewitz, Vom Kriege, 1. Teil, 1. Kapitel, S. 19.

23 Ebd., 8. Buch, S. 658 ff.

24 Siehe Sieburg, Napoleon. Die letzten hundert Tage, S. 370 f.

25 Bell, The First Total War, S. 9, 316.

26 Siehe die packende Darstellung bei Zamoyski, 1812. Napoleons Feldzug in Russland.

27 Förster/Chickering, War in an Age of Revolution. Über die Fort- und Neuentwicklung militärischer Moral während der napoleonischen Kriege, inklusive des Gender-Aspekts, siehe: John A. Lynn, Army of Honor: The Moral Evolution of the French Army, 1789–1815, in: French Historical

Studies 16.1 (1989), S. 152–173; Karen Hageman, Of «Manly Valor and German Honor»: Nation, War, and Masculinity in the Age of the Prussian Uprising against Napoleon, in: Central European History 30.2 (1997), S. 187–220; Hughes, Forging Napoleon's Grande Armée.

28 Schroeder, Transformation of European Politics, S. 343.

29 Michael Broers, «Civilized, Rational Behavior?» The Concept and Practice of Surrender in the Revolutionary and Napoleonic Wars, 1792–1815, in: Afflerbach/Strachan, How Fighting Ends, S. 229–238.

30 Ebd., S. 236.

31 Pelzer: «Il ne sera fait aucun prisonnier anglais ou hanovrien», S. 206.

32 Ebd., S. 207.

33 Siehe dazu auch Showalter: By the Book (wie Anm. 17), S. 281.

34 Katja Mitze, «Seit der babylonischen Gefangenschaft hat die Welt nichts derart erlebt.» Französische Kriegsgefangene und Franctireurs im Deutsch-Französischen Krieg 1870/71, in: Overmans, In der Hand des Feindes, S. 235–254, S. 237–238.

35 Ebd., S. 242.

36 Osterhammel, Die Verwandlung der Welt, S. 698.

37 Ebd., S. 700.

38 Ebd., S. 699.

39 Siehe dazu die Darstellungen von Bührer, Kaiserliche Schutztruppe für Deutsch-Ostafrika; Kuss, Deutsches Militär auf kolonialen Kriegsschauplätzen.

40 Siehe dazu Holger Afflerbach: «Duo quum faciunt idem ...» Militärische Aspekte der deutschen und italienischen Kolonialgeschichte vor dem Ersten Weltkrieg, in: Annali dell'Istituto Storico Italo-Germanico in Trento, XXIV, 1998, Bologna 1999, S. 115–146. Siehe auch: Horst Kühne: Die Ausrottungsfeldzüge der kaiserlichen Schutztruppen in Afrika und die sozialdemokratische Reichstagsfraktion, in: Actes den 4eme Colloque d'Histoire Militaire Ottawa 1979, S. 78–91, S. 83.

41 Ebd., S. 83.

42 Afflerbach, Duo quum faciunt idem (wie Anm. 40), S. 130.

43 Diese These untersucht Hull, Absolute Destruction, in Bezug auf die deutsche Armee des 19. und 20. Jahrhunderts.

44 Siehe unten, S. 246.

45 Clausewitz, Vom Kriege, 1. Buch, 1. Kapitel, S. 18.

46 Reid Mitchell, «Our Prison System, Supposing We had Any». Die Kriegsgefangenenpolitik der Konföderierten und der Unionisten im Amerikanischen Bürgerkrieg, in: Overmans, In der Hand des Feindes, S. 211–234, S. 219.

47 Ebd., S. 214.

48 Ebd., S. 217.
49 Ebd., S. 218.
50 Ebd., S. 222 f.
51 Ebd., S. 211.
52 Ebd., S. 228.
53 Ebd., S. 230–232.
54 Zu Kriegsverbrecherprozessen siehe unten, S. 246.
55 Joseph Glatthaar, Robert E. Lee, the Army of Northern Virginia, and Confederate Surrender, in: Afflerbach/Strachan, How Fighting Ends, S. 239–252, S. 240.
56 Mark Twain, Life on the Missisippi, Kap. 46.
57 Joseph Glatthaar, Robert E. Lee, the Army of Northern Virginia, and Confederate Surrender, in: Afflerbach/Strachan, How Fighting Ends, S. 239–252, S. 249.
58 Lincoln, River Queen Doctrine. Zitiert bei Wagner-Pacifici, Art of Surrender, S. 83.
59 Dazu besonders die Darstellung von Winik, April 1865, passim.
60 Der Lieber-Code ist online verfügbar: http://www.icrc.org/ihl.nsf/FULL/110?OpenDocument, [Zugriff am 1. 9. 2012]. Zur Bedeutung Liebers nun auch Witt: Lincoln's Code.
61 Ebd., Übers. H. A.
62 Die Genfer Konvention ist ebenfalls online: http://www.admin.ch/ch/d/sr/i5/0.515.111.de.pdf [Zugriff am 15. 8. 2012].
63 W. J. Palk, 12. 7. 1916, in: Leeds, Liddle Collection, GS 1219.
64 Dazu beispielsweise Becker, 1914, oder Ziemann, Front und Heimat.
65 Wilfried Owen «Dulce et Decorum est» geschrieben 1917, publiziert 1920.
66 Jünger, Kriegstagebuch, S. 131.
67 Zur Rolle der Religion siehe Watson, Enduring the Great War, S. 92–100; ein individuelles Beispiel bei Afflerbach, Wilhelm II. als Oberster Kriegsherr (zu Generaloberst v. Lyncker); mit anderer Fragestellung siehe auch Ziemann, Front, S. 246–265.
68 Siehe Afflerbach, Wilhelm II. als Oberster Kriegesherr, Nr. L 100 (Brief vom 20. 11. 1914).
69 Ebd., Nr. L 633 (Brief vom 18. 6. 1917).
70 Ebd., Nr. L 586 (Brief vom 25. 4. 1917).
71 Olinda Malagadi, Conversazioni sulla guerra 1914–1919, hrsg. von Brunello Vigezzi, Milano/Napoli 1960, Bd. 1, S. 58; Rocca, Cadorna, S. 62.
72 Ein Beispiel aus den österreichischen Archiven ist folgende Bemerkung: «Dass ferner der Prozentsatz slawischer Soldaten unter den unverwunde-

ten Gefangenen in Rußland bedenklich hoch sei ...». Denkschrift, Wien, 3. 2. 1915, in: ÖstA, Ministerratspräsidium, Karton 369: Nationalitätenfrage.

73 Zahlen: Ferguson, Prisoner Taking, S. 156, Tabelle 2.

74 Die Frage wird kontrovers diskutiert, siehe die Beiträge von Wilhelm Deist, Verdeckter Militärstreik im Kriegsjahr 1918?, in: Wolfram Wette, Der Krieg des kleinen Mannes. Eine Militärgeschichte von unten, München 1992, S. 146–167; Ferguson, Prisoner Taking; ders., Pity of War; Alan Kramer, Surrender of Soldiers in World War I, in: Afflerbach/Strachan, How Fighting Ends, S. 265–278.

75 Dazu Rüdiger Overmans: Kriegsverluste, in: Hirschfeld/Krumeich/Renz, Enzyklopädie Erster Weltkrieg, S. 663–666, S. 664.

76 Ebd., S. 663–666.

77 Uta Hinz, Kriegsgefangene, in: ebd., S. 641–646. Die Todesrate in Kriegsgefangenschaft pendelte zwischen 5 und 10%. Ferguson, Prisoner Taking, S. 156, Tabelle 2: 6,9–8,7 Millionen Kriegsgefangene.

78 Sanitätsbericht über das Deutsche Heer – Feld und Besatzungsheer – im Weltkrieg 1914–1918, Bd. 3, Berlin 1935, S. 144–145, Tafel 152.

79 Clausewitz, 1. Teil, 4. Buch, 11. Kapitel, S. 240.

80 Afflerbach, Falkenhayn, S. 182.

81 Dazu die Zahlen für deutsche und britische Verwundete und Tote bei Watson, Enduring the Great War, S. 15, aus denen hervorgeht, dass die Artillerie die größten Verluste verursachte.

82 Ernst Jünger, Kriegstagebuch, Eintrag vom 19. und 20. 3. 1918, S. 373, 374.

83 Dazu Ferguson, Prisoner Taking; ders., Pity of War; Watson, Enduring the Great War; Burke, Intimate History.

84 Ferguson, Prisoner Taking, S. 157; Burke, Intimate History, S. 183. Der Tagebucheintrag ist vom 16. 6. 1915.

85 Bericht des Stabsarztes Dr. Blass über seine Erfahrungen in englischer Gefangenschaft, 1917, in: Hirschfeld/Krumeich/Renz, Die Deutschen an der Somme, S. 135.

86 Tagebuch August Dänzer, 18. 7. 1916, in: ebd., S. 107.

87 Ferguson, Prisoner Taking, S. 158.

88 Ebd., S. 158.

89 Jünger, Kriegstagebuch, 1. 12. 1917, S. 344 f.

90 Dazu Keegan, Antlitz des Krieges, S. 241–338.

91 Jünger, Kriegstagebuch, 27. 8. 1916, S. 174.

92 Ebd., 28. 8. 1916, S. 177.

93 Nebelin, Ludendorff, S. 119.

94 Ferguson, Prisoner Taking, S. 168.

95 Dazu bereits Keegan, Antlitz des Krieges, S. 50–59.
96 Dazu die ausführliche Untersuchung von Jones, Violence Against Prisoners of War, passim.
97 Ferguson, Prisoner Taking, S. 149, diskutiert fünf Optionen der Soldaten: obey orders and fight; flee/desert; refuse to obey = mutiny; mutilate oneself; give up = surrender. Er lässt aber eine sehr wichtige Kategorie, nämlich «live and let live», aus, die wohl als konditionierter Gehorsam einzusortieren wäre.
98 Alan Kramer, Surrender of Soldiers in World War I, in: Afflerbach/Strachan, How Fighting Ends, S. 265–278, S. 274.
99 Jahr, Gewöhnliche Soldaten, S. 150–155; Kramer, ebd., S. 266 f. (ca. 50 000 von 13,5 Millionen Mann desertierten).
100 Wallach, Anatomie, S. 212; Afflerbach, Falkenhayn, S. 476.
101 Dazu Ashworth, Trench Warfare, passim. Siehe auch Ziemann, Front, S. 102–106, mit einer Vielzahl von Belegen für inoffizielle Absprachen. Siehe auch Klemperer, Curriculum Vitae, S. 341, 345.
102 Ashworth, Trench Warfare, S. 128.
103 Über die Ereignisse zu Weihnachten 1914 an der Westfront siehe Jürgs, Der kleine Frieden; Ziemann, Front, S. 102 f.
104 Holden, Shellshock, S. 101–103; Ferguson, Prisoner Taking, S. 167; Watson, Enduring the Great War, S. 34–38, 240.
105 Herodot, Historien, Buch 6, Kap. 117.
106 Zur Militärpsychiatrie im Russisch-Japanischen Krieg siehe Gibelli, Officina della guerra, passim.
107 Ebd., sowie Leese, Shell Shock; sehr gut: Shephard, War of Nerves; Watson, Enduring the Great War, S. 34–38, 240; kurz und konzise für einen ersten Überblick: Steve Bentley, A Short History of PTSD: From Thermopylae to Hue. Soldiers Have Always Had A Disturbing Reaction To War. Article Reprint Date, January 1991, in: http://www.vva.org/archive/TheVeteran/2005_03/feature_HistoryPTSD.htm [Zugriff am 1. 10. 2012].
108 Ziemann, Front, S. 201–205.
109 Absichtliche Gasvergiftung: «Ein von Waldersee unter dem 11. September unterzeichneter Befehl der 11. Reserve-Division gibt folgendes an: Zwischen dem 21. und 31. August sind nicht weniger als 215 Fälle von Gasvergiftung vorgekommen. Es wird vermutet, dass Leute mit Absicht Gas geschluckt haben, um sich dadurch dem Dienst zu entziehen.» In: Der Irrtum des Marschalls Foch. Gründe der deutschen Kapitulation vom 11. November 1918. Nach amtlichen Urkunden des Französischen Grossen Generalstabes. Mit einem Vor- und Nachwort von Oberst B. Schwertfeger, Berlin 1919, S. 63.

110 Stevenson, Backs to the Wall, S. 273.
111 Ebd., S. 274.
112 Ebd., S. 273. In Grossbritannien wurden 293 Todesurteile für Desertion, Feigheit vor dem Feind und ähnliche Vergehen vollstreckt, in Deutschland 18, siehe Ferguson, Prisoner Taking, S. 171. Zum Thema von Hinrichtungen von Deserteuren/Feigheit an einem Einzelbeispiel: Sellers, For God's Sake, dort auf S. 64–68 abweichende Zahlen der britischen Hinrichtungen für «desertion» und «cowardice».
113 Kerensky, Memoirs, zahlreiche Beispiele, siehe etwa S. 267.
114 Eine Gruppe britischer Historiker hebt stark auf die zunehmende Verbesserung der britischen Armee während des Krieges ab; die «Learning curve» habe schließlich dazu geführt, dass sie im Sommer 1918 den Sieg über ihren deutschen Gegner erringen konnte. Dazu beispielsweise Gary Sheffield, Forgotten Victory, oder John Borne, Britain and the Great War, passim, z. B. S. 97 f.
115 War Office, Statistics of the Military Effort of the British Empire during the Great War, London 1922, S. 628.
116 Hans Gareis, 14. 7. 1916, in: Hirschfeld/Krumeich/Renz, Die Deutschen an der Somme, S. 109 ff.
117 Jay Winter, The Breaking Point: Surrender 1918, in: Afflerbach/Strachan, How Fighting Ends, S. 299–309.
118 Watson, Enduring the Great War, S. 209.
119 Ebd.
120 Ebd., S. 187.
121 Alan Kramer, Surrender of Soldiers in World War I, in: Afflerbach/Strachan, How Fighting Ends, S. 265–278, S. 273.
122 Deist, Militärstreik (wie Anm. 74); diesem folgend Ziemann, Front, S. 212.
123 Watson, Enduring the Great War, S. 210.
124 Einem, Armeeführer, S. 450 f.
125 Sendtner, Rupprecht von Wittelsbach, S. 307.
126 Tagebucheintrag Kronprinz Rupprechts, 29. 9. 1918, in: Nachlass Kronprinz Rupprecht, HStA München, Abt. III, Nachlass Rupprecht, 708; großteils zitiert in: Kronprinz Rupprecht, In Treue Fest, Bd. 2, S. 452.
127 Aufzeichnungen Nicolai, 1. 1. 1918–30.12.1918, in: Sonderarchiv Moskau, 1414-1-16.
128 Siehe unten das Beispiel einer Kapitulation bei Arnheim 1944, S. 212.
129 Clausewitz, Vom Kriege, 1. Teil, 1. Kapitel, S. 19.
130 Ferguson, Prisoner Taking, S. 150.
131 Ebd., S. 152 zitiert W. L. Hauser.
132 Ferguson, Prisoner Taking, S. 148.

133 Address by Neville Chamberlain, Prime Minister, in the House of Commons, September 3, 1939, in: http://avalon.law.yale.edu/wwii/gb2.asp [Zugriff am 1. 10. 2012], Übers. H. A.
134 DER SPIEGEL 36/1969, 1. 9. 1969: Wolfgang Malanowski: Hitler: Dann Finis Germaniae. SPIEGEL-Serie über den Ausbruch des Zweiten Weltkriegs.
135 Hitlers Reichstagsrede vom 1. 9. 1939 findet sich online bei: http://www.georg-elser-arbeitskreis.de/texts/hitler-1939-09-01.htm [Zugriff am 25. 8. 2012].
136 Ferguson, Prisoner Taking, S. 163; dort auf S. 164 auch eine Tabelle.
137 Zur deutschen und französischen Strategie grundlegend: Karl-Heinz Frieser, Blitzkrieg-Legende. Der Westfeldzug 1940, München [3]2005, passim; zur Moral der französischen Soldaten: Martin S. Alexander, French Surrender in 1940: Soldiers, Commaners, Civilians, in: Afflerbach/Strachan, How Fighting Ends, S. 321–339.
138 Ebd., S. 328.
139 Ebd., S. 338: «Flight, rather than surrender, was still the preferred line of action for those who were ready to give up the fight.»
140 Beschreibung der Szene in: New York Times, 22. 6. 1940.
141 Das Deutsche Reich und der Zweite Weltkrieg, Bd. 2, S. 319, spricht von 2,2 Millionen Gefangenen.
142 Alexander, French Surrender (wie Anm. 137), S. 323.
143 Ebd., S. 331.
144 Ebd., S. 331 f.
145 Ferguson, Prisoner Taking, S. 165.
146 Ferguson, Prisoner Taking, S. 167.
147 Mark Connelly, The Issue of Surrender in the Malayan Campaign, 1941–2, in: Afflerbach/Strachan, How Fighting Ends, S. 341–350.
148 Burke, Intimate History, S. 183.
149 Ferguson, Prisoner Taking, S. 183.
150 Dazu Henke, Besetzung, S. 324–328.
151 Francis, IWM, NL 88/58/1: His unit's surrender and subsequent treatment (Holland, Market Garden 1944). Das Manuskript ist nach dem Krieg entstanden und in manchen Details ungenau, gibt aber doch einen guten Einblick in den Ablauf einer Kapitulation und ist außerdem eine interessant geschriebene Quelle.
152 Ebd.
153 Ferguson, Prisoner Taking, S. 186, gibt als Todesquote deutscher Gefangener in Großbritannien 0,03 Prozent an; Overmans, Deutsche militärische Verluste, S. 286, spricht von 0,5 Prozent (3 640 000 Gefangene, von denen 21 000 verstarben).

154 Sehr instruktiv dazu die von Horst Boog herausgegebene Aufsatzsammlung: Boog, Conduct of Air War, passim.

155 Tami Davis Biddle, Air Power, in: Howard/Andreopoulos/Shulman, Laws of War, S. 140–159, S. 148.

156 Ebd., S. 148.

157 Ebd., S. 151.

158 Ebd., S. 150.

159 Die Bombardierung in ihrem Kontext wird bis heute unterschiedlich beurteilt. Siehe dazu als Anklage des Bombenkriegs Friedrich, Brand; ders., Brandstätten (Bildband); aus britischer Sicht als eine Rechtfertigung des strategischen Bombens: Overy, Bomber Command; über die literarische Aufarbeitung des Geschehenen: Sebald, Natural History of Destruction.

160 Martel, Victory in War, S. 116–17.

161 Als sachlichste Untersuchung zu diesem Thema siehe Taylor, Dresden.

162 Biddle, Air Power (wie Anm. 155), S. 153.

163 Siehe Afflerbach, Naval Surrender, S. 194.

164 Arthur Harris to Norman Bottomly, 29. 3. 1945, zit. nach Norman Longmate, The Bombers: The RAF Offensive against Germany 1939–1945, London 1983, S. 346.

165 Siehe unten, S. 255–257.

166 Thomas Kühne, Todesraum: War, Peace, and the Experience of Mass Death, 1914–1945, in: Helmut Walser Smith, The Oxford Handbook of Modern German History, Oxford 2011, S. 527–547, S. 539.

167 Zu Himmlers Posener Rede siehe Smith/Peterson, Heinrich Himmler; der Text der Rede Himmlers bei der SS-Gruppenführertagung in Posen vom 4. 10. 1943, ist online bei: http://www.nationalsozialismus.de/dokumente/texte/heinrich-himmler-posener-rede-vom-04-10-1943-volltext.html [Zugriff am 15. 10. 2012].

168 Aus dem Archiv des Grafen Galeazzo Ciano 1936–1942, zitiert bei Aly/Heim, Vordenker der Vernichtung, S. 365.

169 Siehe dazu Adam, Der schwere Entschluss, S. 365 f., der diese Rede im Sommer 1943 als sowjetischer Gefangener mit dem sowjetischen Professor Arnold diskutierte. Allerdings stellt sich hier die Frage, woher im Sommer 1943 der sowjetische Professor Kenntnis von der, vor einem beschränkten Personenkreis gehaltenen, Rede Goebbels gehabt haben konnte. Das kann sein (etwa durch Gefangenenbefragung), es kann sich aber auch um einen Gedächtnisfehler Adams bei der Niederschrift seiner Erinnerungen handeln.

170 Siehe Benz, Hungerplan, passim.

171 Kuby, Krieg; zitiert bei Kühne, Kameradschaft, S. 135.

172 Die Kriegsbriefe des Ende 1941 gefallenen deutschen Panzersoldaten Karl Fuchs geben hier ein schlagendes Beispiel. Siehe Fuchs, Your Loyal and Loving Son, S. 110–153. Die Briefe sind in englischer Übersetzung veröffentlicht.

173 Siehe dazu, als weitere äußerst ausdrucksstarke Quelle, Reese, Mir selber seltsam fremd.

174 Kühne, Kameradschaft, S. 135, zitiert Kuby; Krieg.

175 Kurt Schumacher: Rede am 23. 2. 1932 im Deutschen Reichstag, Protokoll Reichstag, 57. Sitzung v. 23. 2. 1932, S. 2254 f.

176 Aly, Hitlers Volksstaat, hat nachgewiesen, wie der nationalsozialistische Staat seine Bürger und Soldaten mit materiellen Wohltaten zu bestechen suchte, auch wenn er vielleicht das Element der Gefälligkeitsdiktatur überzogen hat; Ueberschär/Vogel, Dienen und Verdienen, haben gezeigt, wie Hitler die Generalselite systematisch mit Dotationen bestochen und gefügig gemacht hat.

177 Der Kommissarbefehl verlangte die bewusste Verletzung internationalen Rechts, um die besetzten Gebiete schneller befrieden zu können, siehe Ferguson, Prisoner Taking, S. 177.

178 Ebd., S. 176.

179 Ebd., S. 186.

180 Dazu Streit, Keine Kameraden.

181 Ferguson, Prisoner Taking, S. 166.

182 Dazu Musial, Sowjetische Partisanen.

183 Ferguson, Prisoner Taking, S. 178.

184 Ebd., S. 186.

185 Overmans, Deutsche militärische Verluste, S. 303, 318.

186 Ebd., S. 311.

187 Ose, Entscheidung im Westen, S. 190 f., 334.

188 Ebd., S. 200.

189 John L. Chase, Unconditional Surrender Reconsidered, in: Political Science Quarterly 70.2 (June 1955), S. 258–279.

190 Ebd., S. 260, Übers. H. A.

191 War Office, Manual of Military Law, S. 279–284, vor allem Art. 301 auf S. 279. Die Definition «Unconditional surrender = no policy commitments until surrender» finet sich bei Henke, Besetzung, S. 310.

192 Reiner Hansen, Germany's Unconditional Surrender, in: History Today 45.5 (1995), S. 34; Wagner-Pacifici, Art of Surrender, S. 169.

193 Eine Gallup Umfrage in den USA ergab im Februar 1945, dass die Befragten über die Bedeutung des Terminus im Unklaren waren. Sie definierten es unter anderem als «vollständige Kapitulation ohne vorherige Friedensbedingungen und Ablehnung jeden Kompromisses» sowie «un-

bedingte Annahme alliierter Friedensbedingungen», andere deuteten ihn als Regimewechsel in Deutschland und «Beseitigung der Nazis». Während diese Ansichten im Wesentlichen den Kern trafen, glaubten andere, es ginge um die «vollständige Enteignung des Unterlegenen» und die «Vernichtung der Nation» oder den «Kampf bis zum letzten Mann, in dem alle getötet würden.» Zitiert bei Wagner-Pacifici, Art of Surrender, S. 65, Übers. H. A.

194 Churchill, Hinge of Fate (= History of the Second World War, Bd. 4), S. 690–691, Übers. H. A.

195 Henke, Besetzung, S. 306.

196 Wagner-Pacifici, Art of Surrender, S. 67; Chase, Unconditional Surrender Reconsidered, S. 263.

197 Franklin Delano Roosevelt, «Address to Congress on Yalta», 1. 3. 1945, in: http://millercenter.org/president/speeches/detail/3338 [Zugriff am 15. 10. 2012].

198 Infolge negativer Jugenderlebnisse fand er die deutsche Nation «grässlich» und diskutierte in Momenten schlechter Laune sogar die Notwendigkeit, alle Deutschen nach Kriegsende zu kastrieren. Henke, Besetzung, S. 69, 68.

199 Ebd., S. 297–311 (Weshalb kapitulieren die Deutschen nicht?).

200 Murphy an Hull, 18. 10. 1944, zitiert bei Henke, Besetzung, S. 305.

201 Churchill an Roosevelt, 24. 11. 1944, zitiert ebd., S. 309.

202 Göring sagte am 4. 10. 1942: «Der Jude steht hinter dem, und er hat erklärt, uns alle zu töten. Niemand sollte denken, er könne hinterher sagen: Ich war immer ein guter Demokrat gegen die bösen Nazis. Der Jude wird alle Deutschen gleich behandeln. Er wird sich an allen deutschen Volk rächen.» In: Walter Roller/Susanne Höschet, Judenverfolgung und jüdisches Leben unter den Bedingungen der nationalsozialistischen Gewaltherrschaft, Bd. 1: Tondokumente und Rundfunksendungen, 1930–1946, Potsdam 1996, S. 217 f.

203 Henke, Besetzung, S. 308.

204 Steinert, Capitulation 1945, S. 58.

205 Showalter, By the Book (wie Anm. 17), S. 280 f; Ferguson, Prisoner Taking, S. 186.

206 Ebd.

207 Ferguson, Prisoner Taking, S. 170.

208 Ebd., S. 170.

209 Ebd., S. 174; Takuma Melber, in: Gudehus/Welzer/Neitzel, Der Führer war wieder viel zu human, untersucht «Alliierte Studien zu Moral und Psyche japanischer Soldaten im Zweiten Weltkrieg». Er zeigt, dass sich die ursprünglich radikale Haltung der Kriegsgefangenen in den La-

gern modifizierte. Für die Japaner bedeutete «Kriegsgefangenschaft … und jede Form von Kapitulation Schande über einen selbst, aber auch über die eigene Familie und Nation» (S. 416). Sie erwarteten von sich und anderen, «auch in aussichtslos erscheinender Lage selbstaufopferungsvoll bis zum eigenen Tod zu kämpfen oder alternativ den Freitod zu wählen.» Immerhin vermerkt Melber «den mentalen Wandel» und eine zunehmend moralische Legitimierung der Kriegsgefangenschaft.

210 Ferguson, Prisoner Taking, S. 181.

211 Morison, New Guinea and the Mariana, S. 338.

212 Ferguson, Prisoner Taking, S. 180.

213 Ben Fenton, American troops ‹murdered Japanese PoWs›, in: The Telegraph, 6. 8. 2005.

214 Siehe Mordecai G. Sheftall, Kamikaze Warfare in Imperial Japan's Existential Crisis, 1944–5, in: Afflerbach/Strachan, How Fighting Ends, S. 383–394, S. 384.

215 Ebd.

216 Ebd., S. 386 f.

217 Ebd., S. 391.

218 Onoda, No Surrender, S. 118, Übs. H. A.

219 Ebd., S. 119, Übers. H. A. Siehe dazu auch Havens, Valley of Darkness.

220 Ferguson, Prisoner Taking, S. 181.

221 Bradley, Soldier's Story, S. 99.

222 Henke, Besetzung, S. 402 f.

223 Dazu Kehrig, Stalingrad.

224 Zum Kapitulationsangebot Adam, Der schwere Entschluss, S. 266–273; siehe auch Manfred Kehrig, Die 6. Armee im Kessel von Stalingrad, in: Förster, Stalingrad, S. 76–110, S. 105.

225 Kehrig, ebd., S. 107.

226 Ebd., S. 109, erwähnt folgende Zahlen: 113 000 deutsche und rumänische Soldaten gingen in Gefangenschaft.

227 Ebd., S. 109.

228 Rüdiger Overmans, Das andere Gesicht des Krieges: Leben und Sterben der 6. Armee, in: Förster, Stalingrad, S. 419–455, S. 428.

229 Kehrig, Die 6. Armee im Kessel von Stalingrad, S. 108.

230 Overmans (wie Anm. 228), S. 433.

231 Ferguson, Prisoner Taking, S. 172.

232 Dazu Bessel, Germany 1945; auch: Richard Bessel, The German Surrender of 1945, in: Afflerbach/Strachan, How Fighting Ends, S. 395–404.

233 Wagner-Pacifici, Art of Surrender, S. 66; Reiner Hansen, Germany's unconditional Surrender, History Today 45.5 (1995), S. 34–40, S. 35.

234 White, Conquerors' Road, S. 48.
235 Ebd., S. 49.
236 Ebd., S. 49.
237 Henke, Besetzung, S. 400.
238 Sagan, Kriegsende 1945, S. 95.
239 Overmans, Deutsche miltärische Verluste, S. 316.
240 Siehe oben, S. 170 f.
241 Nach einer Befragung des United States Strategic Bombing Survey vom Mai 1945 akzeptierten 54% der Befragten die bedingungslose Kapitulation. 19% hielten sie für unumgänglich, 16% hatten keine Meinung, 11% akzeptierten sie nicht. Zitiert bei Henke, Besetzung, S. 307.
242 Siehe oben, S. 46 f.
243 Waibel, Kapitulation in Norditalien, S. 91. Dazu auch Smith/Agarossi, Operation Sunrise.
244 Ebd., S. 113.
245 Ebd., S. 133 f.
246 Ebd., S. 133 f. mit dem Text der geplanten Proklamation «An die deutschen Soldaten des italienischen Kriegsschauplatzes!»
247 Ebd., S. 138.
248 Patrick Smith, 2. 5. 1945, BBC 9019-20, in: IWM, 1553/F7C; mit kleinen inhaltlichen Abweichungen: NBC, unknown speaker, IWM, 29. 4. 1945?, Speech 459, Übers. H. A.
249 Waibel, Kapitulation in Norditalien, S. 138 f.
250 Es handelte sich um 22 Divisionen (= 600 000 Mann gute Truppen); Wolff erwähnte dann noch die SS-Verbände in Österreich, also in Tirol, Kärnten und Salzburg.
251 Waibel, Kapitulation in Norditalien, S. 140.
252 Churchill, zitiert bei Waibel, Kapitulation in Norditalien, S. 161.
253 IWM, Misc 134, Item 2087, Surrender of Dunkirk; Report Sissons, Secret, 8. 5. 1945, Übers. H. A.
254 Siehe oben, S. 104 f.
255 Ferguson, Prisoner Taking, S. 169.
256 Äußerung Trumans nach der Kapitulation der deutschen Streitkräfte in Italien am 2. 5. 1945. In: http://www.trumanlibrary.org/publicpapers/index.php?pid=27&st=&st1= [Zugriff am 15. 10. 2012].

X. Ein «postheroisches» Zeitalter? Die Kunst der Niederlage im Krieg der Gegenwart

1 Sarkastisch dazu: Kortüm, Kriege und Krieger, S. 216.

2 Ein wichtiger Indikator dafür, wie sehr die Gegnerschaft zu Militär und Krieg anwuchs und wie gering die Bereitschaft war, dem Militärischen einen Platz im eigenen Leben einzuräumen, zeigen die Wehrdienstverweigerungen, die, nach zögerndem Beginn, schließlich die Mehrheit aller wehrpflichtigen jungen Männer umfasste. Siehe dazu Holger Afflerbach, Das Militär in der deutschen Gesellschaft nach 1945, in: Afflerbach/Cornelißen, Sieger und Verlierer, S. 249–272.

3 Dazu Dieter Langewiesche, Wie neu sind die neuen Kriege?, in: Ulrich Lappenkueper/Reiner Marcowitz, Macht und Recht. Völkerrecht in den internationalen Beziehungen, Paderborn u.a. 2010, S. 317–332, S. 324 ff.

4 Grundlegend dazu Horne/Kramer, German Atrocities.

5 Lieutenant Accused of Murdering 109 Civilians, in: St. Louis Post-Dispatch, November 13, 1969. Online unter: http://www.pierretristam.com/Bobst/library/wf-200.htm [Zugriff am 1.9. 2012]. Siehe auch Hersh, My Lai. Kompetent und detailreich zum Vietnamkrieg: Greiner, Krieg ohne Fronten.

6 Dazu Schwengler, Völkerrecht, Versailler Vertrag und Auslieferungsfrage, passim.

7 Langewiesche, Wie neu sind die neuen Kriege (wie Anm. 3), S. 326.

8 Es gibt vier Genfer Abkommen: das «I. Abkommen» (vom 12.8. 1949 zur Verbesserung des Loses der Verwundeten und Kranken der bewaffneten Kräfte im Felde), das «II. Abkommen» (vom 12.8. 1949 zur Verbesserung des Loses der Verwundeten, Kranken und Schiffbrüchigen der bewaffneten Kräfte zur See), das «III. Abkommen» (vom 12.8.1949 über die Behandlung der Kriegsgefangenen) und schließlich das «IV. Abkommen» (vom 12.8. 1949 über den Schutz der Zivilpersonen in Kriegszeiten).

9 Siehe http://hiik.de/de/konfliktbarometer/pdf/ConflictBarometer_2011.pdf [Zugriff am 1.10. 2012]. Siehe auch: Greiner/Müller/Walter, Heiße Kriege im Kalten Krieg, mit einer Sammlung von Aufsätzen über Kriege nach 1945.

10 Sven Chojnacki, Auf der Suche nach des Pudels Kern: Alte und neue Typologien in der Kriegsforschung, in: Beyrau/Hochgeschwender/Langewiesche, Formen des Krieges, S. 479–502, S. 501.

11 Bruce E. Bechtol Jr., Paradigmen des Kalten Krieges. Der Koreakrieg 1950–1953, in: Greiner/Müller/Walter, Heiße Kriege im Kalten Krieg, S. 141–166, S. 159.

12 Ebd., S. 165.

13 New York Times, 27.7. 1953: «Truce is signed, Ending the Fighting in Korea».

14 Bechtol, Paradigmen des Kalten Krieges (wie Anm. 11), S. 162.

15 Major Ian Winfield, The «Posties» went to War. The Story of the Postal & Courier Service in the Falklands War Based on the Journal of Major Ian Winfield RE (PS C). With a foreword by Major General Sir Jeremy Moore KCB OBE MC, in: IWM, 91/19/1.

16 Interview mit Brigadier Richard Iron, 10. 12. 2012; so auch Winfield am 26. 6. 1982: «It has been a dreadful day, pouring rain and freezing wind. What a miserable day and place.»

17 Ebd., Tuesday 15th June, 1982.

18 Ebd., Friday, 18th June, 1982, Übers. H. A.

19 Ebd., Tuesday 15th June, 1982.

20 Ebd., Saturday 12th June, 1982.

21 Henner Fürtig, Der irakisch-iranische Krieg 1980–1988, in: Greiner/Müller/Walter, Heiße Kriege im Kalten Krieg, S. 376–407, S. 378.

22 http://www.globalsecurity.org/military/world/war/iran-iraq.htm [Zugriff am 1. 10. 2012].

23 Mao Tse-tung, Theorie des Guerrillakrieges; Langewiesche, Wie neu sind die neuen Kriege? (wie Anm. 3), S. 319; Nicola Spakowski, Wie Fische und das Wasser – Armee und Bevölkerung im Konzept des «Volkskrieges» in der kommunistischen Revolution Chinas (1927–1949), in: Beyrau/Hochgeschwender/Langewiesche, Formen des Krieges, S. 355–369.

24 Dazu Michels, Deutsche in der Fremdenlegion, S. 170–209. Er gibt folgende Zahlen: 1950/51 setzte Frankreich 35 000 französische Soldaten, 19 000 Fremdenlegionäre und 84 000 Maghrebiner, Schwarzafrikaner und Vietnamesen ein (S. 173); Anfang 1952 hatte sich die Zahl auf 141 246 Mann erhöht, davon waren 69 166 Franzosen, 33 886 Nordafrikaner, 18 301 Schwarzafrikaner; hinzu kamen noch 64 927 Mann Hilfstruppen sowie 145 000 Soldaten der vietnamesischen Armee. Diese Streitmacht musste gegen ca. 400 000 Viet Minhs kämpfen, von denen ca. 125 000 reguläre Soldaten waren (S. 176).

25 Scholl-Latour, Tod im Reisfeld, S. 72–75.

26 Michels, Deutsche in der Fremdenlegion, S. 183.

27 New York Times, 31. 7. 1991: Christian de Castries Dies at 88. French General at Dien Bien Phu, Übers. H. A.

28 Scholl-Latour, Tod im Reisfeld, S. 82.

29 DER SPIEGEL 45/1954, 3. 11. 1954.

30 Bernd Greiner, Die Blutpumpe. Zur Strategie und Praxis des Abnutzungskrieges in Vietnam, 1965–1973, in: Greiner/Müller/Walter, Heiße Kriege im Kalten Krieg, S. 167–238, S. 216 f.

31 Greiner, Krieg ohne Fronten, S. 99.

32 Greiner, Blutpumpe, S. 167.

33 Ebd., S. 183 f.
34 Ebd., S. 199.
35 Ebd., S. 180 f.
36 Ebd., S. 177.
37 Ebd., S. 179.
38 Ebd., S. 178.
39 Ebd., S. 169 f.
40 Dazu Michels, Deutsche in der Fremdenlegion, S. 266–303.
41 Ebd., S. 273 mit Zahlen (1957: 450 000 Mann und 24 000 Fremdenlegionäre).
42 Ebd., S. 274.
43 Ebd., S. 269.
44 Langewiesche, Wie neu sind die neuen Kriege? (wie Anm. 3), S. 328.
45 Michael Codner, Kosovo, the Serbian Surrender, and the Western Dilemma: Achieving Victories with Low Casualties, in: Afflerbach/Strachan, How Fighting Ends, S. 407–415.
46 Ebd., S. 413.
47 Ebd.
48 Hans-Arthur Marsirske (Hrsg.), Kriegsmaschinen. Roboter im Kriegseinsatz, Hannover 2012.
49 Zitiert bei Overmans, In der Hand des Feindes, S. 25. («I will never surrender of my free will. If in command I will never surrender my men while they still have the means to resist.»)
50 Tom Smith, Descriptions of an Iraqi surrender deception, in: IWM, PG 91/19/1, Übers. H. A.
51 Siehe dazu Eichenwald, 500 Days.
52 Audrey Kurth Cronin, How Fighting Ends: Asymmetric Wars, Terrorism, and Suicide Bombing, in: Afflerbach/Strachan, How Fighting Ends, S. 417–434.
53 Siehe dazu ebd., passim.
54 Ebd., S. 419; allerdings enden nur 18% aller Terroraktivitäten durch Verhandlungen und Kompromiss.
55 Ebd., S. 420.
56 Dazu Ariel Merari u. a., Personality Characteristics of «Self Martyrs»/«Suicide Bombers» and Organizers of Suicide Attacks, in: Terrorism and Political Violence, 22.1 (Jahr), S. 87–101.

XI. Die Hölle humanisieren? Die Kunst der Niederlage in der europäischen Geschichte

1 Zitiert bei Afflerbach/Strachan, How Fighting Ends, S. 435.

2 Die Faszination, die der Kampf bis zum Tod ausstrahlt, zeigt sich auch an internationalen Kinoerfolgen wie dem Spielfilm *300* (2007) über die Thermopylen, *Der Untergang* (2004) über die Vorgänge in der Reichskanzlei in Berlin 1945 und *Letters from Iwo Jima* (2006) über den japanischen Kampf bis zum Tod im Pazifik.

3 Siehe oben, S. 65.

4 Goemans, War and Punishment, S. 310.

5 Siehe oben, S. 163.

6 Clausewitz, Vom Kriege, 1. Teil, 1. Buch, 3. Kapitel, S. 60.

7 http://www.zeit.de/2012/29/Anna-Netrebko/komplettansicht [Zugriff am 1. August 2012].

8 Afflerbach, Falkenhayn, S. 49–109, z. B. S. 50.

9 Platon, Staat, 377/378.

10 Mark Twain, Life on the Missisippi, Kap. 46.

11 Clausewitz, Vom Kriege, 1. Teil, 1. Buch, 2. Kapitel, S. 36.

12 Howard, Restraints on War; Howard/Andreopoulos/Shulman, Laws of War; Elias, Prozess der Zivilisation.

13 Keeley, War before Civilisation.

14 Pinker, Gewalt. Eine neue Geschichte der Menschheit.

15 Overmans, In der Hand des Feindes, S. 1, glaubt nicht, «die Entwicklung der Kriegsgefangenenbehandlung von der Antike bis in die jüngste Vergangenheit sei eine Erfolgsstory.» Er schreibt auf S. 28: «Wenn man abschließend versucht, ein Fazit zu ziehen, so ergibt sich ein uneinheitliches Bild. Auf der einen Seite ist eine kontinuierliche positive Entwicklung im Bereich des Kriegsgefangenenrechts festzustellen, andererseits aber eine Tendenz zur Totalisierung des Krieges, die dann in der ‹Behandlung› der sowjetischen Kriegsgefangenen durch das Deutsche Reich seinen traurigen Höhepunkt fand.» Martin Zimmermann, Zur Deutung von Gewaltdarstellungen, in: ders., Extreme Formen von Gewalt, S. 7–45, argumentiert eher referierend zur Frage, ob Gewalt ein zu- oder abnehmendes Phänomen im Zivilsationsprozess der Menschheit war; er scheint eher von einem letztlich gleich bleibenden Gewaltlevel auszugehen (z. B. S. 21).

16 Howard, Restraints on War, S. 54, zitiert R. H. Bacon, The Life of Lord Fisher of Kilverstone, London 1929, Bd. 1, S. 121.

17 Dazu optimistischer Gat, War in Human Civilization, S. 673.

Verzeichnis der in den Anmerkungen abgekürzt zitierten Literatur

1. Archive:

BA/MA: Bundesarchiv/Militärarchiv Freiburg
IWM: Archiv des Imperial War Museum, London
Liddle Collection, Leeds
NA: National Archives, London
KA: Kriegsarchiv Wien
ÖSTA: Österreichisches Staatsarchiv, Wien
Sonderarchiv Moskau

2. Bücher

Adam, Wilhelm: Der schwere Entschluss, 4. Aufl., Berlin 1965.

Afflerbach, Holger u. Hew Strachan (Hrsg.): How Fighting Ends. A History of Surrender, Oxford 2012.

Afflerbach, Holger (Hrsg.): Kaiser Wilhelm II. als Oberster Kriegsherr während des Ersten Weltkrieges – Quellen aus der militärischen Umgebung des Kaisers 1914–1918, München 2005.

Afflerbach, Holger u. Christoph Cornelißen (Hrsg.): Sieger und Besiegte. Materielle und ideelle Neuorientierungen nach 1945, Tübingen 1997.

Afflerbach, Holger: Falkenhayn. Politisches Denken und Handeln im Kaiserreich, 2. Aufl., München 1996.

Althoff, Gerd: Die Macht der Rituale. Symbolik und Herrschaft im Mittelalter, Darmstadt 2003.

Aly, Götz: Hitlers Volksstaat. Raub, Rassenkrieg und nationaler Sozialismus, Frankfurt a.M. 2005.

Aly, Götz u. Susanne Heim: Vordenker der Vernichtung. Auschwitz und die deutschen Pläne für eine neue europäische Ordnung, Frankfurt a. M. 1993.

Armstrong, Anne: Unconditional Surrender: The Impact of the Casablanca Policy upon World War II, Westport (CT), 1974.
Ash, Rhiannon: Waving the White Flag: Surrender Scenes at Livy 9.5–6 and Tacitus, Histories 3.31 and 4.62, in: Greece & Rome (Second Series) 45.1 (April 1998), S. 27–44.
Ashworth, Tony: Trench Warfare 1914–1918: The Live and Let Live System, London 1980.
Ayton, Andrew u. Sir Philipp Preston Bart: The Battle of Crecy, 1346, Woodbridge 2005.
Ayton, Andrew u. J. L. Price (Hrsg.): The Medieval Military Revolution. State, Society and Military Change in Medieval and Early Modern Europe, London 1995.
Becker, Jean Jacques: 1914: Comment les Français sont entrés dans la guerre, Paris 1977.
Bell, David A.: The First Total War: Napoleon's Europe and the Birth of Warfare as We Know It, Boston 2007.
Bennett, Geoffrey: Die Seeschlachten von Coronel und Falkland und der Untergang des deutschen Kreuzergeschwaders unter Admiral Graf Spee, München 1980.
Benz, Wigbert: Der Hungerplan im «Unternehmen Barbarossa» 1941, Berlin 2011.
Bessel, Richard: Germany 1945. From War to Peace, London 2009.
Beyrau, Dietrich, Michael Hochgeschwender u. Dieter Langewiesche (Hrsg.): Formen des Krieges. Von der Antike bis zur Gegenwart, Paderborn u. a. 2007.
Boog, Horst (Hrsg.): The Conduct of the Air War in the Second World War: An International Comparison, New York 1992.
Borne, John: Britain and the Great War 1914–1918, London 1989.
Bradbury, Jim: The Medieval Siege, Woodbridge 1992.
Bradley, Omar N.: A Soldier's Story, New York 1999.
Bramson, Leon u. George W. Goethals (Hrsg.): War: Studies from Psychology, Sociology, Anthropology, New York 1964.
Bröckling, Ulrich u. Michael Sikora (Hrsg.): Armeen und ihre Deserteure. Vernachlässigte Kapitel einer Militärgeschichte der Neuzeit, Göttingen 1998.
Browning, Christopher: Ganz normale Männer. Das Reserve-Polizeibataillon 101 und die «Endlösung» in Polen, Reinbek 1993.
Bührer, Tanja: Die Kaiserliche Schutztruppe für Deutsch-Ostafrika. Koloniale Sicherheitspolitik und transkulturelle Kriegführung, 1885 bis 1918, München 2011.
Burke, Joanna: An Intimate History of Killing: Face-to-Face Killing in Twentieth Century Warfare, London 1999.
Chase, John L.: Unconditional Surrender Reconsidered, in: Political Science Quarterly 70.2 (1955), S. 258–279.
Christiansen, Eric: The Norsemen in the Viking Age, Oxford 2002.
Clausewitz, Carl von: Vom Kriege. Ungekürzte Ausgabe, Frankfurt a. M./Berlin/Wien 1980.
Clauss, Martin: Kriegsniederlagen im Mittelalter. Darstellung – Deutung – Bewältigung, Paderborn u. a. 2010.
Clowes, William Laird: The Royal Navy: A History from the Earliest Times to the Present, 7 Bde., London 1897–1903.
Contamine, Philippe: War in the Middle Ages, Blackwell 1984.

Costelle, Daniel: 8 Mai 1945. Images inconnues, Paris 2005.
Curry, Anne: Agincourt. A New History, Stroud 2006.
Curry, Anne: The Battle of Agincourt. Sources and Interpretations, Woodbridge 2000.
Dahlheim, Werner: Struktur und Entwicklung des römischen Völkerrechts im dritten und zweiten Jahrhundert v. Chr., München 1968.
Dahlheim, Werner: Deditio und societas: Untersuchungen zur Entwicklung der römischen Außenpolitik in der Blütezeit der Republik, München 1965.
Das Deutsche Reich und der Zweite Weltkrieg, hrsg. vom MGFA, 10 Bde., Stuttgart 1979–2008.
Delbrück, Hans: Geschichte der Kriegskunst im Rahmen der politischen Geschichte, 4 Bde., Berlin/New York 2000.
Demeter, Karl: Das deutsche Offizierskorps in Gesellschaft und Staat 1650–1945, 4. Aufl., Frankfurt a. M. 1965.
Der Irrtum des Marschalls Foch; Gründe der deutschen Kapitulation vom 11. November 1918. Nach amtlichen Unterlagen des französischen Großen Generalstabes, Mit einem Vor- und Nachwort von Oberst B. Schwertfeger, Berlin 1919.
Eibl-Eibesfeldt, Irenäus: The Biology of Peace and War, London, 1979.
Eichenwald, Kurt: 500 Days. Secrets and Lies in the Terror Wars, New York 2012.
Einem, Karl von: Ein Armeeführer erlebt den Weltkrieg. Persönliche Aufzeichnungen, hrsg. v. Junius Alter (d.i. Franz Sontag), Leipzig 1938.
Elias, Norbert: Über den Prozess der Zivilisation, 2 Bde., Basel 1939 (Neuaufl. Frankfurt a. M. 1976).
Ferguson, Niall: The Pity of War, 1914–1918, London 1999.
Ferguson, Niall: Prisoner Taking and Prisoner Killing in the Age of Total War: Towards a Political Economy of Military Defeat, in: War in History 11.2 (2004), S. 148–192.
Ferrill, Arther: The Origins of War. From the Stone Age to Alexander the Great, London u. a.1985.
Flori, Jean: Chevaliers et chevalerie au Moyen Âge, Paris 1998.
Förster, Jürgen (Hrsg.): Stalingrad. Ereignis, Wirkung, Symbol, München 1992.
Foerster, Roland G. (Hrsg.): Die Wehrpflicht. Entstehung, Erscheinungsformen und politisch-militärische Wirkung, München 1994.
Förster Stig u. Roger Chickering (Hrsg.): War in an Age of Revolution, 1775–1815, Cambridge 2010.
Förster, Stig, Roger Chickering u. Bernd Greiner (Hrsg.): A World at Total War. Global Conflict and the Politics of Destruction, 1937–1945, Cambridge 2005.
Förster Stig u. Roger Chickering (Hrsg.): The Shadows of Total War: Europe, East Asia, and the United States, 1919–1939, Cambridge 2003.
Förster, Stig u. Roger Chickering (Hrsg.): Great War, Total War: Combat and Mobilization on the Western Front, 1914–1918, Cambridge 2000.
Förster, Stig, Roger Chickering u. Manfred F. Boemeke (Hrsg.): Anticipating Total War: The German and American Experiences, 1871–1914, Cambridge 1999.
Förster, Stig u. Jörg Nagler (Hrsg.): On the Road to Total War: The American Civil War and the German Wars of Unification, 1861–1871, Cambridge 1997.
Fowler, Will (Hrsg.): Strategy and Tactics of Sea Warfare, London 1979.

France, John: Medieval Warfare 1000–1300, Aldershot 2006.
Frantzen, Allen J.: Bloody Good. Chivalry, Sacrifice, and the Great War, Chicago 2004.
Frevert, Ute: Ehrenmänner. Das Duell in der bürgerlichen Gesellschaft, München 1991.
Friedrich, Jörg: Brandstätten, Berlin 2004.
Friedrich, Jörg: Der Brand: Deutschland im Bombenkrieg, Berlin 2002.
Fuchs Richardson, Horst (Hrsg.): Your Loyal and Loving Son. The Letters of Tank Gunner Karl Fuchs, 1937–1941, Hamden Washington 2003.
Fuller, J. F. C.: The Conduct of War 1789–1961. A Study of the Impact of the French, Industrial, and Russian Revolutions on War and Its Conduct, London 1961.
Fuller, J. F. C.: The Decisive Battles of the Western World and Their Influence Upon History, Bd. 1: From the Earliest Time to the Battle of Lepanto, London, 1957.
Gantzel, Klaus Jürgen: Der unerhörte Clausewitz. Zur Korrektur gefährlicher Irrtümer – eine notwendige Polemik, in: http://www.clausewitz.dk/Gantzel.pdf.
Gat, Azar: War in Human Civilization, Oxford 2006.
Gibbon, Edward: The History of The Decline and Fall of The Roman Empire, New York 1871.
Gibelli, Antonio: L'officina della guerra. La Grande Guerra e le trasformazioni del mondo mentale, Torino 1991.
Gilbert, G. M.: Nürnberger Tagebuch, Frankfurt a. M. 1962.
Giono, Jean: The Battle of Pavia. 24th February 1525, London 1963.
Goemans, Hein: War and Punishment. The Causes of War Termination and the First World War, Princeton/Oxford 2000.
Gudehus, Christian, Harald Welzer u. Sönke Neitzel (Hrsg.): «Der Führer war wieder viel zu human, viel zu gefühlvoll». Der Zweite Weltkrieg aus der Sicht deutscher und italienischer Soldaten, Frankfurt a. M. 2011.
Greiner, Bernd: Krieg ohne Fronten. Die USA in Vietnam, Bonn 2007.
Greiner, Bernd, Christian Th. Müller u. Dierk Walter (Hrsg.): Heiße Kriege im Kalten Krieg. Hamburg 2006.
Gruenhagen, C. u. F. Wachter: Akten des Kriegsgerichts von 1758 wegen der Kapitulation von Breslau am 24. November 1757, Breslau 1895.
Gundlach, Rolf u. Carola Vogel (Hrsg.): Militärgeschichte des pharaonischen Ägypten. Altägypten und seine Nachbarkulturen im Spiegel aktueller Forschung, Paderborn u. a. 2009.
Hale, John Rigby: War and Society in Renaissance Europe 1450–1620, Montreal u. a. 1998.
Hammer, Paul E. J.: Warfare in Early Modern Europe 1450–1660, Aldershot 2007.
Hanson, Victor Davis: A War Like No Other. How the Athenians and Spartans Fought the Peloponnesian War, New York 2005.
Hanson, Victor Davis: Carnage and Culture. Landmark Battles in the Rise of Western Powers, New York 2002.
Hanson, Victor Davis: The Western Way of War. Infantry Battle in Classical Greece, Berkeley/Los Angeles/London 2000.
Hanson, Victor Davis: Warfare and Agriculture in Classical Greece, Berkeley/Los Angeles 1998.

Hattendorf, John B. u. a. (Hrsg.): British Naval Documents 1204–1960, Aldershot 1993.

Hattendorf, John B. u. Richard W. Unger (Hrsg.): War at Sea in the Middle Ages and the Renaissance, Woodbridge/Rochester 2003.

Havens, T. R. H.: The Valley of Darkness: The Japanese People and World War Two, New York 1978.

Henke, Klaus-Dietmar: Die amerikanische Besetzung Deutschlands, München 1995.

Hersh, Seymour: My Lai 4: A Report on the Massacre and Its Aftermath, New York 1970.

Hill, Richard: The Prizes of War. The Naval Prize System in the Napoleonic Wars, 1793–1815, Thrupp 1998.

Hirschfeld, Gerhard, Gerd Krumeich u. Irina Renz: Die Deutschen an der Somme, Essen 2006.

Holden, Wendy: Shellshock, London 1998.

Holmes, Richard: Acts of War. Behaviour of Men in Battle, New York 1989.

Horne, John N. u. Alan Kramer: German Atrocities, 1914: A History of Denial, New Haven 2001.

Howard, Michael, George J. Andreopoulos u. Mark R. Shulman (Hrsg.): The Laws of War. Constraints on Warfare in the Western World, New Haven/London 1994.

Howard, Michael: Restraints on War: Studies in the Limitation of Armed Conflict, Oxford 1979.

Howard, Michael: War in European History, Oxford 1976.

Hoyt, Edwin P.: Defeat at the Falklands. Germany's East Asia Squadron 1914, London 1981.

Hughes, Michael J.: Forging Napoleon's Grande Armée: Motivation, Military Culture, and Masculinity in the French Army, 1800–1808, New York 2012.

Hull, Isabel: Absolute Destruction. Military Culture and the Practices of War in Imperial Germany, Ithaca 2005.

Jacobsen, Alf R.: Scharnhorst, Stroud 2003.

Jahr, Christoph: Gewöhnliche Soldaten. Desertion und Deserteure im deutschen und britischen Heer 1914–1918, Göttingen 1998.

James, William: The Naval History of Great Britain: From the Declaration of War by France in 1793 to the Accession of George IV. A New Edition, with Additions and Notes, and an Account of the Burmese War and the Battle of Navarino by Captain Chamier, R. N., 6 Bde., London 1837.

Jones, Heather: Violence Against Prisoners of War in the First World War: Britain, France and Germany, 1914–1920, Cambridge 2011.

Jones, William: The Naval History of Great Britain, 6 Bde., London 1886.

Joseph, Eric: Struggle for Empire: Kingship and Conflict under Louis the German, 817–876, Cornell 2006.

Jünger, Ernst: Kriegstagebuch 1914–191, hrsg. v. Helmuth Kiesel, Stuttgart 2010.

Jürgs, Michael: Der kleine Frieden im Großen Krieg. Westfront 1914: Als Deutsche, Franzosen und Briten gemeinsam Weihnachten feierten, München 2003.

Karavites, Peter: Capitulations and Greek Interstate Relations. The Reflection of Humanistic Ideals in Political Events, Göttingen 1982.

Kecskemeti, Paul: Strategic Surrender. The Politics of Victory and Defeat, Stanford 1958.
Keegan, John: Die Kultur des Krieges, Berlin 1995.
Keegan, John: Das Antlitz des Krieges. Die Schlachten von Azincourt 1415, Waterloo 1815 und an der Somme 1916, Frankfurt a. M./New York 1991.
Keeley, Lawrence: War before Civilization, New York/Oxford 1996.
Keen, Maurice: The Laws of War in the Late Middle Ages, Aldershot 1993.
Kemp, Paul: The Admiralty Regrets. British Warship Losses of the 20th Century, Thrupp 1999.
Kerensky, Alexander: The Kerensky Memoirs. Russia and History's Turning, London 1966.
Kern, Paul Bentley: Ancient Siege Warfare, Bloomington (IN)/London 1999.
King, Dean u. John B. Hattendorf (Hrsg.): Every Man Will Do His Duty. An Anthology of First-Hand Accounts from the Age of Nelson, London 1997.
Klemperer, Victor: Curriculum Vitae: Erinnerungen 1881–1918, 2 Bde., Berlin 1996.
Knox, Dudley W.: A History of the United States Navy, New York 1948.
Kortüm, Hans-Henning: Kriege und Krieger 500–1500, Stuttgart 2010.
Kortüm, Hans-Henning (Hrsg.): Krieg im Mittelalter, Berlin 2001.
Kühne, Thomas: Kameradschaft. Die Soldaten des nationalsozialistischen Krieges und das 20. Jahrhundert, Göttingen 2006.
Kühne, Thomas u. Benjamin Ziemann (Hrsg.): Was ist Militärgeschichte?, Paderborn u. a. 2000.
Kuby, Erich: Mein Krieg. Aufzeichnungen aus 2129 Tagen, München 1975.
Kurth Cronin, Audrey: How Terrorism Ends: Understanding the Decline and Demise of Terrorist Campaigns, Princeton 2009.
Kuss, Susanne: Deutsches Militär auf kolonialen Kriegsschauplätzen. Eskalation von Gewalt zu Beginn des 20. Jahrhunderts, Berlin 2010.
Lambert, Andrew: War at Sea in the Age of Sail, 1650–1850, London 2000.
Lange, Reinhold: Imperium zwischen Morgen und Abend: die Geschichte von Byzanz in Dokumenten, Recklinghausen 1972.
Leakey, Richard E.: Origins: The Emergence and Evolution of Our Species and Its Possible Future, London u. a. 1991.
Leese, Peter: Shell Shock: Traumatic Neurosis and the British Soldiers of the First World War, Houndmills/Basingstoke 2002.
Lein, Richard: Pflichterfüllung oder Hochverrat? Die tschechischen Soldaten Österreich-Ungarns im Ersten Weltkrieg, Münster u. a. 2011.
Lenci, Giuliano: Le giornate di Villa Giusti. Storia di un armistizio. Presentazione di Mario Isnenghi, Padova 1998.
Lendon, J. E.: Soldiers and Ghosts. A History of Battle in Classical Antiquity, New Haven/London 2005.
Lloyd, George, David: War Memoirs, 2 Bde., London 1938.
Lorenz, Konrad: Das sogenannte Böse. Zur Naturgeschichte der Aggression, o. O. 1963 (englische Version: On Aaggression, 1966).
Lynn, John A.: Battle. A History of Combat and Culture. From Ancient Greece to Modern America, Cambridge (MA) 2003.

Mahan, Alfred T.: The Influence of Sea Power upon History 1660–1783, 8. Aufl., London o. J.
Mao Tse-tung: Theorie des Guerillakrieges oder Strategie der Dritten Welt, Reinbek 1966.
Marder, Arthur: From the Dreadnought to Scapa Flow, 5 Bde., London 1961–1970.
Martel, William C.: Victory in War: Foundations of Modern Military Policy, Cambridge 2007.
Marine-Archiv (Hrsg.): Der Krieg zur See 1914–1918. Kreuzerkrieg, Bd. 1, geschrieben von Erich Raeder, Berlin 1922.
Martin, Colin u. Geoffrey Parker: The Spanish Armada, London 1988.
McDermott, Bridget: Warfare in Ancient Egypt, Phoenix Mill 2004.
Meurer, Alexander: Seekriegsgeschichte in Umrissen. Seemacht und Seekriege vornehmlich vom 16. Jahrhundert ab, Leipzig (1. Aufl. 1925; 4. Aufl. 1943).
Michels, Eckhard: Deutsche in der Fremdenlegion 1870–1965. Mythen und Realitaeten, Paderborn u.a. 1999.
Middlebrook, Martin u. Patrick Mahoney: The Sinking of the Prince of Wales and Repulse. The End of the Battleship Era, Barnsley 2004.
Miller, Nathan: The US Navy. A History, Annapolis 1997.
Millington-Drake, Eugen: The Drama of Graf Spee and the Battle of the Plate. A Documentary Anthology 1914–1964, London 1964.
Mommsen, Theodor: Römische Geschichte, 6. Auflage, München 2001.
Montagu, Ashley: The Nature of Human Aggression, 1976.
Montaigne, Michel de: Essais, Frankfurt a. M. 1998.
Montgomery, Bernard: Kriegsgeschichte. Weltgeschichte der Schlachten und Kriegszüge, Frechen 2002.
Mordal, Jacques: Twenty-Five Centuries of Sea Warfare, New York 1965.
Morison, S. E.: New Guinea and the Mariana, March 1944–August 1944: History of United States Naval Operations in World War II, Bd. 8, Champaign (IL) 2002.
Müllenheim-Rechberg, Burkard Freiherr von: Schlachtschiff Bismarck. Ein Überlebender in seiner Zeit, 2. Aufl., Frankfurt a. M. 1993.
Müller, Rolf-Dieter u. Hans-Erich Volkmann (Hrsg.): Die Wehrmacht. Mythos und Realität, München 1999.
Murrin, Michael: History and Warfare in Renaissance Epic, Chicago/London 1994.
Musial Bogdan: Sowjetische Partisanen 1941–1944. Mythos und Wirklichkeit, Paderborn 2009.
Nebelin, Manfred: Ludendorff. Diktator im Ersten Weltkrieg, München 2010.
Neitzel, Sönke u. Daniel Hohrath (Hrsg.): Kriegsgreuel. Eie Entgrenzung der Gewalt in kriegerischen Konflikten vom Mittelalter bis ins 20. Jahrhundert, Paderborn u. a. 2008.
Nicholson, Helen: Medieval Warfare. Theory and Practice of War in Europe, 300–1500, Houndsmills 2004.
Nicherson, Hoffman: The Armed Horde 1793–1939. A Study of the Rise, Survival and Decline of the Mass Army, New York 1940.
Nicolle, David: Medieval Warfare Source, Bd. 1: Warfare in Western Christendom, London 1995.

Obst, Michael: Die politischen Reden Kaiser Wilhelms II. Eine Auswahl, Paderborn 2011.
Obst, Michael: «Einer nur ist Herr im Reiche». Kaiser Wilhelm II. als politischer Redner, Paderborn 2010.
Ohler, Norbert: Krieg und Frieden im Mittelalter, München 1997.
Oman, Charles W. C.: The Art of War in the Middle Ages A. D. 378–1515, Ithaca 1953.
Oman, Charles W. C.: A History of the Art of War in the Sixteenth Century, London 1989 (Nachdruck von 1937).
Onoda, Hiroo: No Surrender. My Thirty-Year War, transl. by Charles S. Terry, Tokyo/New York/San Francisco 1974.
Ose, Dieter: Entscheidung im Westen. Der Oberbefehlshaber West und die Abwehr der alliierten Invasion, Stuttgart 1982.
Osterhammel, Jürgen: Die Verwandlung der Welt. Eine Geschichte des 19. Jahrhunderts, München 2009.
Overmans, Rüdiger: Deutsche militärische Verluste im Zweiten Weltkrieg, München 1999.
Overmans, Rüdiger (Hrsg.): In der Hand des Feindes. Kriegsgefangenschaft von der Antike bis zum Zweiten Weltkrieg, Köln/Weimar/Wien 1999.
Overy, Richard: Bomber Command, 1939–1945, London 1997.
Parker, Geoffrey: The Military Revolution. Military Innovation and the Rise of the West, 1500–1800, Cambridge 1988.
Partridge, Robert B.: Fighting Pharaohs. Weapons and Warfare in Ancient Egypt, Manchester 2002.
Paterson, Lawrence: Black Flag. The Surrender of Germany's U-Boat Forces 1945, Barnsley 2009.
Pinker, Steven: Gewalt. Eine neue Geschichte der Menschheit, Frankfurt a. M. 2011 (amerikanische Originalausgabe: The Better Angels of Our Nature. Why Violence has Declined, New York 2011).
Plaschka, Richard: Matrosen, Offiziere, Rebellen. Krisenkonfrontationen zur See 1900–1918, Bd. 1, Wien 1984.
Pomeroy, Earl S.: «Sentiment for a Strong Peace, 1917–1919», The South Atlantic Quarterly XLIII (October 1944), S. 325–337.
Potter, Elmar B. u. Chester W. Nimitz: Seemacht. Eine Seekriegsgeschichte von der Antike bis zur Gegenwart, München 1982.
Rachaminov, Alon: POWs and the Great War: Captivity on the Eastern Front, Oxford 2002.
Raeder, Erich: Mein Leben, Bd. 2: Von 1935 bis Spandau 1955, Tübingen 1957.
Reese, Willy Peter: Mir selber seltsam fremd. Die Unmenschlichkeit des Krieges, Russland 1941–1944, Berlin 2003.
Roberts, Adam u. Richard Guelff (Hrsg.): Documents on the Laws of War, 3. Aufl., Oxford 2000.
Rocca, Gianni: Cadorna, Mailand 1985.
Rodger, Nicholas A. M.: A Naval History of Britain, Bd. 1: The Safeguard of the Seas, 660–1649, London 2004.
Rodger, Nicholas A. M.: A Naval History of Britain, Bd. 2: The Command of the Ocean, 1649–1815, London 2004.

Roederer, Pierre Louis, Œuvres, Bd. 3: Histoire contemporaine, Paris 1854.
Rogers, Clifford J.: The Military Revolution Debate. Readings on the Military Transformation of Early Modern Europe, Bolder/San Francisco/Oxford 1995.
Rose, Susan: Medieval Ships and Warfare, Aldershot 2008.
Rose, Susan: The Medieval Sea, London/New York 2007.
Rose, Susan: Medieval Naval Warfare, 1000–1500, London/New York 2002.
Rubinstein, Hilary: Trafalgar Captain. Durham of the Defiance, Stroud 2005.
Rupprecht, Kronprinz von Bayern: Mein Kriegstagebuch, hrsg. v. Eugen von Frauenholz, 3 Bde., München 1929.
Sagan, Günter: Kriegsende 1945. Die dramatischen Wochen vor und nach der Kapitulation, Petersberg 2008.
Salisch, Marcus von: Treue Deserteure. Das kursächsische Militär und der Siebenjährige Krieg, München 2009.
Sanitätsbericht über das Deutsche Heer (Deutsches Feld- und Besatzungsheer) im Weltkriege 1914/1918. Bearbeitet in der Heeres-Sanitätsinspektion des Reichswehrministeriums, 4 Bde., Berlin 1934–1935:
Bd. 1: Gliederung des Heeressanitätswesens im Weltkriege 1914/18, Berlin 1935
Bd. 2,1: Der Sanitätsdienst im Gefechts- und Schlachtenverlauf im Weltkriege 1914/18, Berlin 1938
Bd. 2,2: Kartenband, Berlin 1938
Bd. 3: Die Krankenbewegung bei dem Deutschen Feld- und Besatzungsheer im Weltkriege 1914/18, Berlin 1934
Schmoeckel, Helmut: Menschlichkeit im Seekrieg?, Herford 1987.
Scholl-Latour, Peter: Der Tod im Reisfeld, München 2000.
Schroeder, Paul W.: The Transformation of European Politics, 1763–1848, Oxford 1994.
Schwengler, Walter: Völkerrecht, Versailler Vertrag und Auslieferungsfrage. Die Strafverfolgung wegen Kriegsverbrechen als Problem des Friedensschlusses 1919/20, Stuttgart 1982.
Sebald, Winfried G.: On the Natural History of Destruction, New York 2003.
Seed, Patricia: Ceremonies of Possession in Europe's Conquest of the New World, 1492–1640, Cambridge 1995.
Sellers, Leonard: For God's Sake shoot Straight! The Story of the Court Martial and Execution of Sub.Lt. Edwin Dyett, London 1995.
Sendtner, Kurt: Rupprecht von Wittelsbach. Kronprinz von Bayern, München 1954.
Sheffield, Gary: Forgotten Victory: The First World War: Myths and Realities, London 2001.
Shephard, Ben: A War of Nerves, Soldiers and Psyciatrists 1914–1994, London 2002.
Sidebottom, Harry: Der Krieg in der antiken Welt, aus dem Engl. übers. v. Florian Himmler, Stuttgart 2008.
Sieburg, Friedrich: Napoleon. Die letzten hundert Tage, Stuttgart 1956.
Smith, Bradley F. u. Elena Agarossi: Operation Sunrise. The Secret Surrender, London 1979.
Smith, Bradley F. u. Agnes F. Peterson (Hrsg.): Heinrich Himmler. Geheimreden 1933–1945, Frankfurt a. M. u. a. 1974.

Sösemann, Bernd: Die sogenannte Hunnenrede Wilhelms II., in: Historische Zeitschrift 222 (1976), S. 342–358.
Southard, E. E.: Shell-Shock and Other Neuropsychiatric Problems. Presented in Five Hundred and Eighty-Nine Case Histories from the War-Literatur, 1914–1918, Boston 1919.
Spurr, Russell: A Glorious Way to Die. The Kamikaze Mission of the Battleship Yamato, April 1945, New York 1981.
Steinert, Marlis G.: Capitulation 1945. The Story of the Dönitz Regime, London 1969.
Stephan, Cora: Das Handwerk des Krieges, Berlin 1998.
Stevenson, David: With Our Backs to the Wall. Victory and Defeat in 1918, London 2011.
Stouffer, Samuel: The American Soldier. Adjustment during Army Life, Princeton 1949.
Streit, Christian: Keine Kameraden: Die Wehrmacht und die sowjetischen Kriegsgefangenen 1941–1945, Bonn 1997.
Strickland, Matthew: War and Chivalry. The Conduct and Perception of War in England and Normandy, 1066–1217, Cambridge 1996.
Taylor, Frederick: Dresden, Dienstag, 13. Februar 1945: Militärische Logik oder blanker Terror?, München 2005.
Towle, P., M. Kosuge u. Y. Kibata (Hrsg.): Japanese Prisoners of War, London/New York 2000.
Townshend, Charles: The Oxford History of Modern War, Oxford 2005.
Ueberschaer, Gerd R. u. Winfried Vogel: Dienen und Verdienen. Hitlers Geschenke an seine Eliten, Frankfurt a. M. 1999.
Ugaki, Matome: Fading Victory: The Diary of Admiral Matome Ugaki, 1941–1945, übers. v. Masataka Chihaya, Pittsburgh 1991.
Van Creveld, Martin: The Culture of War, New York 2008.
Van Creveld, Martin: On Future War, o. O. 1991.
Van der Vat, Dan: The Last Corsair. The Story of the Emden, London 1983.
Vogt, Ludgera: Zur Logik der Ehre in der Gegenwartsgesellschaft, Frankfurt a. M. 1997.
Vogt, Ludgera u. Arnold Zingerle (Hrsg.): Ehre. Archaische Momente in der Moderne, Frankfurt a.M. 1994.
Wagner-Pacifici, Robin: The Art of Surrender. Decomposing Sovereignty at Conflict's End, Chicago/London 2005.
Waibel, Max: 1945. Kapitulation in Norditalien. Originalbericht des Vermittlers, 2. Aufl., Basel/Frankfurt a. M. 1981.
Wallach, Jehuda: Anatomie einer Militärhilfe. Die preußisch-deutschen Militärmissionen in der Türkei 1835–1919, Düsseldorf 1976.
Walser Smith, Helmut: The Oxford Handbook of Modern German History, Oxford 2011.
Warner, Denis u. Peggy: The Tide at Sunrise. A History of the Russo-Japanese War, 1904–1905, London 1974.
War Office (Hrsg.): Manual of Military Law, London 1914.
Washburn, Stanley: On the Russian Front in World War I: Memoirs of an American War Correspondent, New York 1982.

Watson, Alexander: Enduring the Great War. Combat, Morale and Collapse in the German and British Armies, 1914–1918, Cambridge 2008.

Wedgewood, C. V.: Der dreißigjährige Krieg, München 1967.

Wegner, Bernd u. a. (Hrsg.): Wie Kriege enden. Wege zum Frieden von der Antike bis zur Gegenwart, Paderborn 2002.

White, Osmar: Conquerors' Road. An Eyewitness Report of Germany 1945, Cambridge 1996.

Wild von Hohenborn, Adolf: Briefe und Tagebuchaufzeichnungen des preußischen Generals als Kriegsminister und Truppenführer im Ersten Weltkrieg, hrsg. v. Helmut Reichold u. Gerhard Granier, Boppard a. Rh. 1986.

Wilson, Peter H.: Europe's Tragedy. A History of the Thirty Years War, London 2009.

Winik, Jay: April 1865: The Month that Saved America, New York 2001.

Winton, John: Carrier Glorious. The Life and Death of an Aircraft Carrier, London 1999.

Witt, John Fabian: Lincoln's Code. The Laws of War in American History, New York u. a. 2012.

Woodman, Richard: The Battle of the River Plate. A Grand Delusion, Barnsley 2008.

Yadin, Yigael: The Art of Warfare in Biblical Lands, London 1963.

Zamoyski, Adam: 1812. Napoleons Feldzug in Russland, München 2012.

Ziemann, Benjamin: Front und Heimat. Ländliche Kriegserfahrungen im südlichen Bayern 1914–1923, Essen 1997.

Zimmermann, Martin (Hrsg.): Extreme Formen von Gewalt in Bild und Text des Altertums, München 2009.

Personenregister